카티아 코어 플러스

CATIA CORE+

카티아 코어 플러스

CATIA CORE+

송철기 · 전차수 · 김서현

경상국립대학교출판부

송철기

경상국립대학교 기계공학부 교수
서울대학교 공학박사
대우중공업 중앙연구소 연구원(1988)
기아자동차 기아기술센터 차량연구실 선임연구원(1989-1998)
U.C. Berkeley 기계공학과 방문교수(2000)
대통령상 수상 (연구팀상, 1992)
교육과학기술부장관상 수상 (인재양성, 2011)
중소벤처기업부 장관 표창 (인력양성, 2021)

저서
다물체 동역학 해석을 위한 MSC.ADAMS, 2007, 교보문고
금형설계 및 판재성형 해석, 2008, 교보문고
동역학 원리와 응용, 2판, 2012, 교보문고
기계진동학, 2013, 교보문고

김서현

경상국립대학교 기계융합공학과 박사수료

저서
AutoCad2022, 공저, 2021, 기전연구사
기계설계, 공저, 2022, 진샘미디어

전차수

경상국립대학교 산업시스템공학부 교수
KAIST 공학박사
큐빅테크 시스템연구소장 (1991-1995, 비상임)
Purdue 대학교, North Carolina 주립대학교, 토론토대학교 방문교수
가헌학술상 (2011, 한국CAD/CAM 학회)
중소벤처기업부 장관 표창 (인력양성, 2020)
CAD/CAM 소프트웨어공모전 금상·은상·장려상 다수 수상

저서
CAD/CAM 시스템과 CNC 절삭가공, 공저, 2001, 사이텍미디어
CAD/CAM 시스템기초, 공저, 2007, 경상대학교출판부

머리말

CATIA(Computer-graphics Aided Three-dimensional Interactive Application)는 1982년 프랑스 Dassault Systemes 사가 만든 대표적인 상업용 CAD/CAM/CAE 프로그램이다. 제품을 3D로 설계하고, 설계 데이터의 역학적 해석을 수행하며, 설계된 형상을 가공할 수 있는 NC 데이터를 생성한다.

CATIA는 항공 분야뿐만 아니라 자동차, 산업기계, 설비산업 등까지 사용 영역이 확장되고 있으며, 특히 현대·기아자동차, BMW, Mercedes Benz, 클라이슬러, 포드, 혼다 등에서 사용되고 있어, 국내외 자동차 완성차 업체뿐 아니라 자동차 부품업체에 취업을 희망하는 학생들이 필수적으로 학습해야 하는 프로그램이라 할 수 있다.

시중에 CATIA 교재가 많이 있으나, 대부분은 학습자가 스스로 공부하기가 무척 어렵고 실제 설계에서 잘 응용되지 않는 부분까지 포함되어 있어 CATIA를 처음 접하는 학생들에게 큰 부담이 되어 왔다. 이에 수년간 대학과 산업체에서 수행하였던 강의와 연구를 바탕으로, 새롭게 "CATIA 코어 플러스"를 발간하게 되었다.

본서의 특징을 정리하면 다음과 같다.

1. CATIA의 일반적인 내용, 즉, Sketcher-Part design-Generative shape design-Assembly design-Drafting-Digital mockup-Machining 중에서 가

장 많이 쓰이는 네 단원(Sketcher－Part design－Assembly－Drafting)만으로 구성하였다.

2. 각 단원에서 예제의 따라하기를 통하여 필요한 기능을 쉽게 배울 수 있도록 구성하였다.

3. 각 단원에서 새롭게 배우는 기능을 위주로 설명하였다.

4. 교수나 강사의 설명을 최소화하고도 짧은 기간 내에 스스로 실습하면서 배울 수 있도록 하였다.

아무쪼록 본서가 대학과 산업체에서 CATIA 학습에 많은 도움이 되기를 바란다. 본서가 완성되기까지 하나하나 도움을 준 경상국립대학교 대학원 기계공학부 혁신설계연구실 박광욱 군과 산업시스템공학부 CAD/CAM 연구실 김민수, 강창일 군에게 고마움을 전하고 본서의 출판을 맡아준 경상국립대학교 출판부 관계자 여러분께 깊은 감사를 드린다.

2022년 3월

저자 드림

목차

Chapter 1

START

1.1 CATIA 시작하기

01 Windows 바탕 화면에서 CATIA 아이콘을 클릭한 후, 프로그램이 로딩되는 동안 잠시 기다리면 영문으로 된 CATIA 주 화면이 나타난다. (한글로 되어 있으면 **04**번으로 바로 넘어간다.)

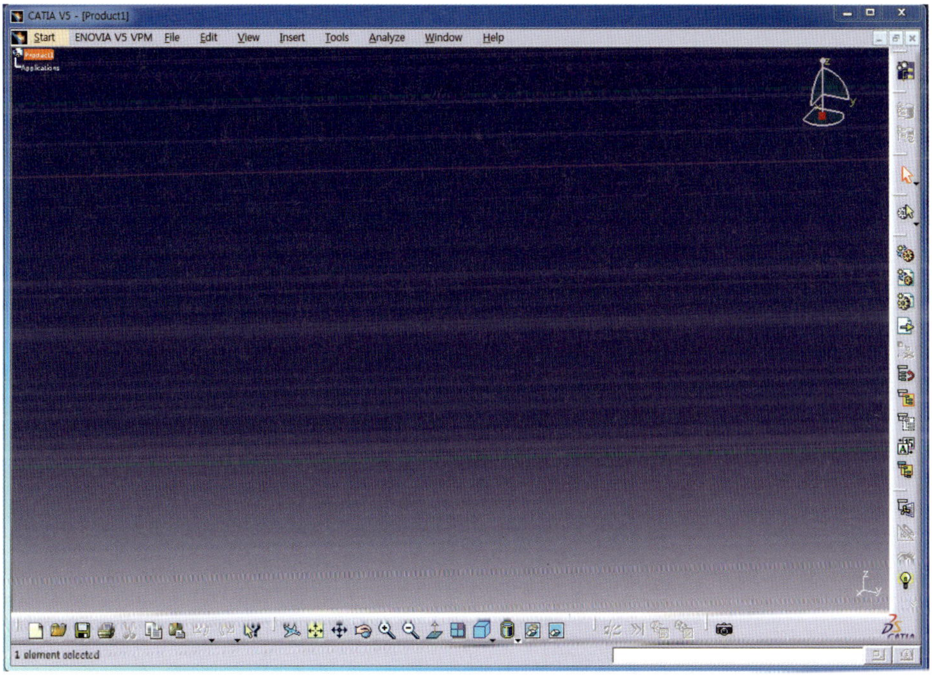

02 주화면 상단 메뉴에서 [Tools] – [Customize]를 그림과 같이 선택한다.

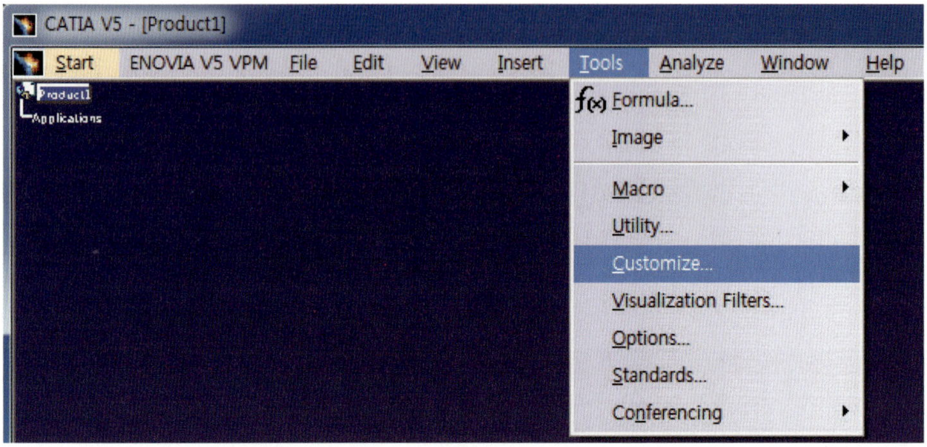

– Customize 창에서 [Options]에서 User Interface language를 그림과 같이 Korean으로 선택한다.

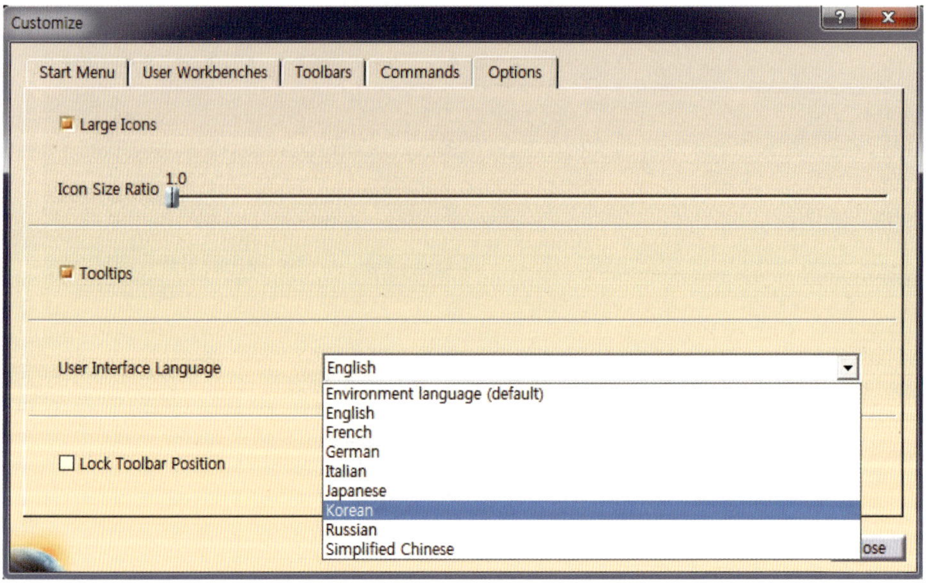

– CATIA를 닫는다 (exit).

03 Windows 바탕 화면에서 다시 CATIA 아이콘 을 클릭한 후, 프로그램이 로딩되는 동안 잠시 기다리면 한글로 된 CATIA 주 화면이 나타난다.

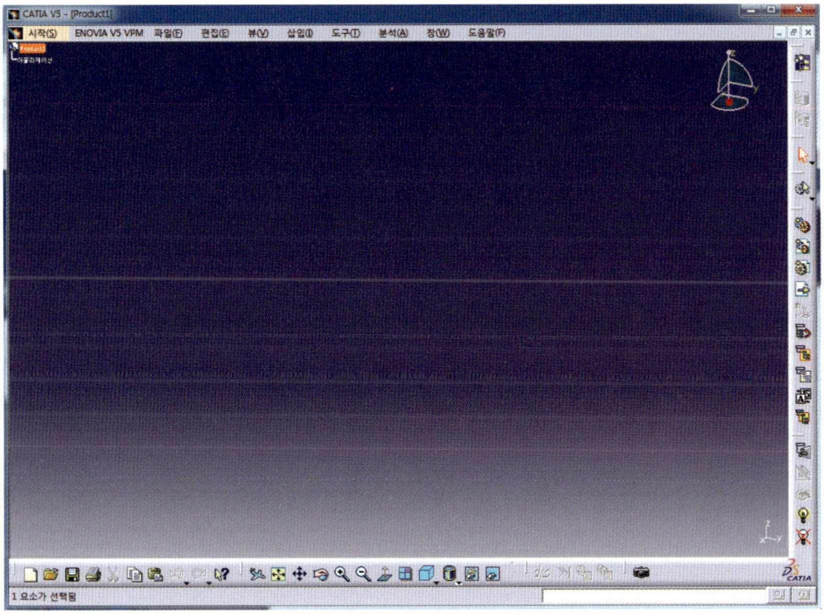

04 주화면 상단 메뉴에서 [도구(T)] – [옵션]를 그림과 같이 선택한다.

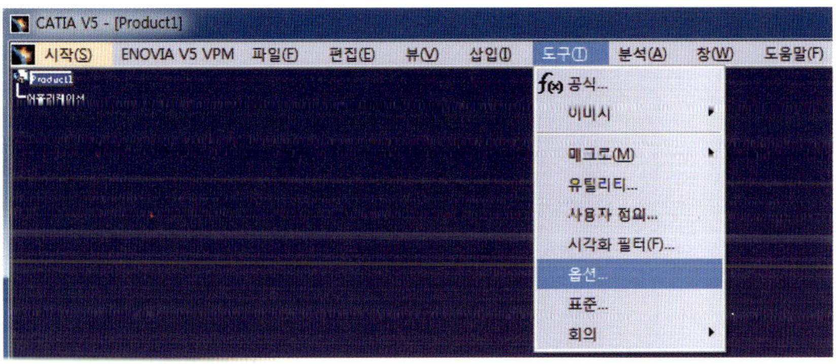

– [옵션] 창에서 [일반] – [매개변수 및 측정]을 선택하고, 오른쪽 위 두 번째 탭 [단위]에서 길이를 [밀리미터 (mm)]로 선택한다.

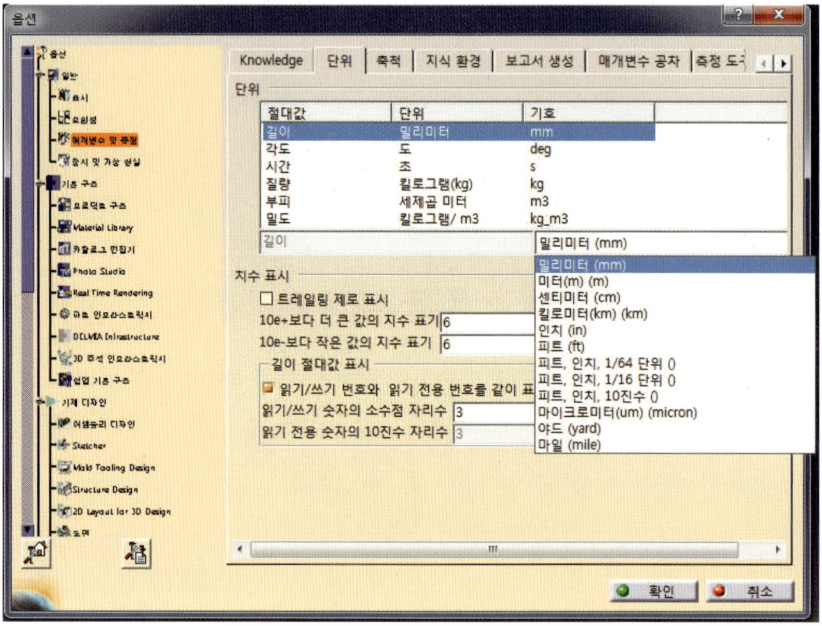

05 이제 주화면을 훑어보자.

시작(S) 주화면 상단의 [시작(S)]에는 [기계디자인] – [Sketcher]등이 차례로 있다.

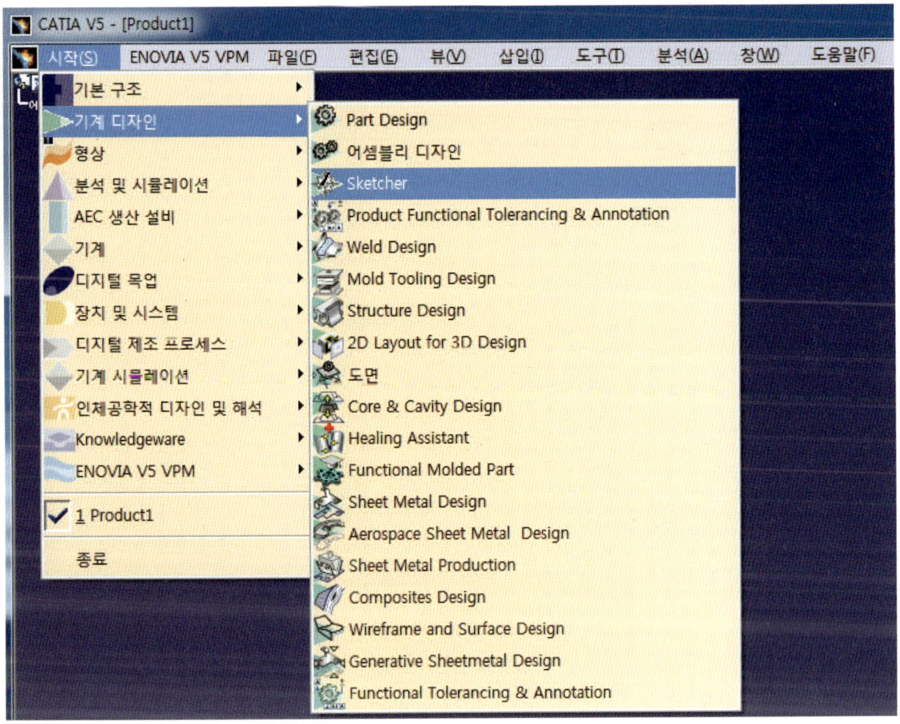

파일(F) 주화면 상단의 [파일(F)] 에는 새로 작성, 열기, 저장, 인쇄 등의 기능이 있다.

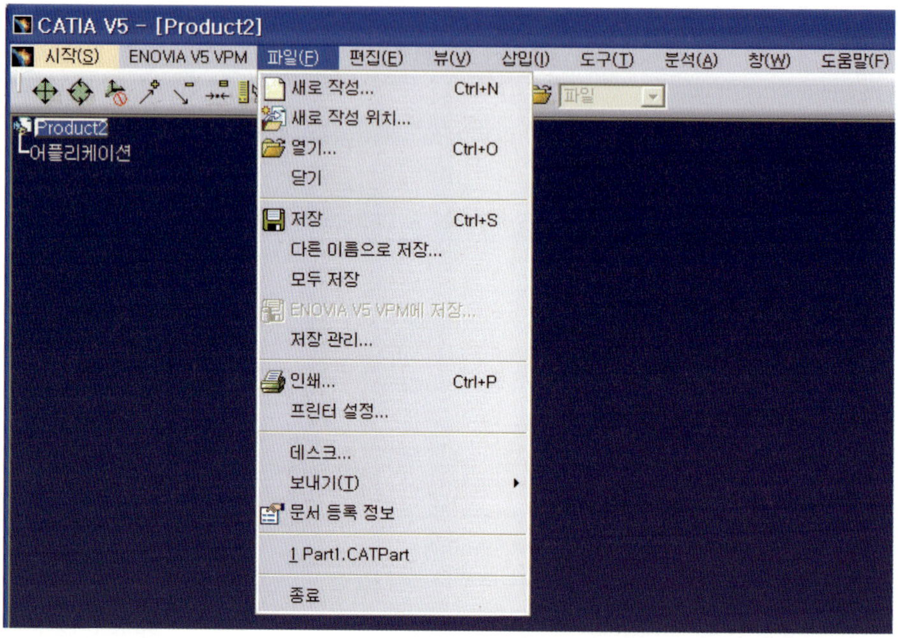

편집(E) 주화면 상단의 [편집(E)] 에는 실행 취소, 반복 등의 기능이 있다.

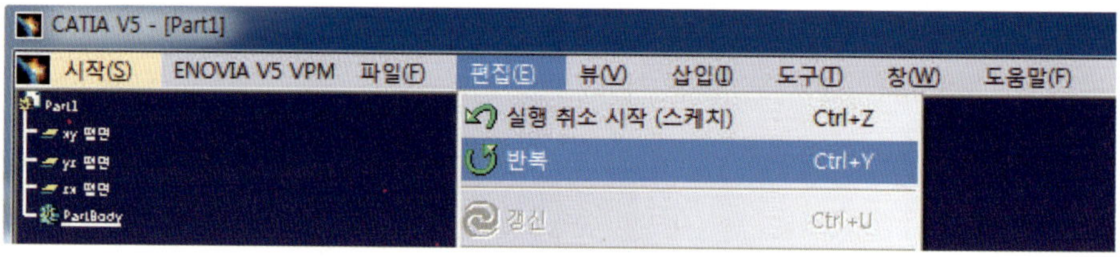

뷰(V) 주화면 상단의 [뷰(V)] 에는 [도구 모음], 지오메트리, 스펙, 확대/축소 등의 기능이 있다.

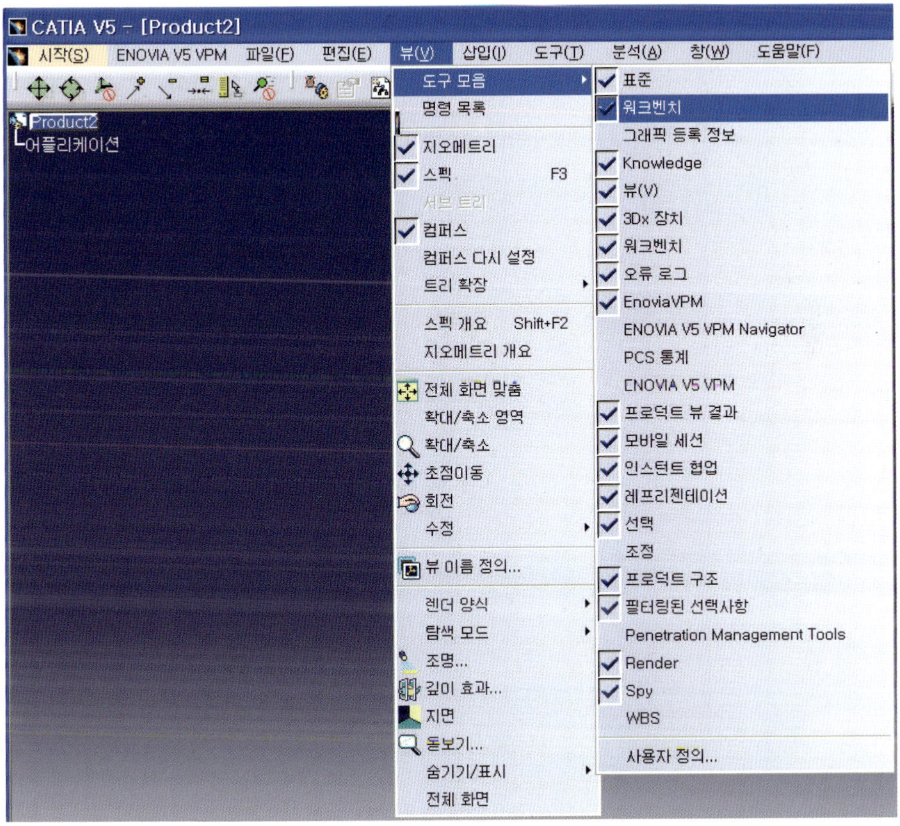

1.2 CATIA 기능 연습하기

01 주화면 상단에서 [시작(S)] – [기계디자인] – [Sketcher]를 차례로 선택한다.

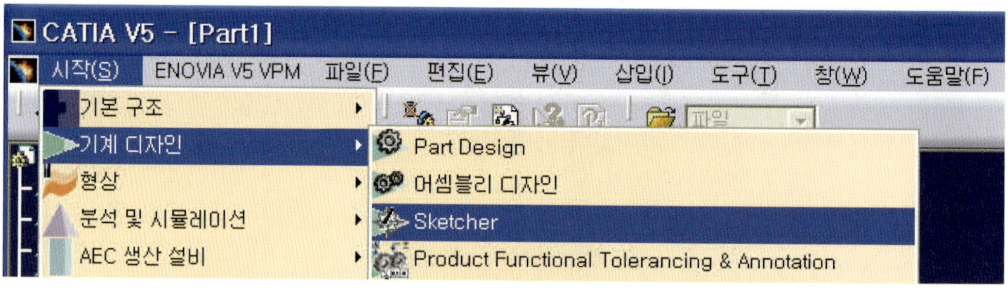

02 [Part] – [xy 평면]을 클릭한다.

03 프로파일 Toolbar에서 직사각형 아이콘 을 클릭한 후, 점 (0, 0)과 점 (40, 30)을 선택한다.

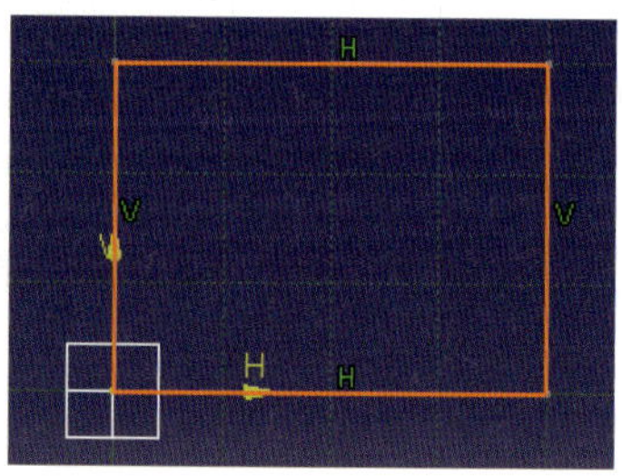

04 이제, 뷰(V) Toolbar의 각종 아이콘을 연습한다.

화면 맞춤, 물체를 적당한 크기로 화면 중앙에 자동 맞춤

화면 이동

회전

화면 확대(zoom in) 및 축소(zoom out)

수직 뷰

다중 뷰 작성, 4개의 화면

단순 모드 뷰

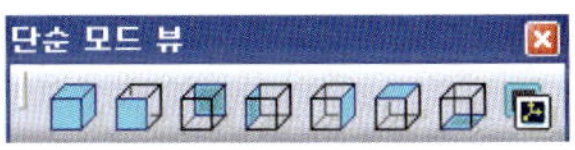

모서리를 포함한 음영처리

숨기기/표시

표기 가능 스페이스 Swap

05 또한, 마우스의 여러 기능을 연습한다.

버튼	기능
왼쪽 버튼	선택 및 실행
Ctrl+왼쪽 버튼(동시 누름)	다중 선택
가운데 버튼(휠)	누른 상태에서 마우스를 움직이면 화면이 이동한다. 기능과 동일
오른쪽 버튼	물체 위에서 누르면 pull down menu가 나타나며, 필요한 명령을 바로 이용할 수 있다.
가운데 버튼(휠)+오른쪽 버튼	가운데 버튼(휠)을 누른 채 오른쪽 버튼을 누르고 마우스를 움직이면 물체가 회전한다. 기능과 동일
가운데 버튼(휠)+오른쪽 버튼	가운데 버튼(휠)을 누른 채 오른쪽 버튼을 한번 클릭하고 놓는다. 이 상태에서 마우스를 위로 움직이면 화면이 확대되며, 마우스를 아래로 움직이면 화면이 축소된다. 기능과 동일

1.3 자주 쓰는 CATIA icon 일람표

01 Sketcher

(1) 프로파일 툴바

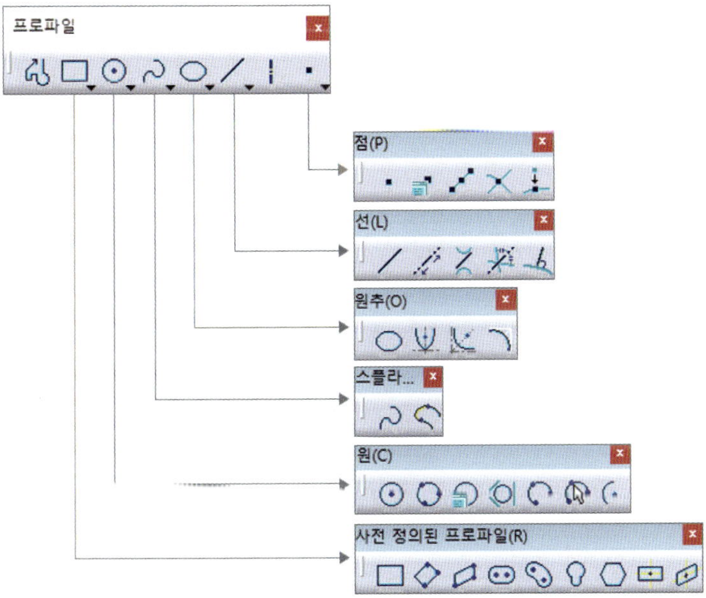

 프로파일(Profile) : 선분과 원호로 이루어진 하나의 도형을 연속적으로 작성함

 축(Axis) : 회전 중심축, 거울(mirror)의 대칭선으로 사용

점 툴바

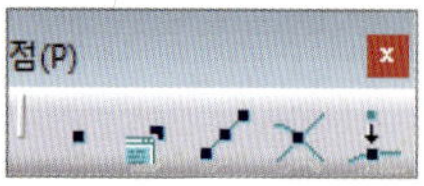

클릭점(Point by Clicking) : 마우스 클릭으로 점을 생성

좌표점(Point by Using Coordinates) : 좌표를 설정하여 점을 생성

등거리점(Equidistant Point) : 선위에 점을 원하는 개수만큼 일정한 간격으로 생성

교점(Intersection Point) : 두 직선의 교점으로 점을 생성

투영점(Projection Point) : 면에 투영 점 생성

선 툴바

선분(Line) : 선분 그리기

직선(Infinite Line) : 무한 직선 그리기

공통접선(Bi-tangent Line) : 두 곡선에 동시에 접하는 선분

이등분선(Bisecting Line) : 선분의 수직이등분선

법선(Line Normal to Curve) : 곡선의 법선(수직선)

원추단면곡선 툴바

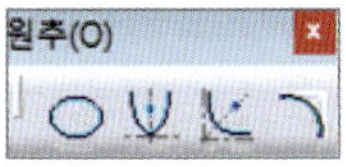

 타원(Ellipse) : 타원

 포물선(Parabola by Focus) : 초점과 꼭지점 등으로 포물선 생성

 쌍곡선(Hyperbola by Focus) : 초점과 꼭지점 등으로 쌍곡선 생성

 원추단면곡선(Conic) : 교차하는 두 직선에 접하는 원추단면곡선(타원/포물선/쌍곡선) 생성

스플라인 툴바

 스플라인(Spline) : 여러 개의 점을 부드럽게 지나는 곡선

 연결곡선(Connect) : 두 선분의 끝점을 연결하는 곡선

원 툴바

 원(Circle) : 중심점과 반지름에 의한 원

 삼점원(Three Point Circle) : 3점을 지나는 원

 좌표값원(Circle Using Coordinates) : 좌표를 지정해서 원을 생성

삼접원(Tri-tangent Circle) : 3개의 선에 접하는 원

삼점원호(Three Point Arc) : 3 점을 지나는 원호

Three Point Arc Starting with Limit : 2개의 끝점과 중간점을 이용한 원호

원호(Arc) : 중심점, 두 끝점의 순서대로 원호 생성

사전 정의된 프로파일 툴바

직사각형(Rectangle) : 사각형

기울어진 직사각형(Oriented Rectangle) : 3개 점을 이용하여 사각형 생성

평행사변형(Parallelogram) : 3개의 꼭짓점으로 평행사변형 생성

돼지코(Elongated Hole) : 2개의 점을 잇는 선분이 반지름만큼 오프셋한 도형

실린더 돼지코(Cylindrical Elongated Hole) : 원호를 오프셋한 도형

키홀(Keyhole Profile) : 열쇠 구멍 같은 모양의 도형

정육각형(Hexagon): 정육각형

중심점 직사각형(Centered Rectangle) : 중심점, 폭, 높이로 직사각형 생성

중심점 평행사변형(Centered Parallelogram) : 두 직선에 평행한 평행사변형 생성

(2) 작업 툴바

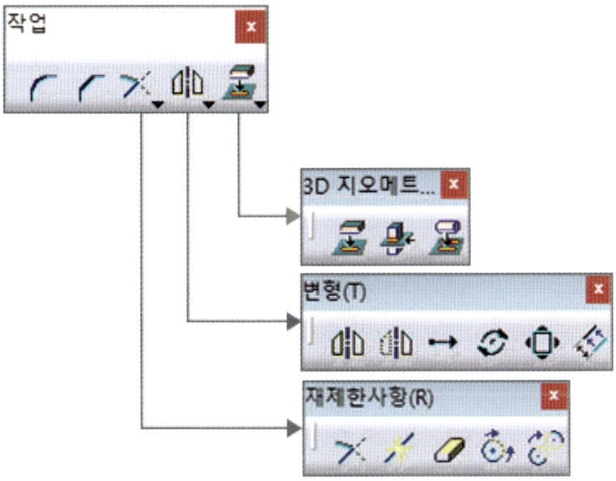

모깎기(Corner) : 라운드 처리, 두 선분 모서리를 원호로 연결

모따기(Chamfer) : 두 선분 모서리의 모따기

재제한 사항 툴바

트림(Trim) : 선을 연장하거나 잘라냄

분리(Break) : 한 선을 두 선으로 분리

퀵트림(Quick Trim) : 도형을 자르고 지울 때 사용

원호닫음(Close) : 원호/타원호를 완전한 원/타원으로 만듦

남은원호(Complement) : 원호의 반대 방향으로 새로운 원호를 생성하고 기존 원호는 제거함

변형 툴바

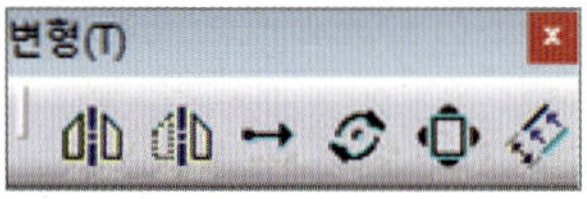

 거울(Mirror) : 선대칭 복사

 대칭이동(Symmetry) : 선대칭 이동

 평행이동(Translate) : 도형의 평행 이동/복사

 회전(Rotate) : 회전 이동/복사

 축척변환(Scale) : 개체를 임의의 비율로 확대/축소함

 오프셋(Offset) : 주어진 도형의 오프셋 도형(일정 거리만큼 떨어진 도형) 생성

3D 지오메트리 툴바

 Project 3D Elements : 스케치 평면에 3차원 도형을 투영

 Intersect 3D Elements : 스케치 평면과 3차원 도형 간의 교차 도형 생성

 Project 3D Silhouette Edges : 3D 도형의 윤곽을 Sketcher 평면에 투영

(3) 제약조건 툴바

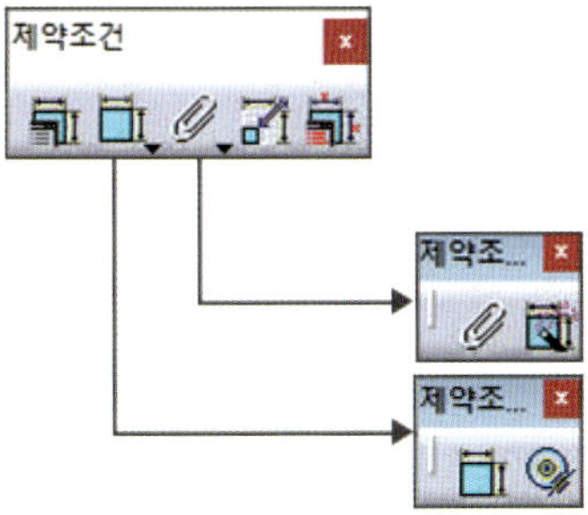

 구속조건대화창(Constraints Defined in Dialog Box) : 기하학적 구속조건 지정

 길이/각도(Constraint) : 도형의 길이와 각도 등의 치수 입력

 접촉(Contact Constraint) : profile의 형상에 따라 일치/동심/접촉 구속조건 부여

 Fix Together : 여러 개의 도형을 하나의 객체로 구속

 제약조건 애니메이션(Animate Constraint) : 치수 변화에 따른 도형의 변화를 움직임으로 확인

 다중제약조건편집(Edit Multi-Constraint) : 도형의 모든 치수를 한꺼번에 수정

02 Part Design

(1) Sketh-Based Features

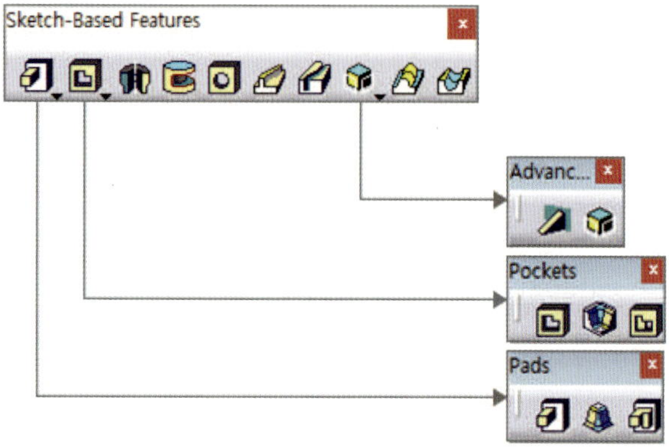

 회전체(Shaft) : 축을 중심으로 단면 프로파일을 회전시켜 3차원 도형 생성

 그루브(Groove) : 축을 중심으로 단면 프로파일을 회전시켜 형상을 제거

 구멍(Hole) : 3차원 도형에 다양한 hole 생성

 리브(Rib) : 단면 프로파일과 센터 커브로 보강판(rib) 생성

 슬롯(Slot) : 단면 프로파일과 센터 커브로 홈을 파냄

 Multi–Section Solid : 여러 단면의 스케치를 연결하여 3차원 입체도형 생성

 Removed Multi–Section Solid : 멀티섹션솔리드에 해당되는 형상을 제거

Pads 툴바

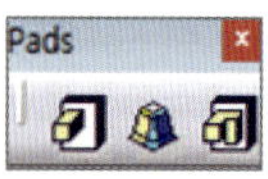

 패드(Pad) : 돌출, 프로파일과 두께로 입체도형 생성

Drafted Filleted Pad : 도형의 돌출, 기울기, 모깎기를 한 번에 생성하여 돌출

멀티패드(Multi-Pad) : 각 프로파일마다 두께를 달리 지정하여 돌출

Pockets 툴바

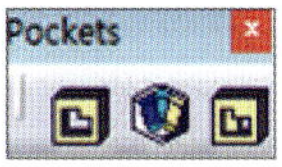

포켓(Pocket) : 패드와 반대로 원하는 형상을 제거

Drafted Filleted Pocket : 도형의 제거, 기울기 변화, 모깎기를 한꺼번에 작업

멀티포켓(Multi-Pocket) : 각 프로파일 마다 두께를 달리 지정하여 제거

Advanced 툴바

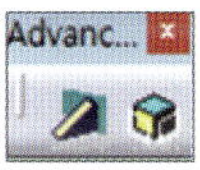

보강재(Stiffener) : 보강재 생성

솔리드결합(Solid Combine) : 두 개의 겹쳐진 입체도형을 하나로 결합

(2) Sketch-Based Features

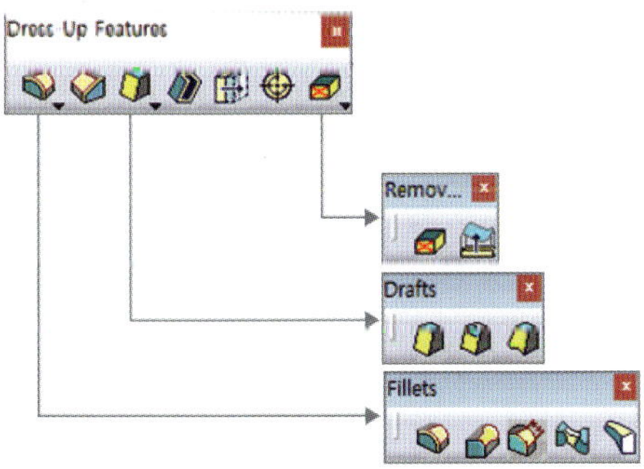

모따기(Chamfer) : 형상의 모서리에 모따기

쉘(Shell) : 바깥 면을 일정 두께만큼 내부를 파냄

두께(Thickness) : 면의 두께를 조절

나사(Thread/Tab) : 구멍에 나사산 생성

Fillets 툴바

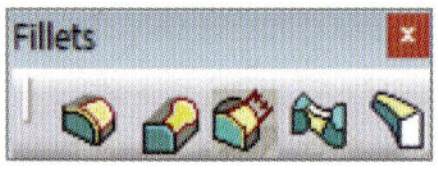

필렛(Edge Fillet) : 모깎기, 모서리에 라운드 처리

가변반경필렛(Variable Radius Fillet) : 반경이 변하는 라운드 처리

현길이필렛(Chordal Fillet) : 필렛(모깎기) 시 현 길이로 지정

Face-Face Fillet : 두 면이 교차하지 않거나 두 면 사이에 Sharp Edge가 두개 이상일 경우 사용

세면필렛(Tritangent Fillet) : 세 면을 이용하여 Fillet을 할 때 사용

Drafts 툴바

빼기구배(Draft Angle) : 선택된 면을 빼기구배 만큼 기울어지게 변형함

가변빼기구배(Variable Angle Draft): 기울기가 변하는 빼기구배 적용

(3) Transformation Features

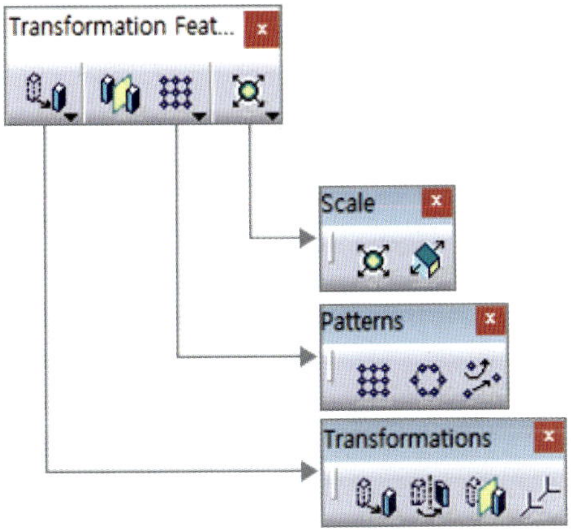

 거울(Mirror) : 도형을 면대칭으로 복사할 때 사용

Transformations 툴바

 평행이동(Translate) : 도형의 평행이동

 회전(Rotation) : 특정한 축을 중심으로 도형을 회전시켜 이동

 대칭(Symmetry) : 도형을 면대칭 되도록 이동

Patterns 툴바

 직사가형패턴(Rectangular Pattern) : 직사각형 Pattern 생성

 원형패턴(Circular Pattern) : 원형 Pattern 생성

사용자패턴(User Pattern) : Instance를 원하는 위치에 생성

Scale 툴바

축척(Scaling) : 도형의 확대/축소

어파인(Affinity) : x, y, z 방향을 따라 각각 다른 비율로 확대/축소

03 Assembly Design

프로덕트 구조 도구

새 컴포넌트(New Component) : 현재 작업 중인 어셈블리 디자인에 새로운 컴포넌트 추가

새 제품(New Product) : 새로운 제품 생성

새 부품(New Part) : 현재 작업 중인 어셈블리 디자인에 새로운 부품 추가

기존 컴포넌트(Existing Component) : 현재 작업 중인 어셈블리 작업에 이미 만들어진 컴포넌트를 불러들이는 기능

컴포넌트 교체(Replacement component) : 어셈블리 작업에서 구성요소를 교체하거나 편집하는 기능

Manage Representation : 현재 작업 중인 어셈블리에 작업 내용을 표시

Fast Multi Instantiation : 선택한 요소를 기본 설정 값에 따라 복사

Define Multi Instantiation : 필요한 요소의 위치, 수량, 거리 등을 정의하여 불러들이는 기능

이동

조작(Manipulation) : 마우스를 이용하여 부품을 이동하거나 회전하는 기능

스냅(Snap) : 도형을 선택한 축/선/면의 연장된 축/선/면 위에 일치시킴

익스플로드(Explode) : 어셈블리의 사용된 부품을 분해

제약조건

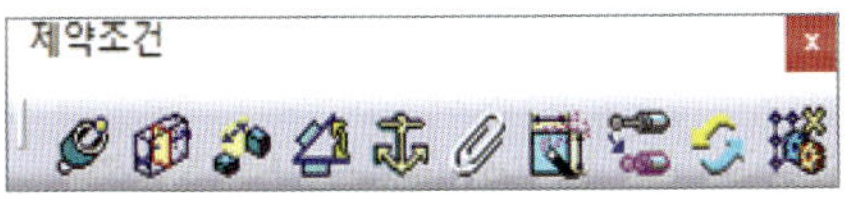

일치 제약조건(Coincidence Constraint) : 조립시 두 부품의 중심축, 모서리, 면을 일치시킴

접촉 제약조건(Contact Constraint) : 면과 면의 접촉에 대한 조립 조건

오프셋 제약조건(Offset Constraint) : 조립시 두 파트간 일정 거리를 부여

각도 제약조건(Angle Constraint) : 조립시 파트 간의 각도를 부여

고정 컴포넌트(Fix Component) : 기준이 되는 부품의 위치를 고정시킬 때 사용

Fix Together : 여러 부품을 하나의 개체로 결합

 빠른 구속(Quick Constraint) : 미리 설정해 놓은 우선순위에 따라 구속조건을 자동으로 적용하는 기능

 구속조건 변경(Change Constraint) : 구속조건을 다른 타입의 구속조건으로 변경

 패턴 재사용(Reuse Pattern) : 일련의 작업을 패턴화하여 한 번에 수행

04 Drafting

뷰(Views)

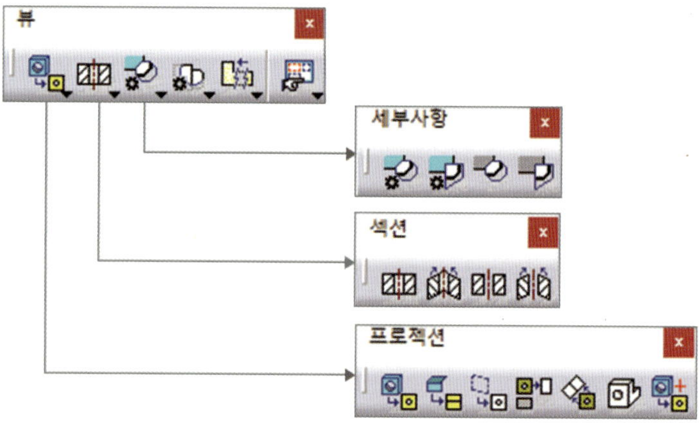

프로젝션(Projections)

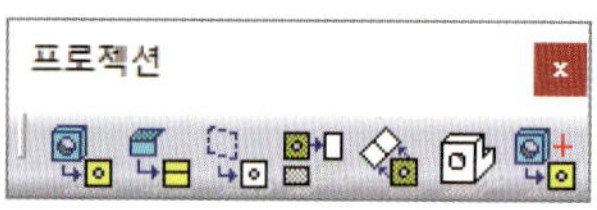

 정면 뷰(Front View) : 도면작업을 할 때, 정면도 생성

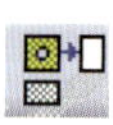 프로젝션 뷰(Projection View) : 정면도를 기준으로 평면도, 측면도, 배면도 생성

 아이소메트릭 뷰(Isometric View) : 입체도 생성

섹션(Sections)

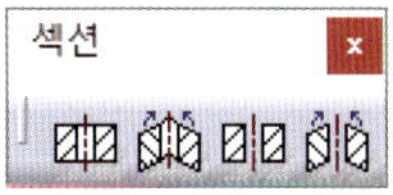

 오프셋 섹션 뷰(Offset Section View) : 단면도 생성

세부사항(Details)

 세부사항 뷰(Detail View) : 부분 확대도 생성

치수(Dimensioning)

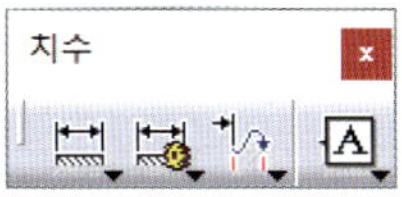

치수(Dimensions)

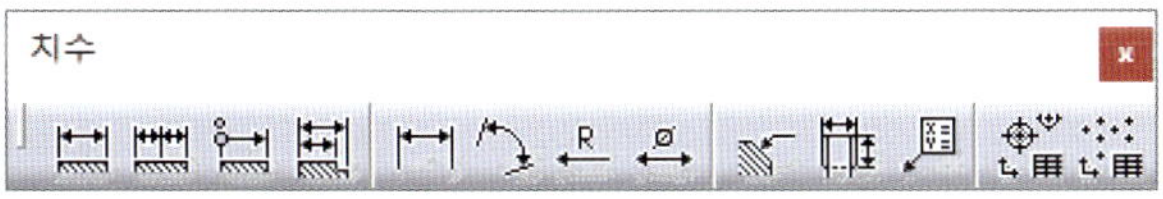

 실이/거리 지수(Length/Distance Dimensions) : 길이 치수 생성

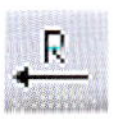 각도 치수(Angle Dimensions) : 각도 치수생성

 반지름 치수(Radius Dimensions) : 라운드 부위 반지름 치수 생성

 지름 치수(Diameter Dimensions) : 원의 지름 생성

Chapter 2

SKETCHER

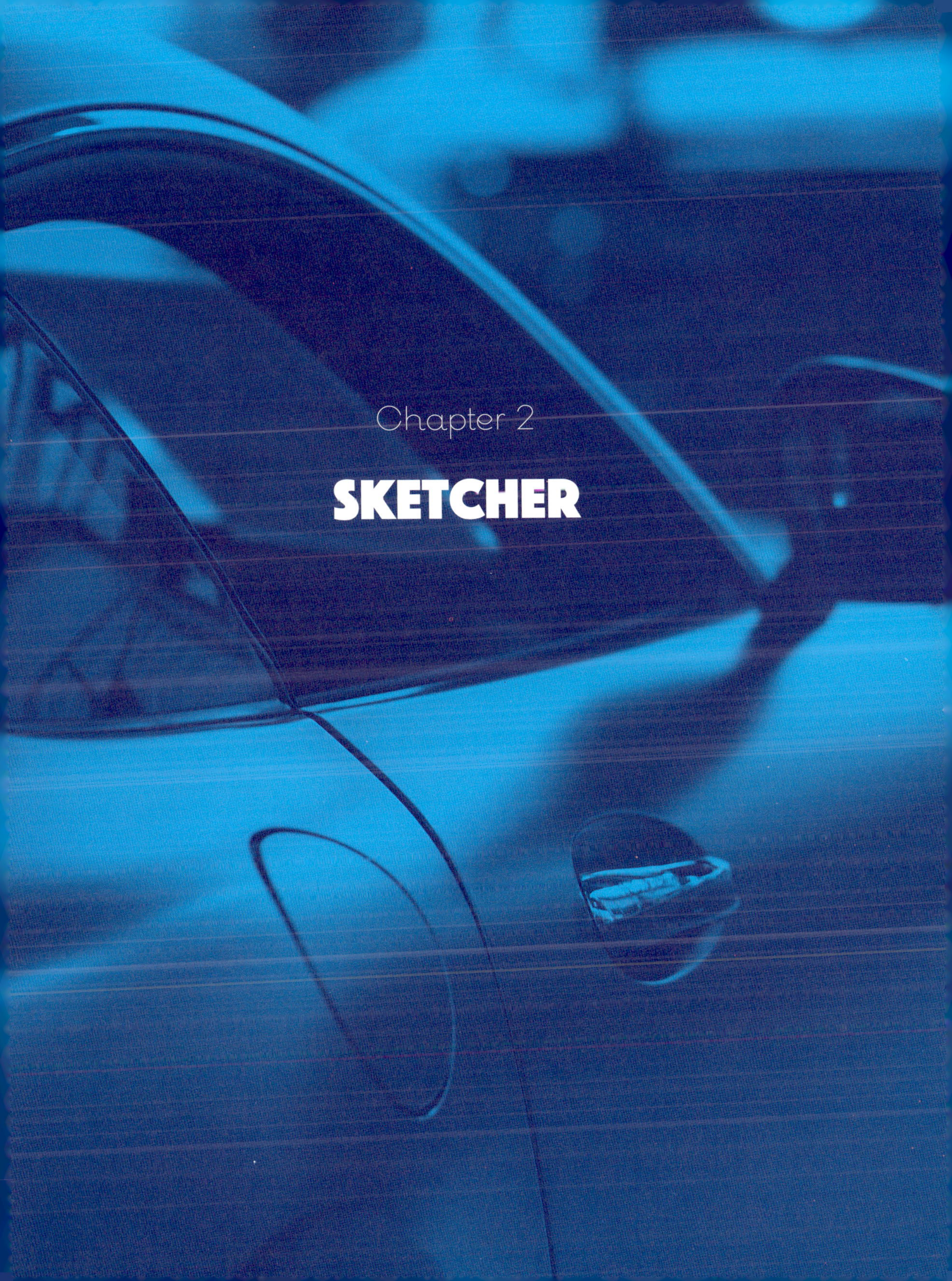

2.1 Sketcher 시작하기

01 주화면 상단 메뉴에서 [시작(S)] – [기계디자인] – [Sketcher]를 선택한다.

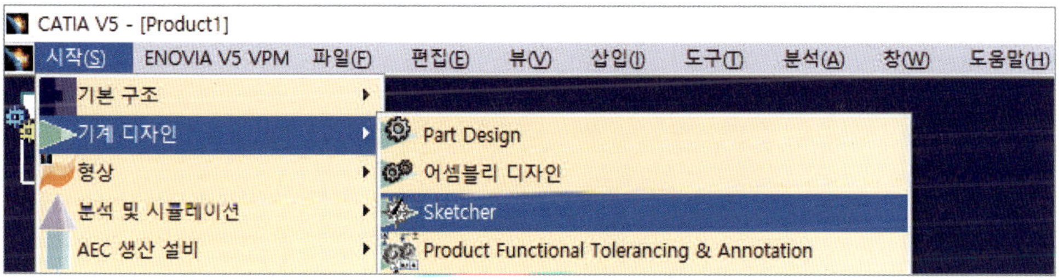

02 화면 중앙의  xy, yz, zx 평면 중 xy 평면을 선택한다.

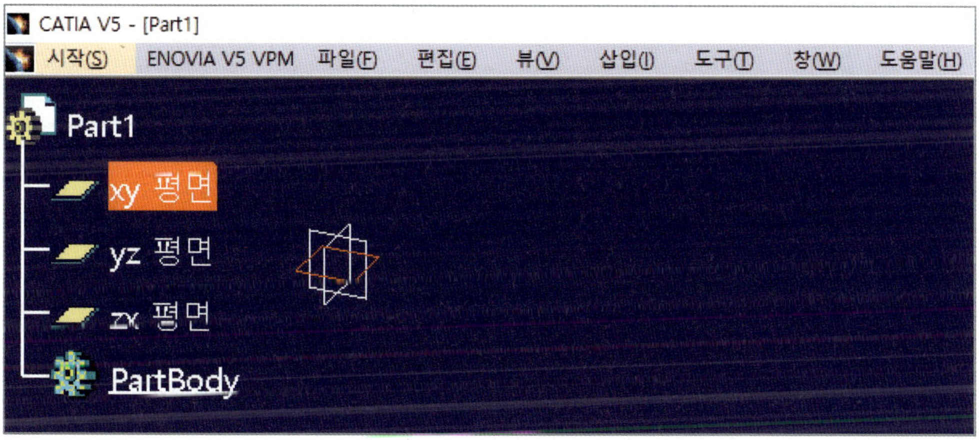

03 주화면 상단에서 [뷰(V)] – [도구모음]에서 표준, 워크벤치, 뷰, 도구, 사용자 선택필터, 스케치도구, 시각화, 작업, 제약조건, 측정, 프로파일 등 툴바들을 선택한다.

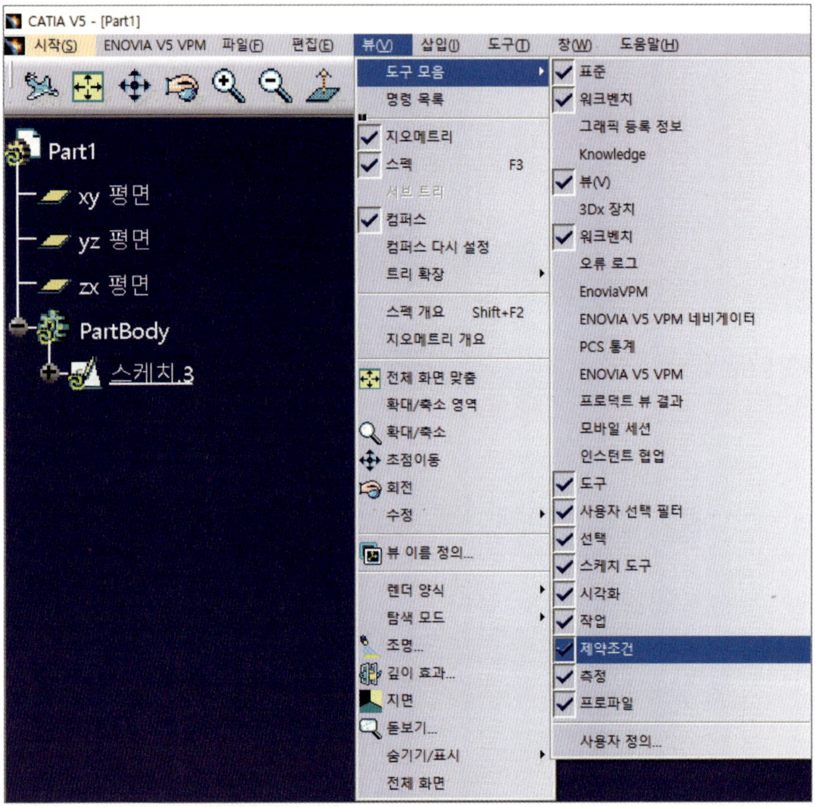

– 스케치 도구에서 격자, 점에 스냅, 지오메트리 제약조건 은 그림과 같이 활성화한다. ※아이콘이 활성화되면 다음 그림처럼 주황색으로 변한다.

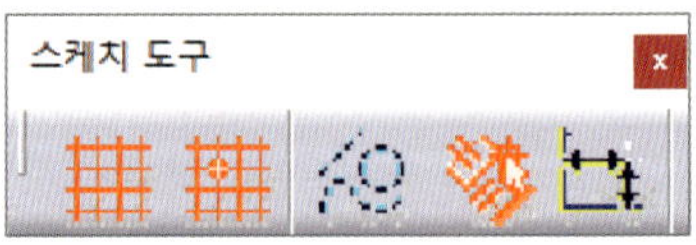

2.2 아이콘 조작

01 프로파일

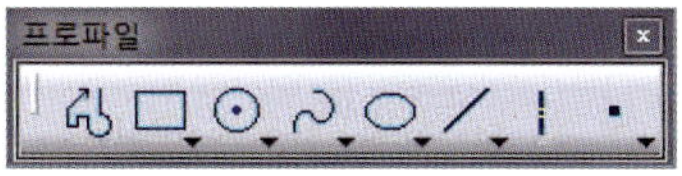

 (프로파일): 선이나 원을 자유롭게 그린다.

 (직사각형): 사각형을 그린다.

 (원): 원을 그린다.

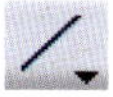 (선): 선을 그린다.

02 하위 아이콘

• 프로파일 툴바의 직사각형, 원, 선 등의 아이콘 아래 역삼각형을 클릭하면 그에 따른 하위 아이콘을 이용할 수 있다.

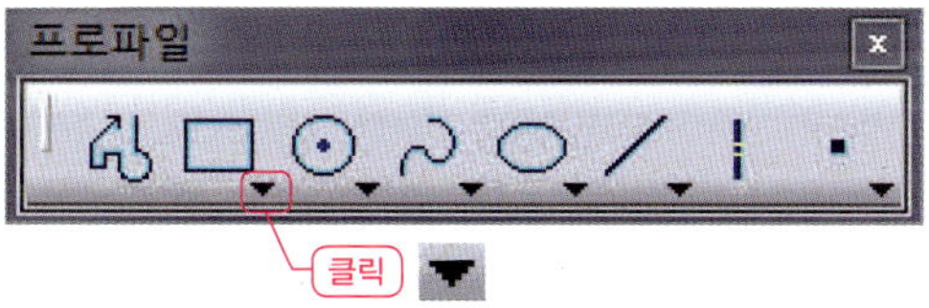

• 역삼각형 클릭 후 생성된 툴바를 드래그하면, 하위 아이콘 툴바가 화면에 고정된다.

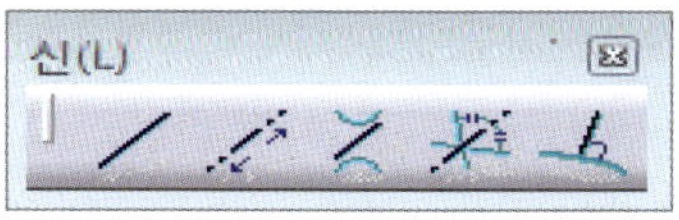

2.3 구속 조건

01 프로파일 툴바에서 원 아이콘  을 클릭한 후 좌표계의 원점을 중심으로 선택하고 임의 크기의 원을 그린다.

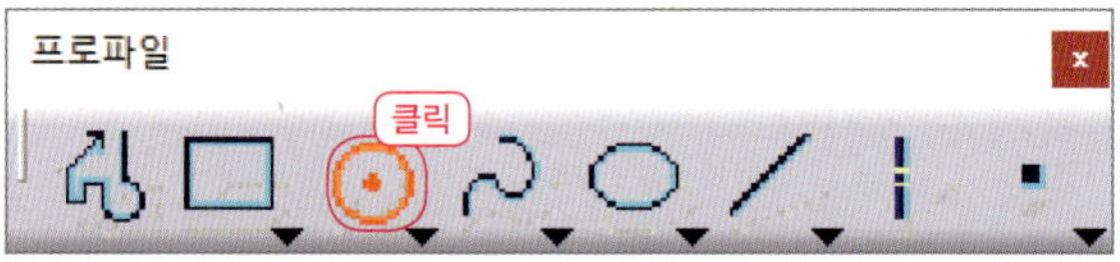

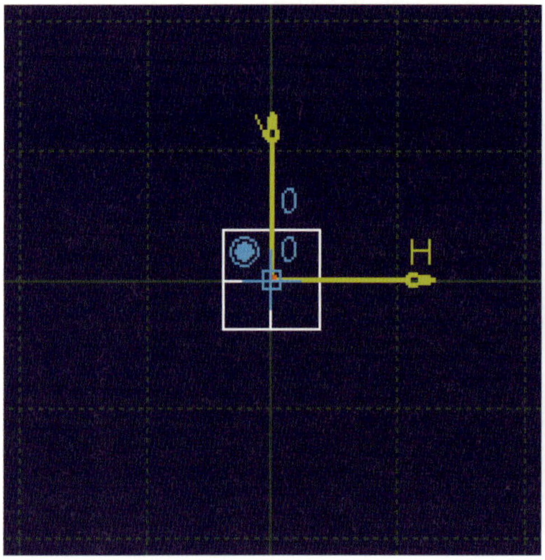

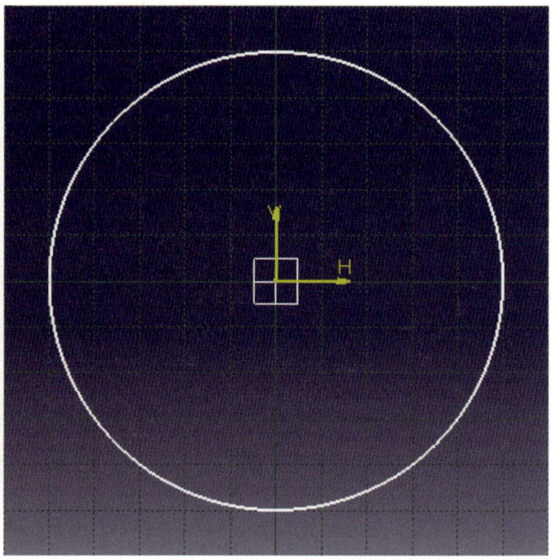

02 제약조건 툴바에서 길이/각도 아이콘  을 클릭하면 지름이 표시되고 이를 클릭하면 원의 색상이 흰색(비구속상태)에서 초록색(구속상태)으로 변한다.

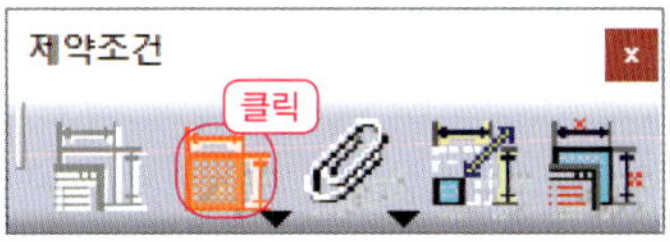

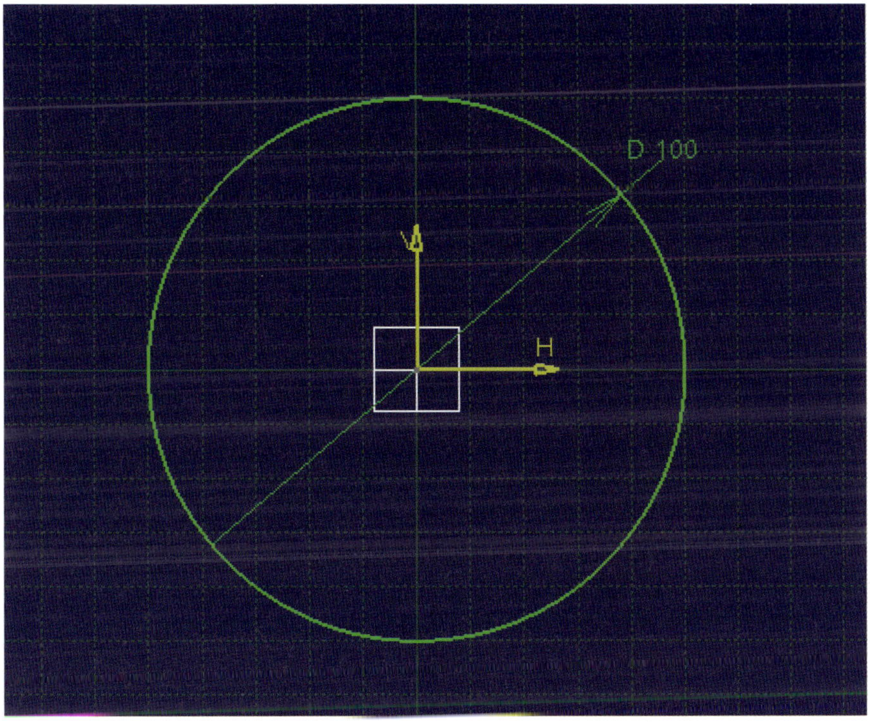

04 그림에서 D 100의 치수를 더블클릭하면 [제약조건 정의] 창이 뜨고, 그 창에서 치수를 바꿀 수 있다.

05 스케치를 한 비구속상태의 도형(흰색)에 대하여 위치와 형상에 대해 정확한 구속이 이루어지면 그 도형은 초록색의 구속상태가 된다. 도형이 과구속(중복제약)이 되면 아래 그림과 같이 보라색으로 표시된다.

스케치할 때는 원칙적으로 도형을 초록색의 구속상태로 만들어 놓고 다음 단계로 넘어가야 한다.

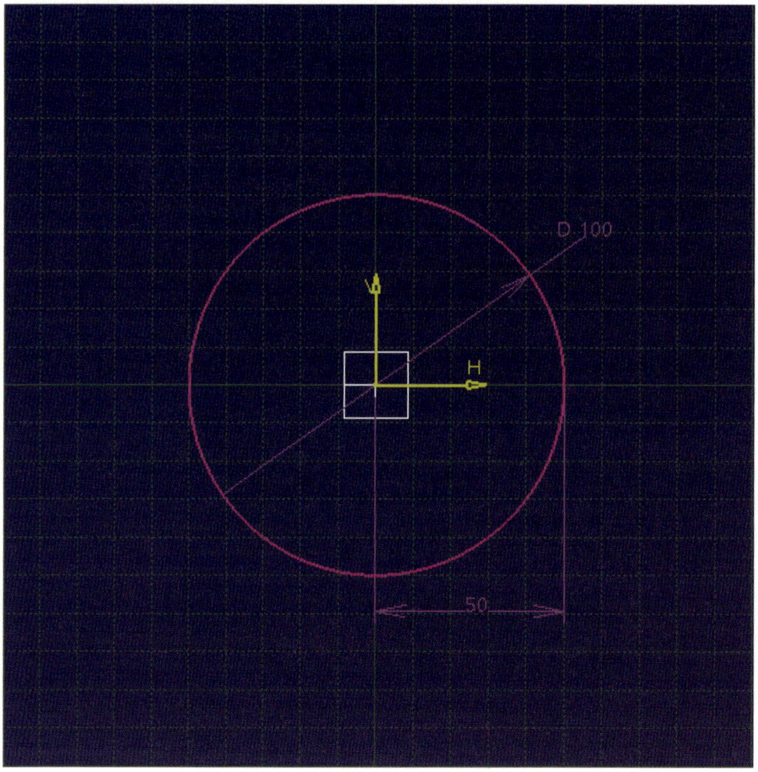

06 실행한 명령을 취소하고자(undo) 할 때는 Ctrl+Z를 누르면 최근 명령부터 차례차례 취소된다. 이를 다시 살리고자(redo) 할 때는 Ctrl+Y를 누르면 차례차례 되살아난다.

07 도구 툴바들의 위치 변경을 하기 위해서는 작은 바를 마우스로 클릭하고 드래그한다.

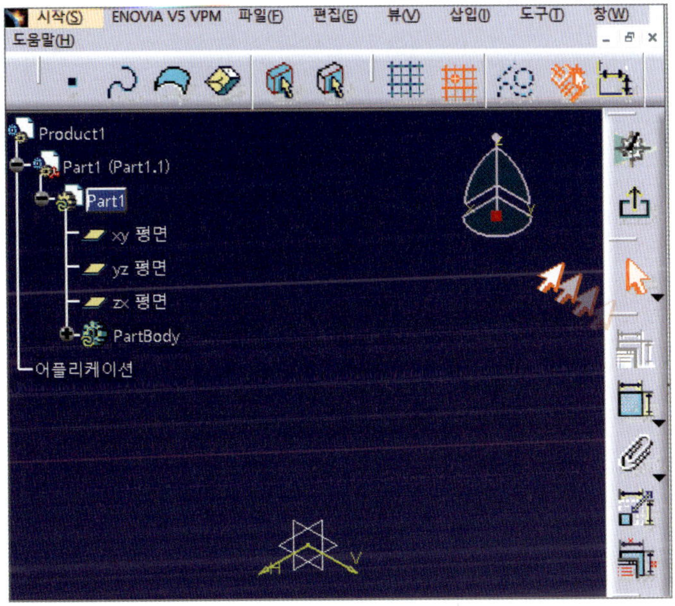

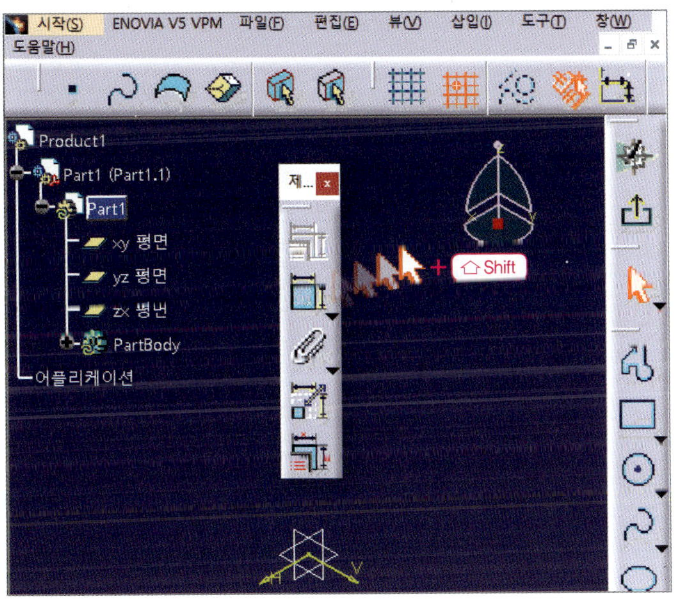

– 세로로 표시된 도구 툴바를 Shift키를 누르고 드래그하면 가로로 표시된다.

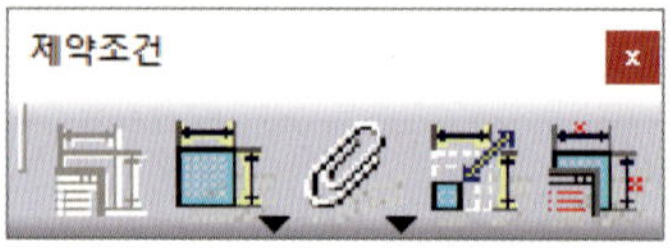

2.4 Sketcher #1

새로 익히는 기능

- 원 아이콘(Circle)
- 좌표원 아이콘(Circle using coordinates)
- 길이/각도 아이콘(Constraint)
- 지우개 아이콘(Quick trim, 즉시 자르기)

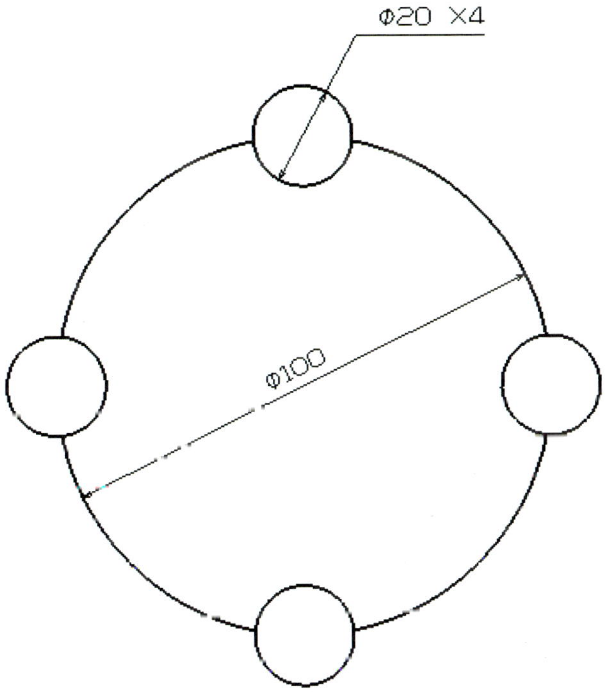

01 Sketcher화면 중앙의 xy 평면을 클릭하여 sketcher 화면으로 들어간다.

02 프로파일 툴바에서 원 아이콘 을 클릭한 후, 좌표계의 원점을 중심으로 선택하고 임의의 원을 그린다. (원점을 찍으면 자동으로 '일치' 제약조건 이 부여된다)

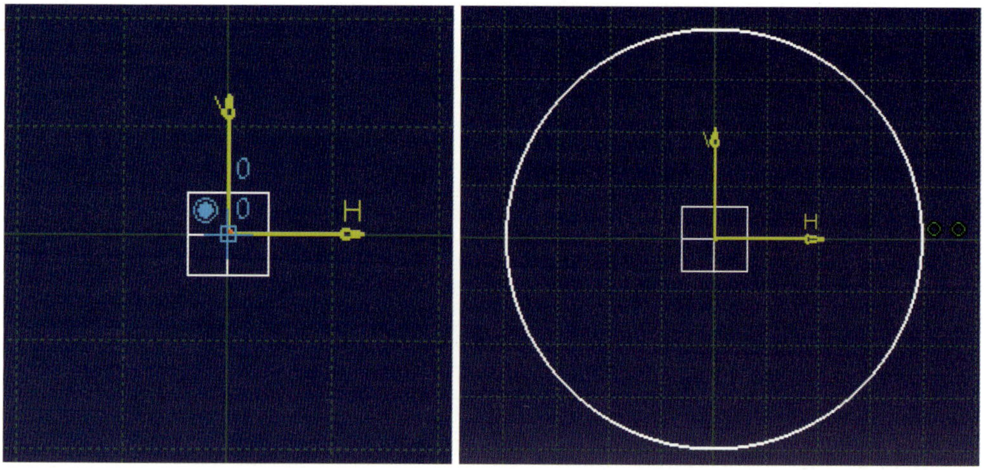

– 제약조건 툴바에서 길이/각도 아이콘 을 선택하고 원의 지름을 클릭하면 다음과 같이 원의 색상이 흰색(비구속상태)에서 초록색(구속상태)으로 변하고 임의의 지름이 표시된다. 지름 치수를 더블클릭하여 제약조건 정의 창에서 지름을 100 mm로 변경한다.

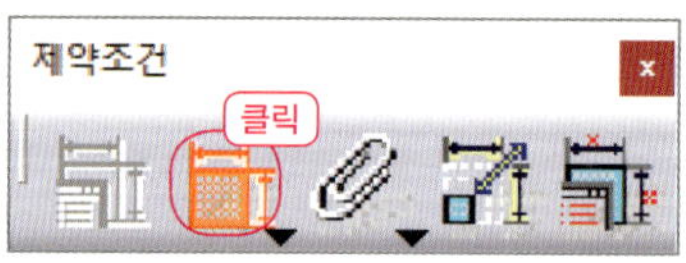

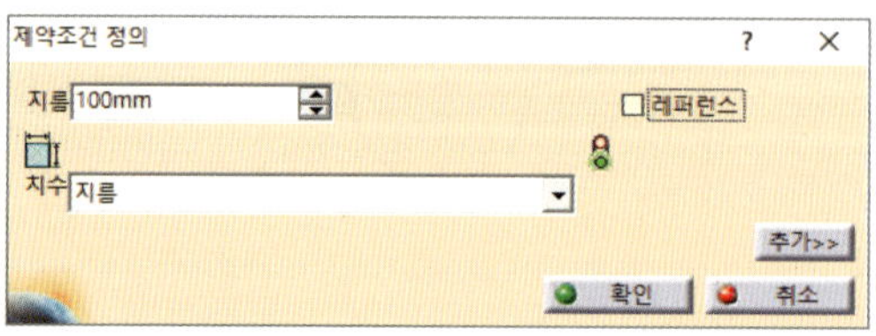

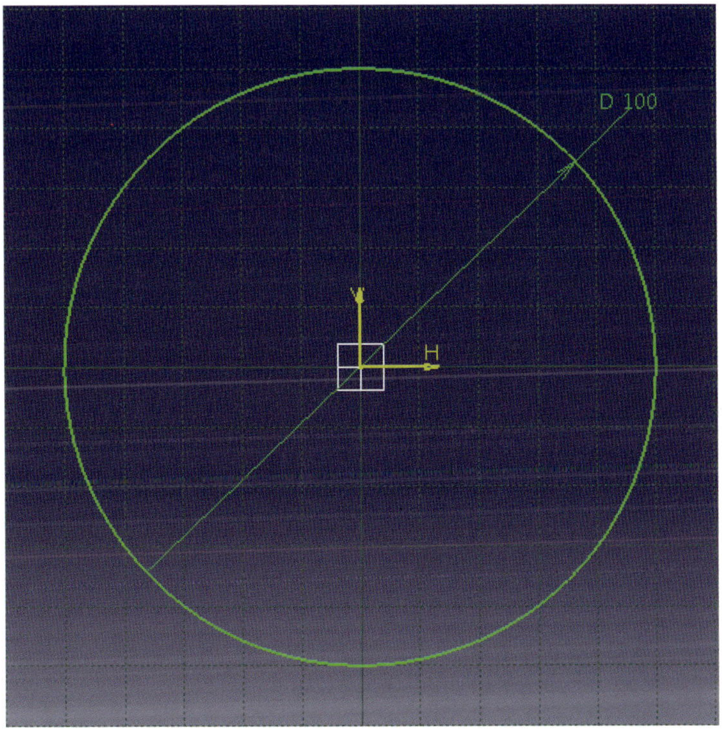

03 프로파일 툴바의 원 아이콘 의 하위 메뉴에서 좌표원 아이콘 을 클릭한 후, 중심점 (50, 0)에 반지름 10 mm인 원을 그린다.

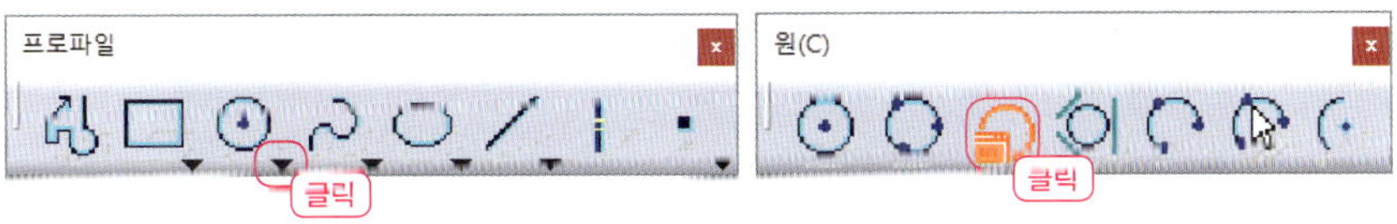

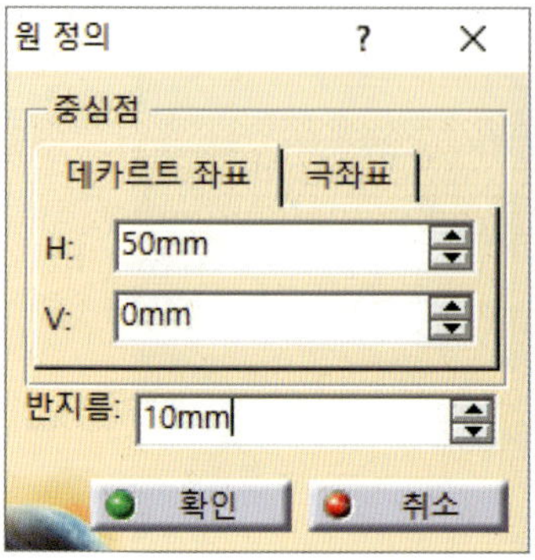

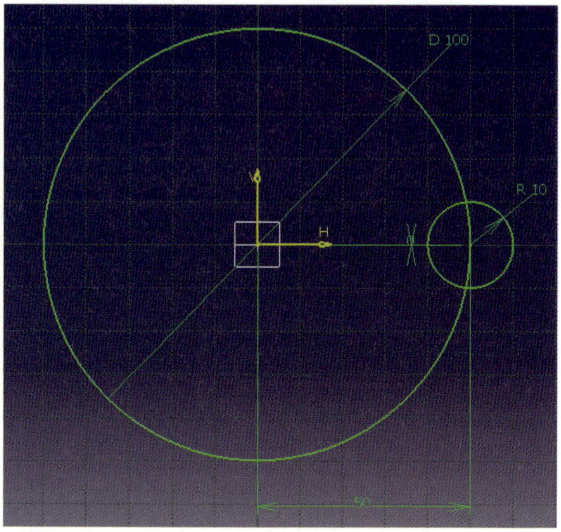

04 **03**번 과정을 반복하여 다음 그림과 같은 반지름 10 mm의 원을 3개 더 그린다. 치수선을 클릭하고 마우스를 움직여 그림과 같이 치수선의 위치를 적절히 정한다.

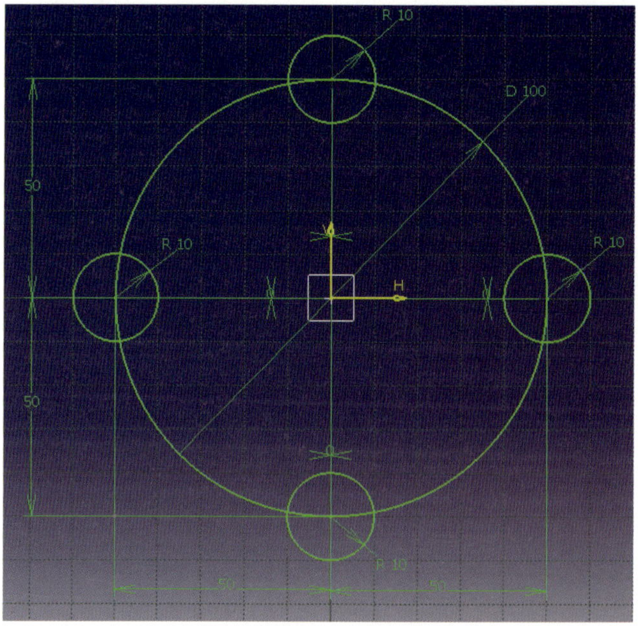

05 작업 툴바의 자르기 아이콘 의 하위 메뉴에서 지우개 아이콘 을 클릭한 후, 작은 원들을 지나는 큰 원의 불필요한 부분을 클릭하여 지운다. 이때 아이콘을 더블클릭하면 지우개 기능을 연속적으로 사용할 수 있다.

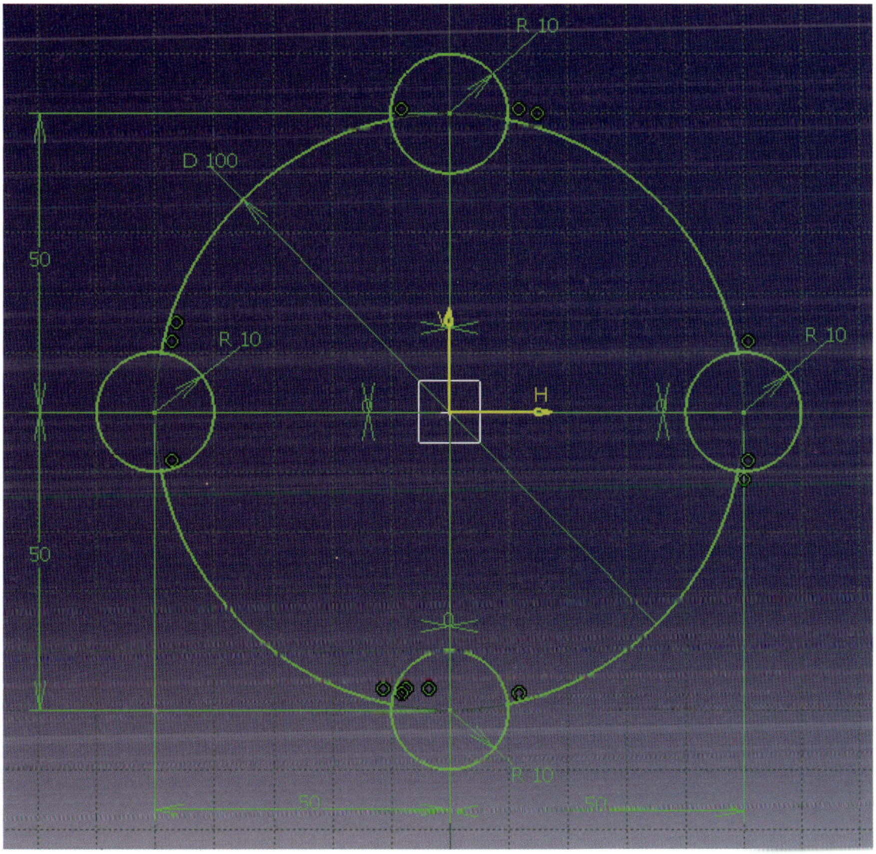

Sketcher #1

2.5 Sketcher #2

새로 익히는 기능

- 돼지코 아이콘(Elongated Hole)
- 오프셋 아이콘(Offset)
- 접선 아이콘(Bi-Tangent Line)
- 거울 아이콘(Mirror)

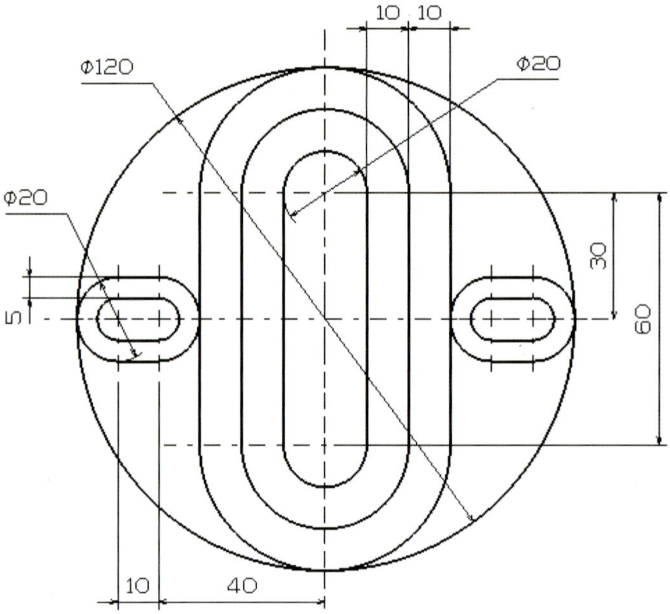

01 Sketcher 화면 중앙의 xy 평면을 클릭하여 sketcher 화면으로 들어간다.

02 원 아이콘 을 클릭한 후, 좌표계의 원점을 중심으로 선택하고 임의의 원을 그린다.

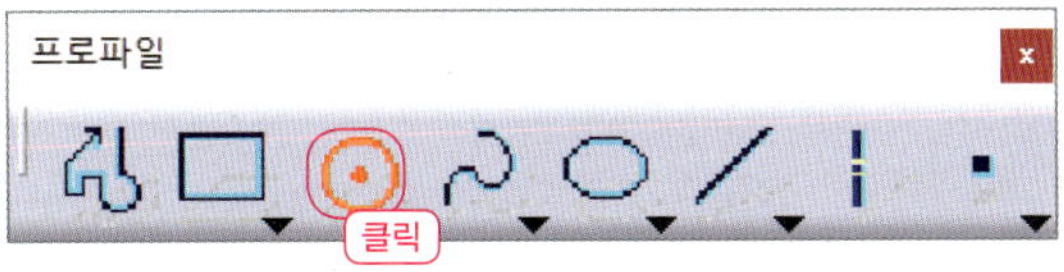

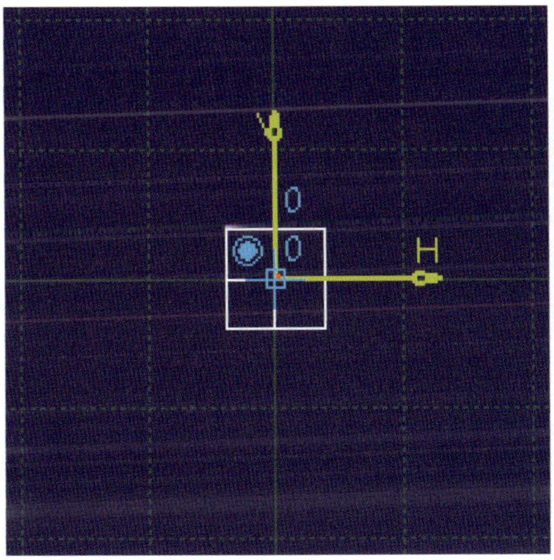

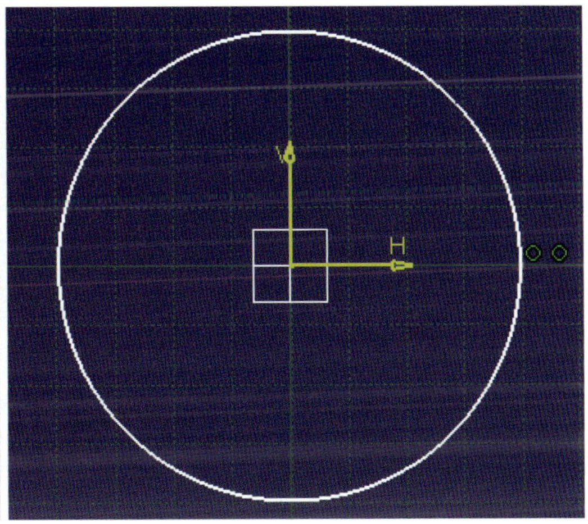

– 길이/각도 아이콘 을 클릭한 후, 원의 지름을 클릭하면 다음과 같이 원의 색상이 흰색(비구속상태)에서 초록색(구속상태)으로 변한다. 지름 치수를 더블클릭하여 120 mm로 변경한다.

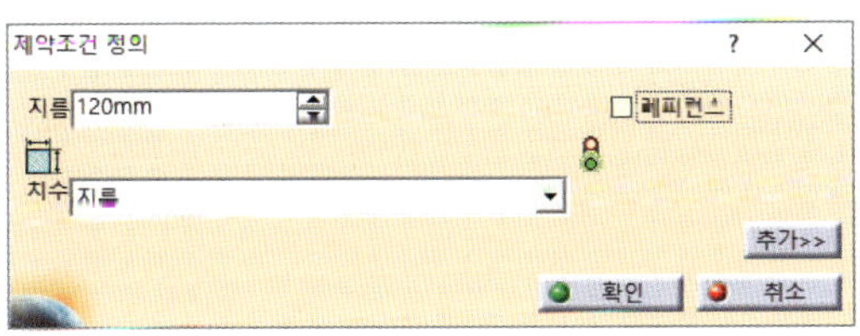

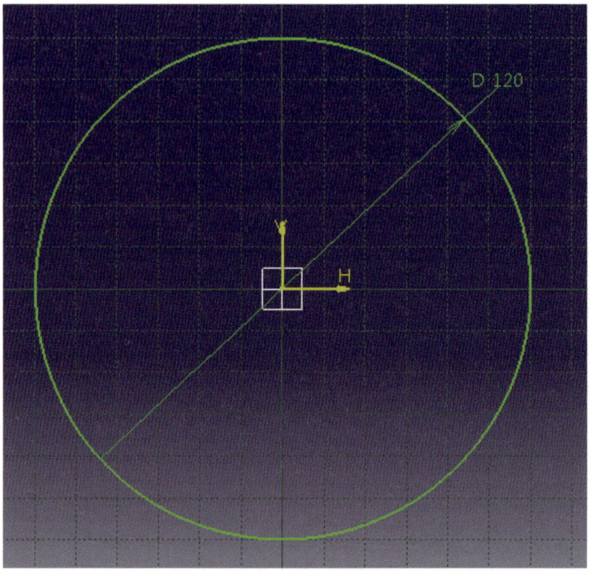

03 프로파일 툴바의 직사각형 아이콘 의 하위 메뉴에서 돼지코 아이콘 을 클릭 한다.

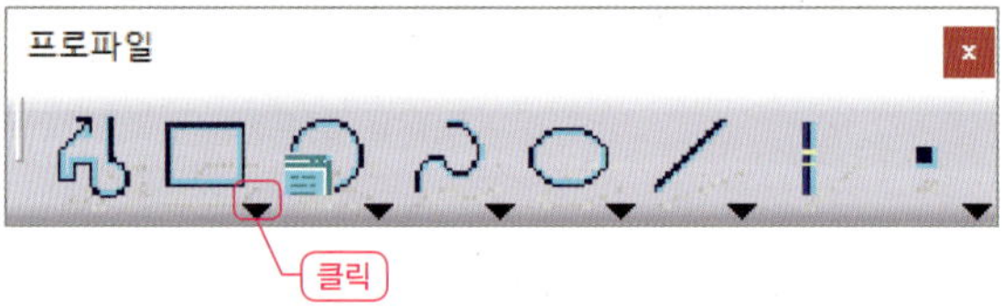

– 먼저 두 원의 중심을 차례로 클릭한 후, 폭만큼 적당히 클릭함으로써 형상을 만든다. 폭 치수를 더블클릭하여 10 mm로 정한다.

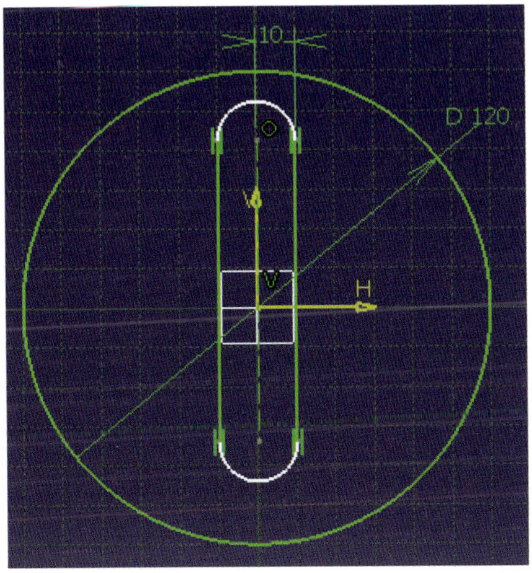

– 길이/각도 아이콘 을 클릭한 후, 상부 원의 중심점과 x축을 차례로 클릭하여 치수를 30 mm로 변경한다. 또한, 상부 원과 하부 원의 중심거리를 60 mm로 정한다.

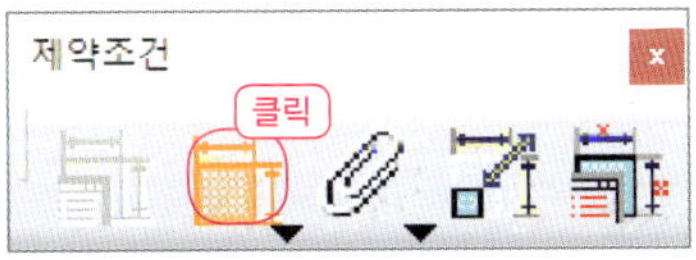

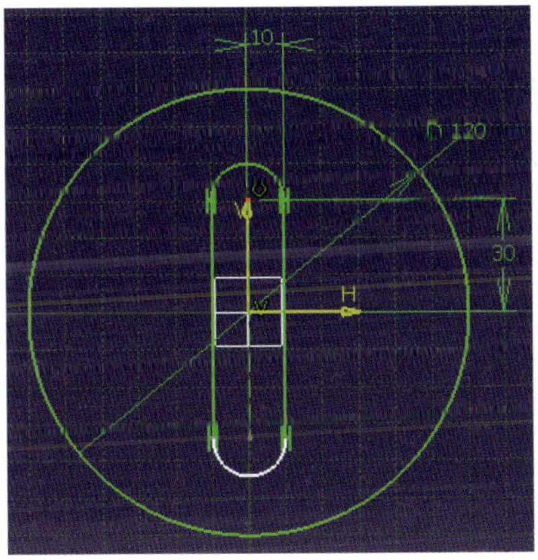

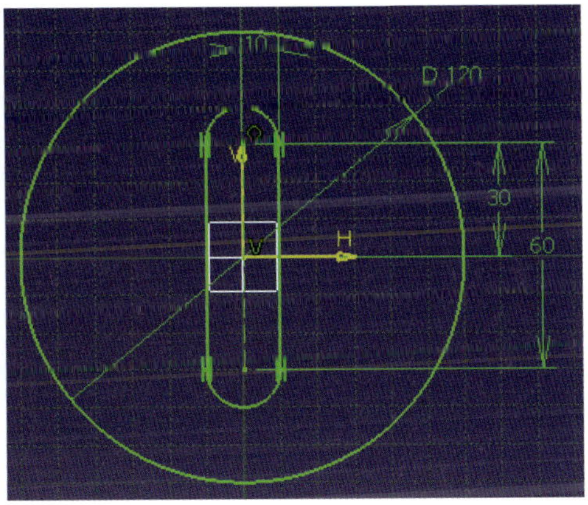

04 생성된 돼지코 형상의 구성 요소를 Ctrl+마우스 왼쪽버튼으로 차례로 클릭하여 모두 선택한 후, 작업 툴바의 거울 아이콘 의 하위 메뉴 중 오프셋 아이콘 을 클릭하여 거리를 지정하여 반복하여 형상을 만든다.

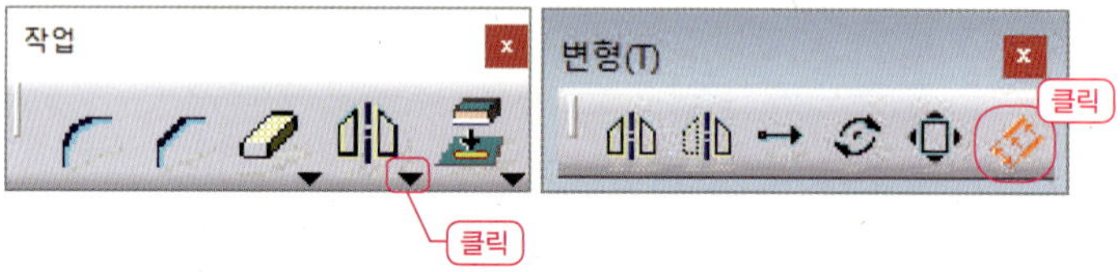

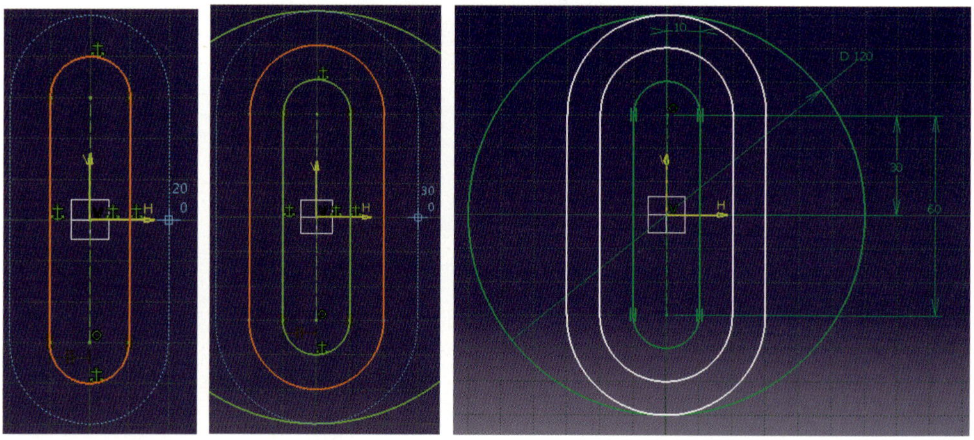

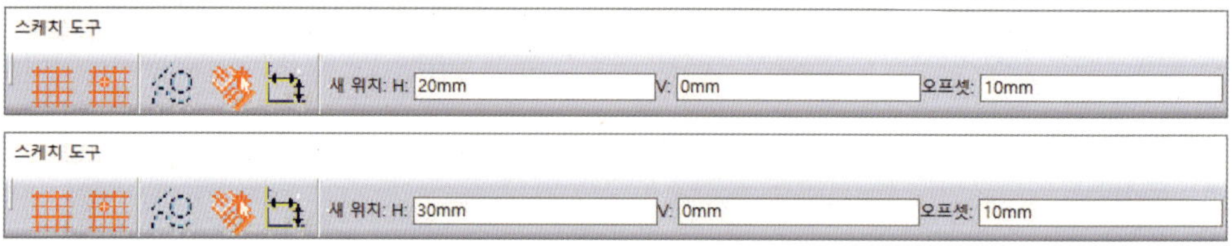

05 좌표원 아이콘 을 클릭하여 중심점 (40, 0)과 (50, 0)에 각각 반지름 5 mm인 원을그린다.

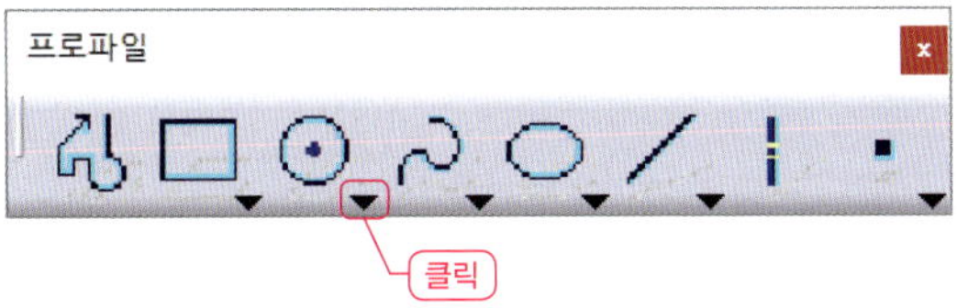

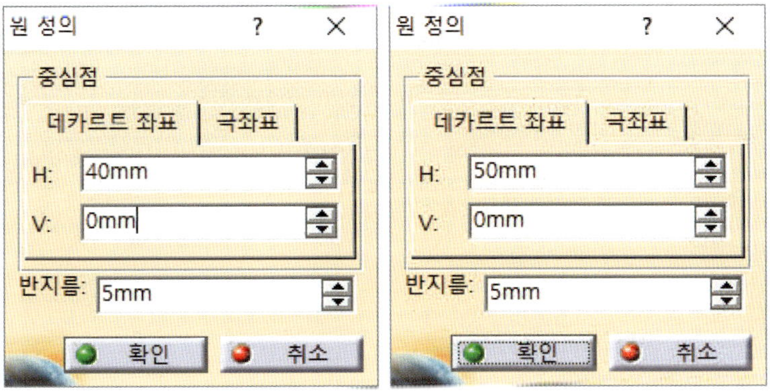

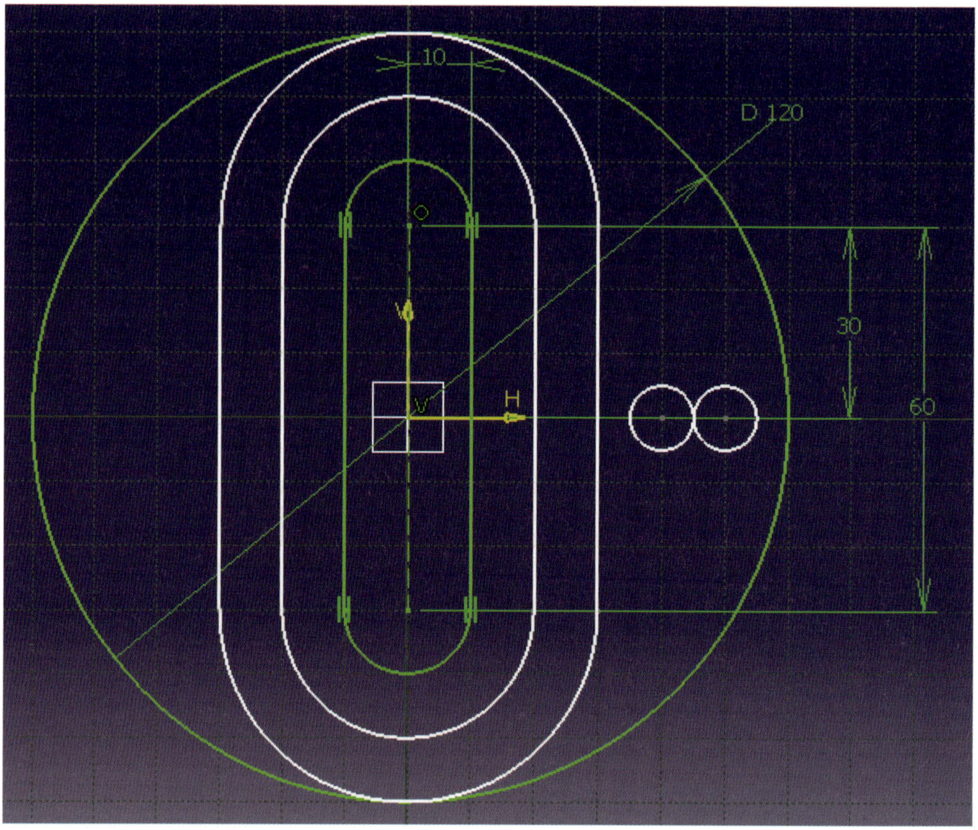

(주) 이 기능은 원을 연속해서 정의할 때 최근의 원의 중심에서 (10, 0)만큼 이동하여 새로운 원을 만드는 것으로, 만약 원점을 중심으로 새로운 원을 만들 때는 원점을 클릭한 후 H: 칸에 50 mm로 입력하면 된다.

06 프로파일 툴바의 선 아이콘 의 하위 메뉴에서 접선 아이콘 을 선택한 후 해당 두 원을 차례로 클릭하여 접선을 긋는다.

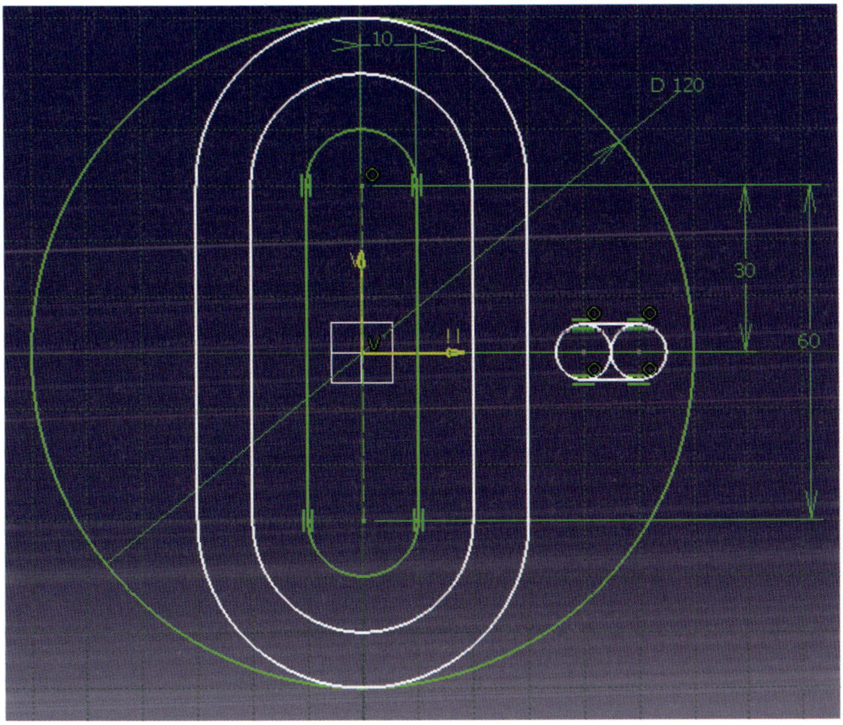

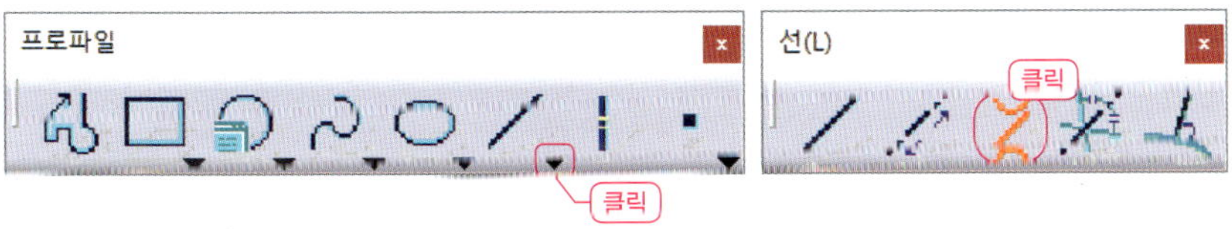

07 지우개 아이콘 을 더블클릭한 후, 불필요한 선들을 제거한다.

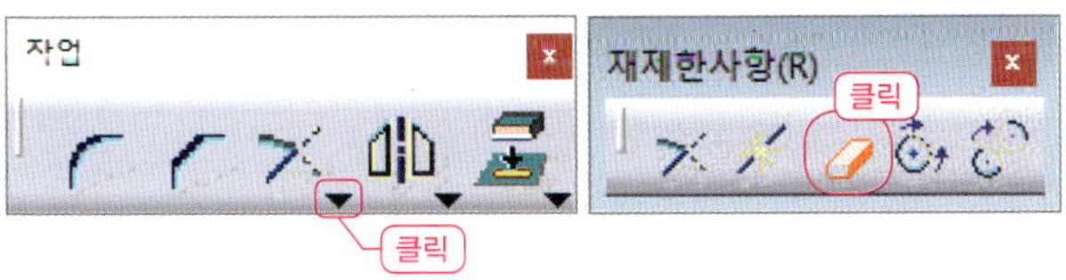

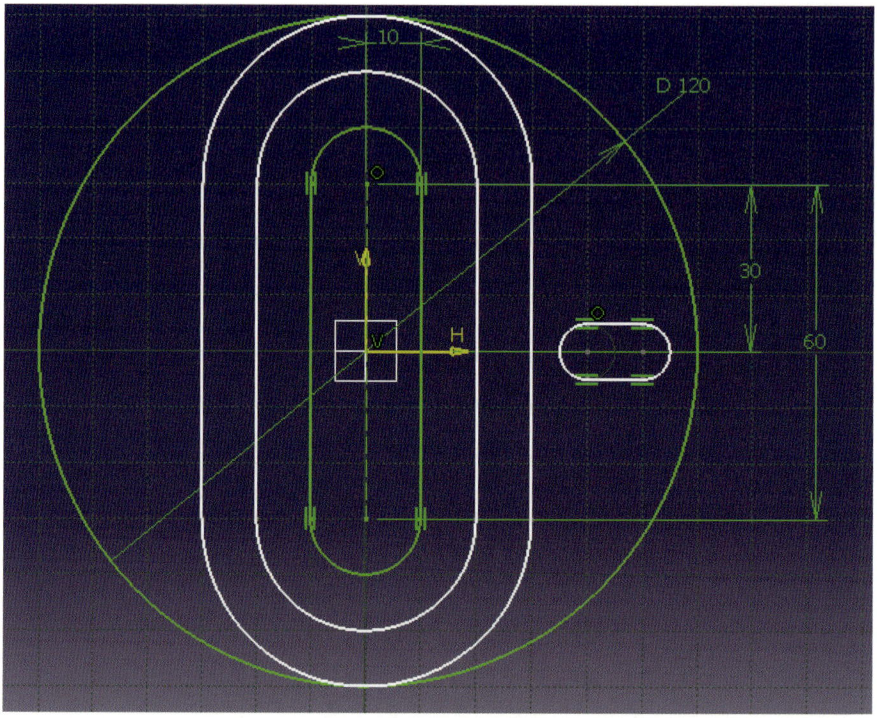

08 생성된 형상의 구성요소를 Ctrl+마우스 왼쪽버튼으로 다중 선택한 후, 오프셋 아이콘 을 클릭하여 거리를 지정한 후 형상을 완성한다.

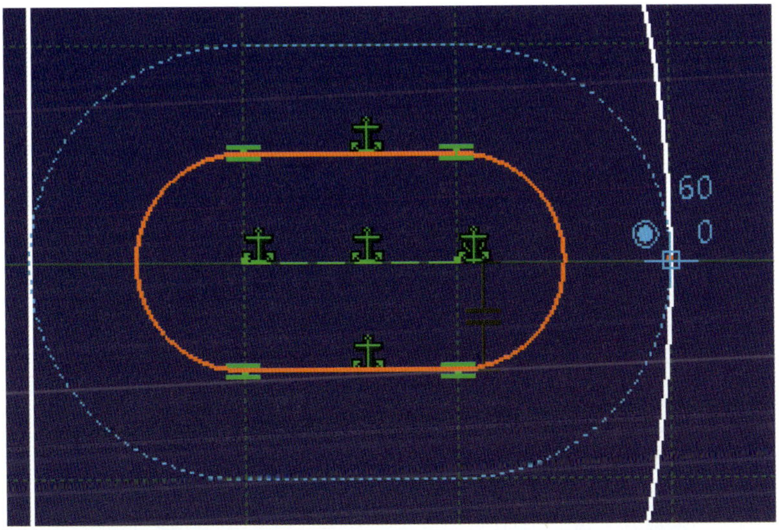
60
0

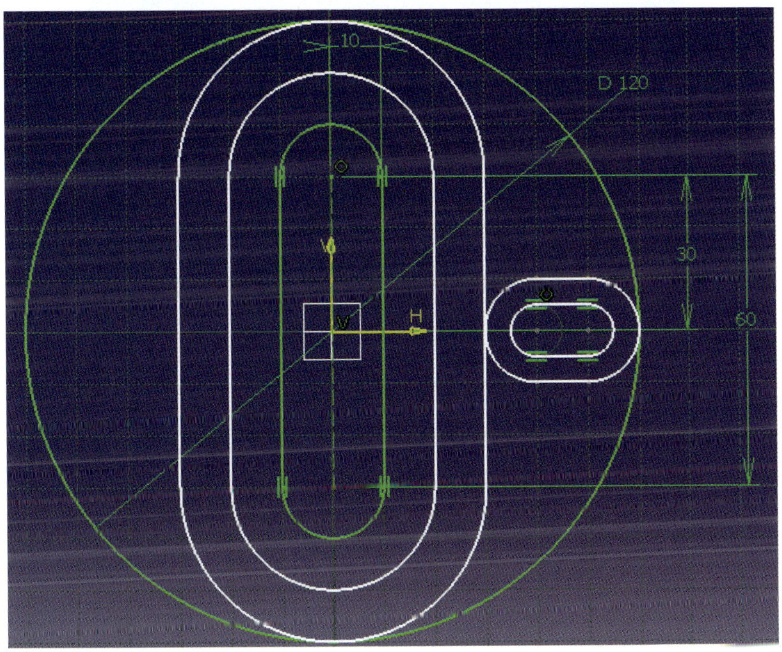
10
D 120
30
60
H
V

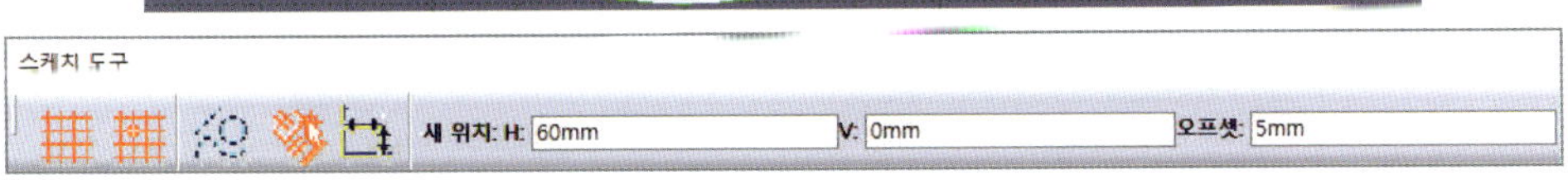
스케치 도구
새 위치: H: 60mm
V: 0mm
오프셋: 5mm

09 아래 그림과 같이 형상의 구성요소를 다중 선택한 다음, 작업 툴바에서 거울 아이콘 을 클릭하고 대칭축 x축을 클릭하여 대칭 복사한다.

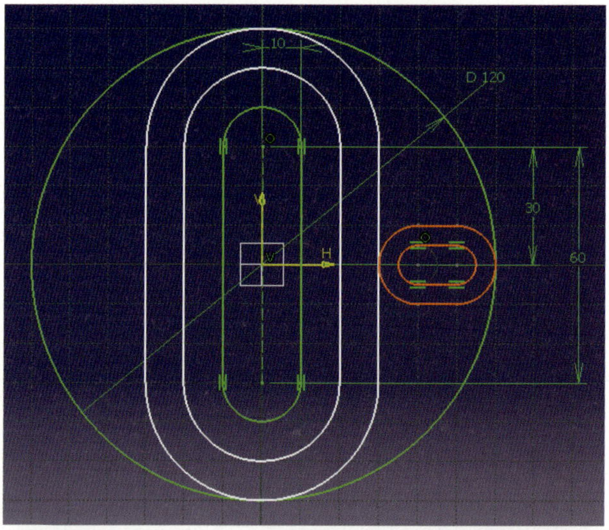

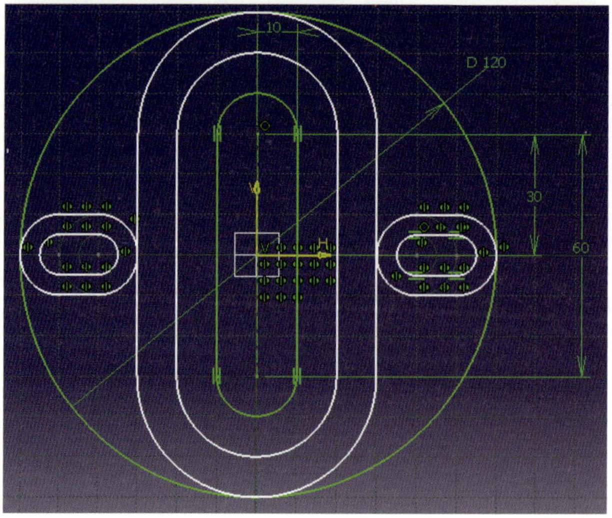

10 길이/각도 아이콘 을 이용하여 각 치수를 기입하여 도형을 완성한다.

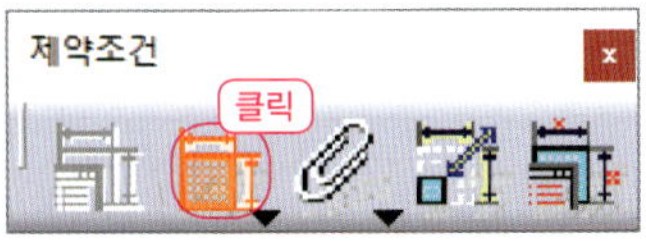

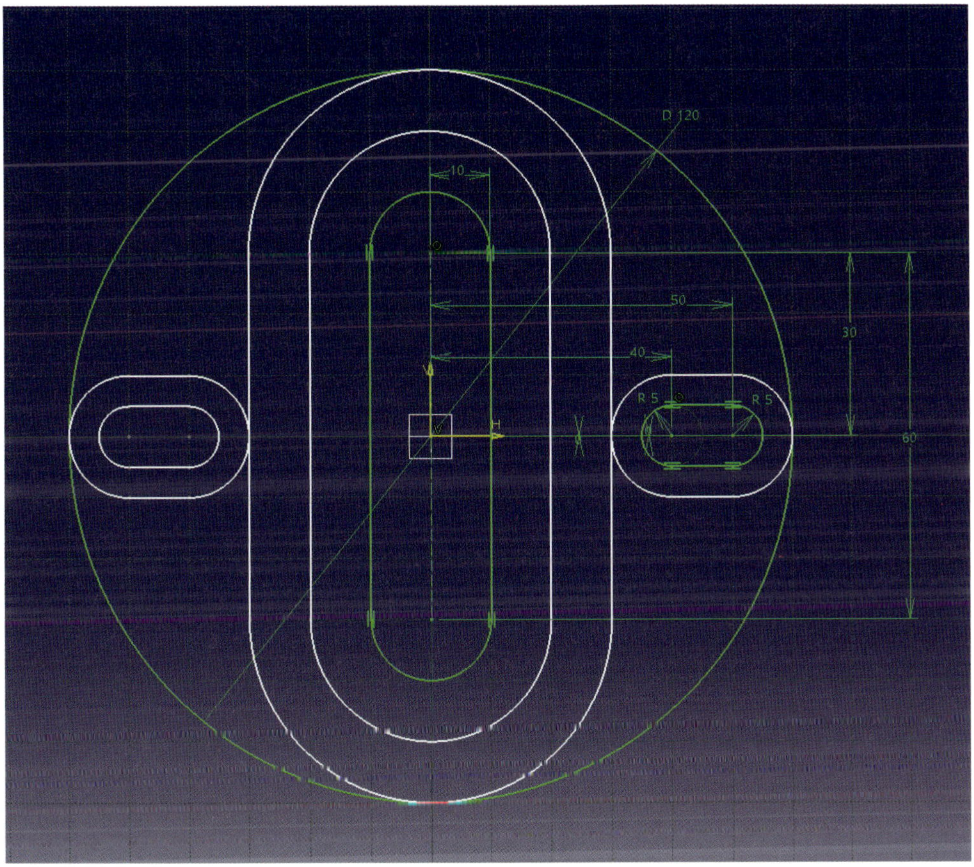

Sketcher #2

(주) 옵셋과 미러(대칭)로 만들어진 형상은 초록색(구속상태)으로 변하지 않는다

2.6 Sketcher #3

새로 익히는 기능

- 타원 아이콘(Ellipse)
- 육각형 아이콘(Hexagon)
- 코너 아이콘(Corner)
- 제약조건 아이콘(Constraint)

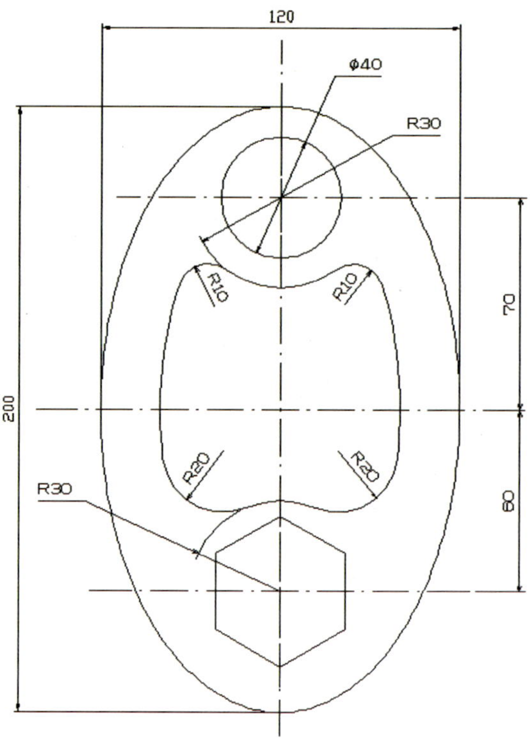

01 Sketcher 화면 중앙의 xy 평면을 클릭하여 sketcher 화면으로 들어간다.

02 프로파일 툴바에서 타원 아이콘 을 클릭한 후, 좌표계의 원점을 중심으로 선택하고 V축 방향으로 100 mm, H축 방향으로 60 mm 만큼 떨어진 점을 차례대로 클릭하여 다음과 같은 타원을 생성하고, 길이/각도 아이콘 을 이용하여 각 치수를 기입한다.

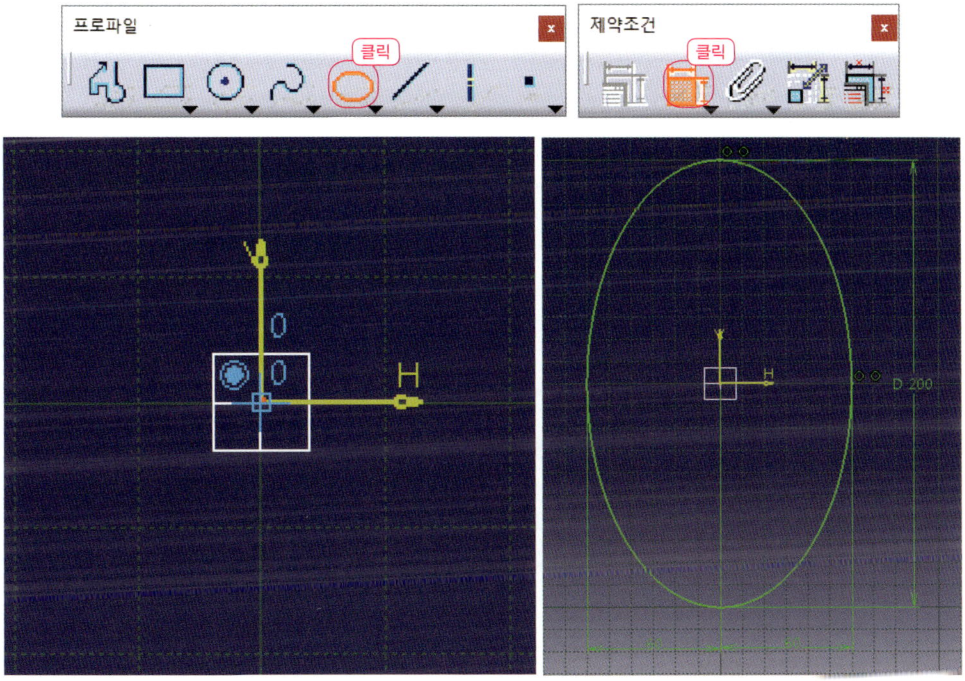

03 좌표원 아이콘 을 클릭하여, 중심 (0, 70), 반지름 20 mm의 원을 만든다. 또 같은 중심에서 반지름 30 mm인 원을 만든다.

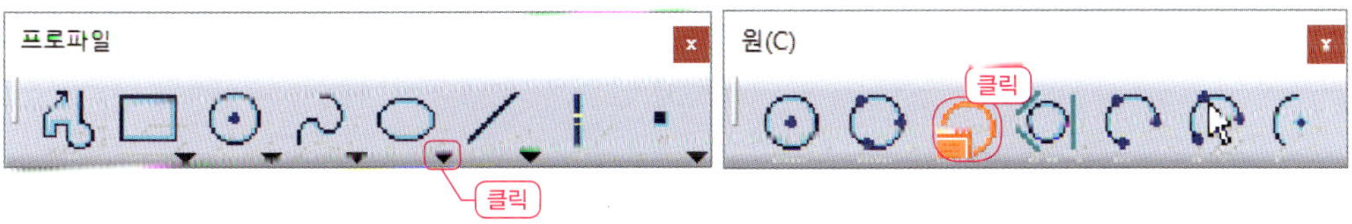

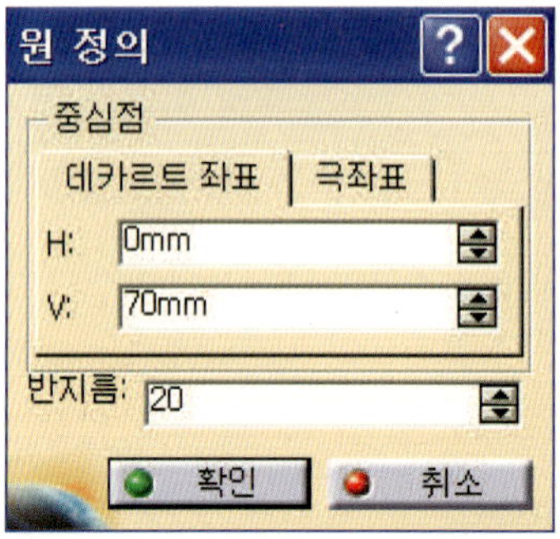
원 정의
중심점
데카르트 좌표
극좌표
H: 0mm
V: 70mm
반지름: 20
확인
취소

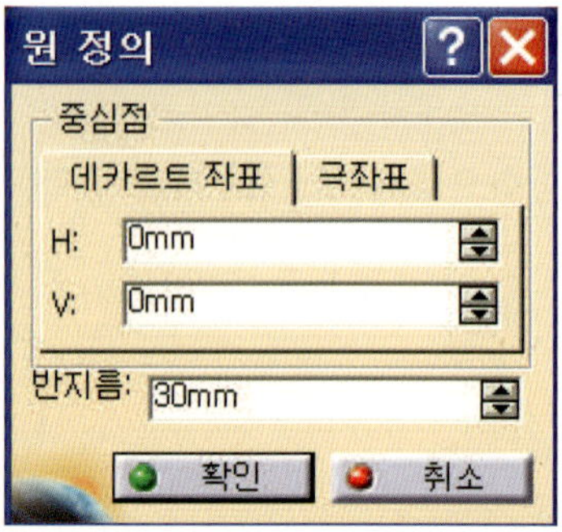
원 정의
중심점
데카르트 좌표
극좌표
H: 0mm
V: 0mm
반지름: 30mm
확인
취소

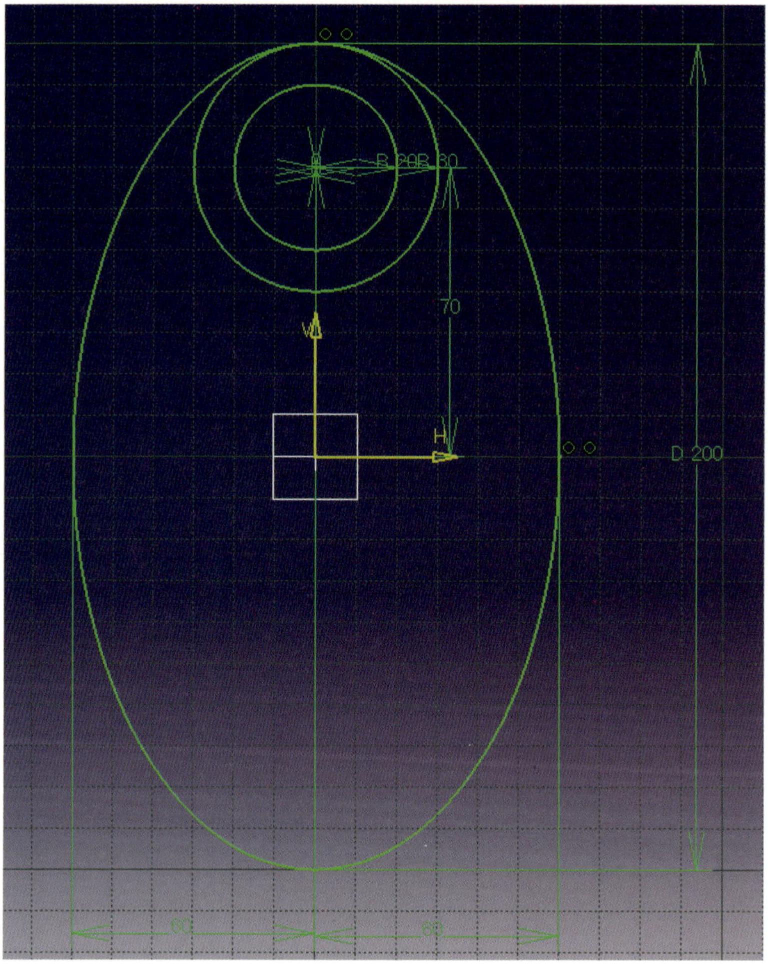
R 20R 30
70
V
H
D 200
60
60

– 좌표계의 원점을 클릭한 후, 좌표원 아이콘 을 이용하여 중심 (0, −60), 반지름 30 mm의 원을 만든다.

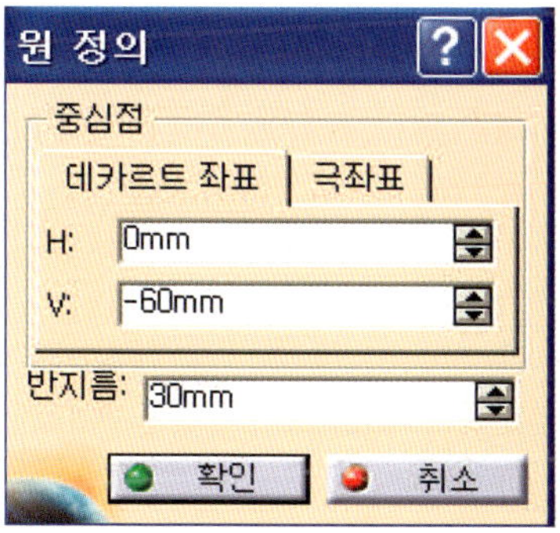

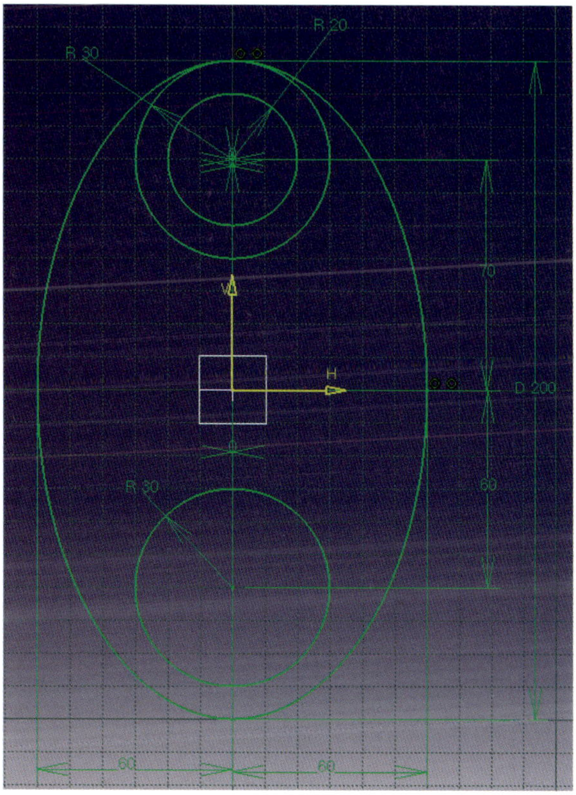

04 프로파일 툴바의 직사각형 아이콘 하위 메뉴에서 육각형 아이콘 을 클릭한다.

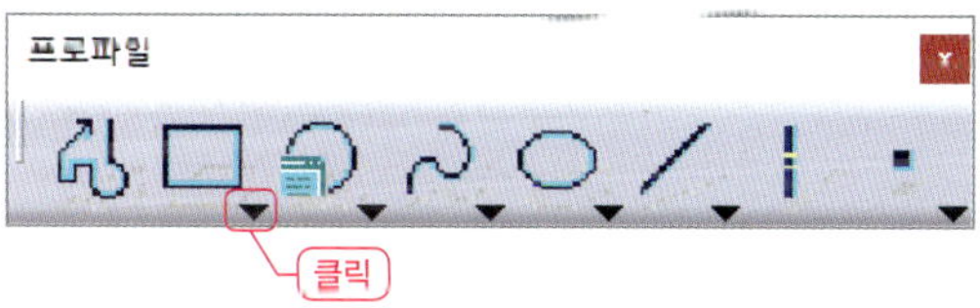

– 먼저 아래 지름 60 mm의 원의 중심을 클릭하고, 마우스를 오른쪽으로 이동하여 육각형을 생성하고, 길이/각도 아이콘 을 이용하여 육각형의 한 변의 길이를 25 mm로 설정한다.

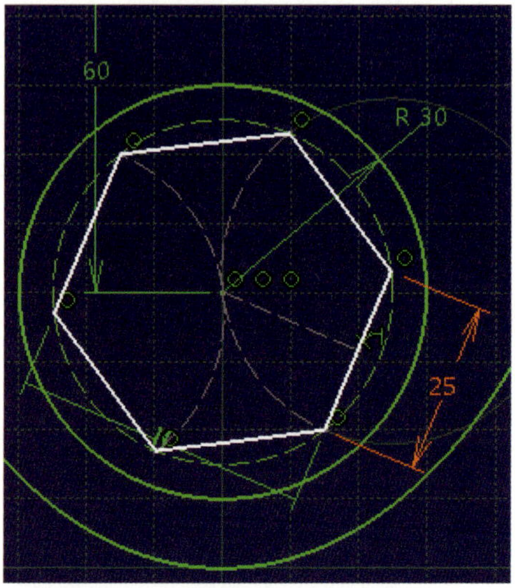

– 한 변을 아래 그림과 같이 선택한 후, 제약조건 아이콘 을 클릭하여 제약조건 정의 창에서 '수직'을 선택한다.

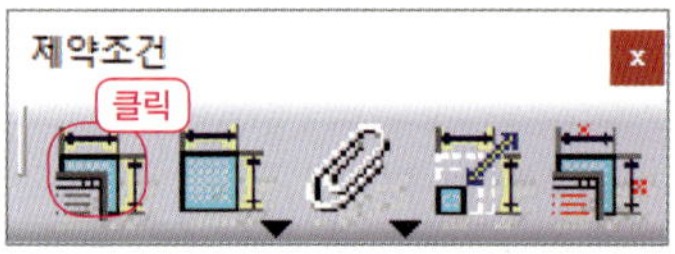

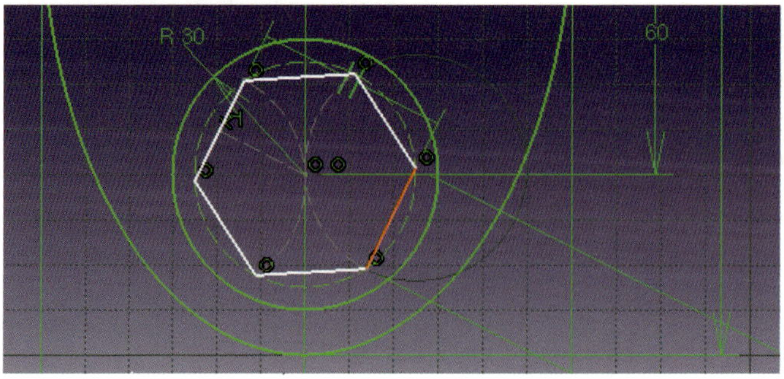

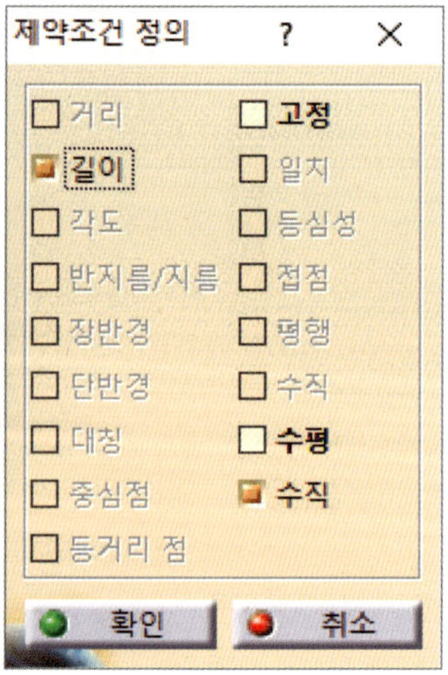

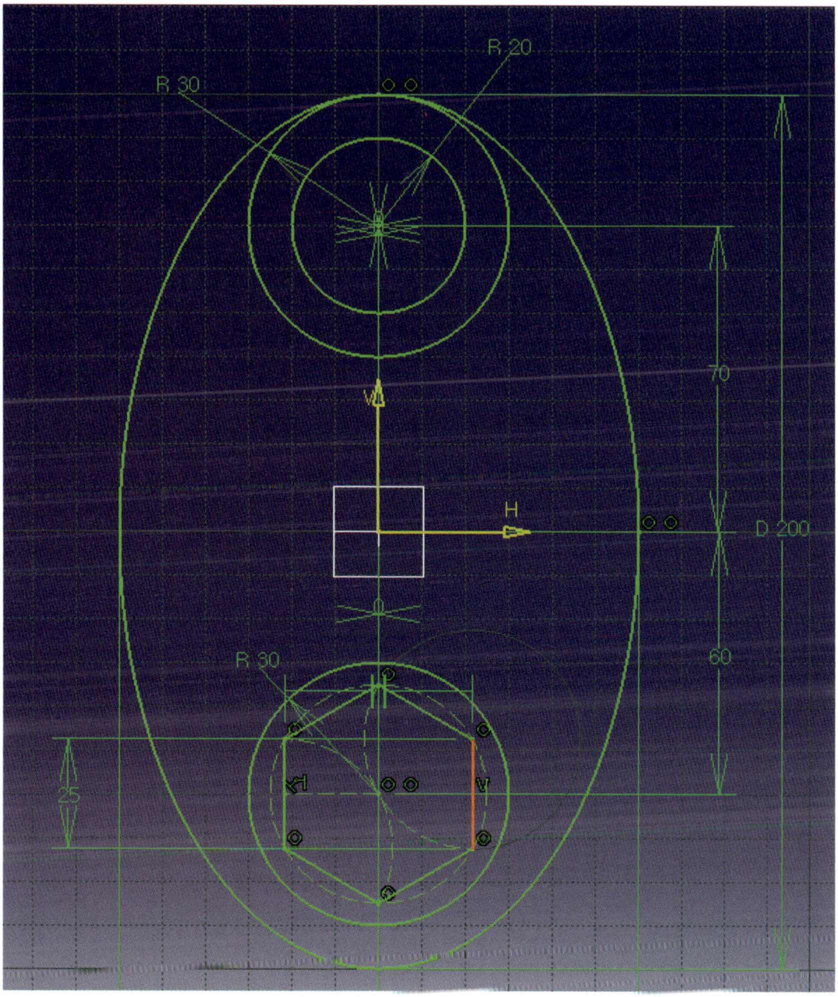

05 타원을 선택한 후, 오프셋 아이콘  을 클릭하여 안쪽으로 20 mm 간격의 타원을 하나 생성한다.

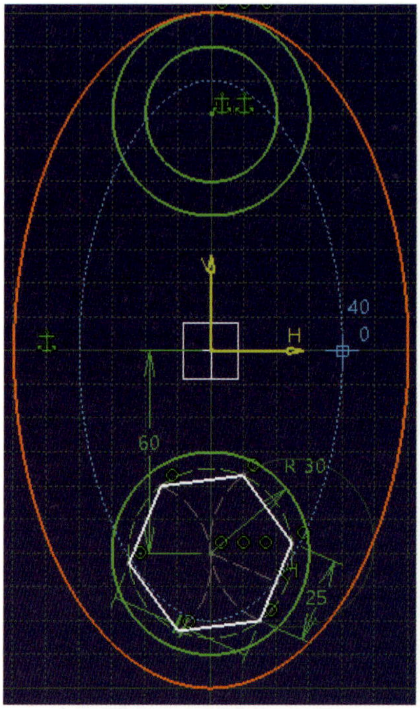

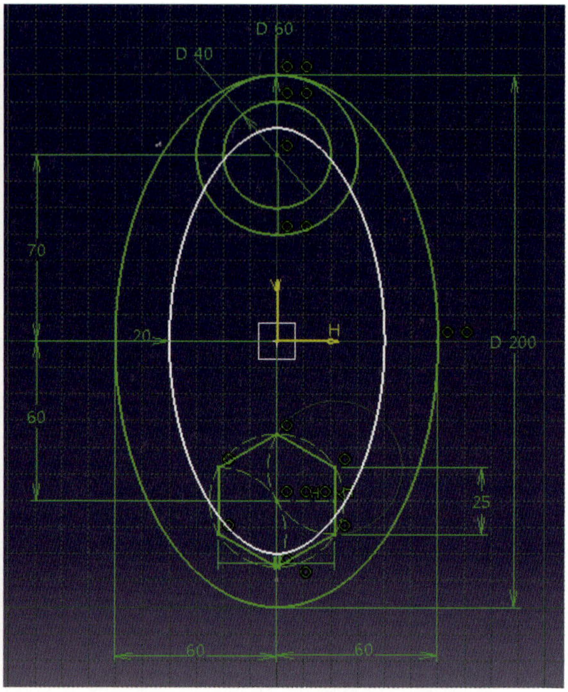

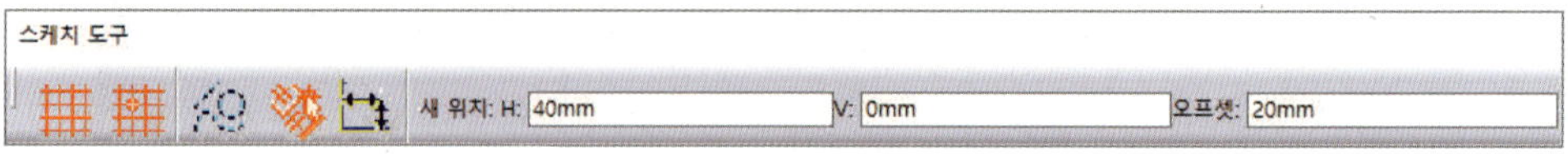

06 지우개 아이콘 을 더블클릭한 후, 다음과 같은 형상만 남기고 불필요한 부분들을 제거한다.

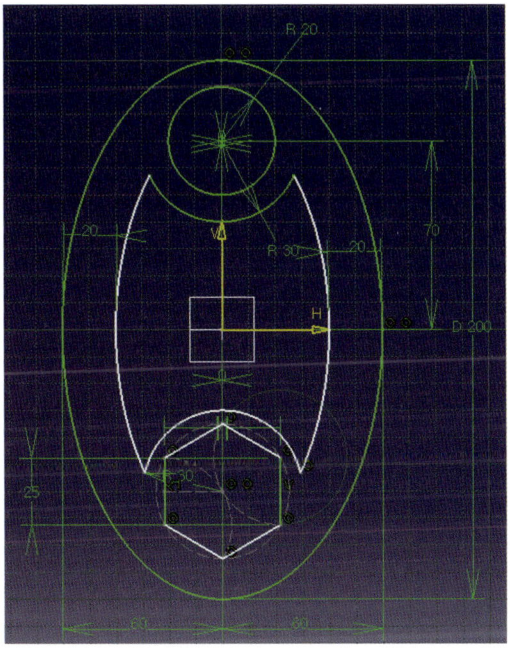

07 작업 툴바에서 코너 아이콘 을 클릭하고, 앞의 과정에서 제거하고 남은 모서리의 ①, ②를 차례로 선택한 후 마우스를 안쪽으로 가져가면 다음과 같이 코너가 생성된다.

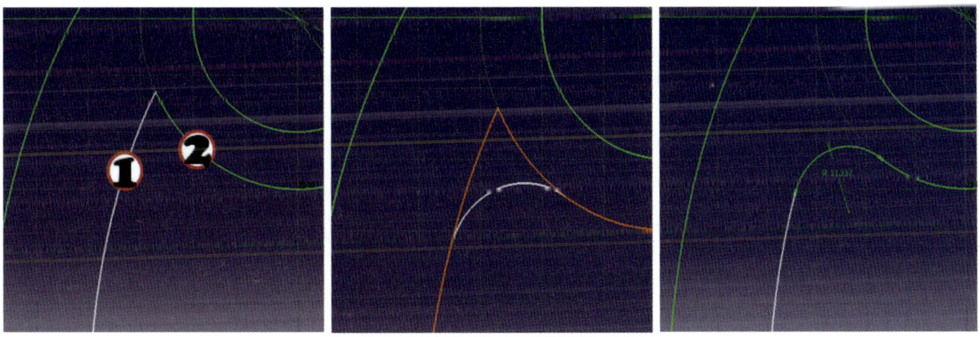

08 앞의 과정을 반복하여 나머지 세 모서리도 코너를 생성하고, 길이/각도 아이콘 을 이용하여 위쪽 두 코너는 반지름 10 mm, 아래쪽 두 코너는 반지름 20 mm로 설정하여 최종 형상을 완성한다.

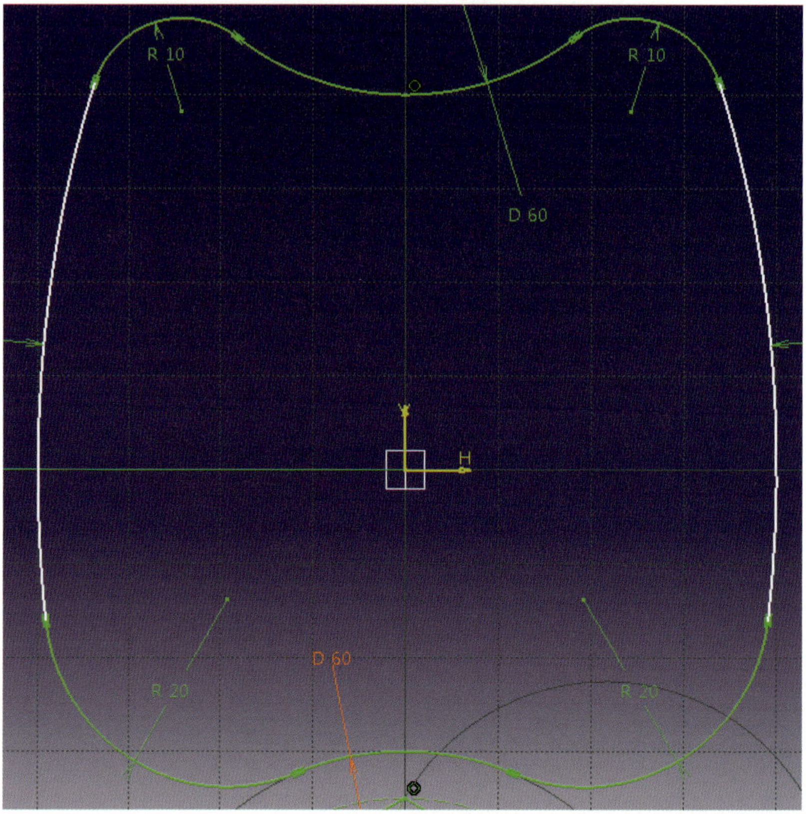

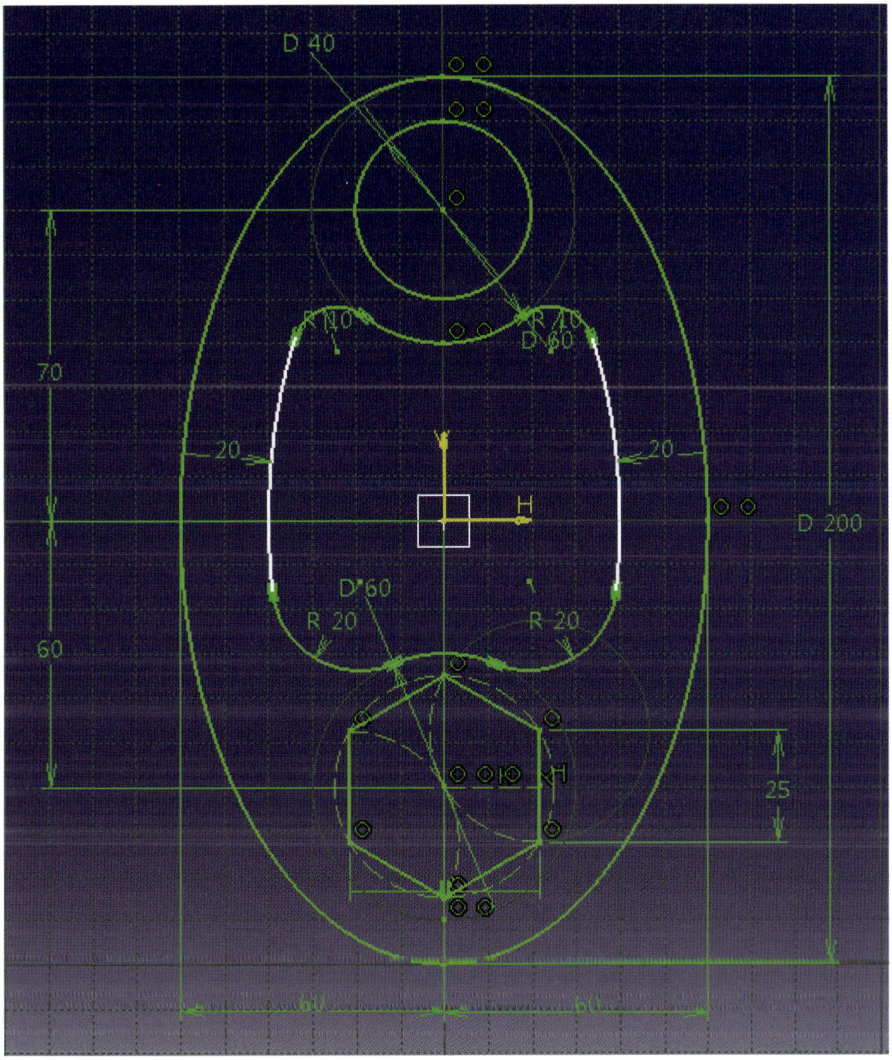

Sketcher #3

2.7 Sketcher #4

새로 익히는 기능

- Snap to point 아이콘(Snap to point)
- 실린더 돼지코(Cylindrical Elongated Hole)

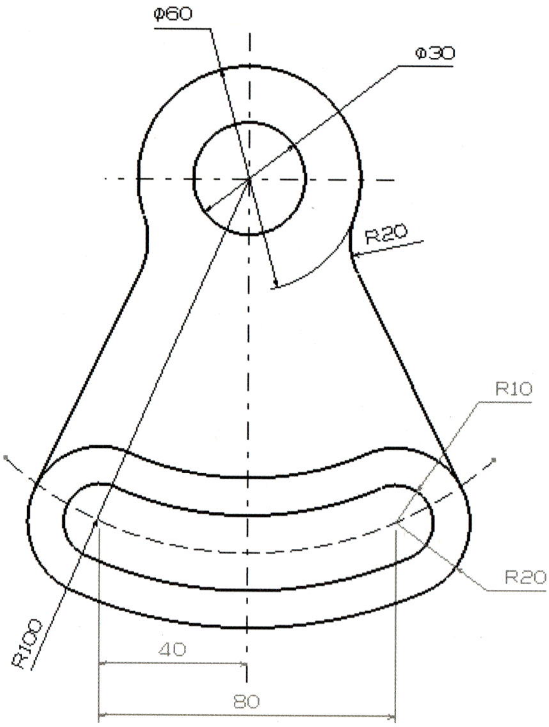

01 Sketcher 화면 중앙의 xy 평면을 클릭하여 sketcher 화면으로 들어간다.

02 원 아이콘 을 클릭한 후 좌표계의 원점을 찍고 지름 30 mm, 60 mm, 200 mm의 세 원을 생성한다.

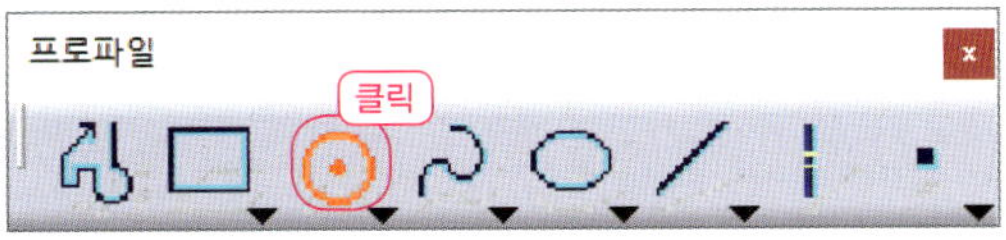

– 이때, 스케치 도구에서 Snap to point 아이콘 을 클릭하여 활성화시킨 후 작업하면 크기가 정수 길이로 나타나므로 편리하다. 또한, 길이/각도 아이콘 으로 도형을 제약하면 도형은 초록색으로 바뀌게 된다.

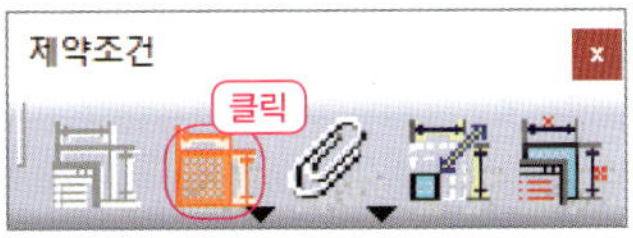

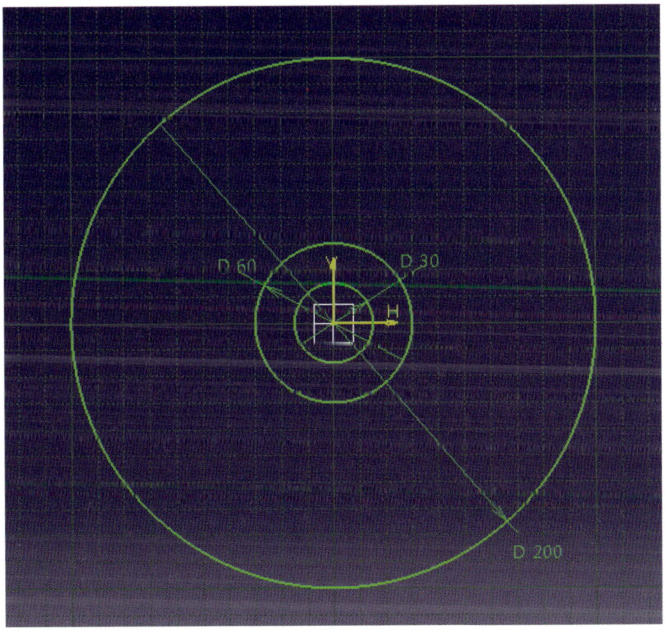

03 프로파일 툴바의 직사각형 아이콘 의 하위 메뉴에서 실린더 돼지코 아이콘 을 클릭한다.

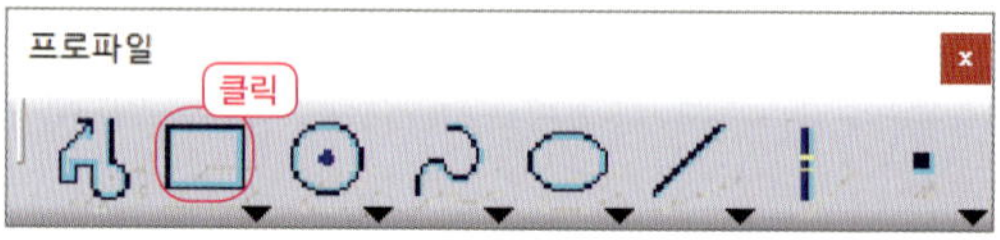

– 다음 그림과 같이 먼저 ① 원점을 클릭하고, ② 기준 원(지름 200 mm) 상의 한 점, ③ 기준원 상의 또 다른 한 점을 차례로 클릭한다.

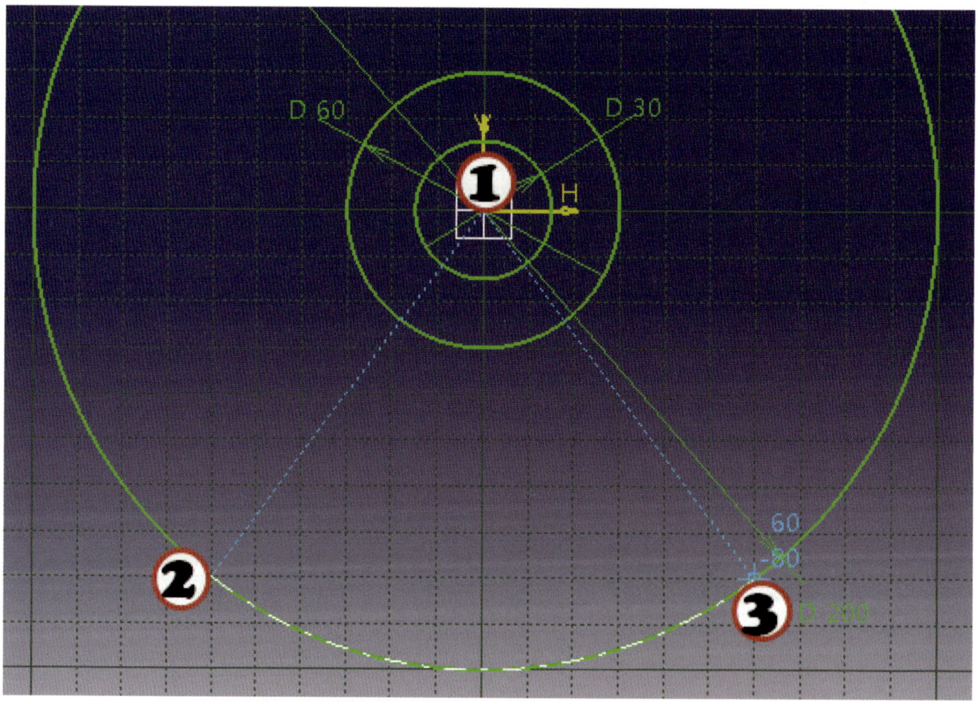

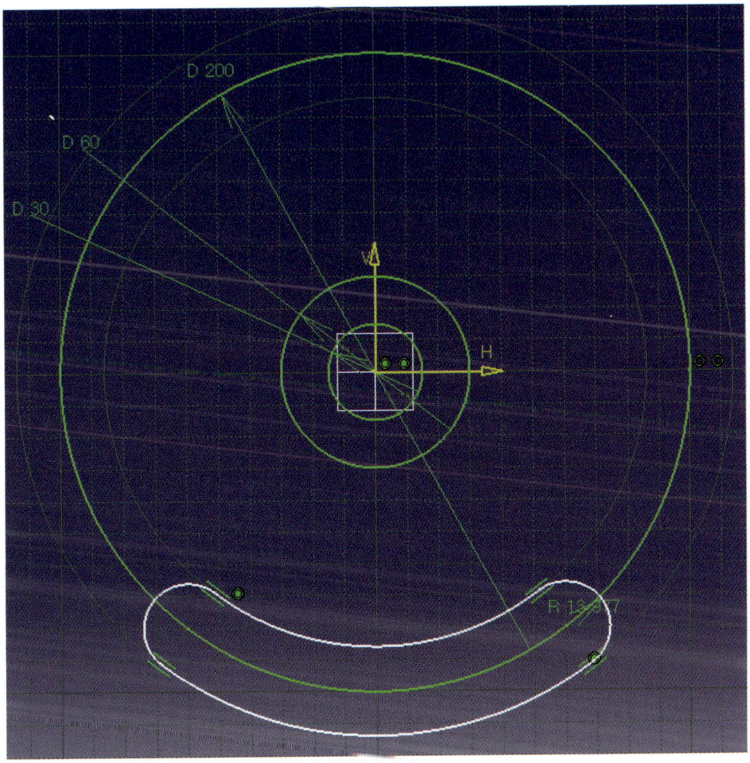

– 지우개 아이콘 을 이용하여 기준원(지름 200 mm)을 삭제한다.

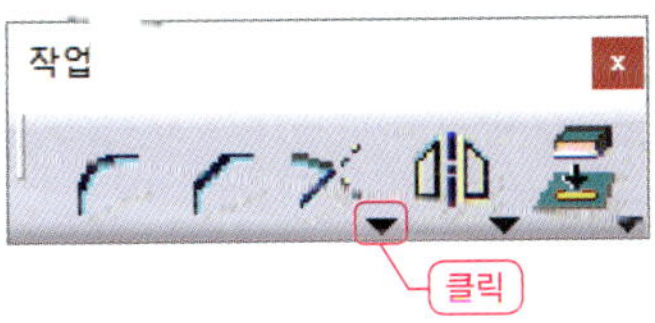

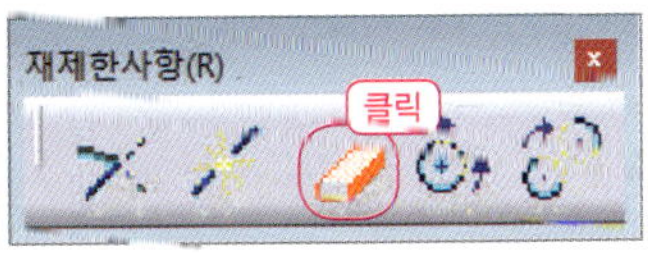

– 길이/각도 아이콘 을 이용하여 바깥원의 반지름 20 mm, V축과 원의 중심점 간의 거리를 40 mm로 설정하여 구속시킨다.

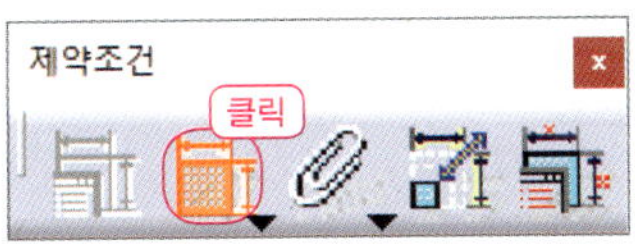

04 **03** 과정을 반복하여 다음과 같이 바깥원의 반지름이 10 mm인 형상을 하나 더 만든다.

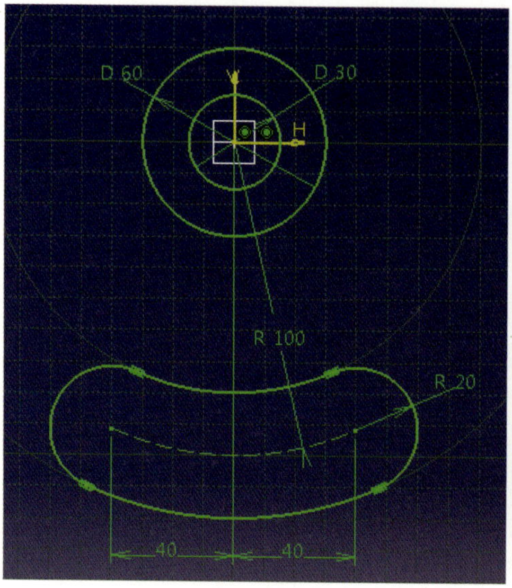

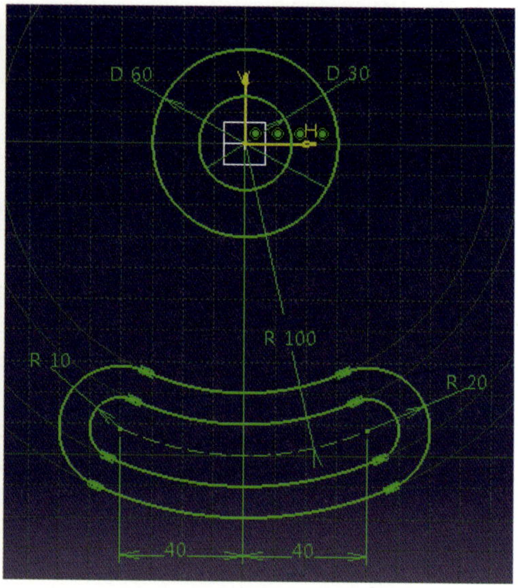

05 접선 아이콘 을 클릭한다.

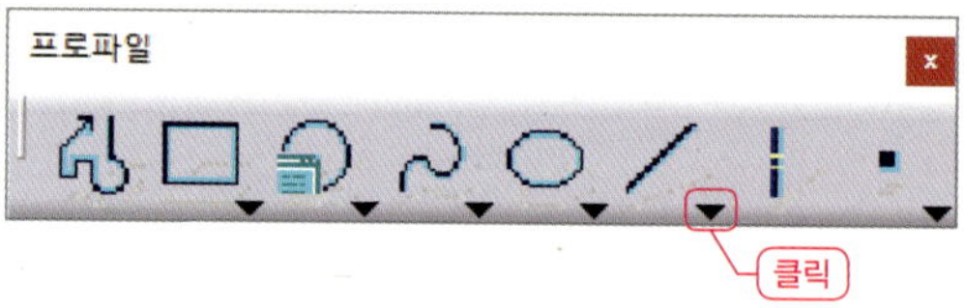

– 다음 그림과 같이 먼저 ① 반원, ② 지름 30 mm의 원을 차례로 클릭하여 접선을 생성한 후, 반대편도 같은 방법으로 접선을 생성한다.

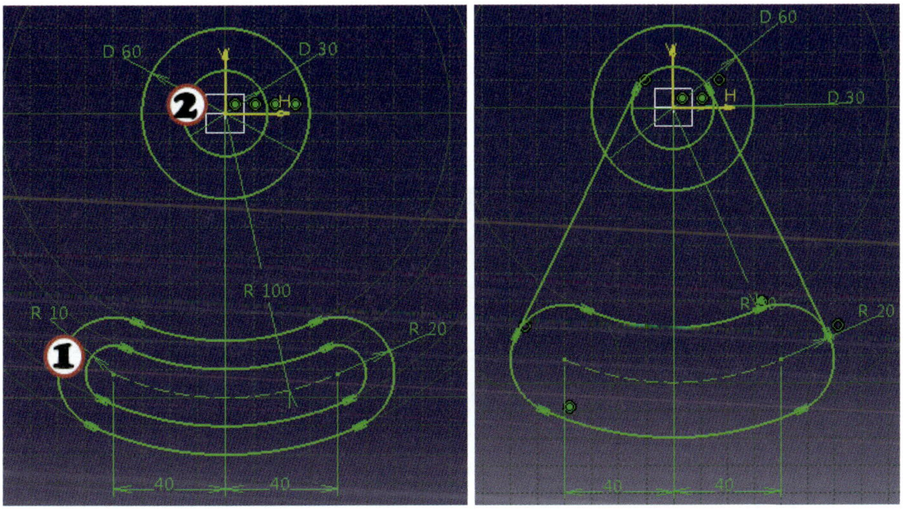

06 코너 아이콘 을 클릭하고, 앞의 과정에서 생성한 접선과 60 mm의 원을 차례로 선택하여 코너를 생성하면 다음과 같이 형상이 완성된다.

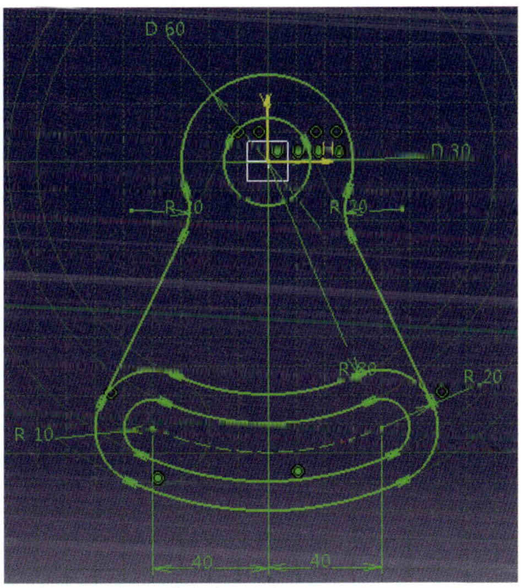

Sketcher #4

|참고| 파라메트릭 디자인(parametric design)

다음과 같이 초록색의 구속상태가 된 도형은 하나의 치수를 변경하면 그 치수만 바뀌고 나머지 구속 조건들은 그대로 유지된다. 따라서 설계를 변경하거나 재사용하기에 용이하다. 이런 설계 방식을 parametric design이라 한다.

–R20을 R30으로 변경:

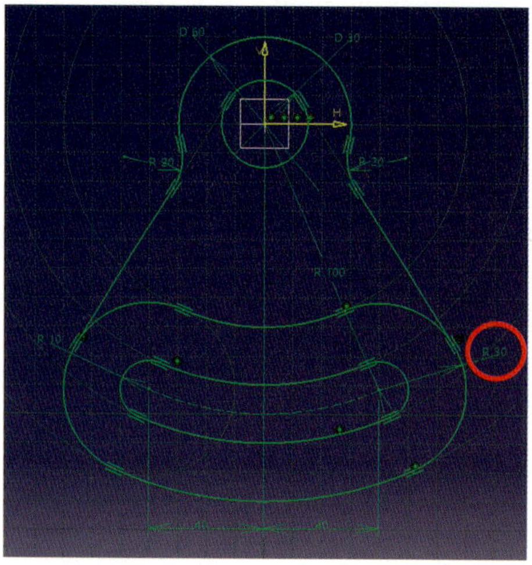

–40을 60으로 변경:

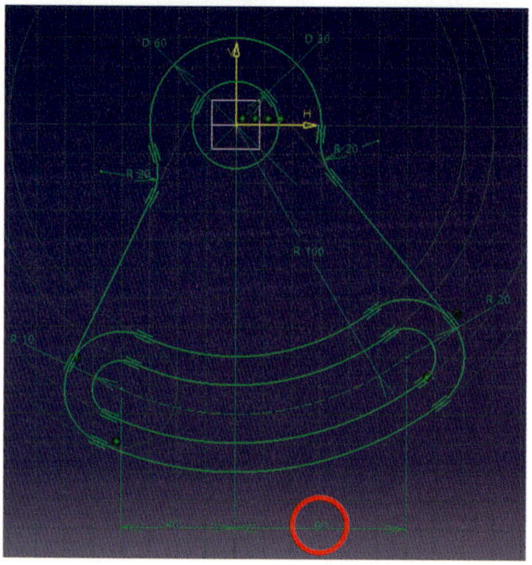

2.8 Sketcher #5

새로 익히는 기능

 회전 아이콘(Rotate)

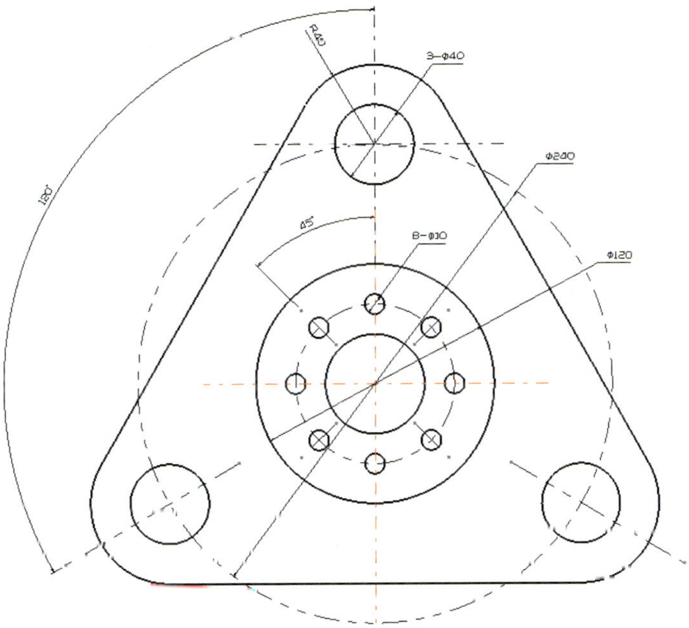

01 Sketcher 화면 중앙의 xy 평면을 클릭하여 sketcher 화면으로 들어간다.

02 원 아이콘 을 클릭한 후, 좌표계의 원점을 중심으로 선택하고 지름 50 mm, 120 mm의 두 원을 만들고, 원점으로부터 V축 방향으로 120 mm 떨어진 지점에 지름 40 mm, 80 mm의 두 원을 만든다.

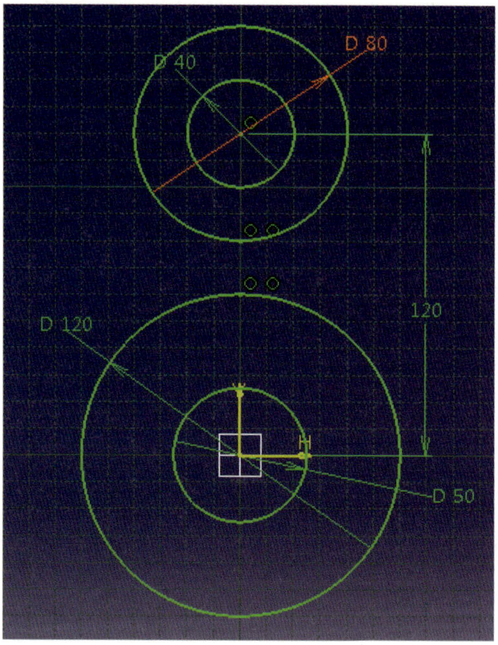

03 회전하고자 하는 대상(지름 40mm, 80 mm의 원)을 Ctrl+마우스 왼쪽버튼을 이용하여 다중 선택한 후 작업 툴바 중 회전 아이콘 을 클릭한다.

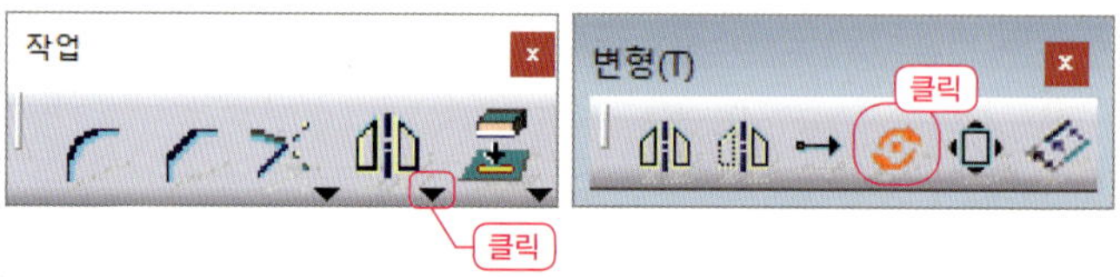

다음 그림과 같이 먼저 ① 원점, ② 대상의 중심을 차례로 클릭한 후, 화면 하단의 회전 정의 창에서 인스턴스(복사할 개수)는 2, 각도의 값을 120 deg로 설정한 후 확인을 누른다.

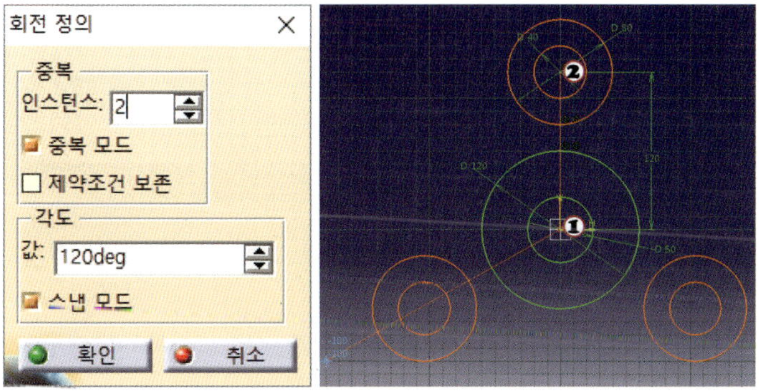

04 접선 아이콘을 클릭하여, 지름 80 mm 원들을 연결하는 접선을 생성한다.

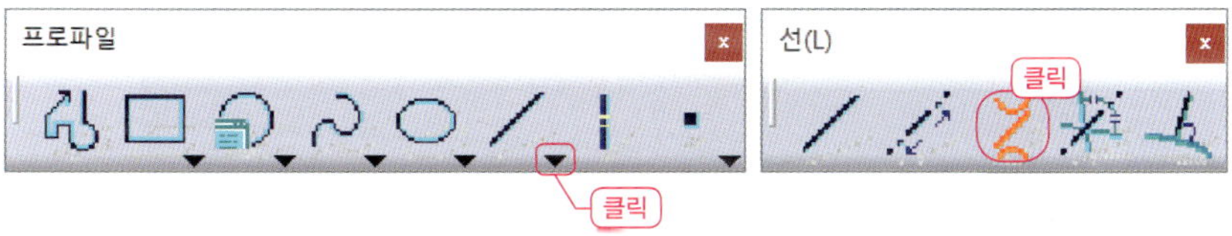

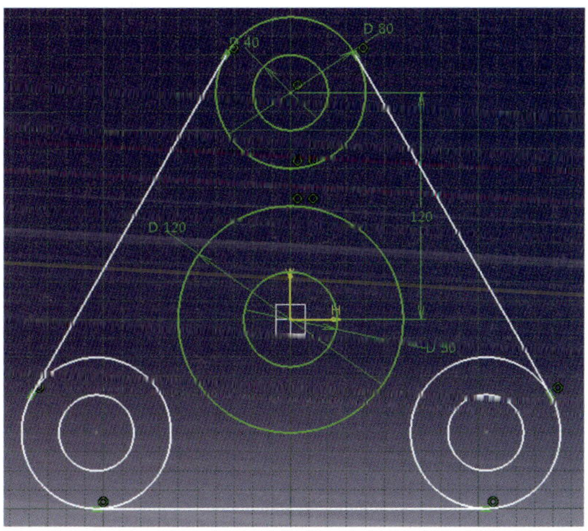

05 지우개 아이콘 을 더블클릭한 후, 다음과 같은 형상만 남기고 불필요한 부분들을 제거한다.

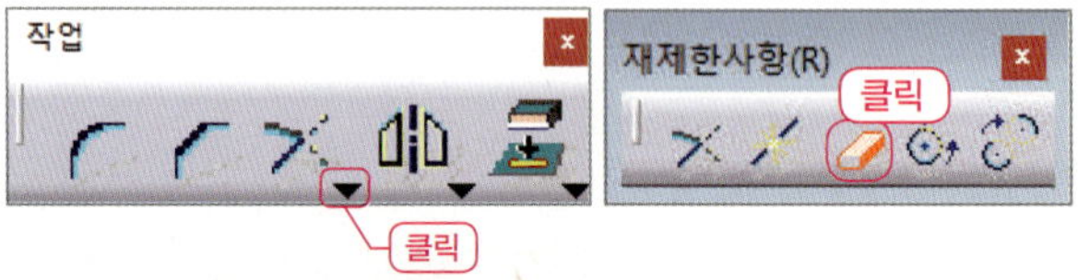

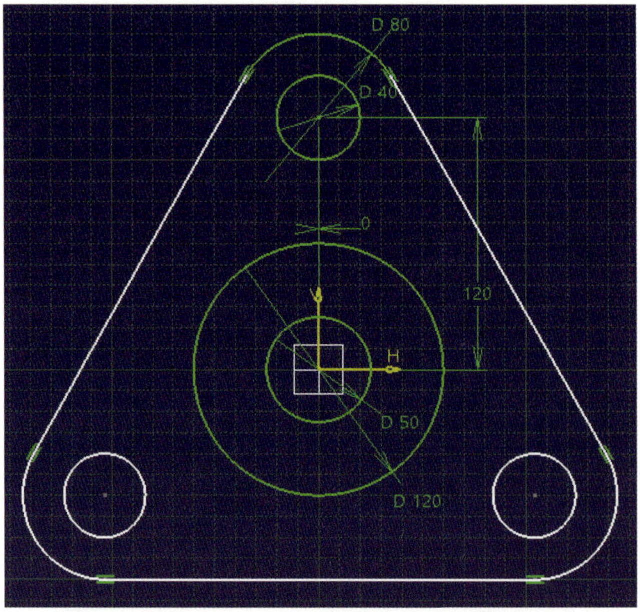

06 원 아이콘 을 클릭한 후 V축 방향으로 40 mm 떨어진 지점에 지름 10 mm의 원을 생성한다.

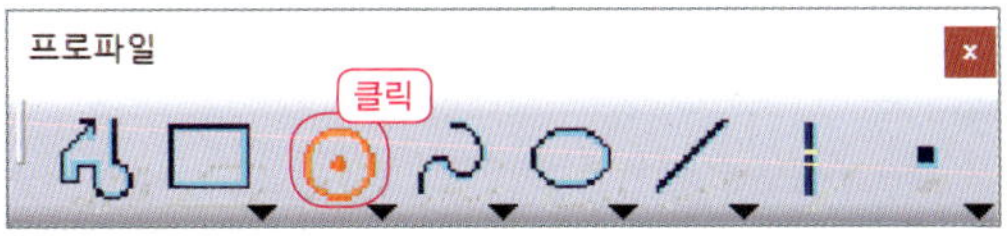

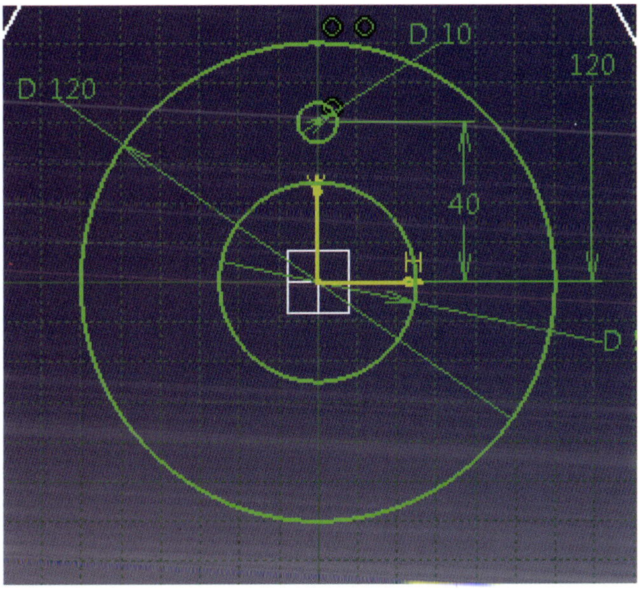

07 **03**번 과정을 반복하여, 회전 정의 창에서 인스턴스(복사할 개수)는 7, 각도의 값을 45 deg로 설정하여 형상을 완성한다.

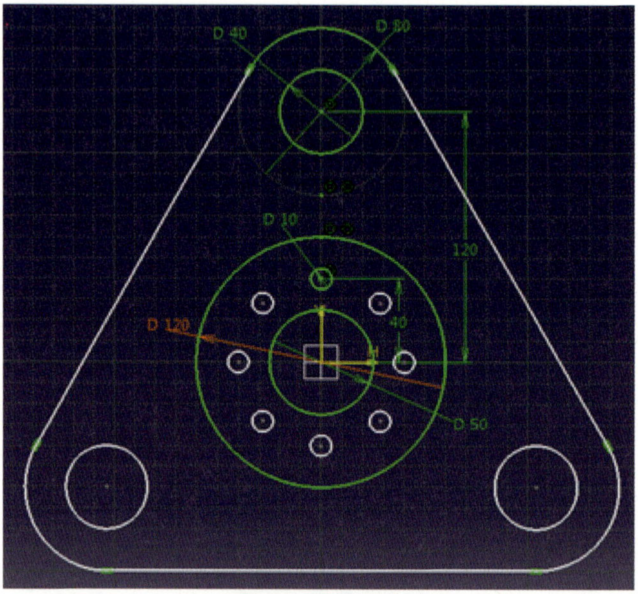

Sketcher #5

2.9 Sketcher #6

새로 익히는 기능

- 사각형 아이콘(Rectangle)
- 모따기 아이콘(Chamfer)

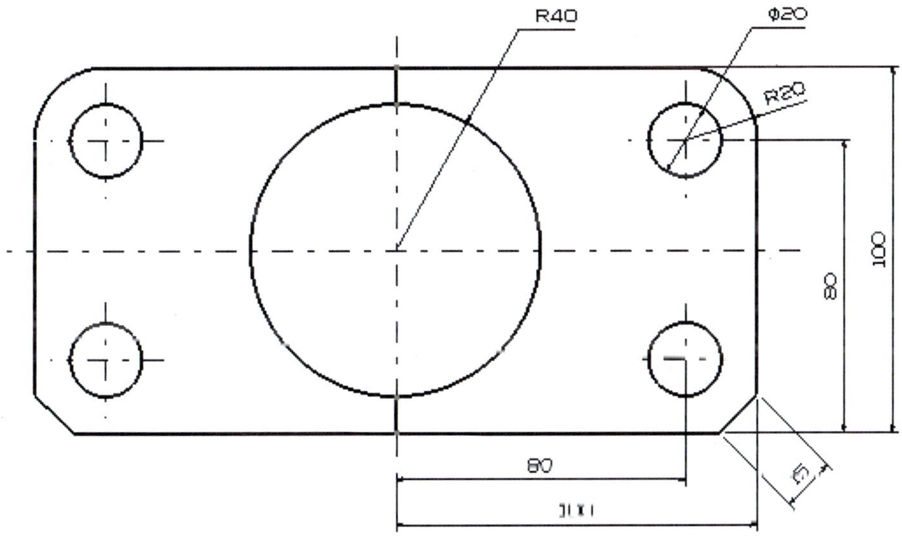

01 Sketcher 화면 중앙의 xy 평면을 클릭하여 sketcher 화면으로 들어간다.

02 프로파일 툴바에서 사각형 아이콘 을 클릭한 후 임의의 사각형을 만든다.

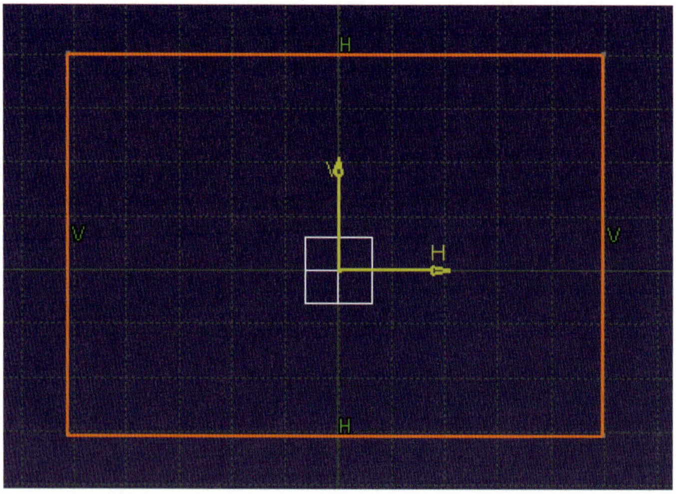

03 길이/각도 아이콘 을 더블 클릭한 후, 세로 두 변을 차례로 선택하여 가로 길이를 200 mm로 만들고, V축과 오른쪽 세로 변을 차례로 선택하여 길이를 100 mm로 만든다.

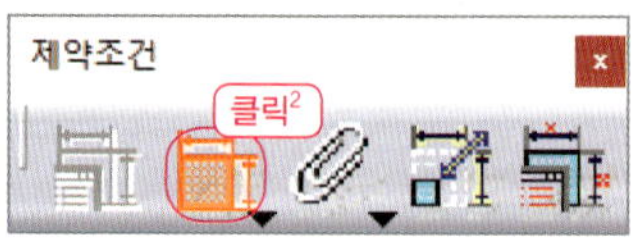

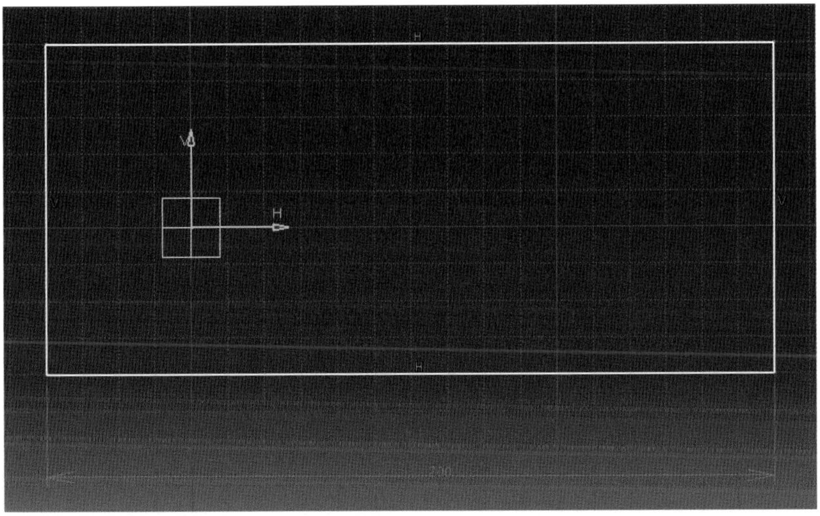
H
V
V
H
V
H
200

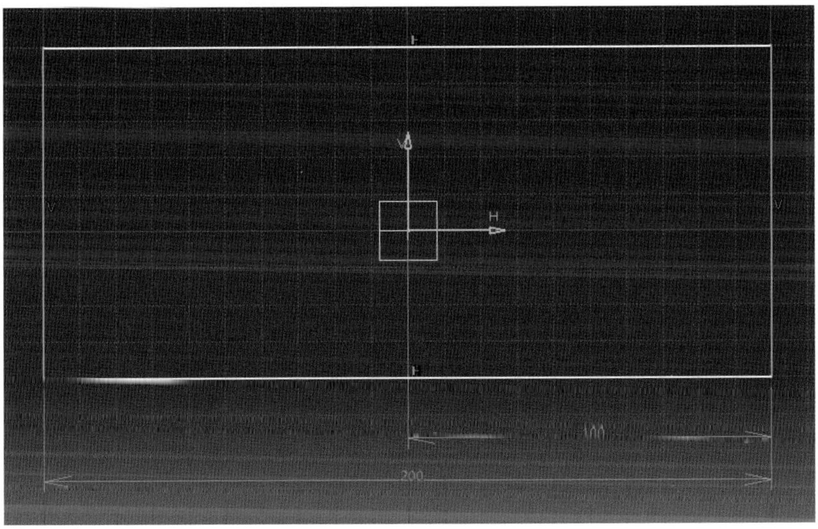
H
V
V
H
V
H
100
200

– 앞의 방법을 반복하여 H축을 기준으로 세로 길이를 100 mm로 만든다.

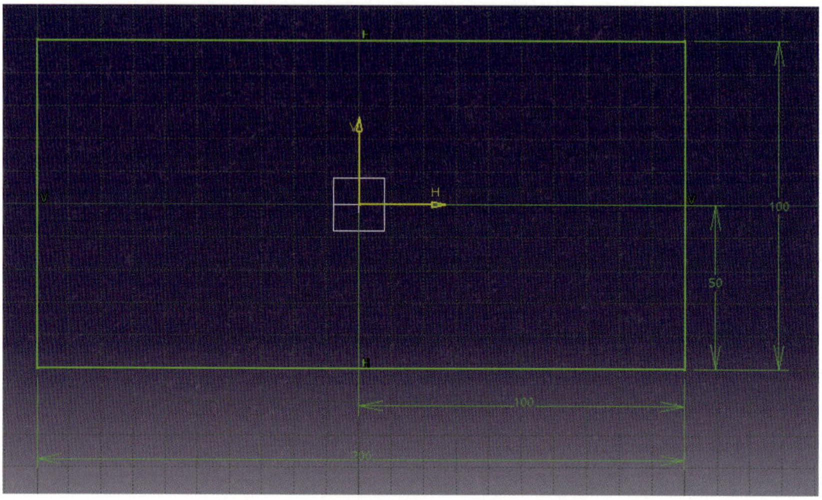

04 좌표원 아이콘 을 클릭하여, 중심 (0, 0), 반지름 40 mm의 원을 만든다.

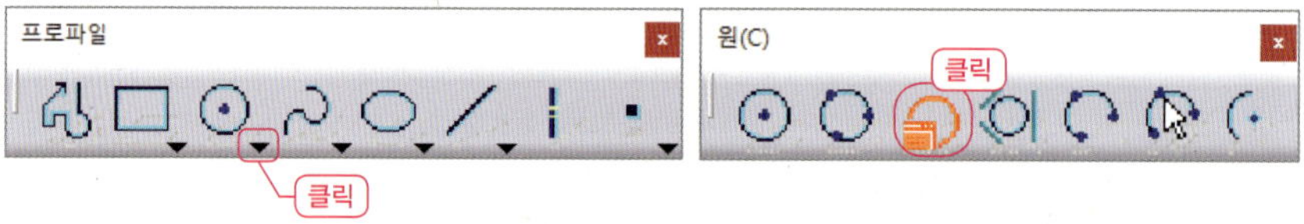

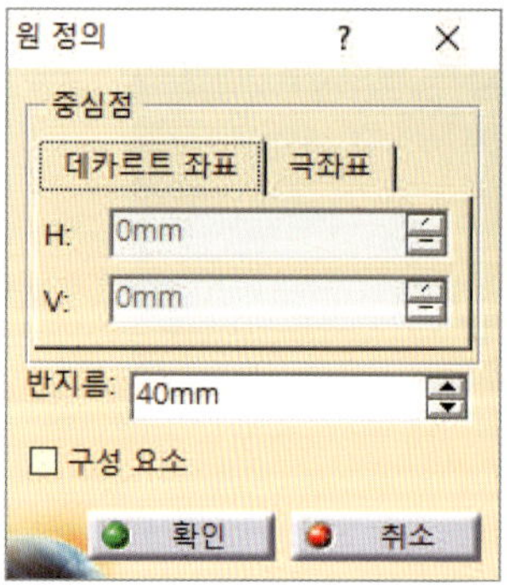

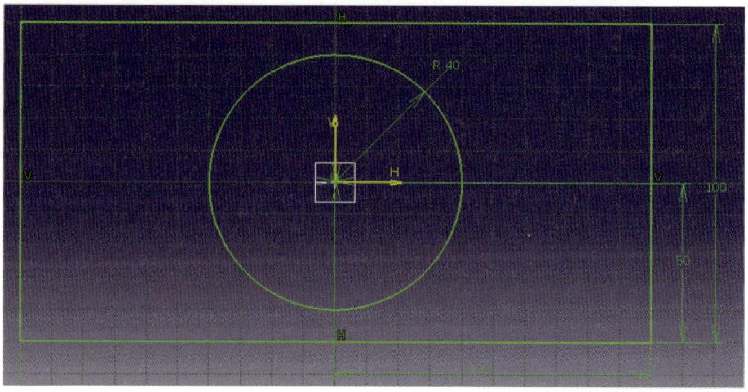

05 원 아이콘 을 클릭하여, 임의의 위치에 임의의 원을 그린다.

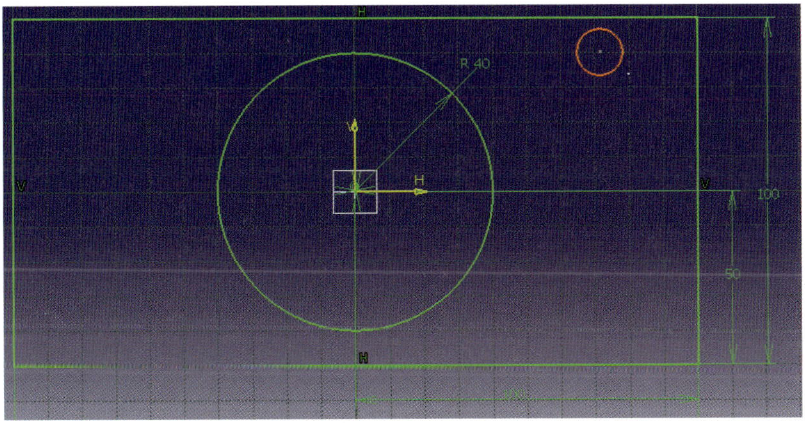

– 길이/각도 아이콘 을 더블 클릭한 후, 치수를 완성한다.

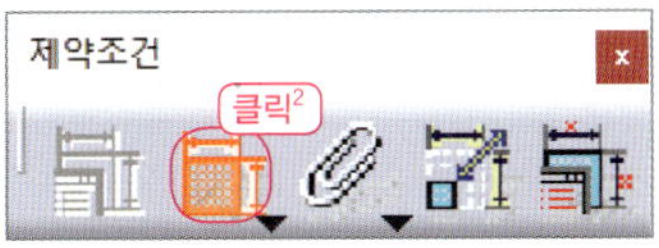

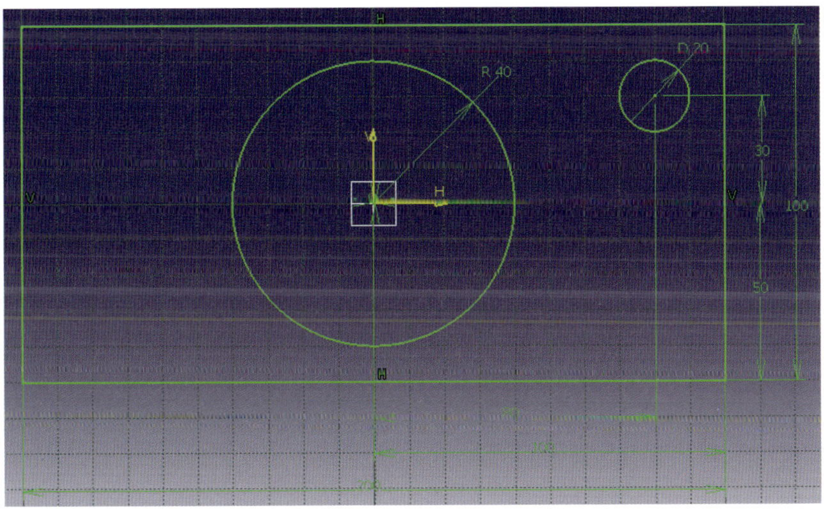

06 거울 아이콘 을 클릭한 후, 대상 원과 H축을 차례로 클릭하여 대칭 원을 만든다.

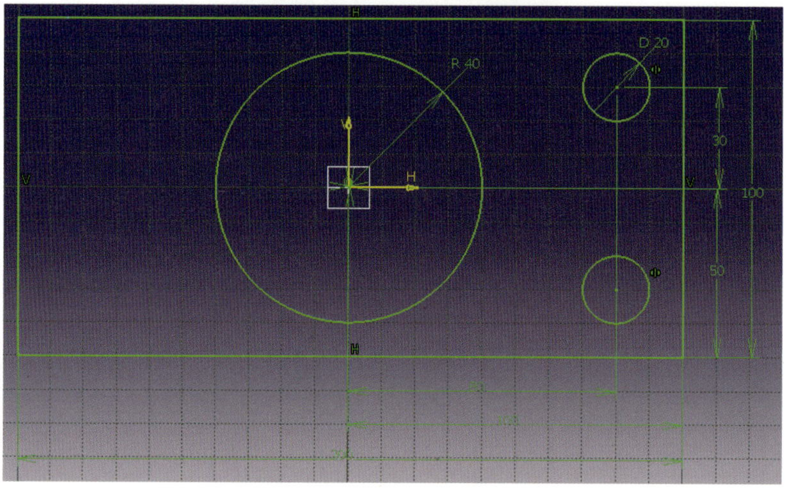

– 같은 방법으로, 거울 아이콘 을 클릭한 후, 대상 원과 V축을 차례로 클릭하여 대칭 원을 만든다.

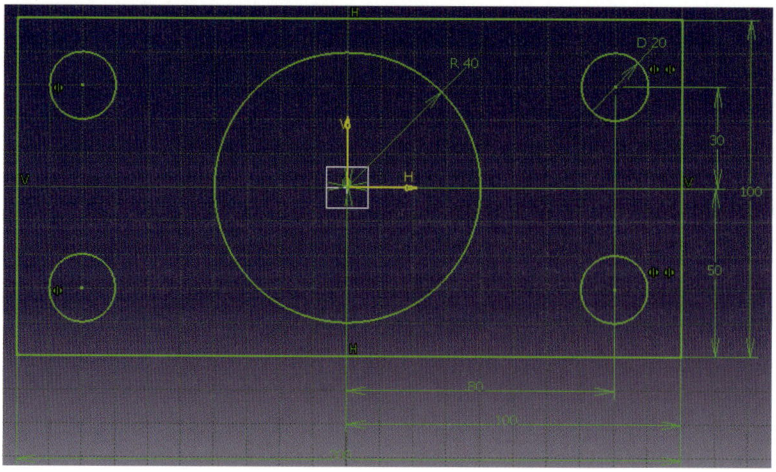

07 코너 아이콘 을 클릭하고, 오른쪽 상단 모서리 두 변을 차례로 클릭하여 반지름 20 mm로 코너를 생성한다.

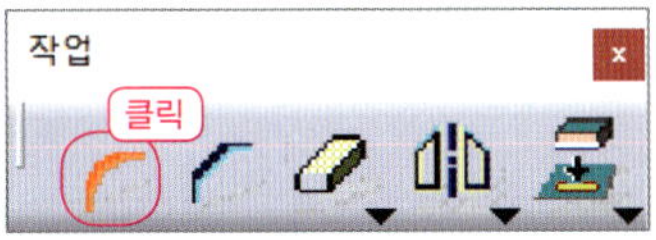

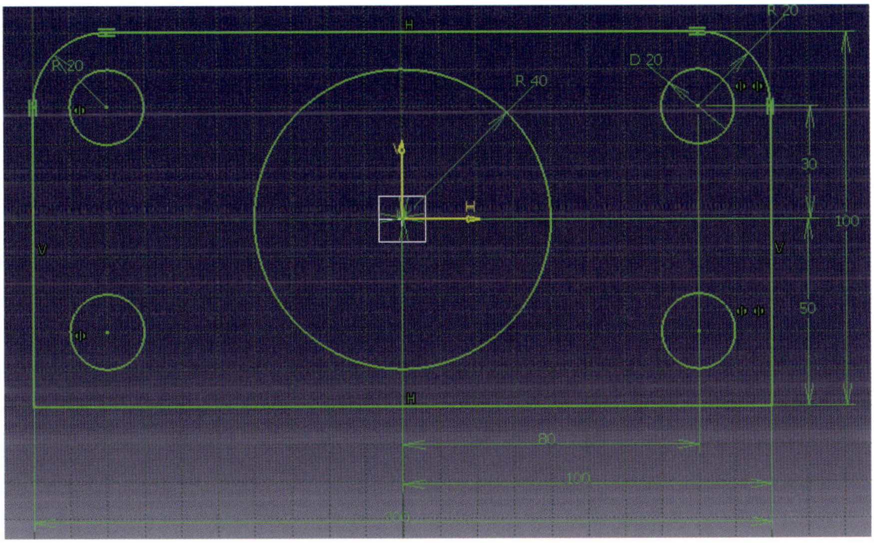

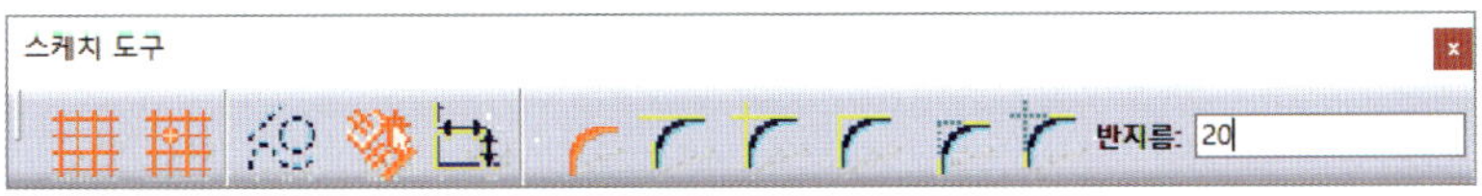

– 작업 툴바에서 모따기 아이콘 을 클릭하고, 오른쪽 하단 모서리의 두 선을 클릭한 후, 상단에 나오는 스케치 도구에서 각도 45 deg, 길이 15 mm로 입력하여 도형 Sketcher #6를 완성한다.

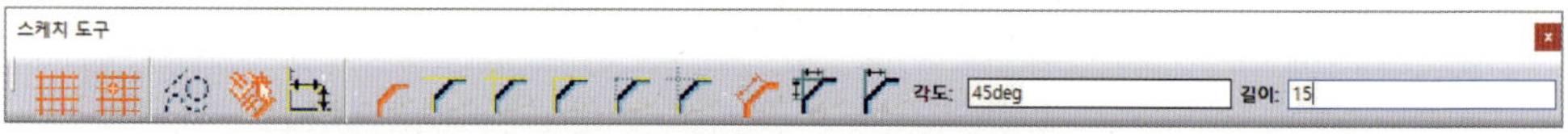

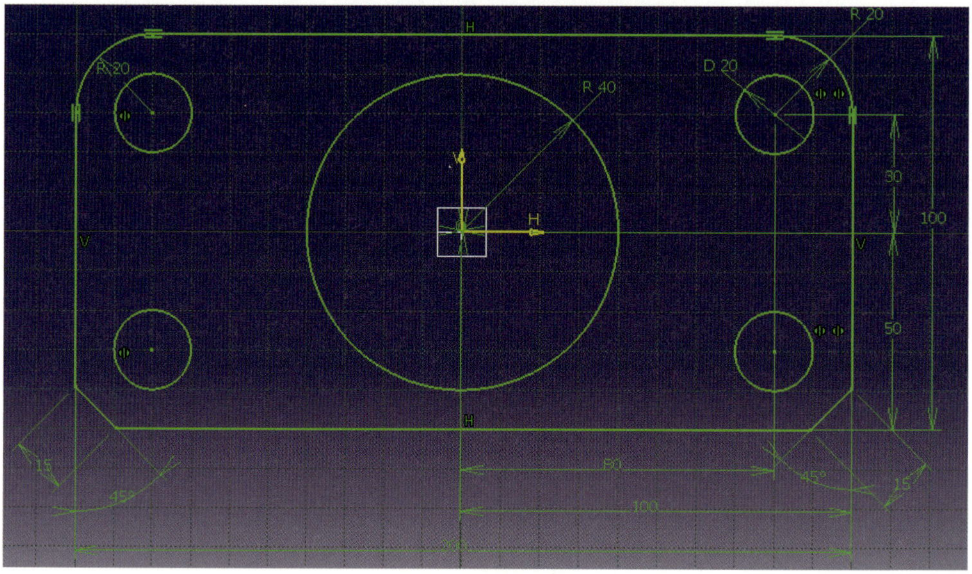

Sketcher #6

2.10 Sketcher #7

새로 익히는 기능

- 선분 아이콘(Line)
- 삼중 접원 아이콘(Tri-Tangent Circle)
- 제약조건 아이콘(Constraint)

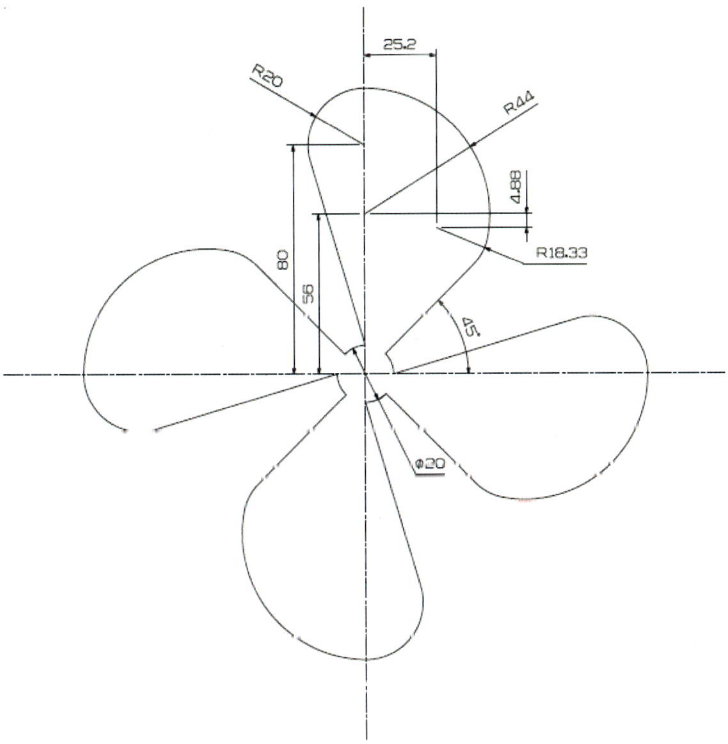

01 Sketcher 화면 중앙의 xy 평면을 클릭하여 sketcher 화면으로 들어간다.

02 좌표원 아이콘 을 클릭하여, 중심 (0, 0), 반지름 10 mm의 원을 만든다. 또한 중심 (0, 80) 반지름 20 mm인 원을 만든다.

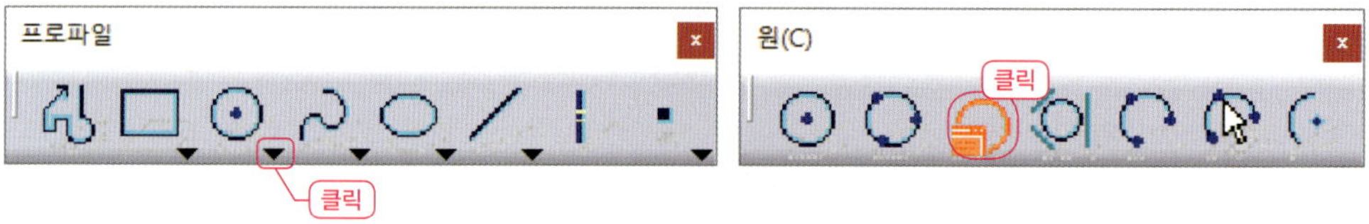

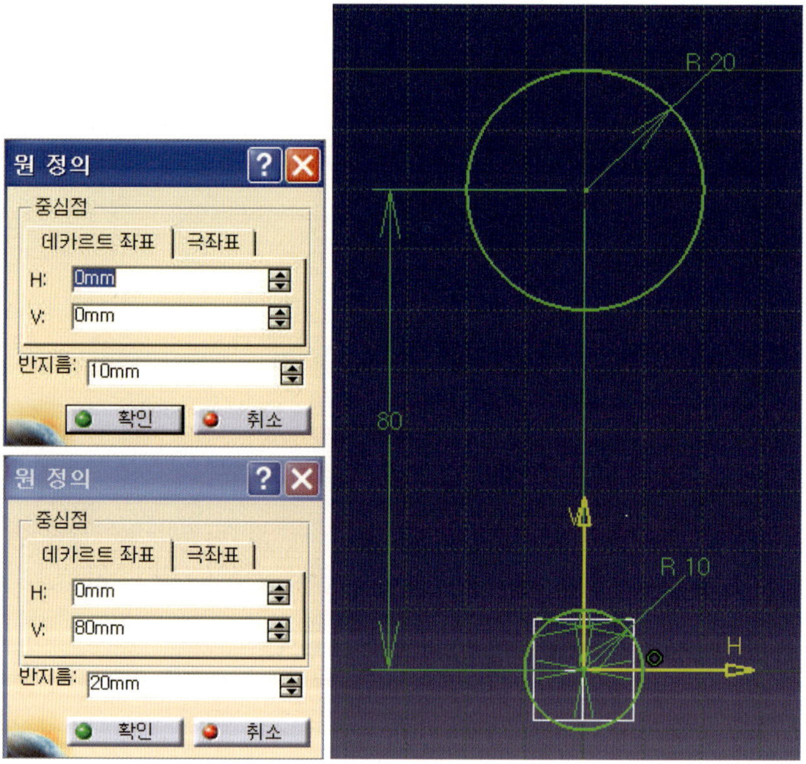

03 프로파일 툴바에서 선 아이콘 을 클릭하여 (0, 10)에서 출발하여 임의의 선을 그린다.

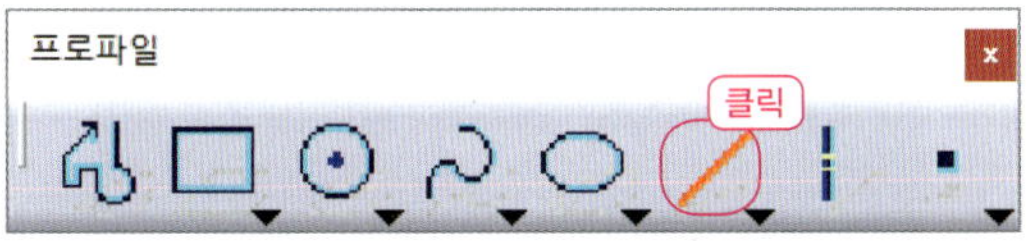

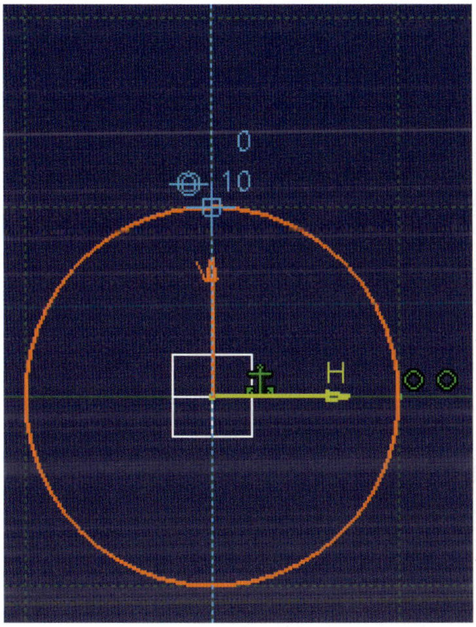

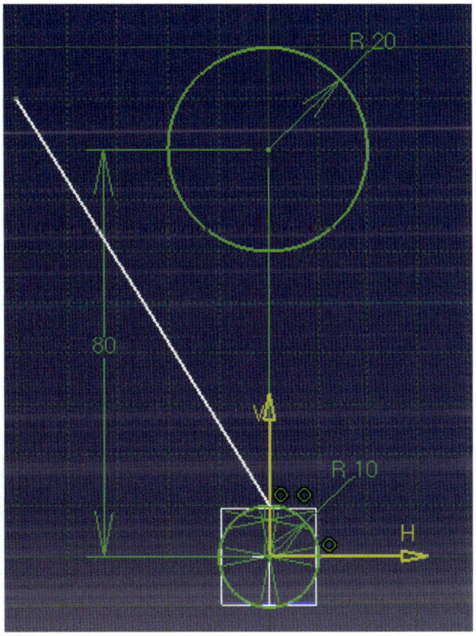

– 방금 작성한 선을 선택하고, Ctrl–키를 누르면서 반지름 20 mm인 원을 선택하여, 선과 원을 황색선으로 만든 후, 제약조건 아이콘 을 클릭한다.

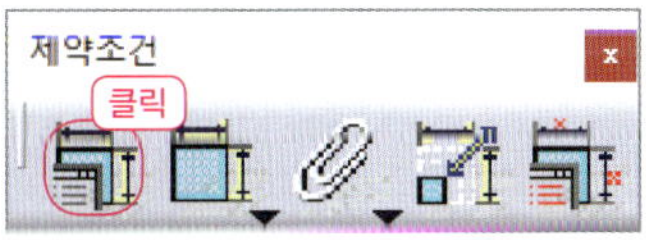

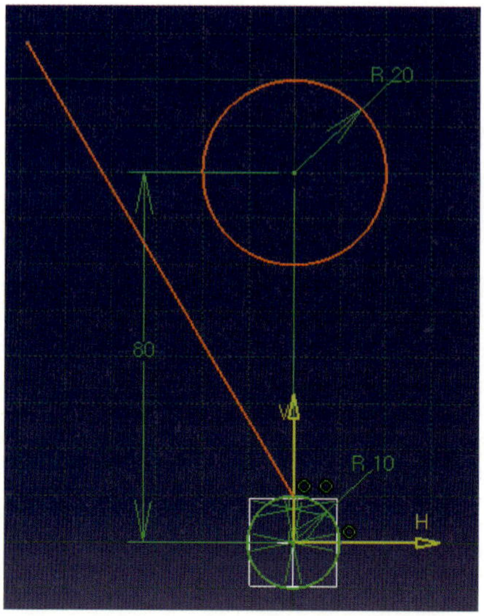

– 이때, 제약조건 정의 창에서 접점을 선택한다. 선분은 원에 접하는 접선으로 수정된다.

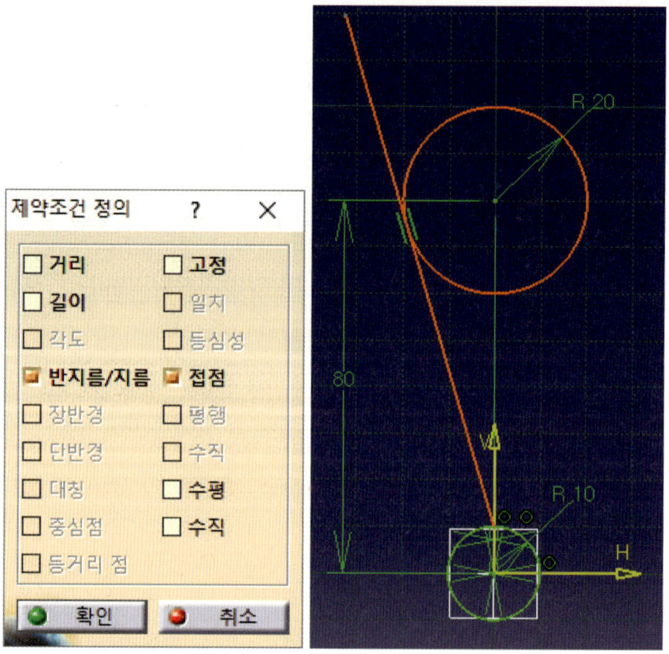

04 좌표원 아이콘 에서 중심 (0, 56), 반지름 44 mm의 원을 만든다.

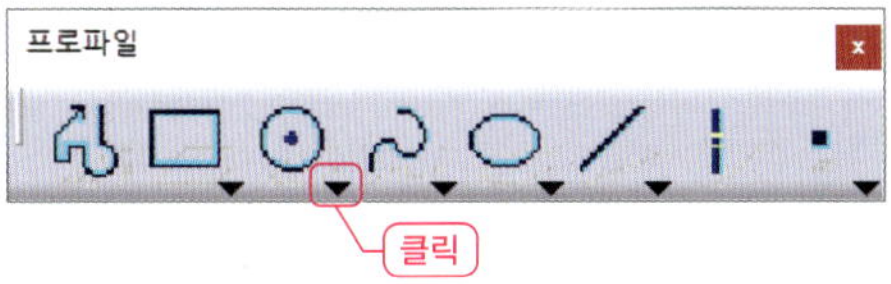

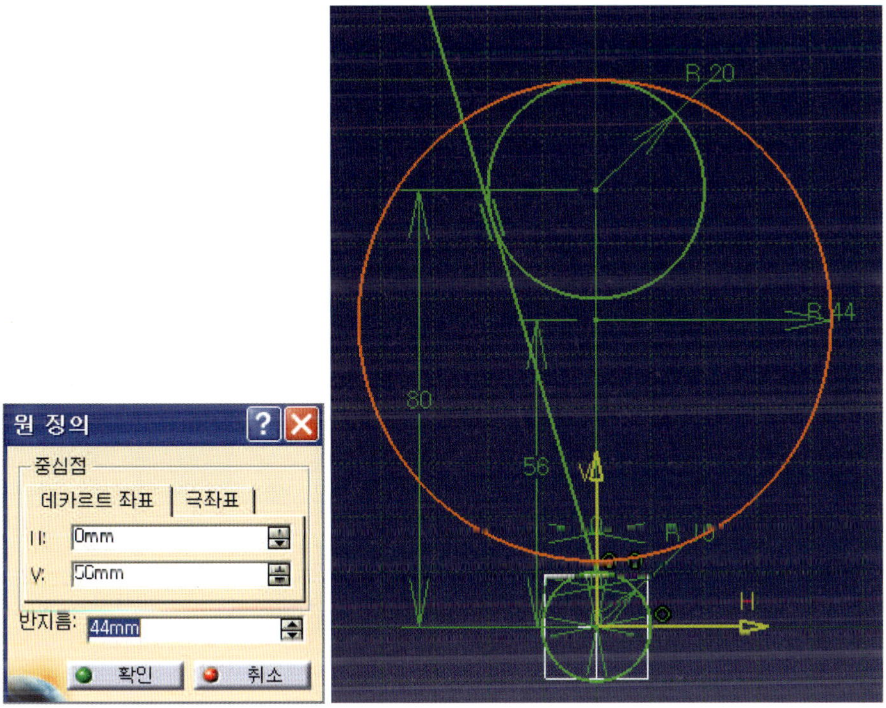

05 선 아이콘 을 이용하여 좌표계의 원점에서 출발하여 임의의 선을 그린다.

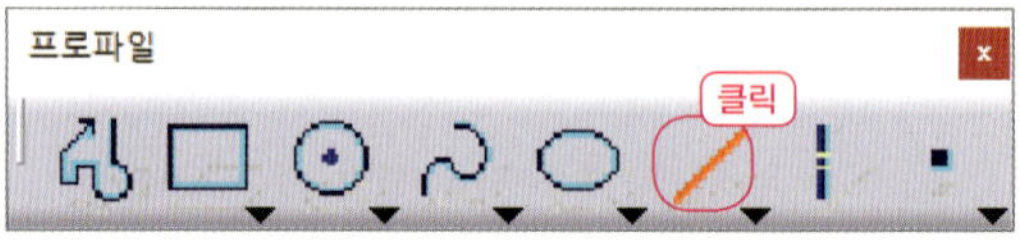

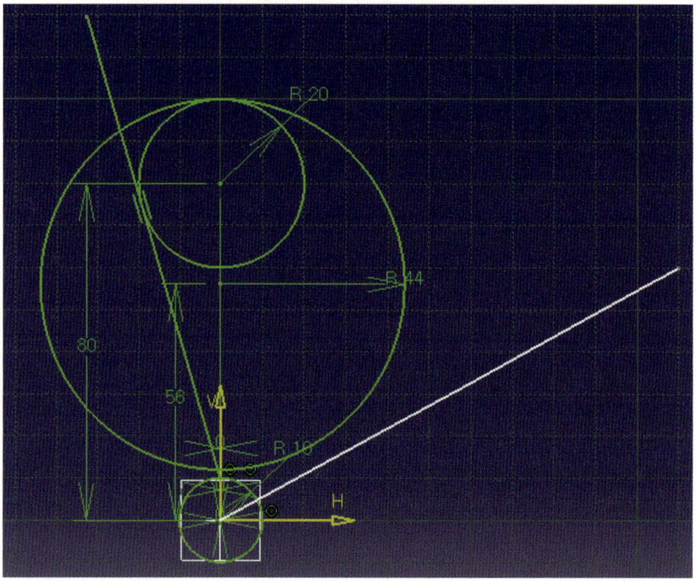

– 방금 작성한 선을 선택하고, Ctrl–키를 누르면서 H축을 선택함으로써 선분과 H 축을 황색 선으로 만든 후, 길이/각도 아이콘 을 클릭한다.

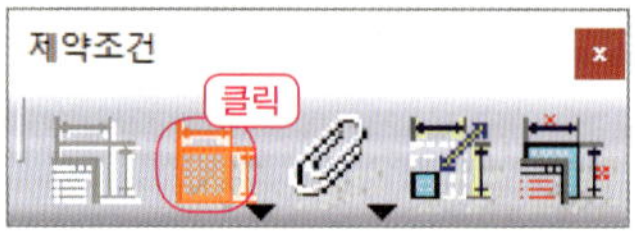

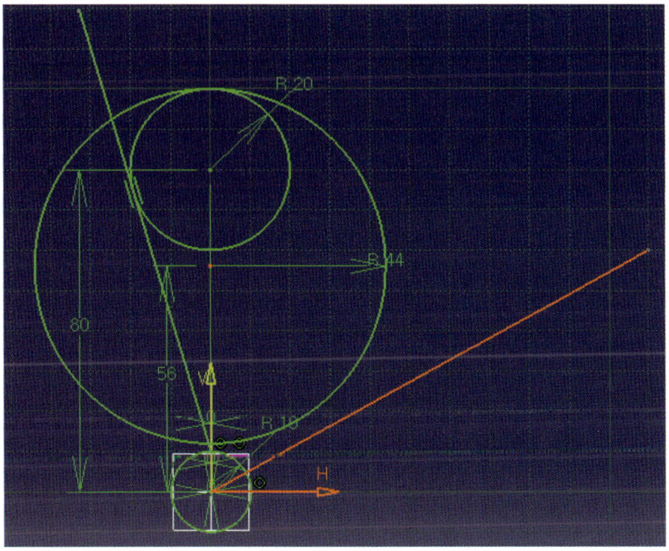

– 각도 치수를 더블 클릭하여 제약조건 정의 창에서 각도 값 45 deg를 입력한다.

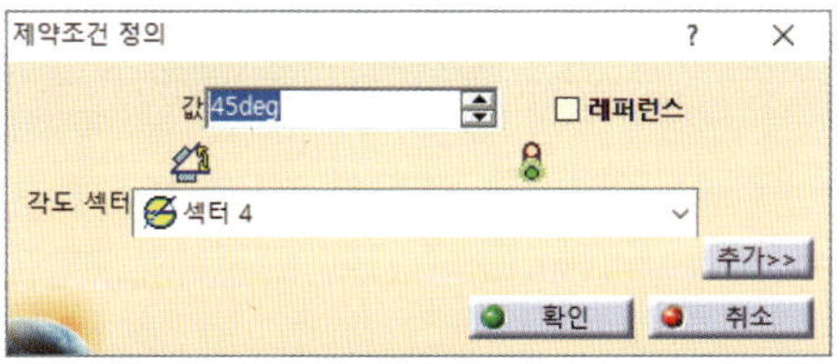

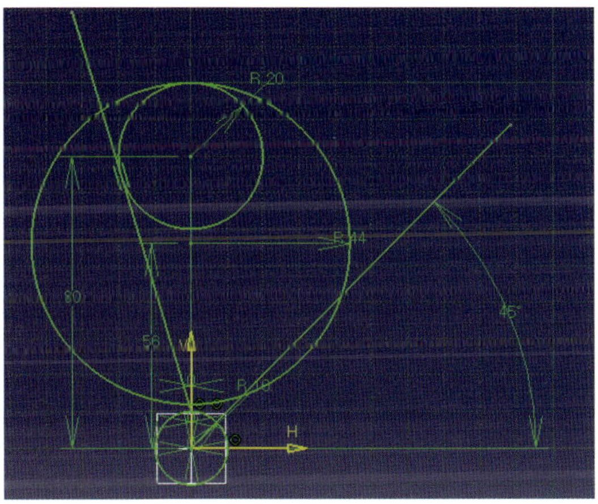

06 프로파일 툴바의 원 아이콘 하위 메뉴에서 세점접 원 아이콘을 을 클릭한다. 다음과 같이 세 개의 선을 클릭하여 세 선에 접하는 원을 생성한다.

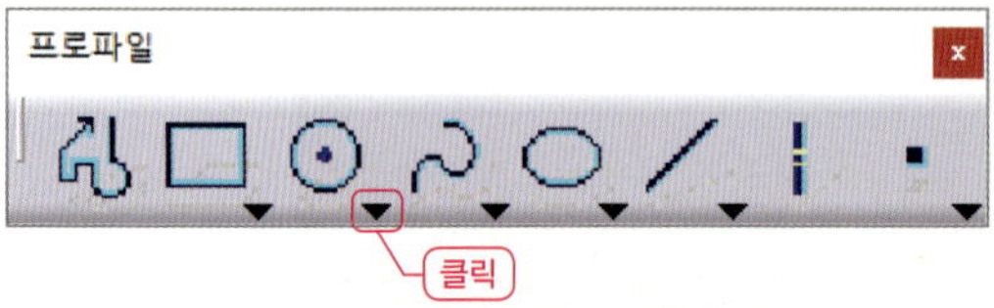

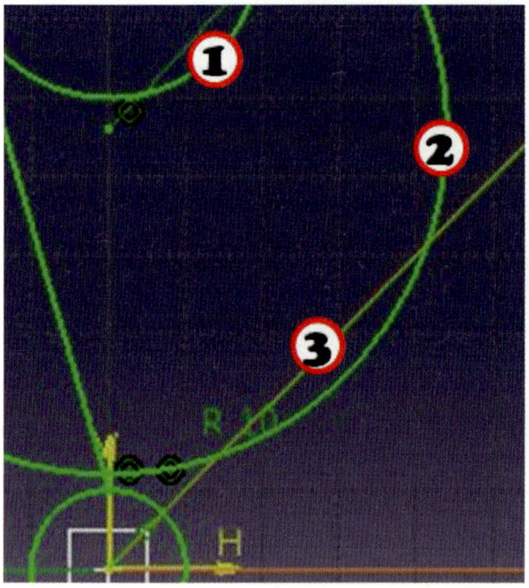

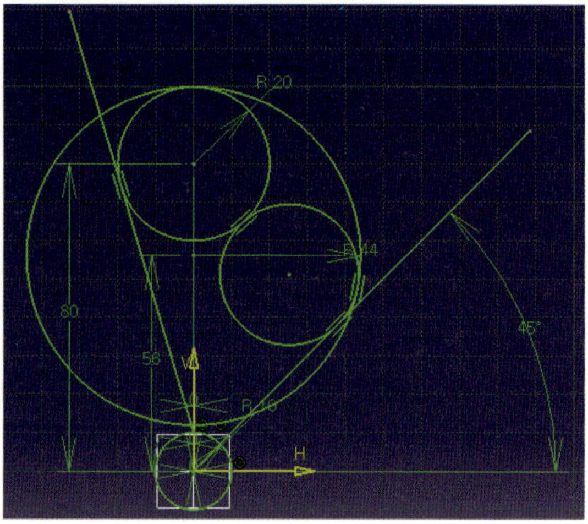

07 지우개 아이콘 을 더블클릭한 후, 불필요한 부분들을 제거한다.

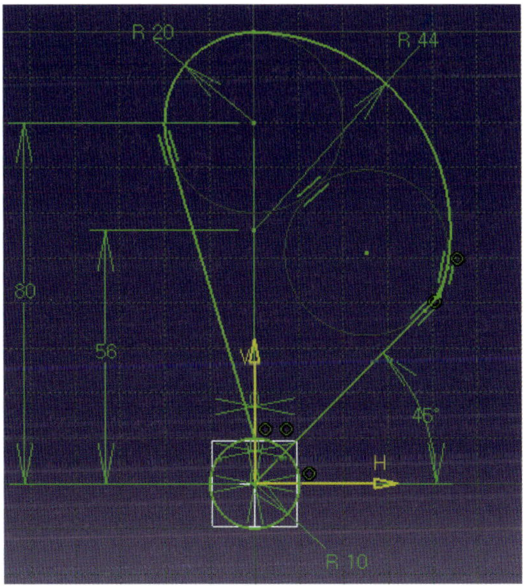

08 복사하고자 하는 형상의 구성요소를 모두 선택한다.

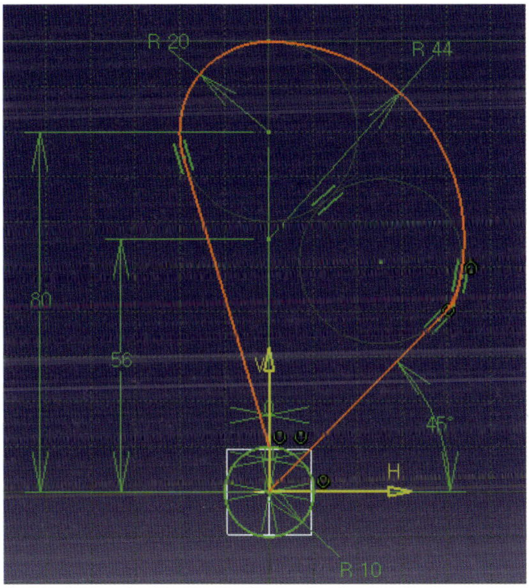

– 회전 아이콘 을 클릭한다.

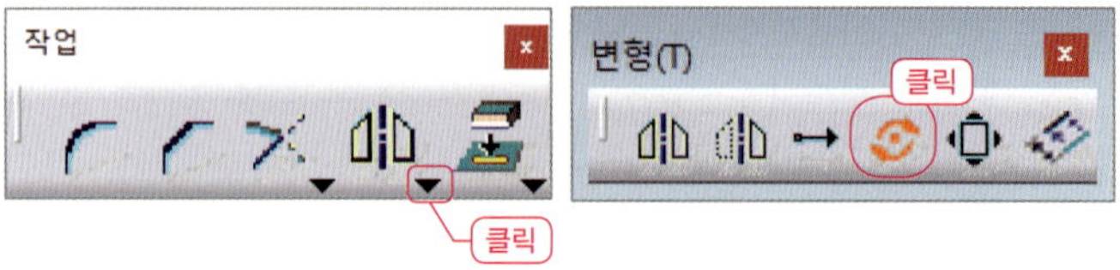

– 좌표계의 원점을 선택하고 회전 중심점인 원점 (0, 80)을 클릭한 후, 인스턴스 3, 각도 90 deg로 설정하여 형상을 완성한다.

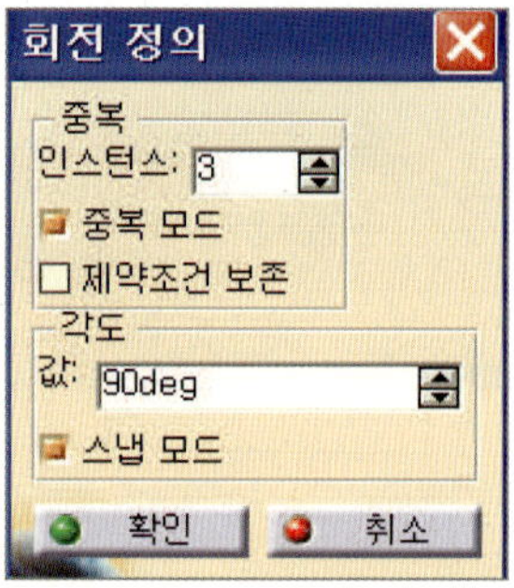

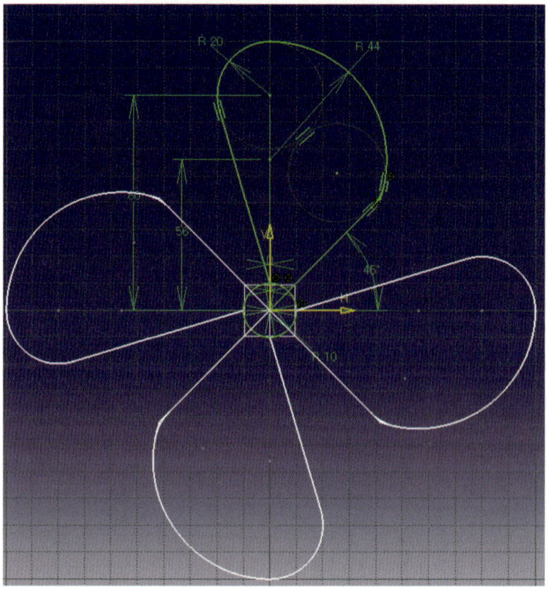

– 지우개 아이콘 을 클릭하여 불필요한 부분을 제거하고, 도형 Sketcher #7을 완성한다.

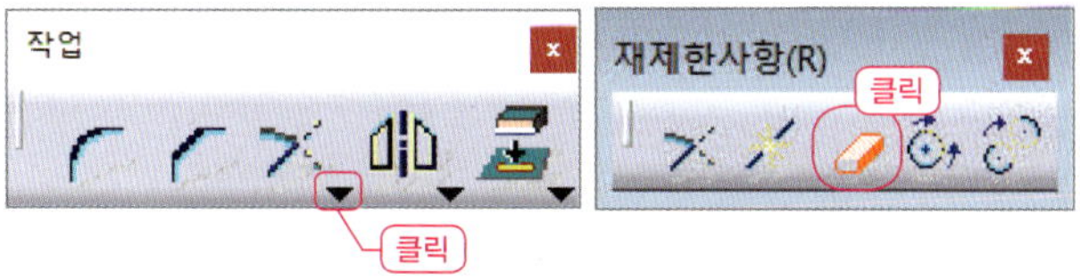

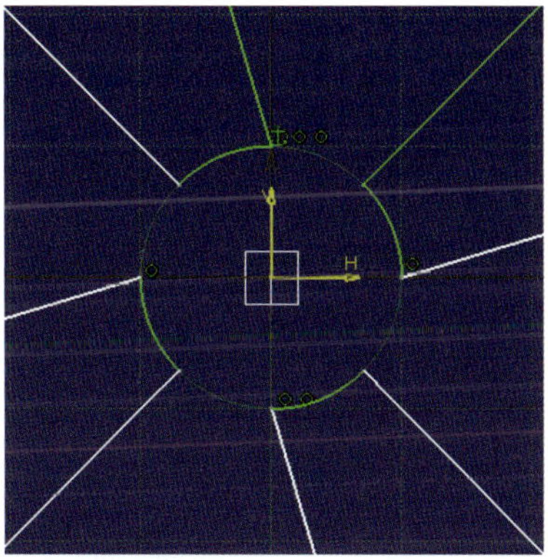

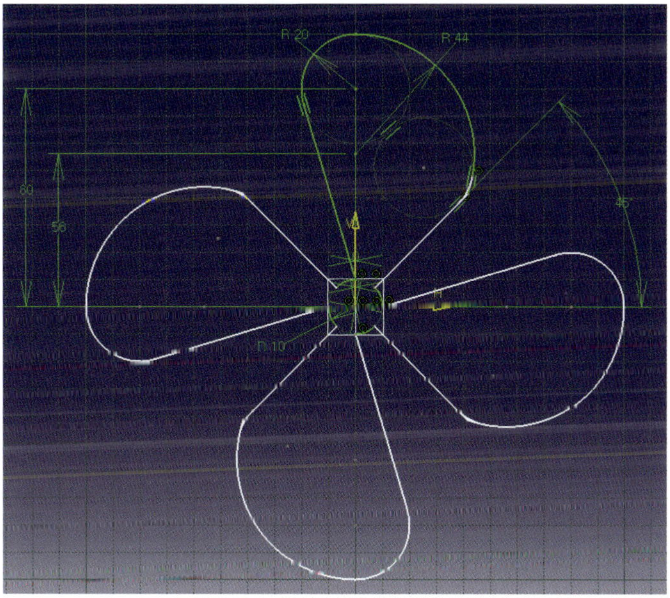

Sketcher #7

2.11 Sketcher #8

새로 익히는 기능

자르기 없음 아이콘(No Trim)

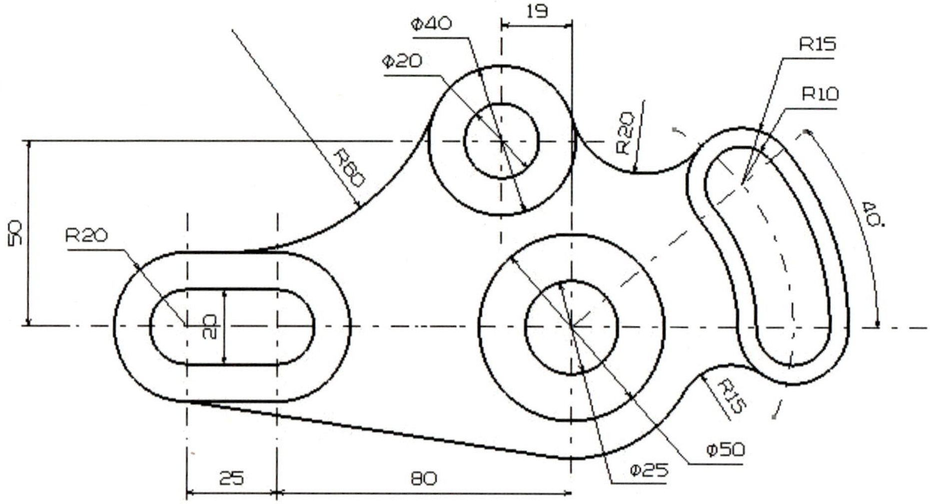

01 Sketcher 화면 중앙의 xy 평면을 클릭하여 sketcher 화면으로 들어간다.

02 원 아이콘 을 선택하여, 좌표계의 원점에서 서로 다른 세 개의 원을 만든다.

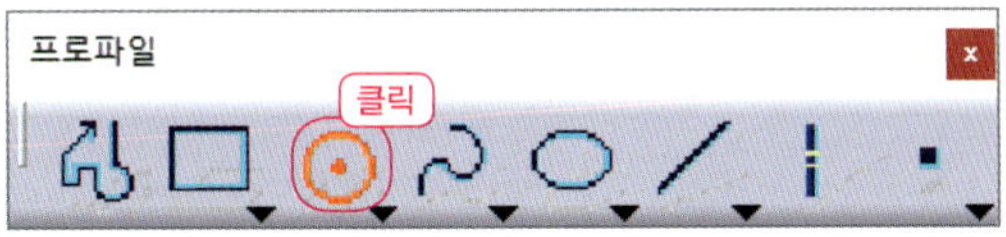

– 길이/각도 아이콘 으로 각각 지름 25 mm, 50 mm, 70 mm의 원을 생성한다.

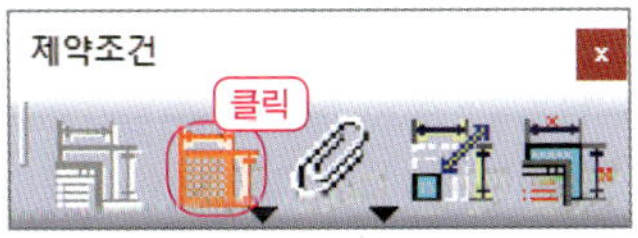

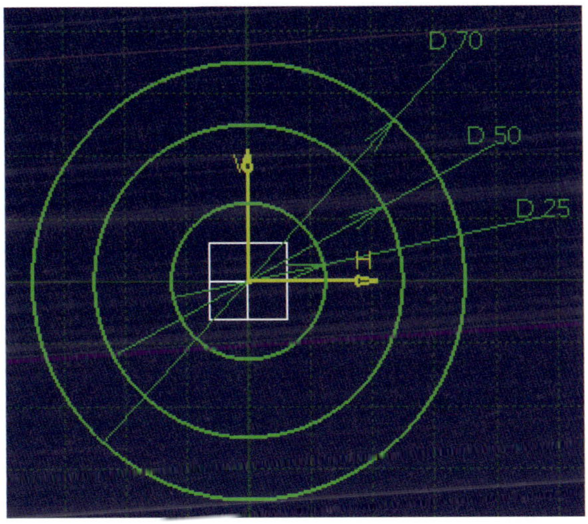

03 원 아이콘 을 클릭하여 좌표계의 원점을 선택하여 임의의 큰 원을 그리고, 선 아이콘 을 이용하여 원점을 지나는 임의의 선을 그린다.

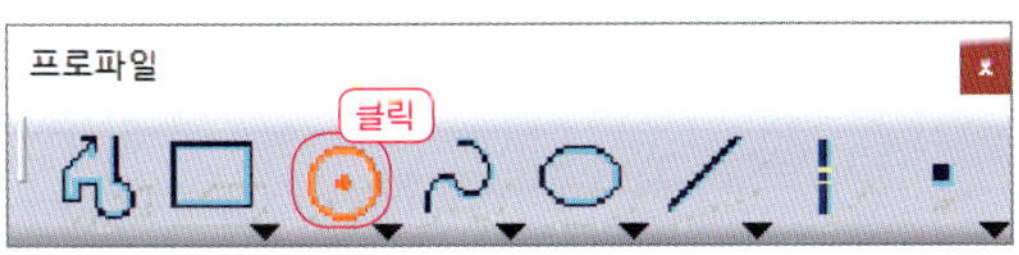

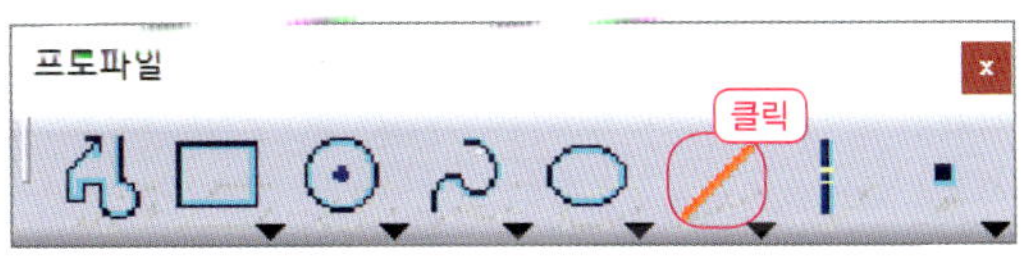

– 길이/각도 아이콘 을 사용하여, 원의 반지름을 60 mm로, 선분의 각을 40°로 지정한다.

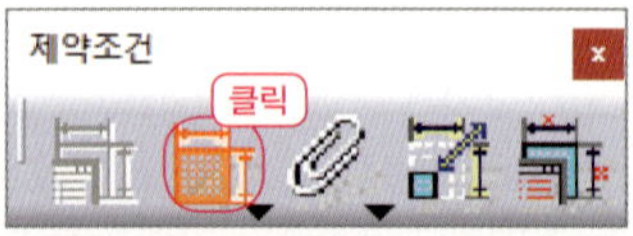

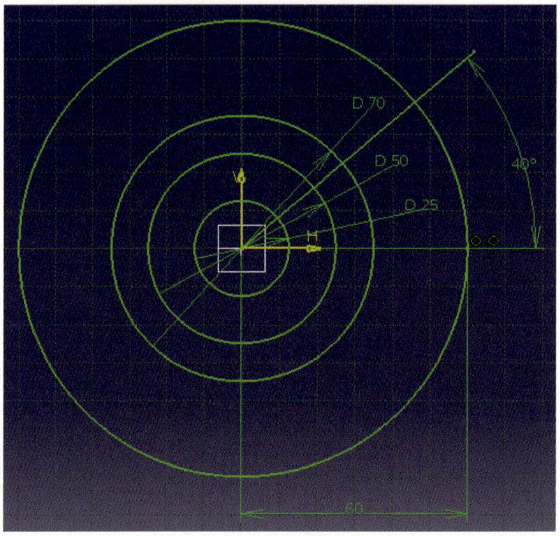

04 실린더 돼지코 아이콘 을 클릭하여, 좌표계의 원점을 먼저 선택하고 H축과 반지름 60 mm 원이 만나는 점과 40° 각도의 선과 반지름 60 mm의 원이 만나는 점을 차례로 클릭하여 실린더 돼지코 형상을 만들고, 이를 다시 반복하여 유사한 형상을 하나 더 만든다.

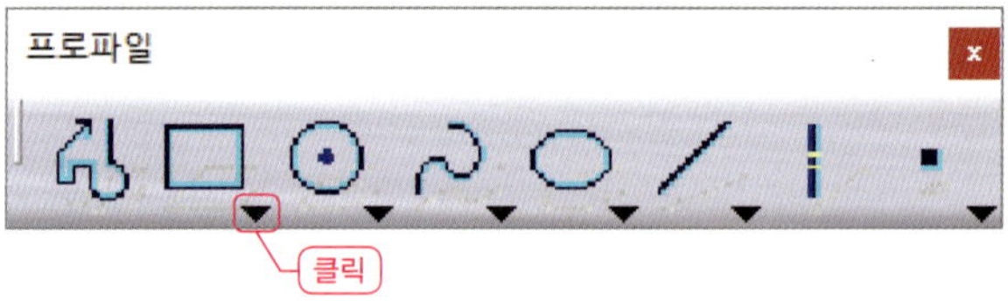

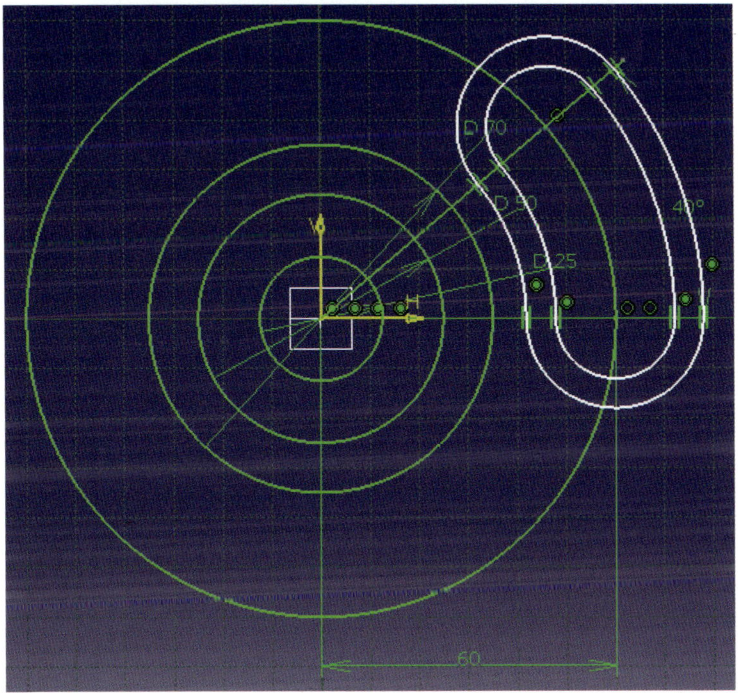

각도/길이 아이콘 을 사용하여, 안쪽 반지름 10 mm, 바깥쪽 반지름 15 mm로 지정한다.

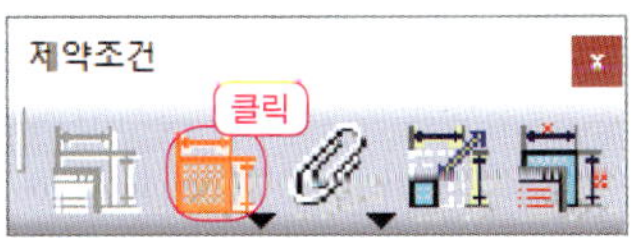

– 반지름이 60 mm인 원을 클릭한 후, Delete–키로 원을 지운다.

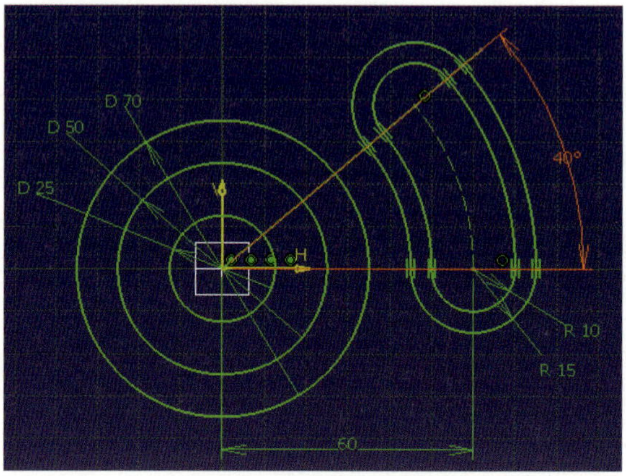

05 좌표원 아이콘을 클릭한다.

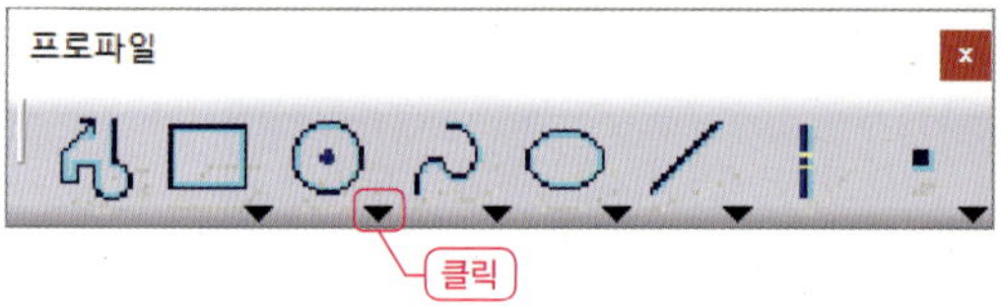

– 먼저 원점을 선택한 후, 점 (–19, 50)를 중심으로 하는 반지름 10 mm과 반지름 20 mm의 두 원을 차례로 만든다.

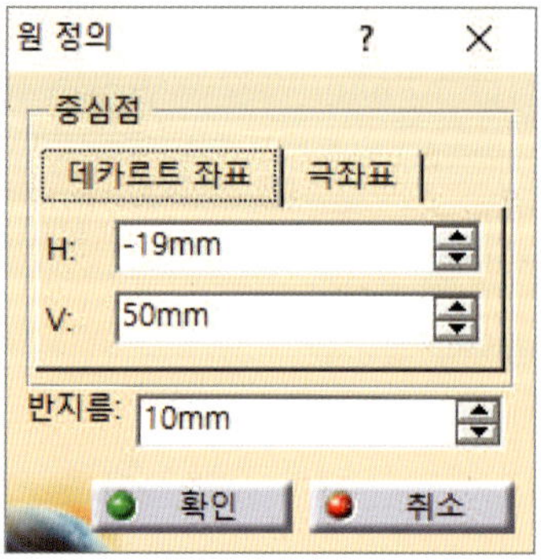

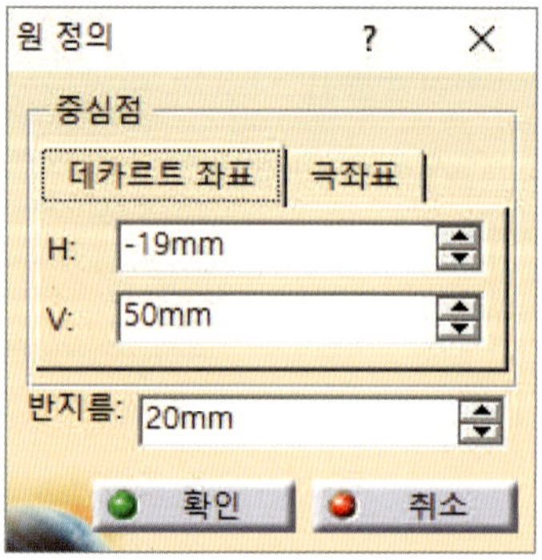

– 각도/길이 아이콘 을 사용하여, 두 원의 반지름과 원의 중심위치를 지정한다.

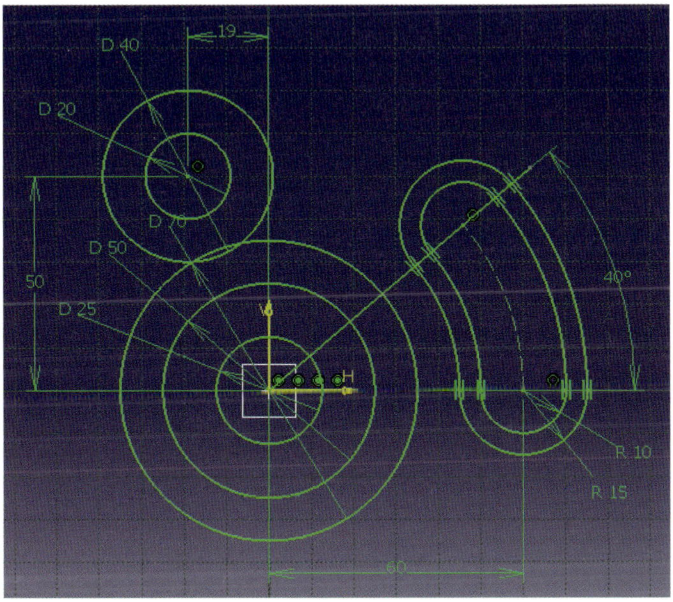

06 돼지코 아이콘 을 클릭하여 다음 그림과 같이 중심점에서 왼쪽 방향으로 80 mm 떨어진 점과 그 지점으로부터 25 mm 떨어진 지점을 클릭하여 형상을 생성한다. (안쪽 지름 20 mm, 바깥쪽 지름 40 mm)

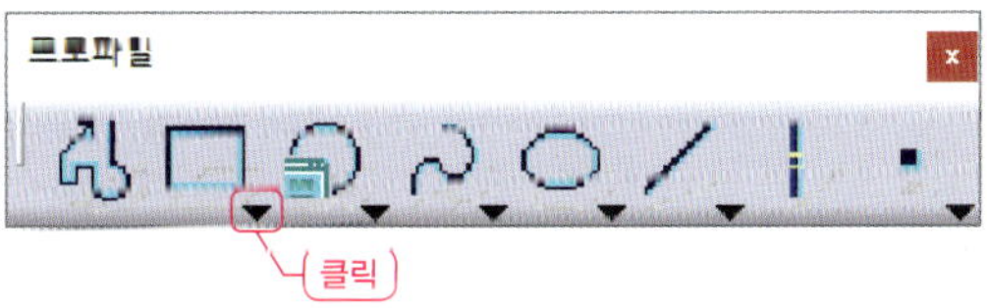

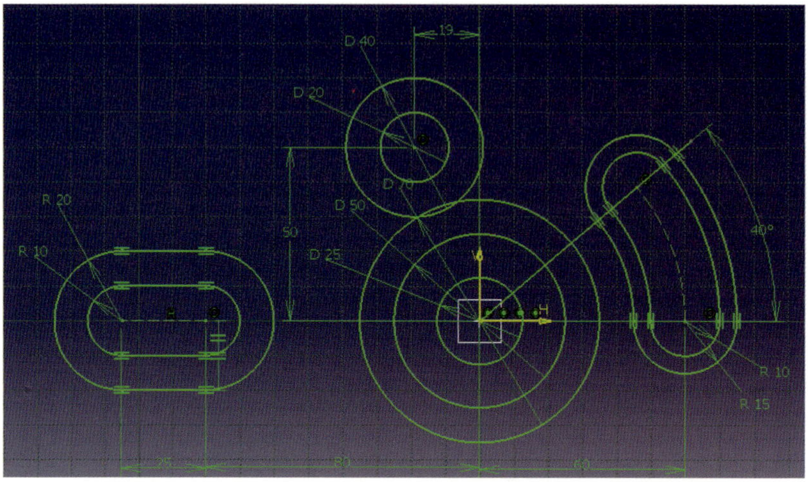

07 선 아이콘 을 이용하여, 한 점을 지나고 큰 원에 접하는 선분을 그린다.

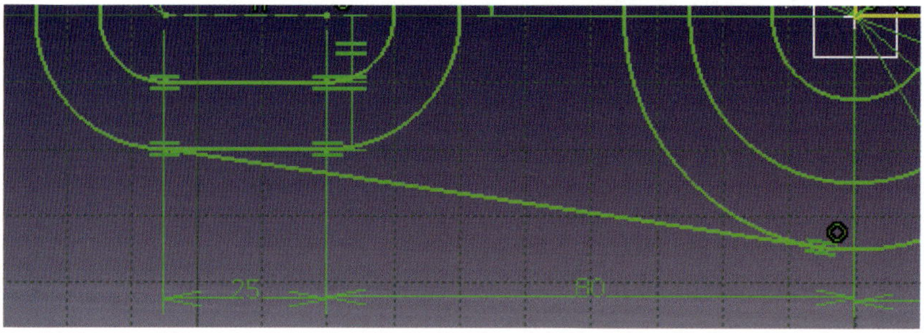

08 코너 아이콘 을 클릭했을 때 생성되는 스케치 도구에서 자르기 없음 아이콘 을 선택한다.

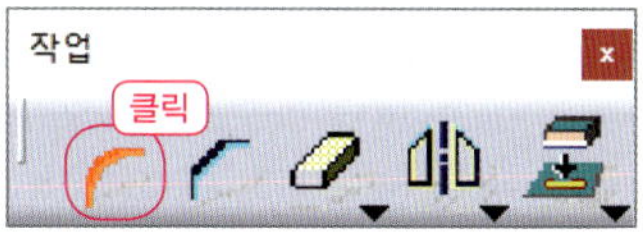

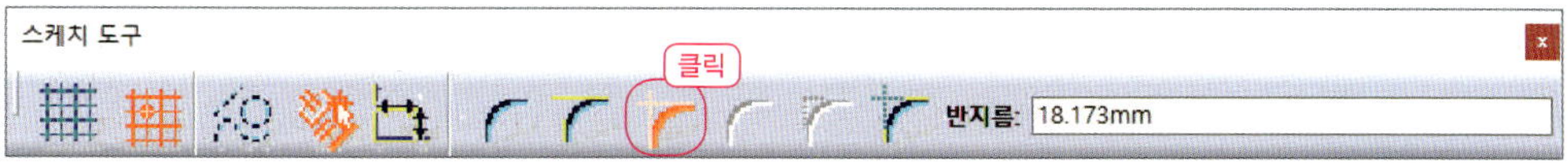

- 자르기 없음 상태에서 코너를 생성한다.
- 지우개 아이콘 를 이용하여 불필요한 부분을 지운다.
- 제약조건 아이콘 과 을 이용하여 제약조건(예, 접선조건)과 치수를 넣고, 도형 Sketcher #8을 완성한다.

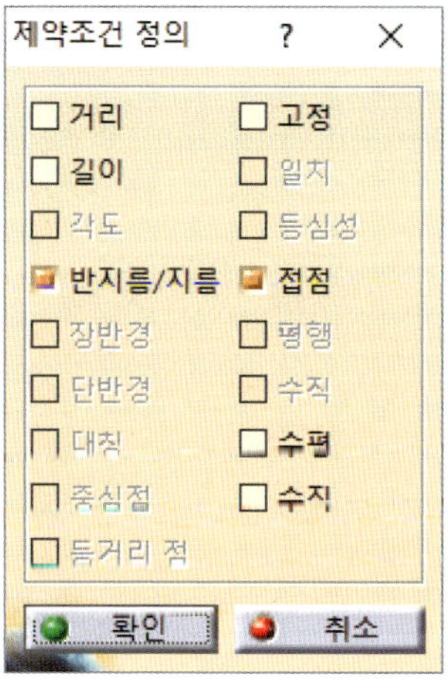

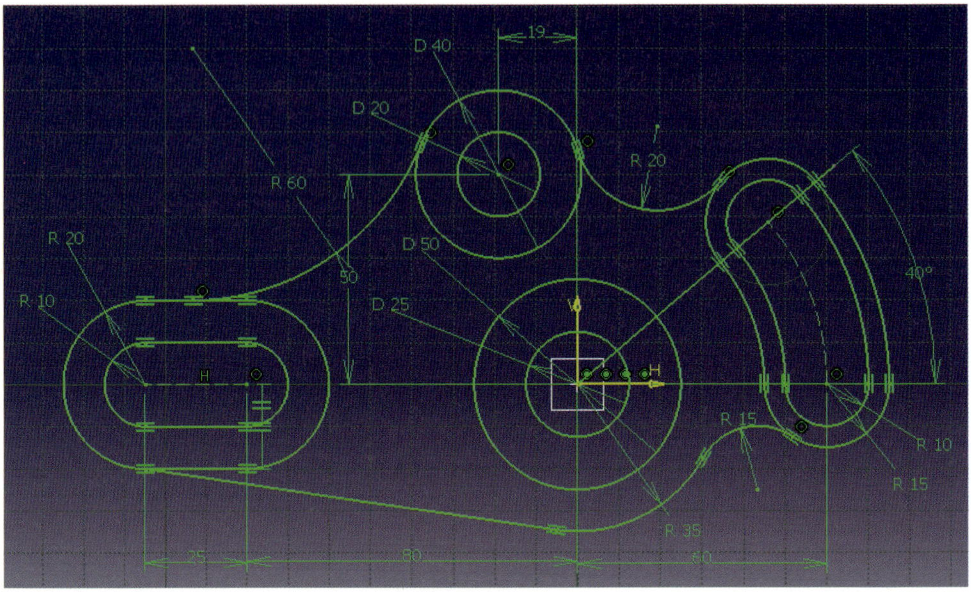

Sketcher #8

2.12 Sketcher #9

복습

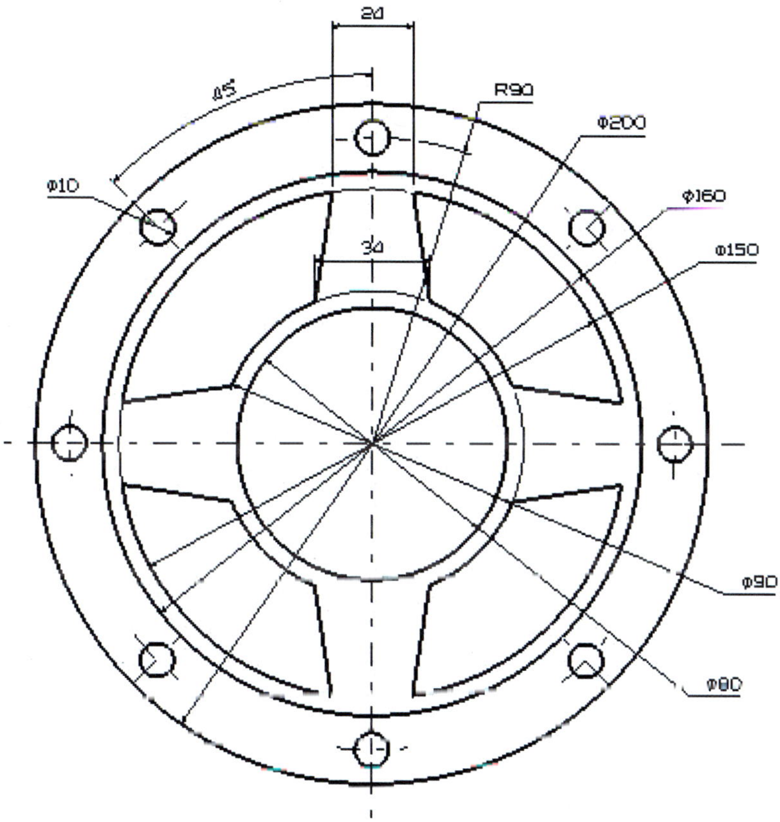

01 Sketcher 화면 중앙의 xy 평면을 클릭하여 sketcher 화면으로 들어간다.

02 원 아이콘 을 클릭한 후, 원점을 중심으로 반지름 40 mm, 80 mm, 100 mm의 세 개의 원을 생성한다.

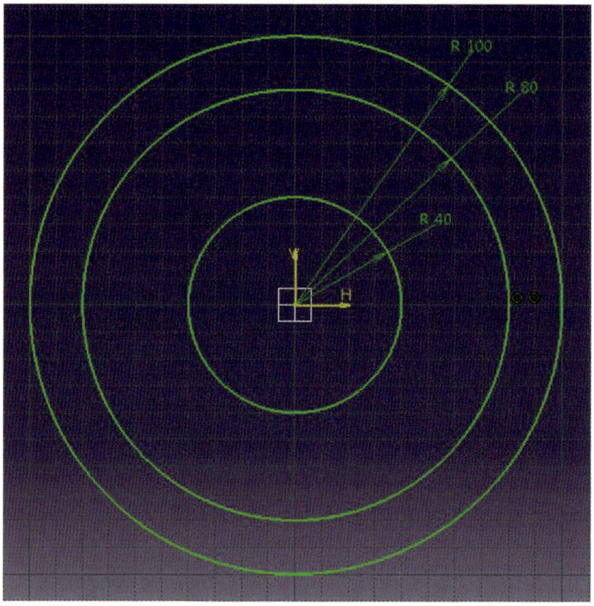

03 오프셋 아이콘 을 이용하여 다음과 같이 두 개의 원을 각각 5 mm 간격으로 생성한다.

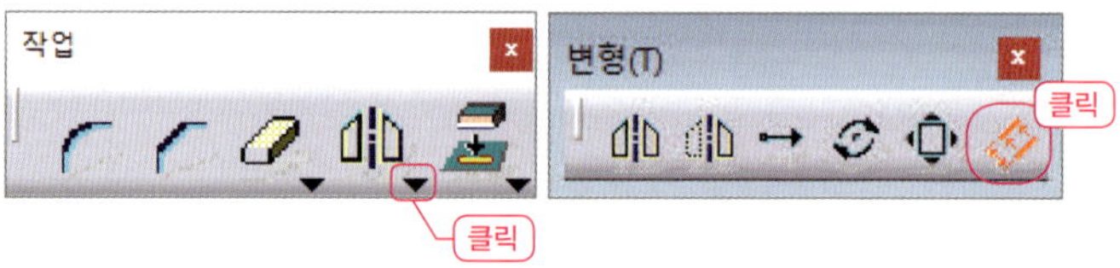

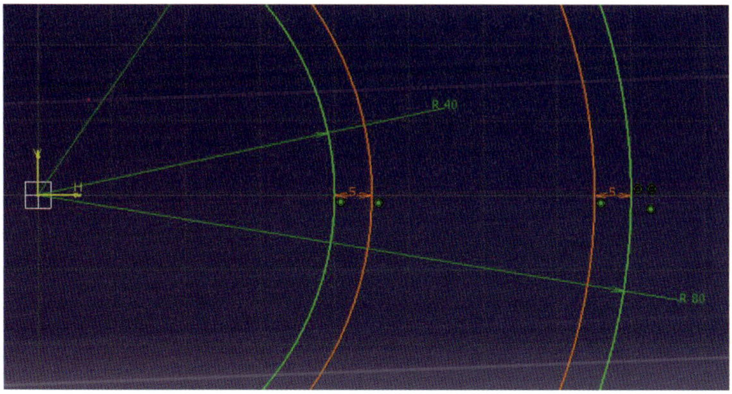

04 V축 상으로 임의의 선을 하나 생성하고, 오프셋 아이콘 을 이용하여 다음과 같이 좌우로 각각 12 mm, 17 mm의 등간격 선을 4개 생성한다.

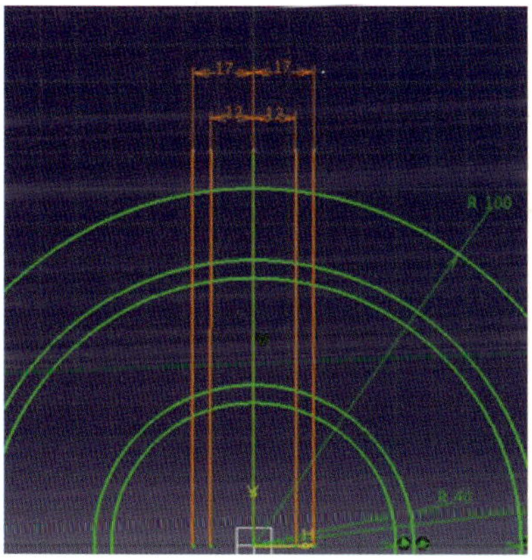

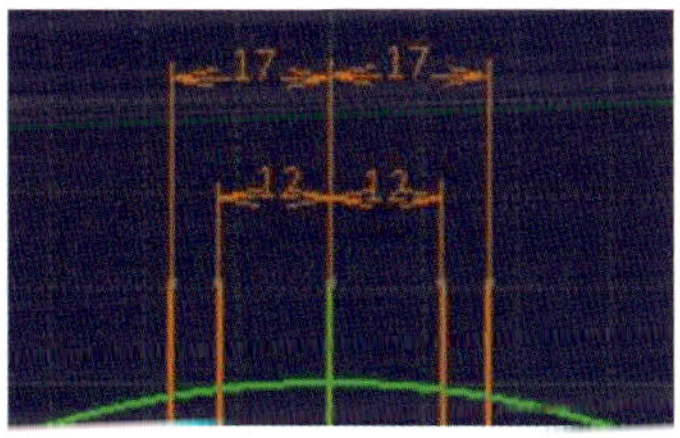

05 선 아이콘 을 이용하여 다음과 같이 선을 생성하고, 지우개 아이콘 을 더블 클릭하여 불필요한 선들을 제거한다.

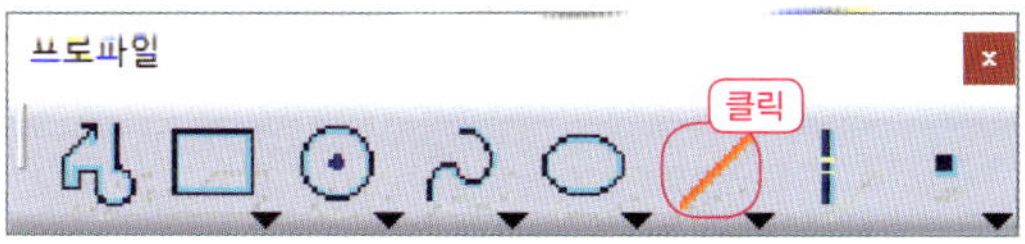

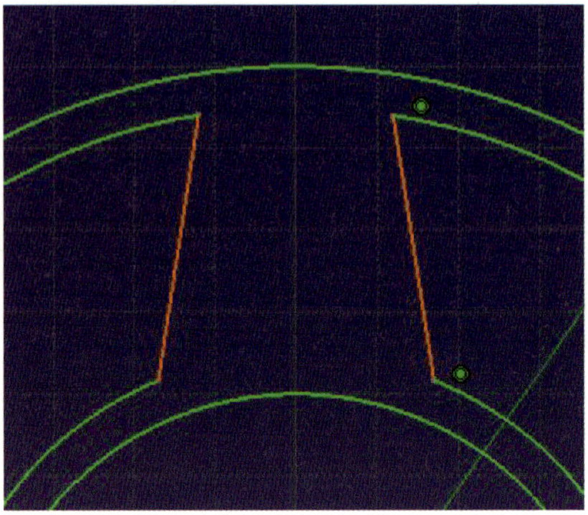

06 회전 아이콘 을 클릭하여 인스턴스 3, 각도 90 deg로 설정하여 형상을 완성하고, 지우개 아이콘 을 더블 클릭하여 불필요한 선들을 제거한다.

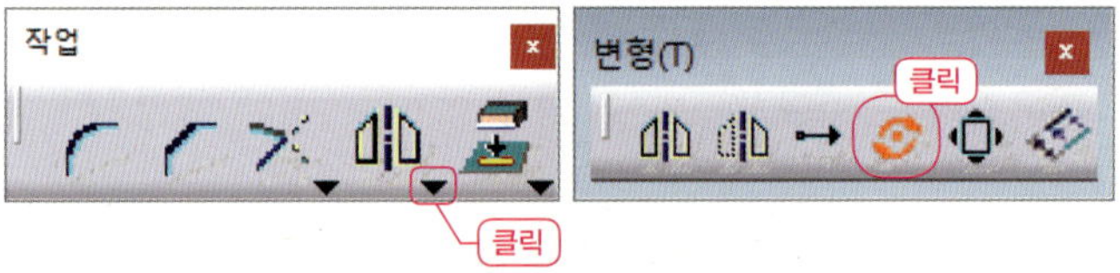

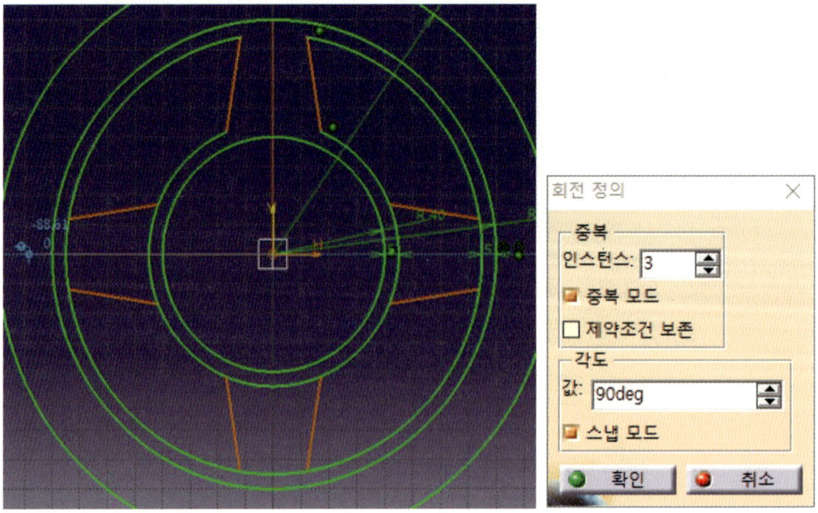

07 원 아이콘 을 클릭한 후 원점에서 90 mm 떨어진 지점에 반지름 5 mm의 원을 생성한다.

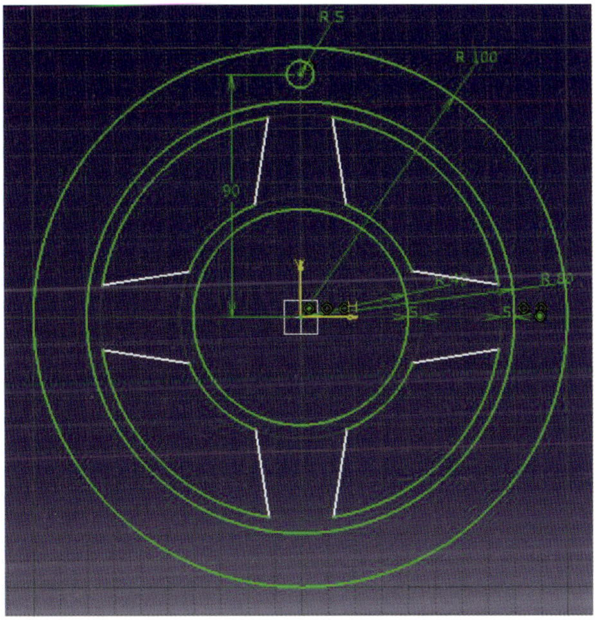

08 회전 아이콘 을 클릭하여 인스턴스 7, 각도 45 deg로 설정하여 형상을 완성한다.

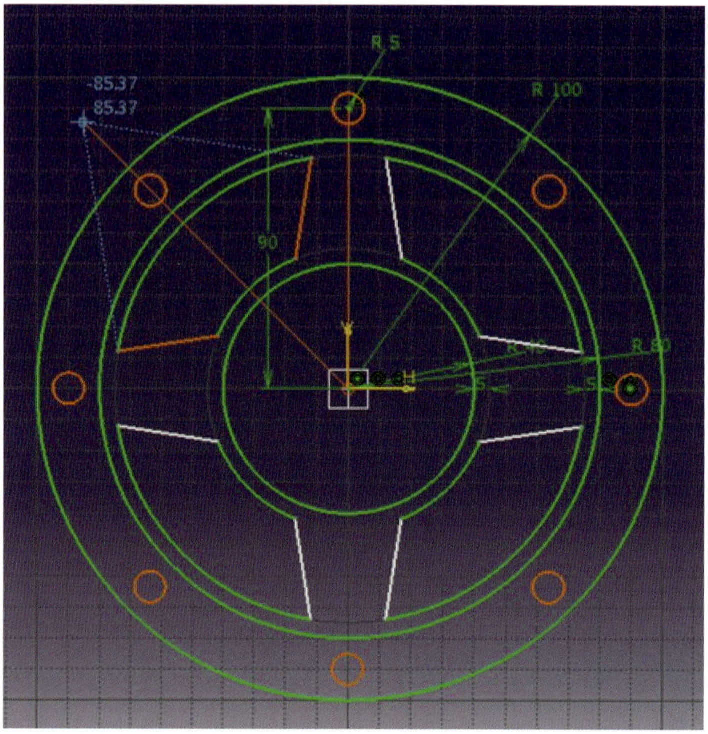

Sketcher #9

2.13 Sketcher #10

복습

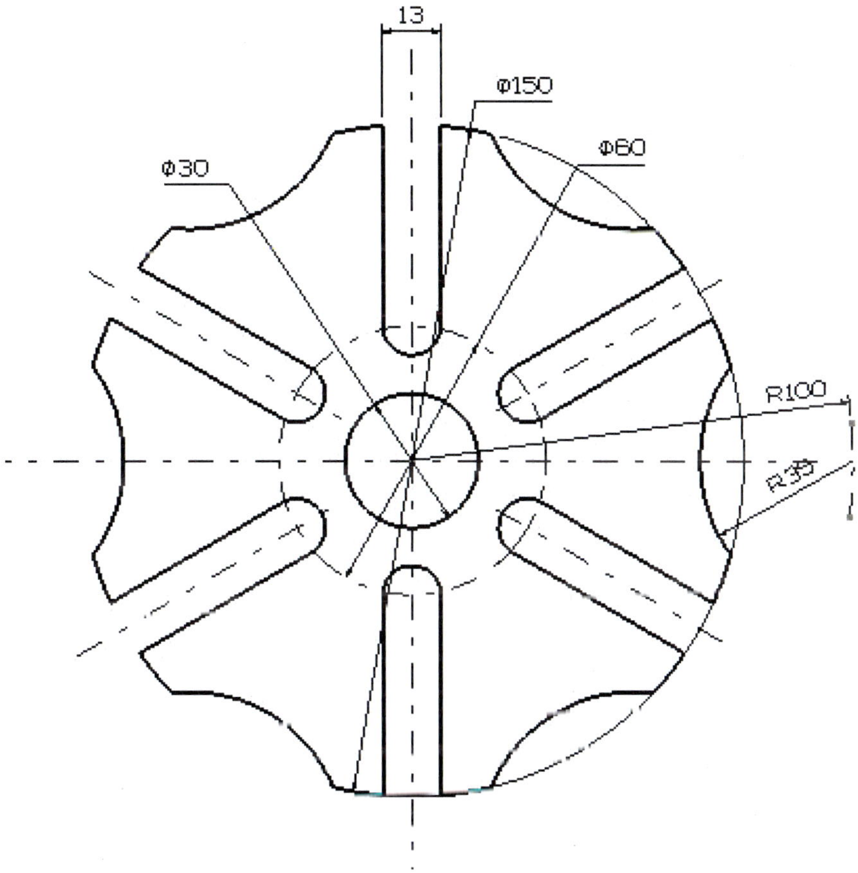

01 Sketcher 화면 중앙의 xy 평면을 클릭하여 sketcher 화면으로 들어간다.

02 원 아이콘 을 클릭한 후, 좌표계의 원점을 중심으로 반지름 30 mm, 150 mm의 두 개의 원을 생성하고, 원점으로부터 V축 상으로 30 mm 떨어진 지점에 지름 13 mm의 원을 생성한다.

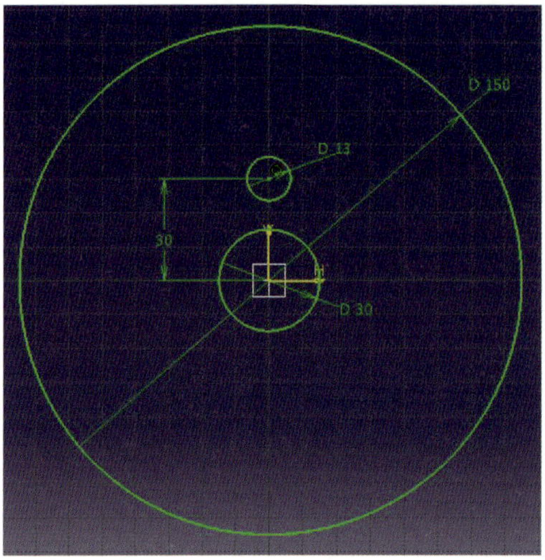

03 선분 아이콘 을 이용하여 다음과 같이 원의 접점으로부터 150 mm의 원까지 선을 생성하고, 지우개 아이콘 을 이용하여 불필요한 부분들을 제거한다.

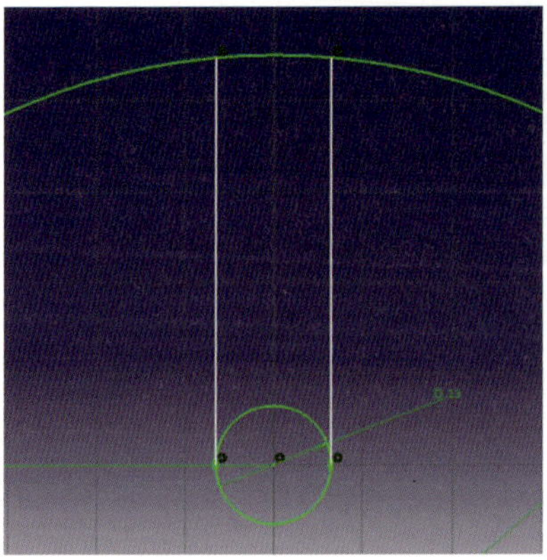

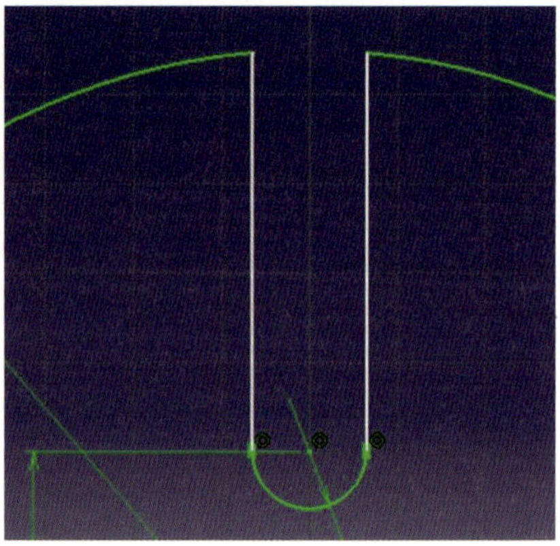

04 회전 아이콘 을 클릭하여 인스턴스 5, 각도 60 deg로 설정하여 형상을 완성한다.

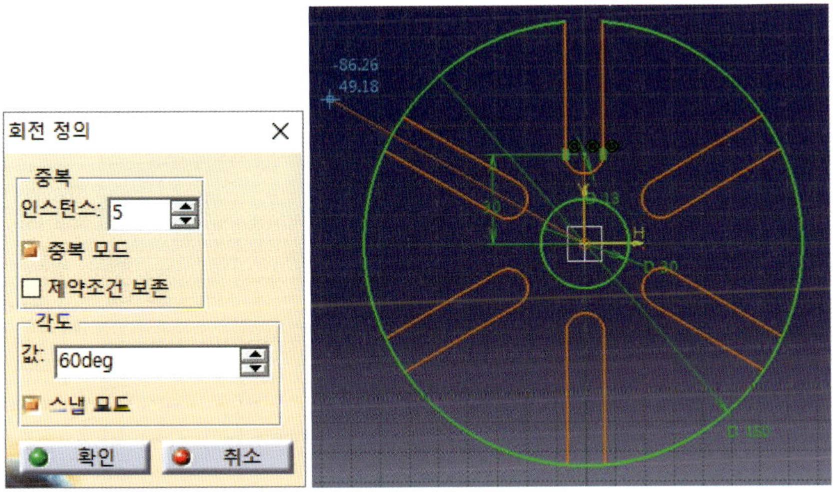

05 원 아이콘 을 이용하여 원점으로부터 H축 방향으로 100 mm 떨어진 지점에 반지름 35 mm의 원을 생성한다.

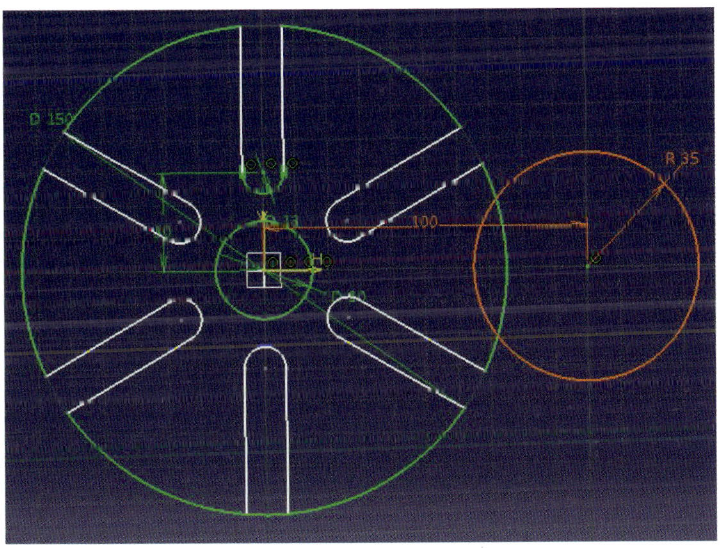

06 지우개 아이콘 을 이용하여 다음과 같이 불필요한 부분들을 제거한다.

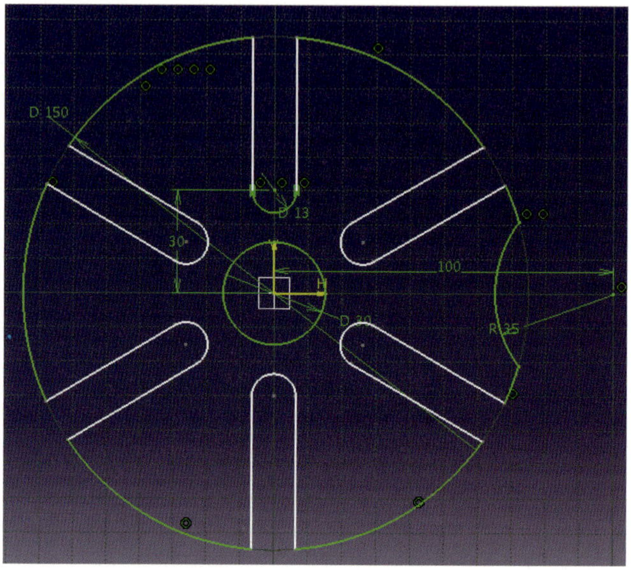

07 회전 아이콘 을 클릭하여 인스턴스 5, 각도 60 deg로 설정하여 형상을 복사하고, 지우개 아이콘 을 이용하여 불필요한 부분들을 제거하여 Sketcher #10을 완성한다.

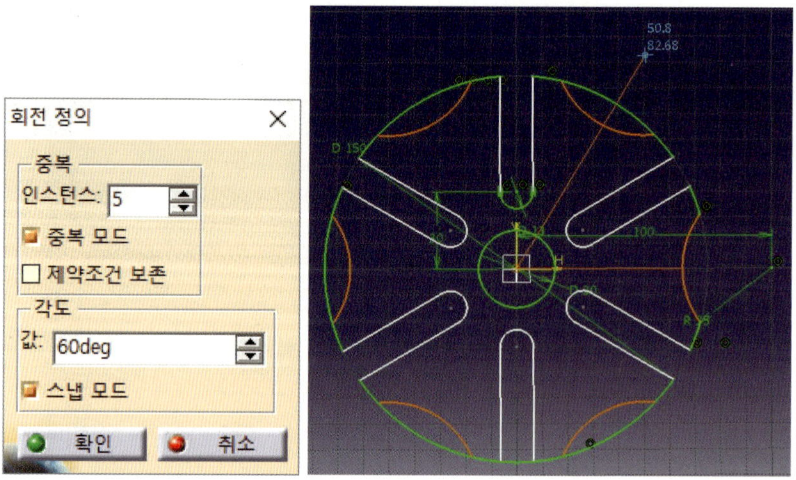

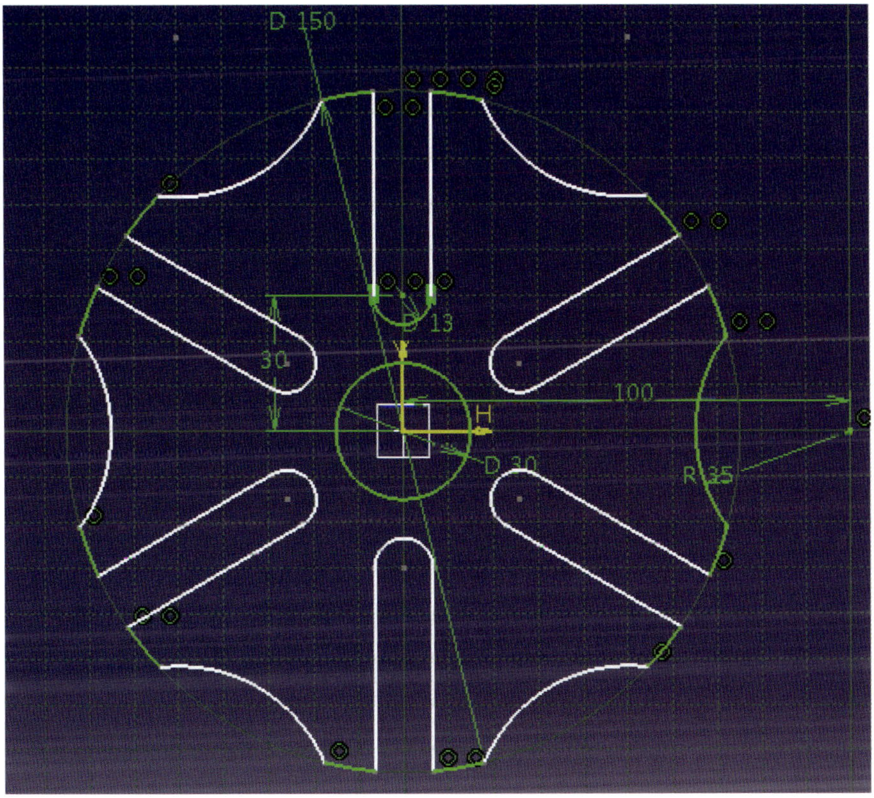

Sketcher #10

2.14 Sketcher #11

스스로 연습하기

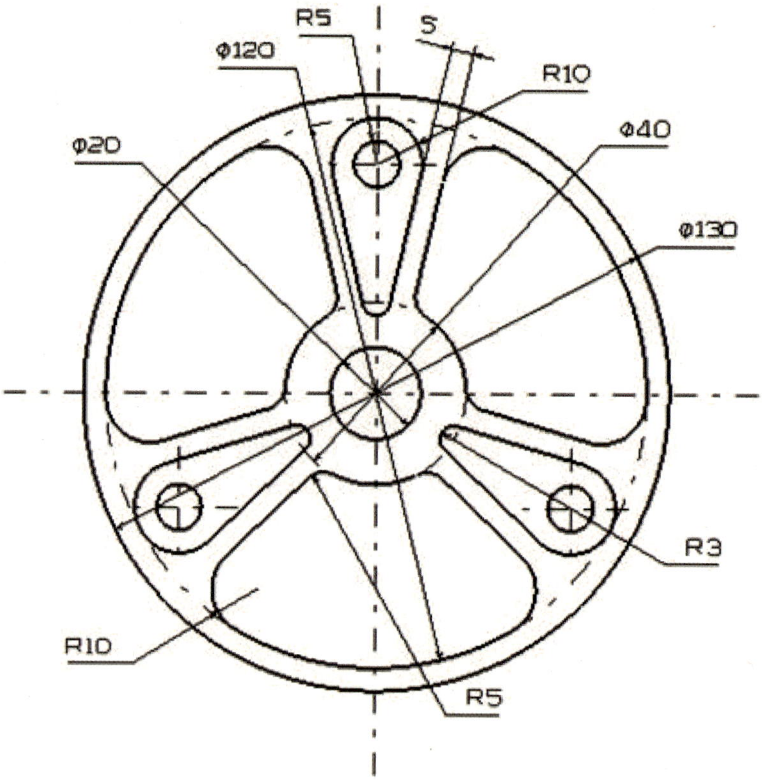

2.15 Sketcher #12

스스로 연습하기

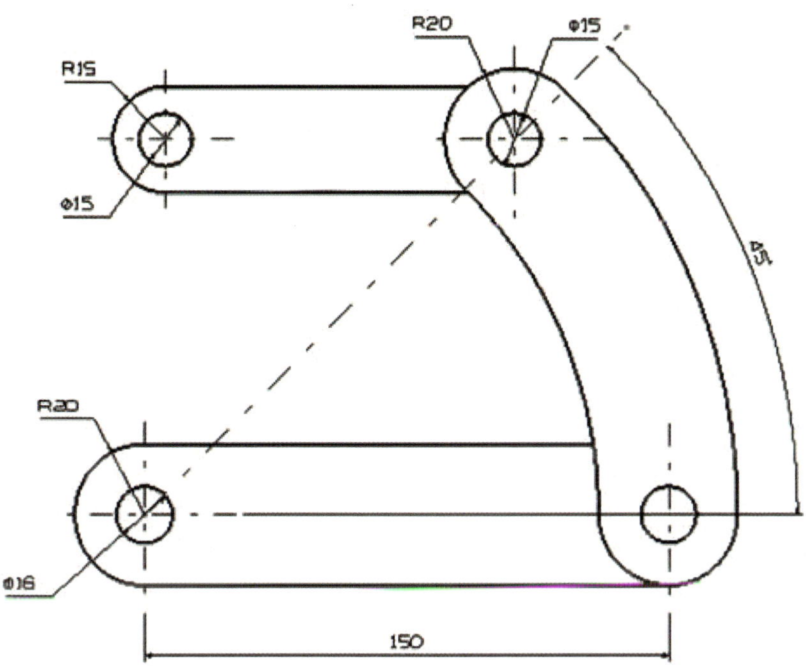

2.16 Sketcher #13

스스로 연습하기

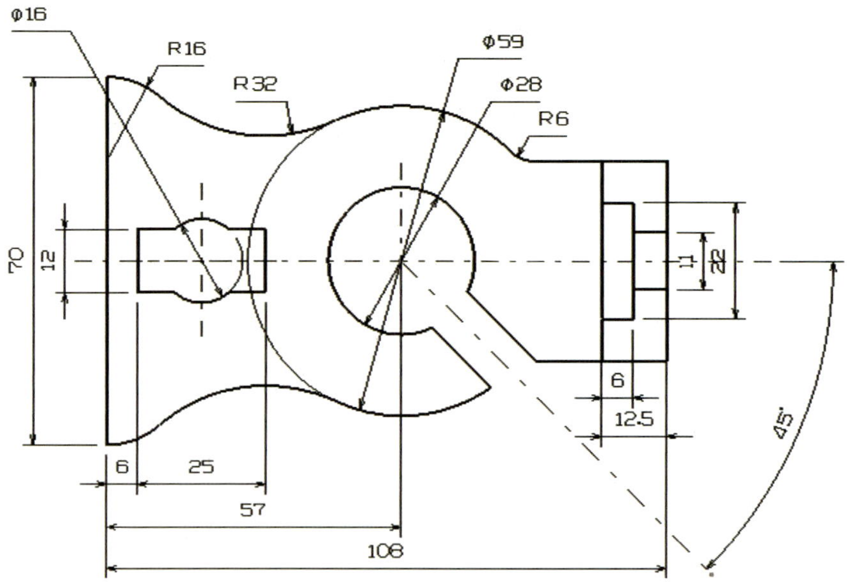

연습문제

1) Part Design , 어셈블리 디자인 , Sketcher , Structure Design 등은 CATIA의 다음 tool 중 어디에 포함되어 있는가?

a) 기본 구조　　b) 기계 디자인
c) 형상　　d) 분석 및 시뮬레이션

2) CATIA에서 2차원 도면을 그리는 노구는 무엇인가?

a) Part Design　　b) 어셈블리 디자인
c) Sketcher　　d) Structure Design

3) 인치 단위계를 미터 단위로 설정을 바꾸려면 어느 메뉴를 이용하여야 하는가?

a) 편집　　b) 뷰　　c) 삽입　　d) 도구

4) 실행한 명령을 취소하고자(undo) 할 때 사용하는 키는?

a) [Ctrl] – [Z]　　b) [Ctrl] – [Y]　　c) [Ctrl] – [X]　　d) [Ctrl] – [V]

5) 취소했던 명령을 되살리고자(redo) 할 때 사용하는 키는?

a) [Ctrl] – [Z]　　b) [Ctrl] – [Y]　　c) [Ctrl] – [X]　　d) [Ctrl] – [V]

6) 다음 중 원을 그리는 방법이 아닌 것은?

a) 　　b) 　　c) 　　d) 

7) 다음 중 변의 길이를 표시하는 도구는?

a) b) c) d)

8) 다음 중 각의 크기를 표시하는 도구는?

a) b) c) d)

9) 원의 중심 위치와 반지름을 숫자로 입력하여 원을 그릴 수 있는 도구는?

a) b) c) d)

10) 모델을 복사하여 여러 개를 만들 수 있는 아이콘이 아닌 것은?

a) b) c) d)

11) 오프셋(offset) 아이콘은?

a) b) c) d)

12) 하나의 사각형을 그림과 같이 3개로 만들 때 사용하는 아이콘은?

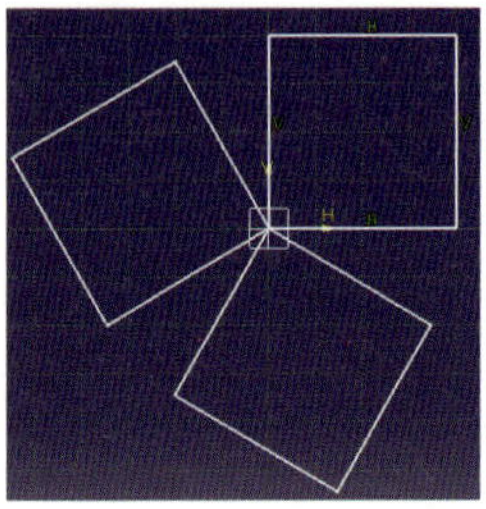

a) b)

c) d)

13) 만들어진 도형을 적당한 크기로 보여주면서 화면의 중앙으로 이동시켜주는 아이콘은?

a) b) c) d)

14) 기울어진 선분을 수직 또는 수평으로 맞출 때 사용하는 아이콘은?

a) b) c) d)

15) 지우개 아이콘 은 어느 sub-icon과 같이 있는가?

a)  b)  c)  d) 

16) 다음 중 두 원의 공통 접선을 그리는 아이콘은?

a)  b)  c)  d) 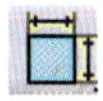

17) 돼지코 는 어느 sub-icon과 같이 있는가?

a)  b)  c)  d) 

18) 열쇠고리 는 어느 sub-icon과 같이 있는가?

a)  b)  c)  d) 

19) 아이콘을 반복적으로 사용하고자 할 때 그 아이콘을 두 번 클릭하면 된다.
그때 (활성화) 아이콘의 색은 어떻게 바뀌는가?

a) 흰색 b) 녹색 c) 녹색 d) 황색

20) 다음 중 삼중 접원 아이콘은?

a)  b)  c)  d) 

21) 다음 중 실선을 점선으로 고칠 때 사용하는 아이콘은?

a)  b) 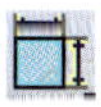 c)  d) 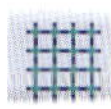

[답안]

1)	2)	3)	4)	5)	6)	7)	8)	9)	10)	
b	c	d	a	b	d	a	a	c	b	
11)	12)	13)	14)	15)	16)	17)	18)	19)	20)	21)
d	c	a	a	b	c	a	a	d	a	c

Chapter 3

PART DESIGN

3.1 Part Design 시작하기

01 주 메뉴에서 [시작(S)] – [기계디자인] – [Part Design]을 차례로 선택한다.

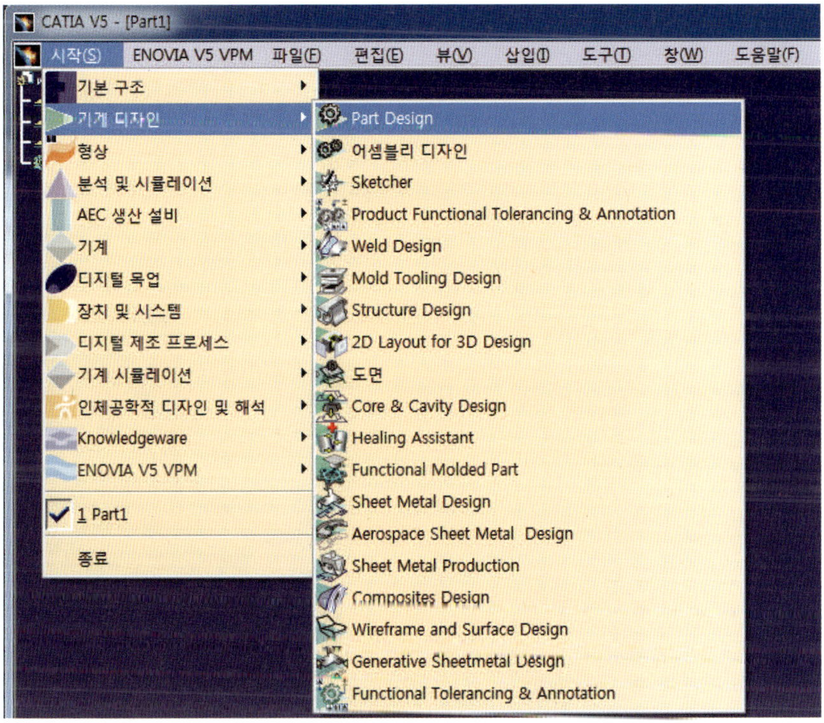

02 주 메뉴에서 [뷰(V)] – [렌더 양식] – [모서리를 포함한 음영처리] 와 [평행]을 차례로 선택한다.

여기서 음영처리(SHD)는 모서리 선이 없는 음영처리,

모서리를 포함한 음영처리는 모서리를 실선으로 표시한 음영처리,

모서리와 숨겨진 모서리를 포함한 음영처리 는 숨겨진 모서리를 점선으로 표시한 음영처리를 나타낸다. 일반적으로 [모서리를 포함한 음영처리]를 권장한다.

– 또한, [원근]은 도형을 원근법에 입각하여 가까운 부분은 크게, 먼 부분은 작게 나타내는 방법이며, [평행]은 원근과 관계없이 나타내는 방법이다. 기계 디자인의 경우는 [평행]을 권장한다.

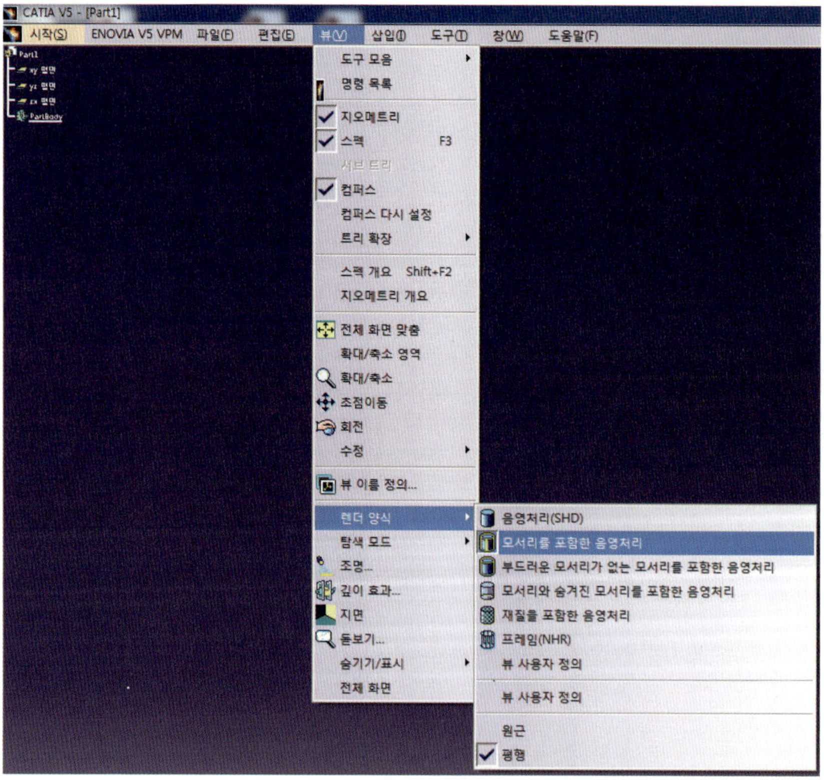

03 [뷰(V)] – [도구 모음]에서 표준, 워크벤치, 뷰(V), Constraints, Dress-up Features, Select, Sketch-Based Features, Sketcher, Tool, 측정 등 툴바들을 다음과 같이 선택한다.

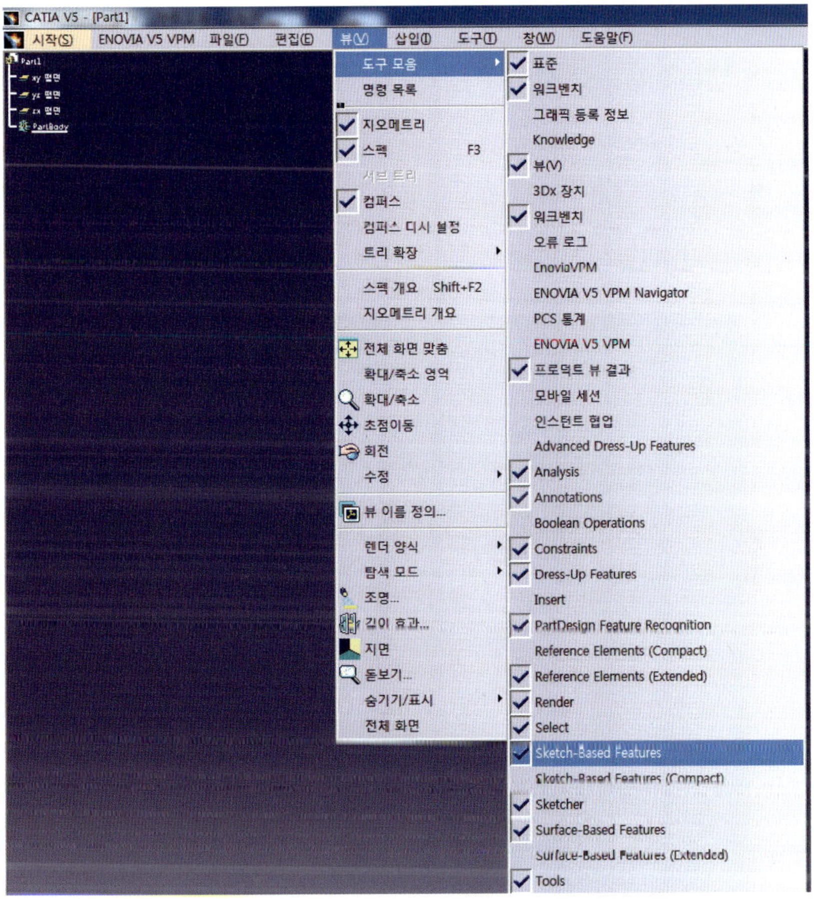

3.1 Part Design #1

새로 익히는 기능

- Sketch에서 Part design으로 이동(워크벤치 종료)
- Part design에서 Sketch로 이동(스케치)
- 패드 아이콘(Pad): Dimension, Up to next 등
- 포켓 아이콘(Pocket): Dimension, Up to next, Reverse Direction 등

01 먼저, 본 3D 도면에 대한 원점의 위치와 좌표 방향을 확인하고, 가장 손쉽게 3D 형상화시킬 수 있는 한 평면, 여기서는 zx 평면으로 정한다.

– [시작] – [기계디자인] – [Part Design]을 선택한다.

– 스케치 로 들어가 zx 평면을 선택한 다음 프로파일(평면도형)을 그린다.

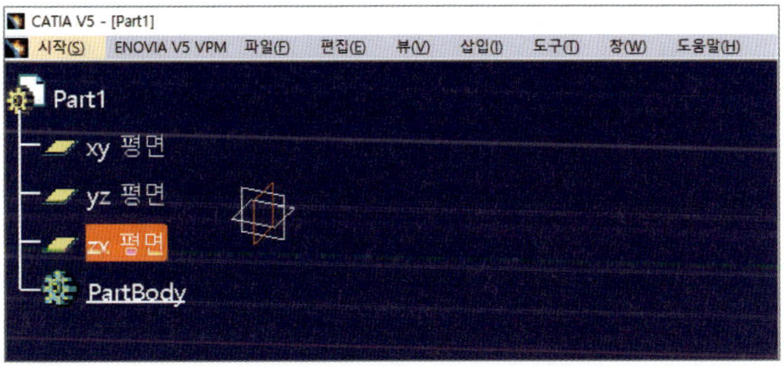

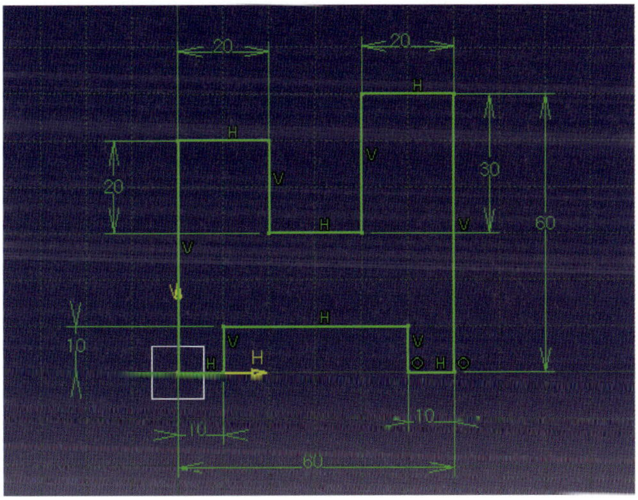

02 워크벤치 종료 아이콘 을 클릭하여 Part design으로 이동하면 화면이 아래와 같이 바뀐다.

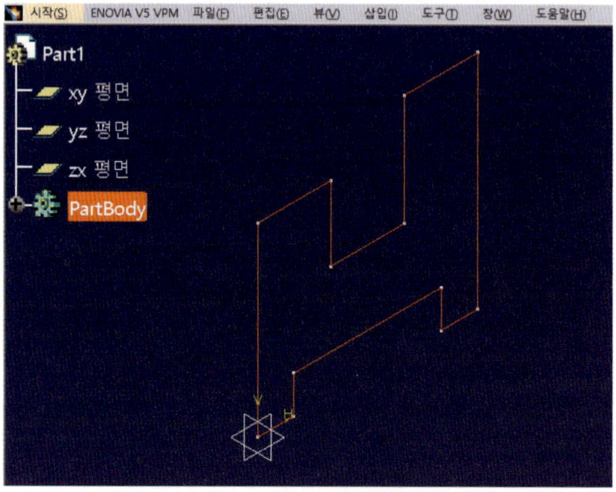

03 Sketch-Based Features 툴바에서 패드 아이콘 을 클릭한 후, Pad Definition 창에서 두께 20 mm를 지정한다.

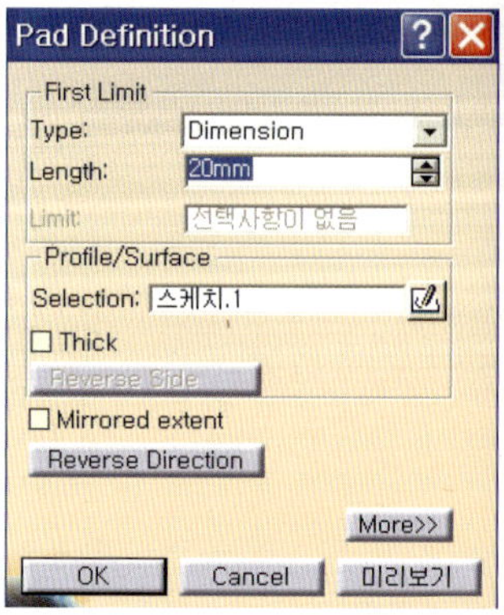

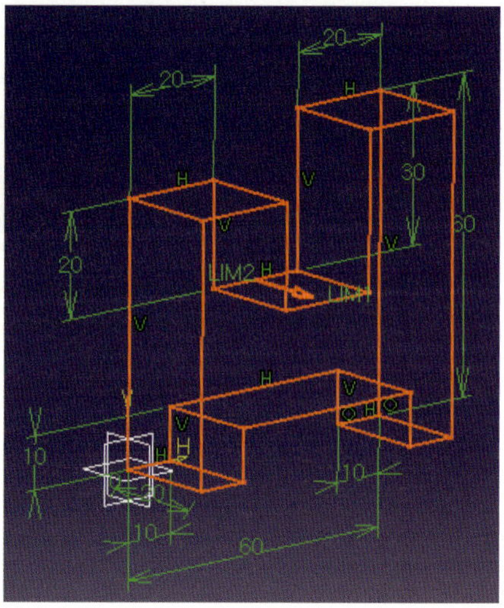

04 수정하고자 하는 면을 클릭한 후, Sketch 아이콘 을 클릭한다.

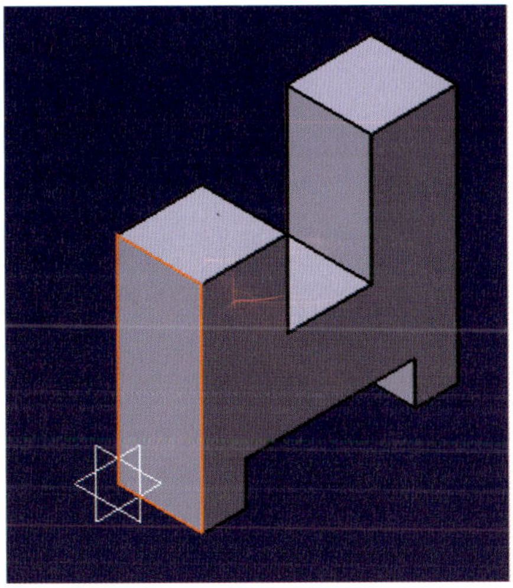

05 직사각형 아이콘 을 클릭하여 제거하고자 하는 도형을 설정한 후, 워크벤치 종료 아이콘 을 클릭한다.

06 Sketch–Based Features 툴바에서 포켓 아이콘 을 클릭한 후, Pocket Definition 창에서 "Up to next", "Reverse Direction"으로 제거량과 방향을 설정한다.

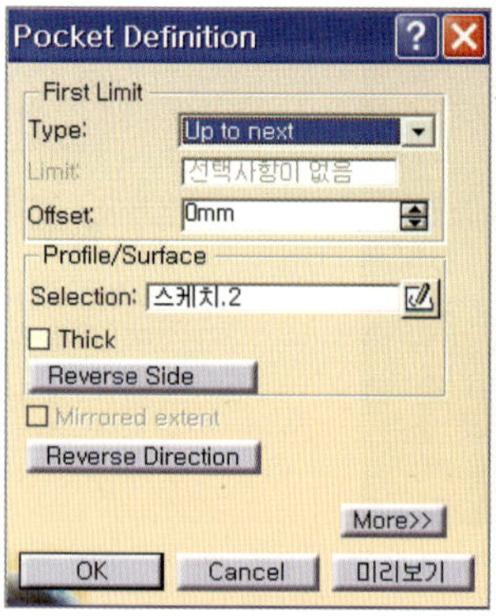

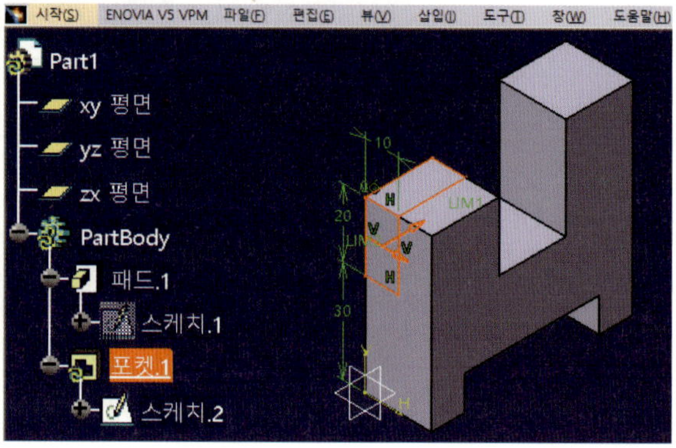

07 제거된 형상을 확인하고, 이상이 없으면 방향을 돌려서 다음 작업 면을 클릭한 후, Sketch 아이콘 을 클릭한다.

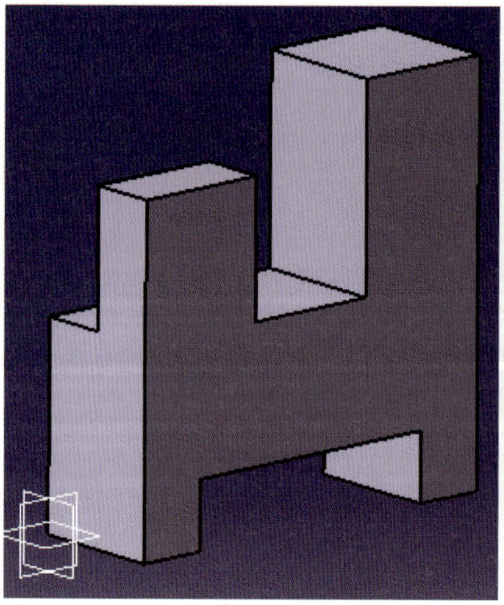

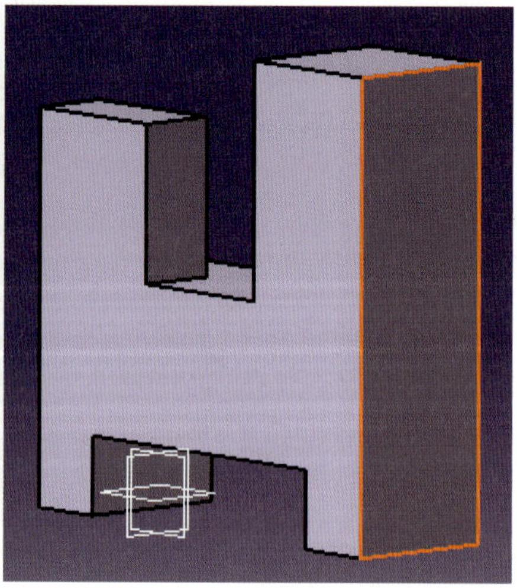

08 이하 **05~06** 과정을 반복한다.

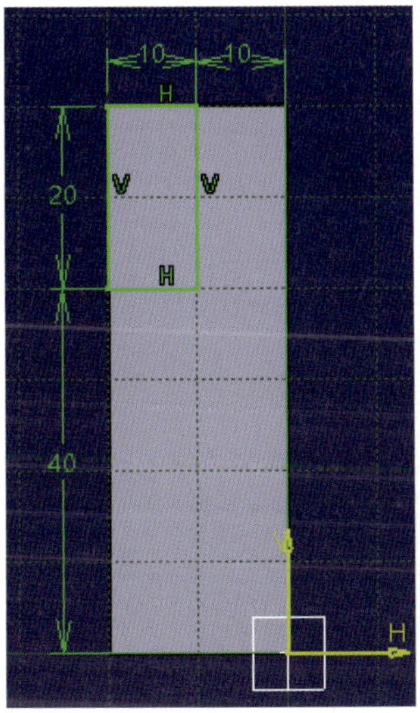

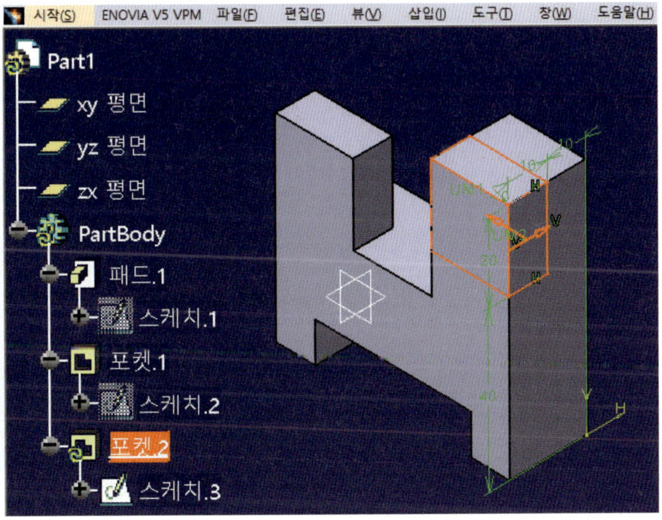

09 입체도형 Part Design #1을 완성한다.

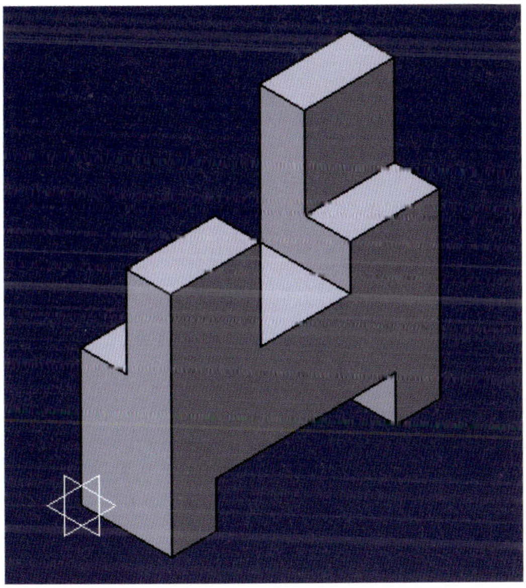

Part Design #1

3.2 Part Design #2

새로 익히는 기능

-  필렛 아이콘(Edge Fillet)
-  챔퍼 아이콘(Chamfer)
-  등각 뷰 아이콘(Isometric View)

01 [시작] – [기계디자인] – [Part Design]을 선택한다.

– Sketcher 에서 xy 평면에 다음 모양을 그린다.

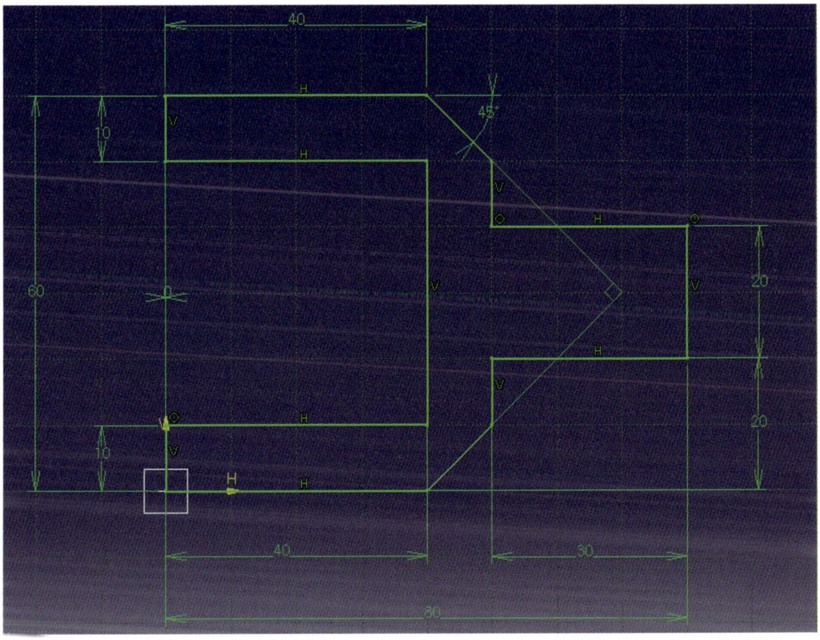

02 워크벤치 종료 아이콘 을 클릭하여 Part design으로 이동한다.

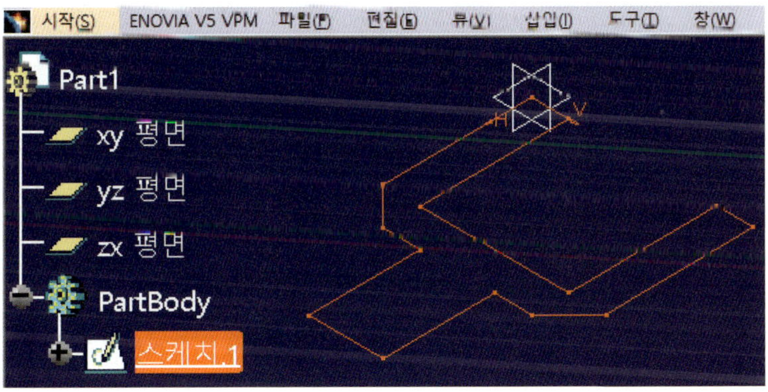

03 Sketch-Based Features 툴바에서 패드 아이콘 을 클릭한 후, Pad Definition 창에서 두께 60 mm를 지정한다.

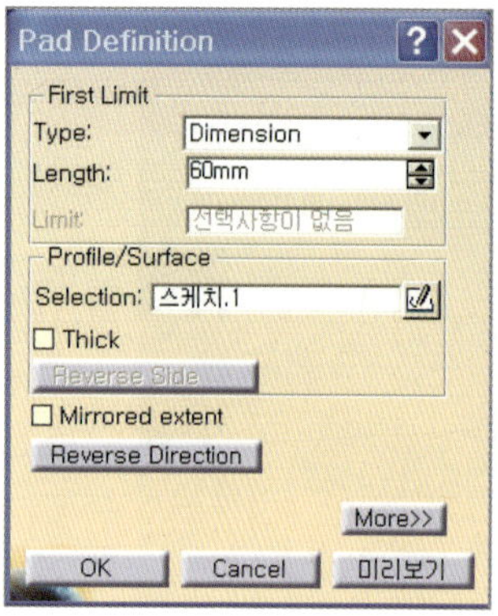

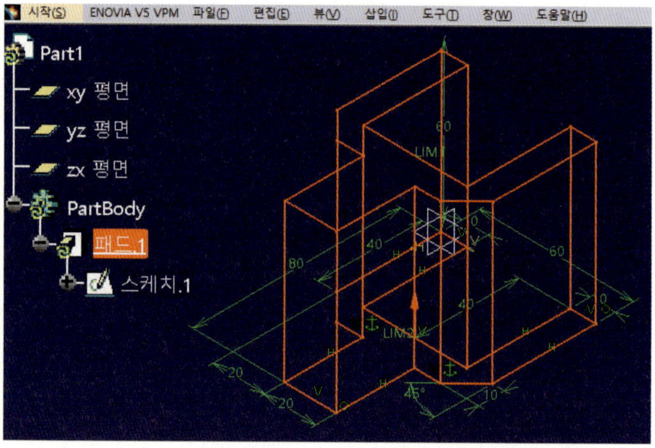

04 수정하고자 하는 면을 클릭한 후, Sketch 아이콘 을 클릭한다.

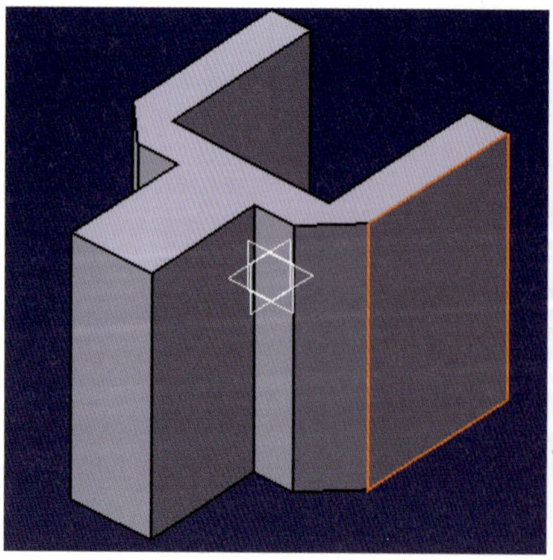

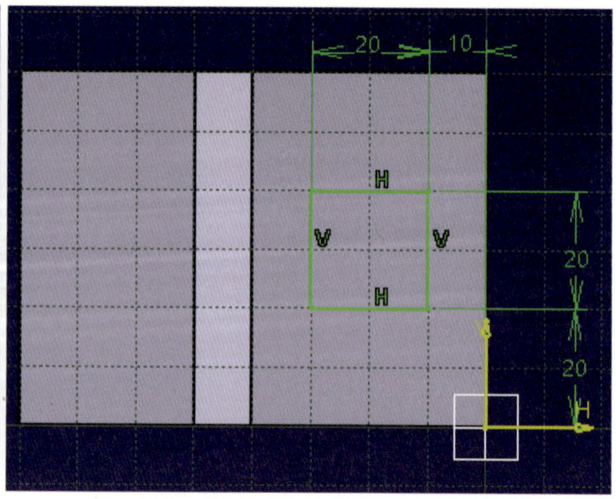

05 제거하고자 하는 도형을 설정한 후, 워크벤치 종료 아이콘 을 클릭한다.

06 Sketch-Based Features 툴에서 포켓 아이콘 을 클릭한 후, Pocket Definition 창에서 "Up to last"로 제거량과 방향을 설정한다.

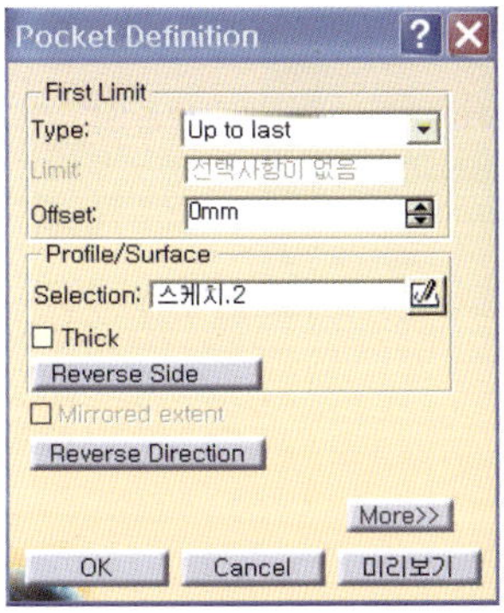

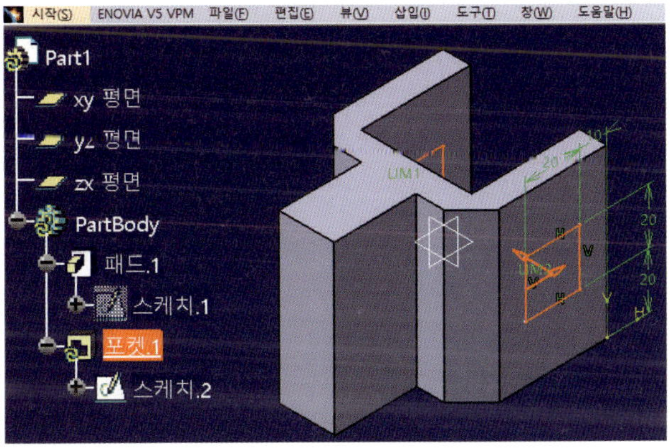

07 제거된 형상을 확인하고, 이상이 없으면 방향을 돌려서 다음 작업 면을 클릭한 후, Sketch 아이콘 을 클릭한다. 이하 **05~07** 과정을 반복한다.

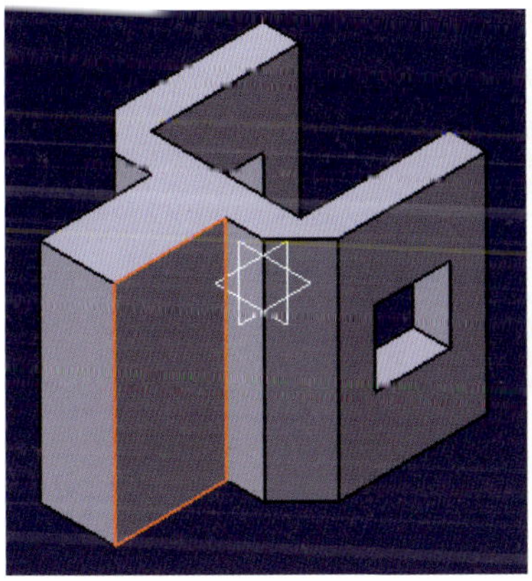

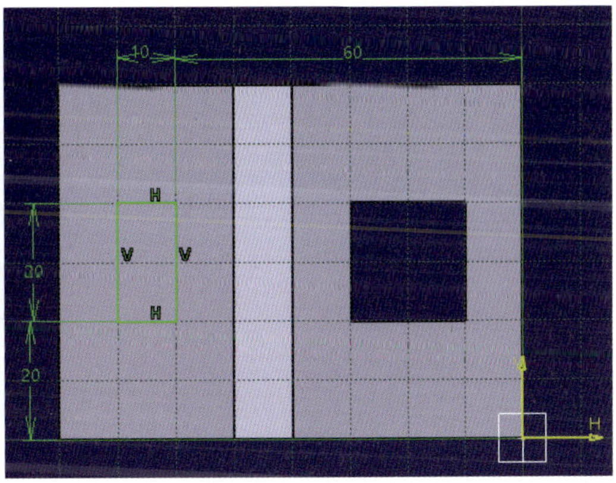

08 Dress–Up Features 툴바에서 필렛 아이콘 을 클릭한다.

– Edge Fillet Definition 창에서 Radius: 10 mm로 한 후, 마우스로 해당 모서리를 선택한다.

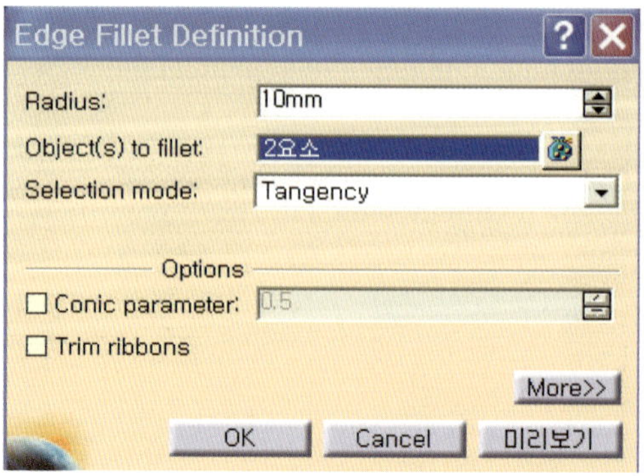

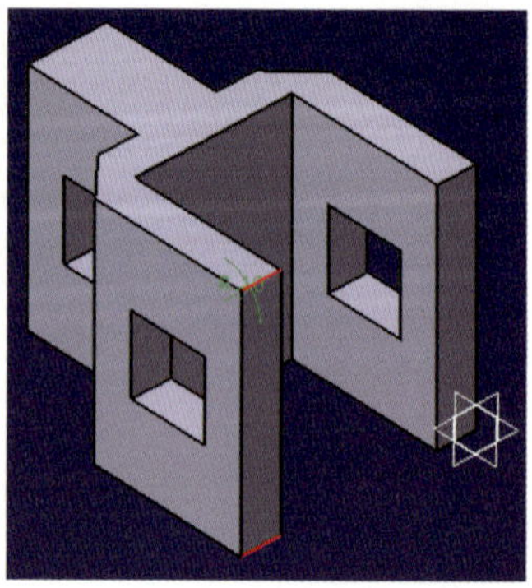

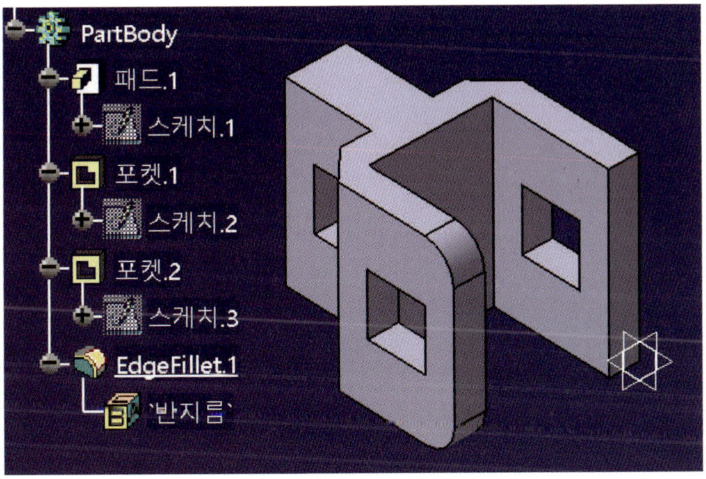

– Dress–Up Features 툴바에서 챔퍼 아이콘 을 클릭한다.

– Chamfer Definition 창에서 length 1: 10 mm로 하고, 마우스를 이용하여 해당 모서리 2개를 선택한다.

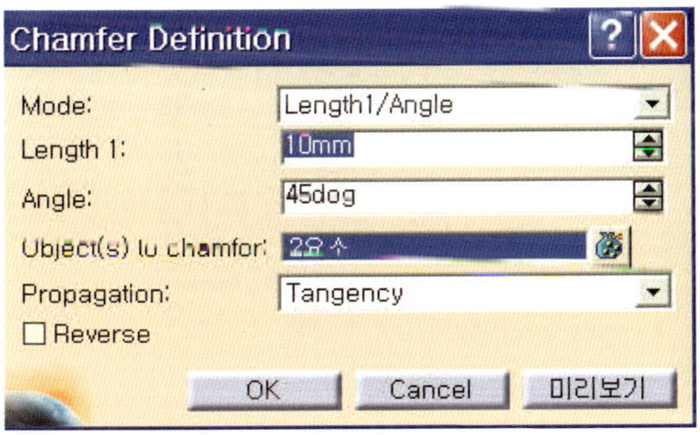

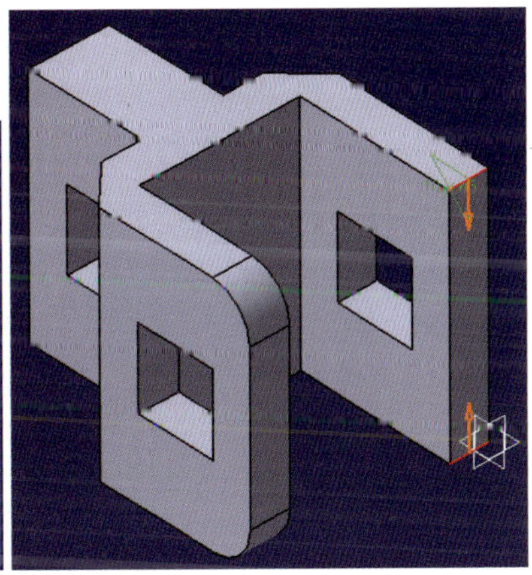

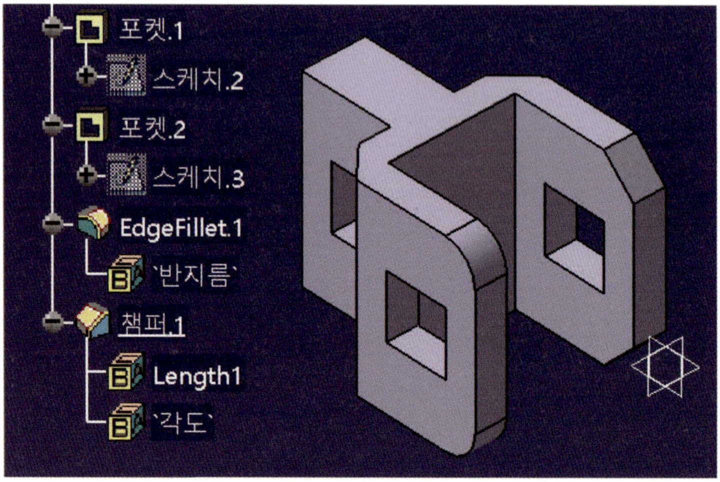

09 뷰 툴바의 단순 모드 뷰에서 등각 뷰 아이콘  을 클릭하여, 도면 Part Design #2를 완성한다.

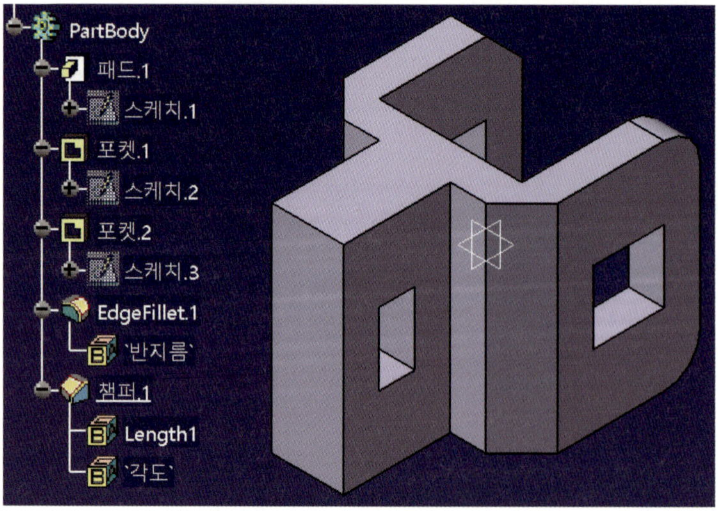

Part Design #2

3.3 Part Design #3

새로 익히는 기능

패드 아이콘: Mirrored extent

포켓 아이콘: Up to last

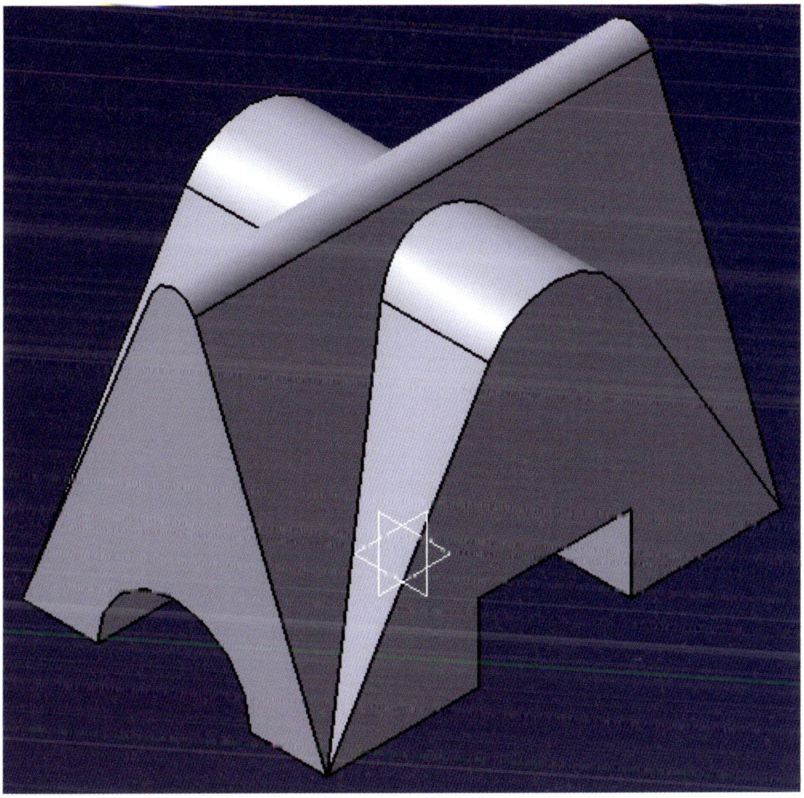

01 [시작] – [기계디자인] – [Part Design]을 선택한다.

– Sketch 에서 yz 평면에 아래 모양을 그린 후, 워크벤치 종료 아이콘 을 클릭하여 Part design으로 이동한다.

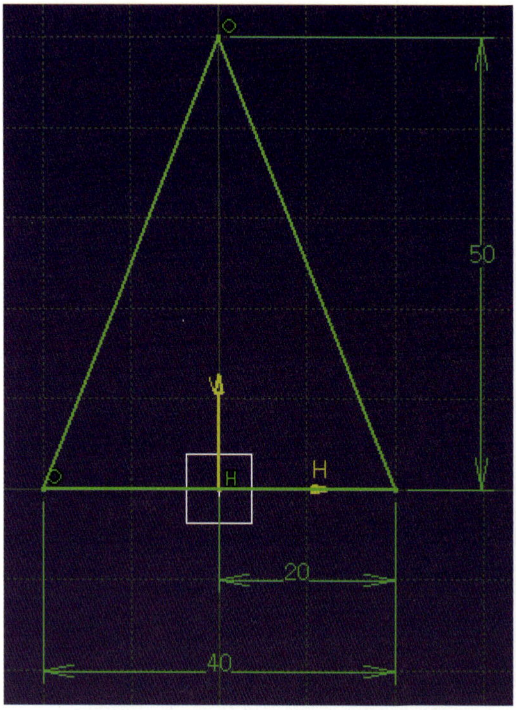

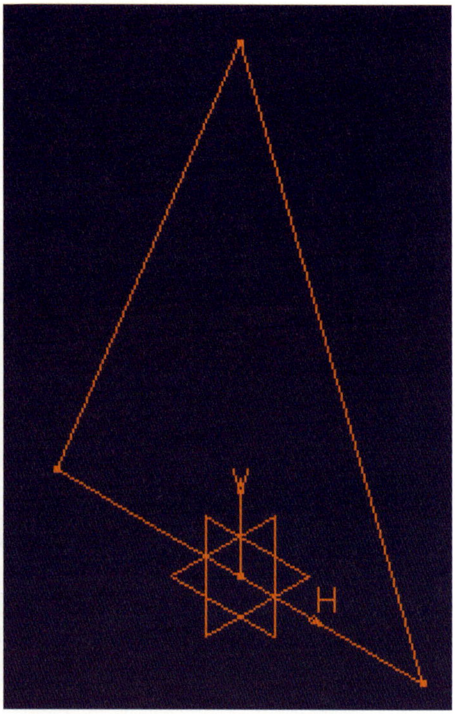

02 Sketch-Based Features 툴바에서 패드 아이콘을 클릭한 후, Pad Definition 창에서 두께 30 mm로 지정하고, Mirrored extent를 설정한다.

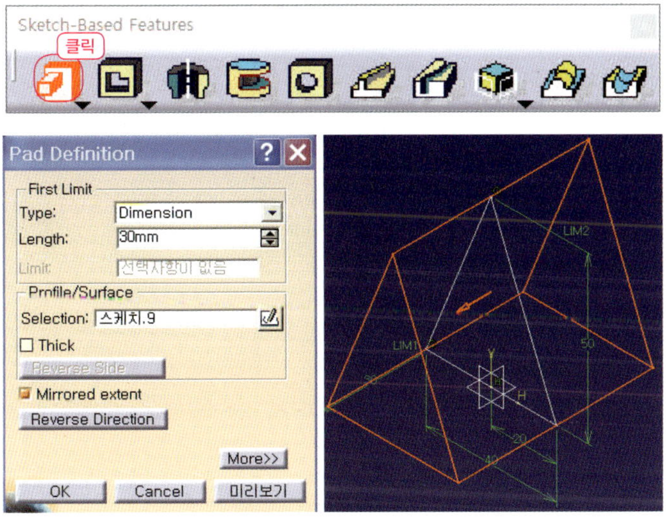

03 그림과 같이 좌표계에서 zx 평면을 클릭한 후, Sketch 아이콘을 클릭한다.

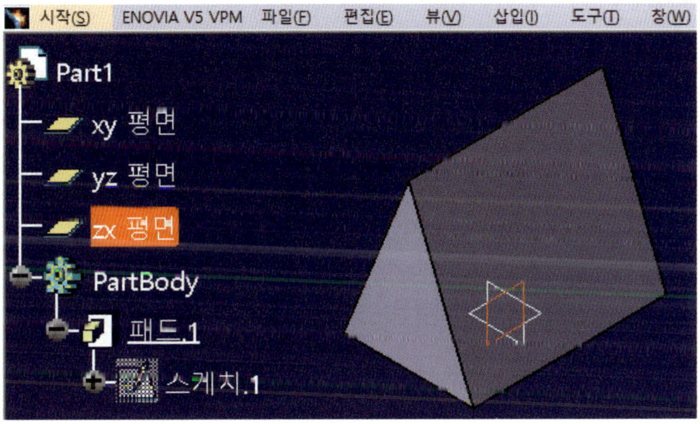

04 zx 평면에서 도형을 설정한 후, 워크벤치 종료 아이콘을 클릭한다.

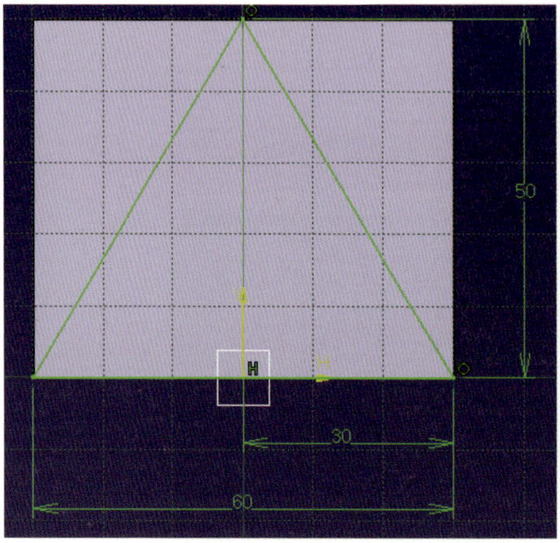

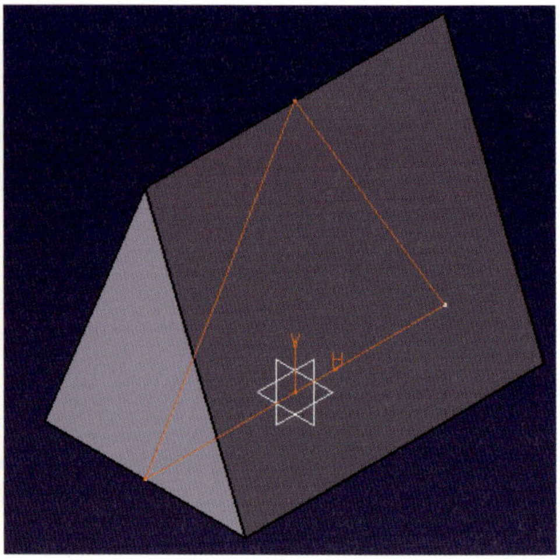

05 Sketch-Based Features 툴바에서 패드 아이콘을 클릭한 후, Pad Definition 창에서 두께 20 mm로 지정하고, Mirrored extent를 설정한다.

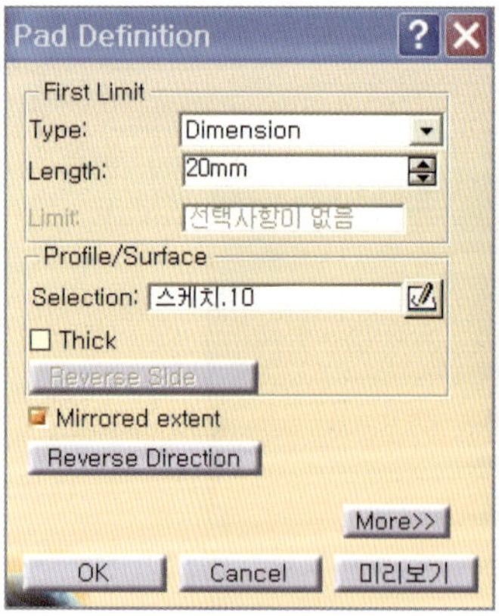

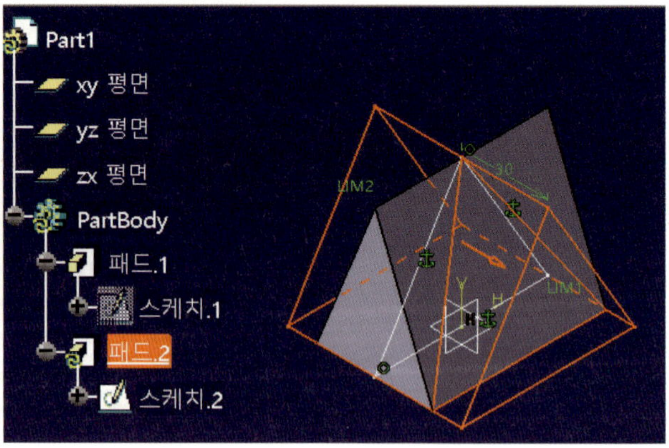

06 수정하고자 하는 면을 클릭한 후, Sketch 아이콘 을 클릭한다.

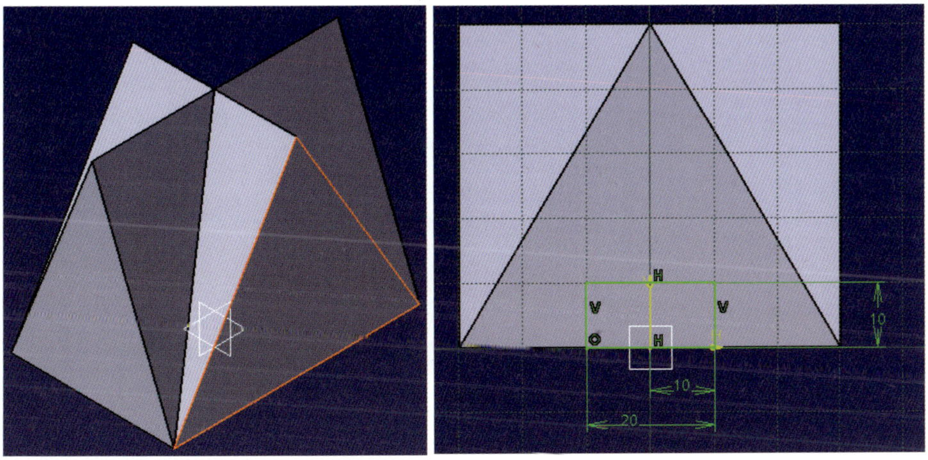

07 제거하고자 하는 도형을 설정한 후, 워크벤치 종료 아이콘 을 클릭한다.

08 Sketch–Based Features 툴바에서 포켓 아이콘 을 클릭한 후, Pocket Definition 창에서 "Up to last"로 제거량과 방향을 설정한다.

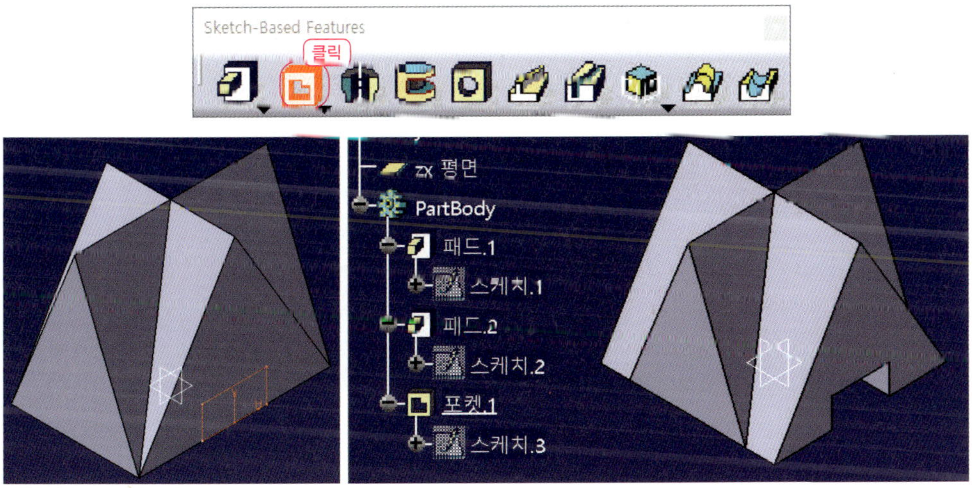

09 이하 **06~08** 과정을 반복한다.

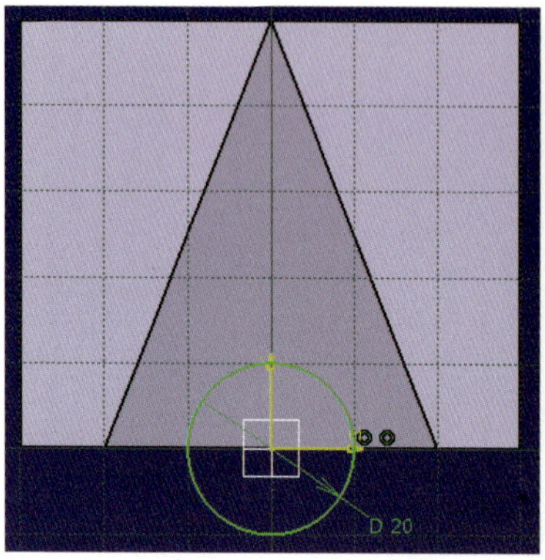

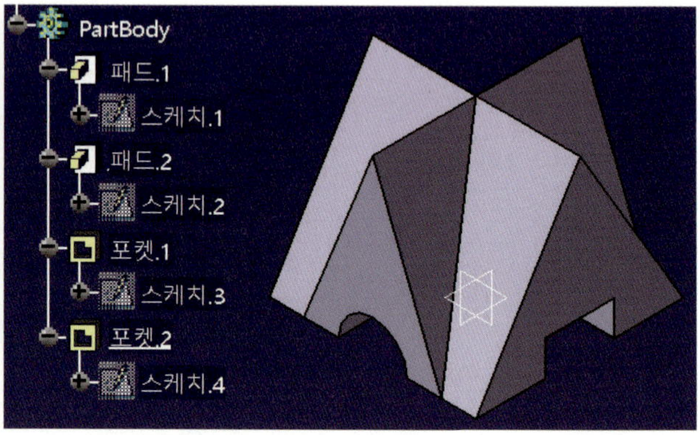

09 Dress-Up Features 툴바에서 Edge Fillet 을 클릭한다.

- Edge Fillet Definition 창에서 Radius: 10 mm로 한 후, 마우스를 이용하여 해당 모서리를 클릭한다.

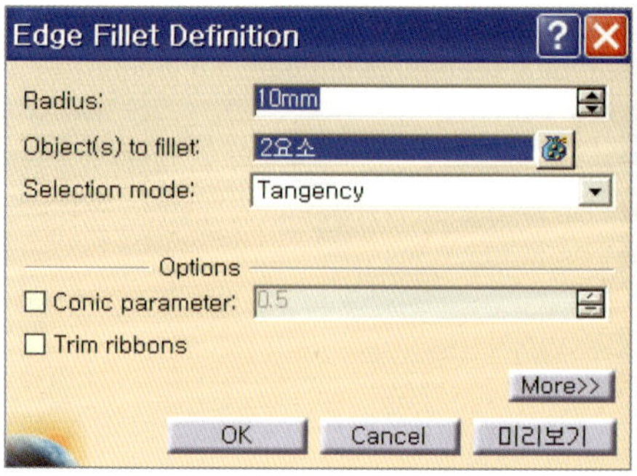

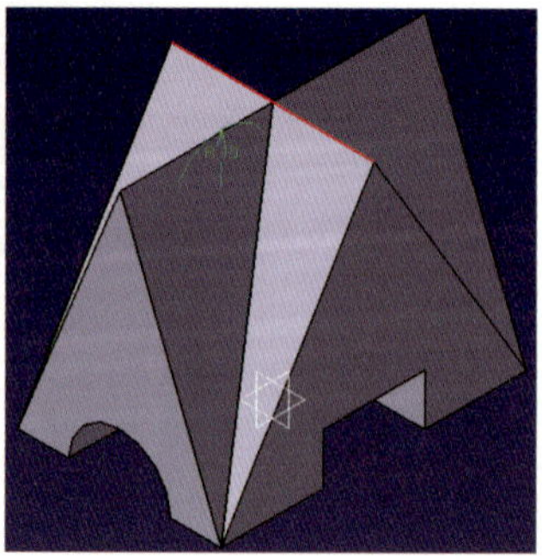

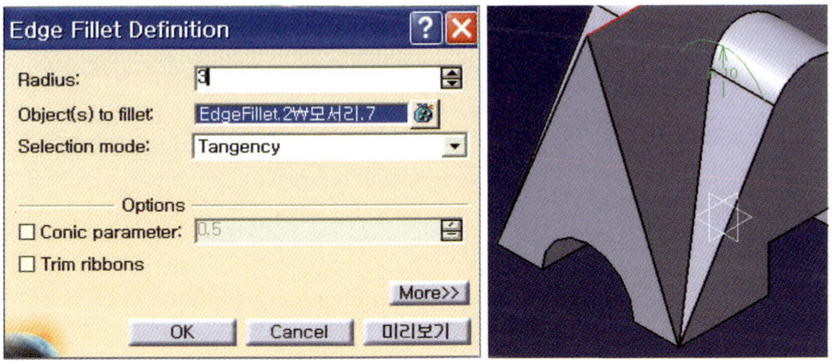

10 뷰 툴바의 단순 모드 뷰에서 등각 뷰 아이콘 을 클릭하여, 도면 Part Design #3를 완성한다.

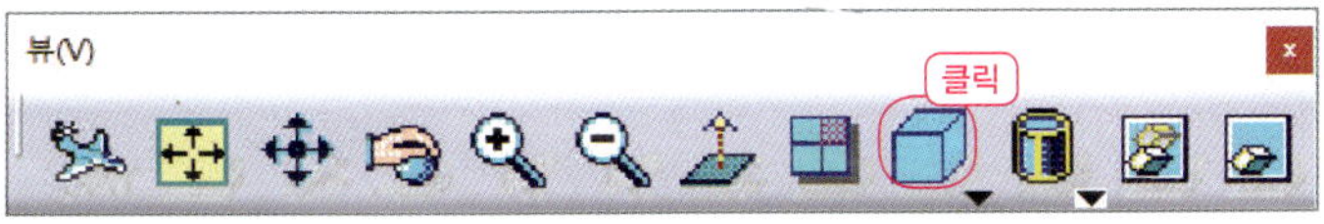

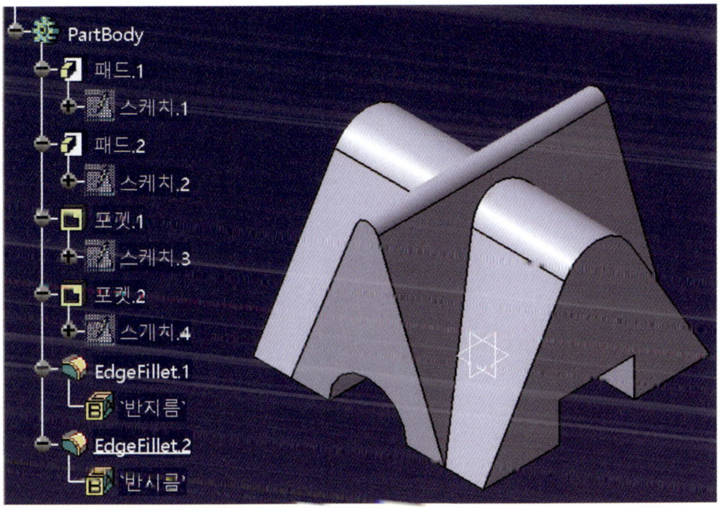

Part Design #3

3.4 Part Design #4

새로 익히는 기능

구멍 아이콘(Hole): Simple, Tapered, Counterbored, Countersunk, Counterdrilled

포켓 아이콘(Pocket): Up to last

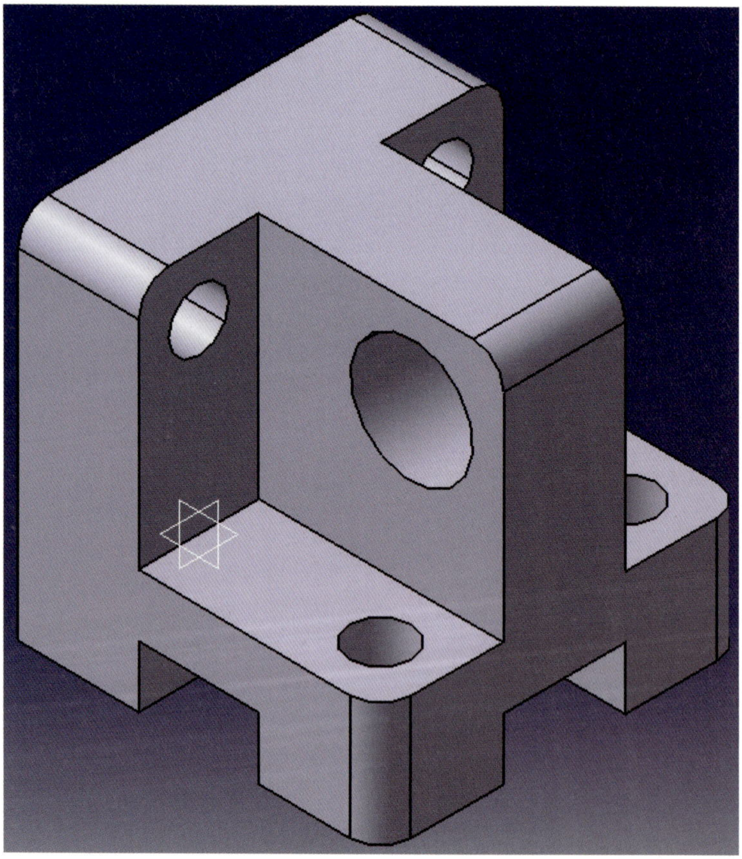

01 주 메뉴에서 [시작] – [기계디자인] – [Part Design]을 선택한다.

– Sketch 에서 yz 평면에 아래 모양을 그린 후, 워크벤치 종료 아이콘 을 클릭하여 Part design으로 이동한다.

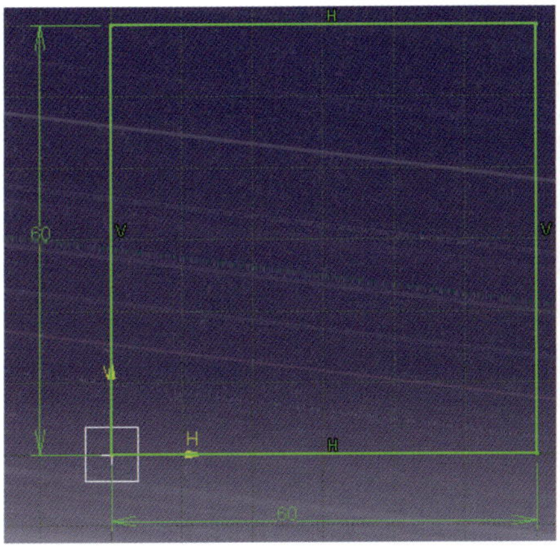

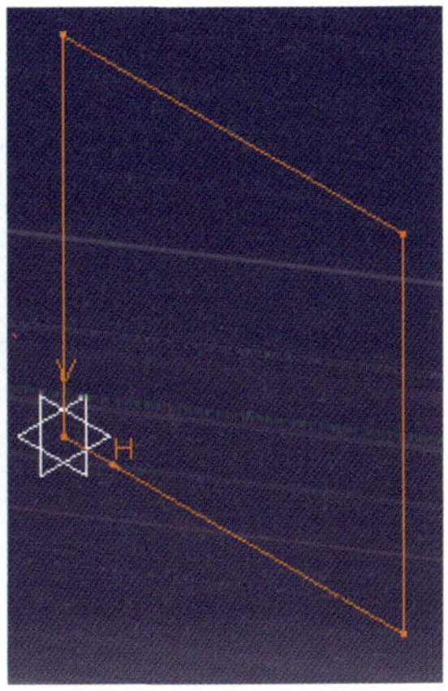

02 Sketch–Based Features 툴바에서 패드 아이콘 을 클릭한 후, Pad Definition 창에서 두께 30 mm로 지정하고, 'Mirrored extent'를 설정한다.

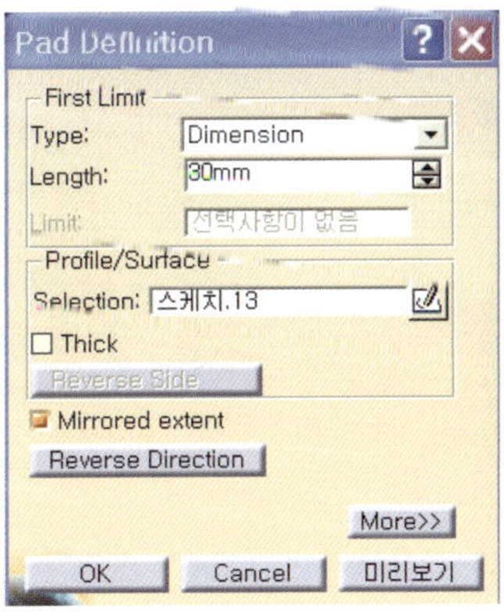

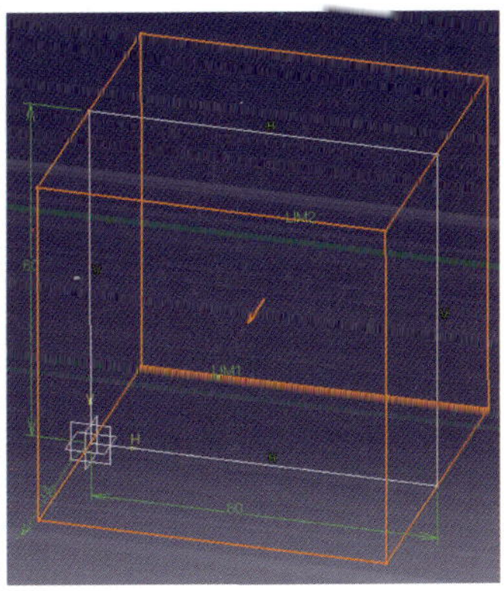

03 작업하고자 하는 면을 클릭한 후, Sketch 아이콘 을 클릭한다

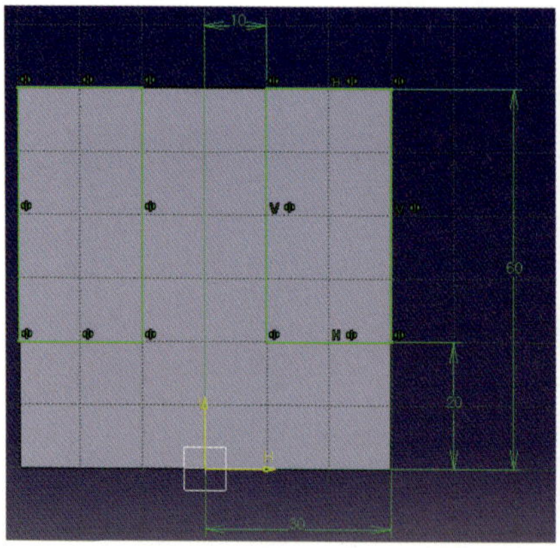

04 제거하고자 하는 도형을 설정한 후, 워크벤치 종료 아이콘 을 클릭한다.

05 Sketch-Based Features 툴바에서 포켓 아이콘 을 클릭한 후, Pocket Definition 창에서 Dimension, 40 mm로 제거량을 설정한다.

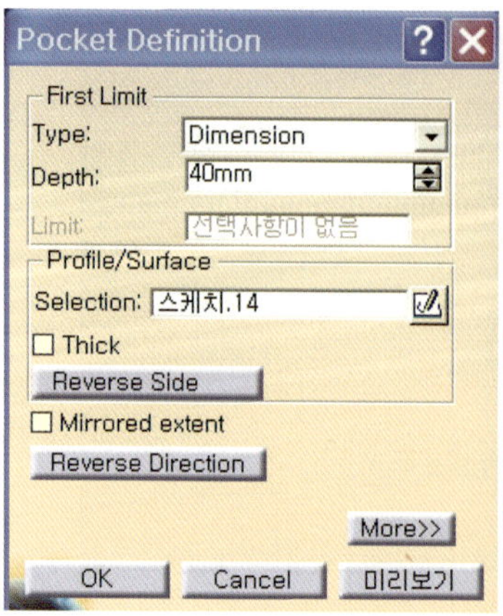

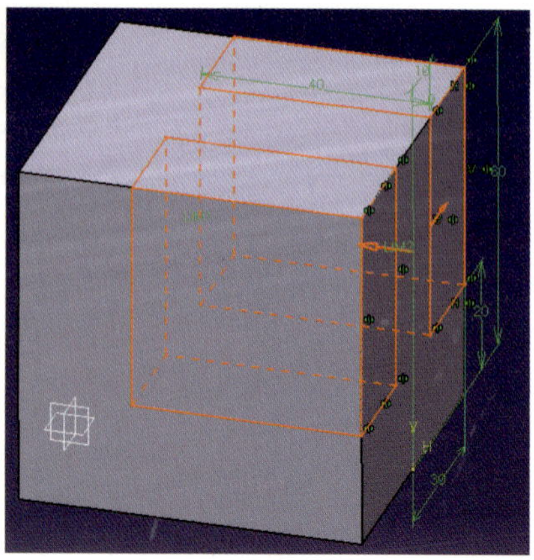

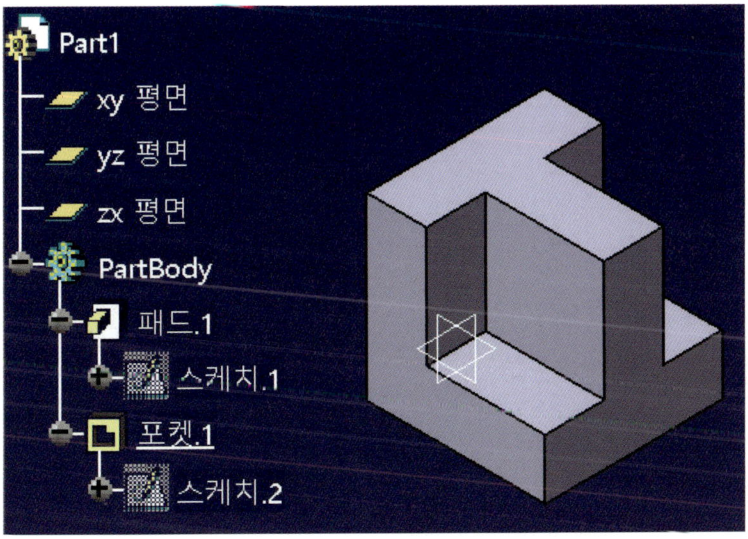

– **03~05**의 과정을 반복하여 측면 하단부의 홈을 판다.

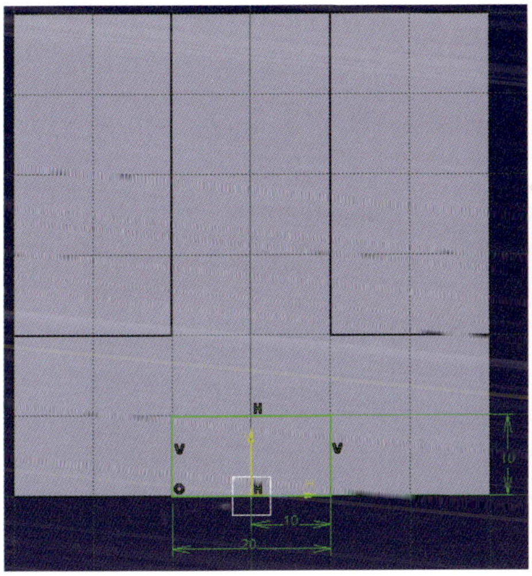
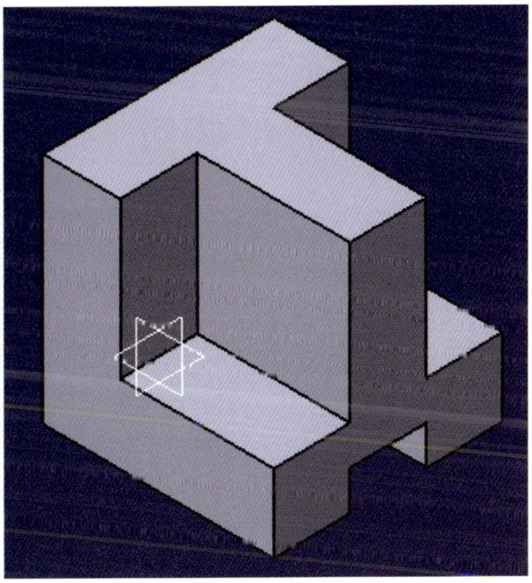

– 또다시 **03~05**의 과정을 반복하여 정면 하단부의 홈을 판다. Pocket Definition 창에서 "Up to last"로 제거량과 방향을 설정한다.

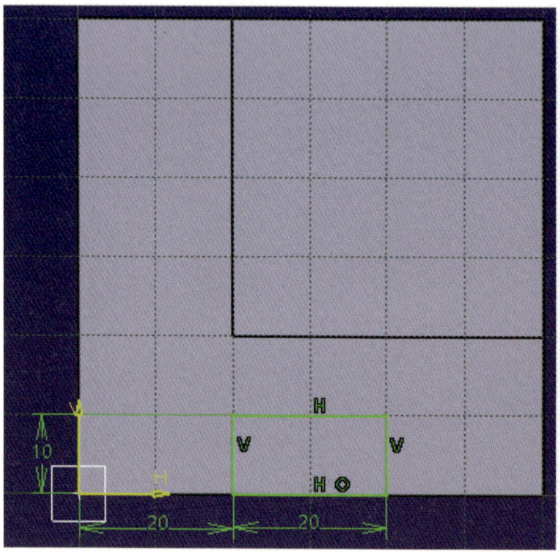

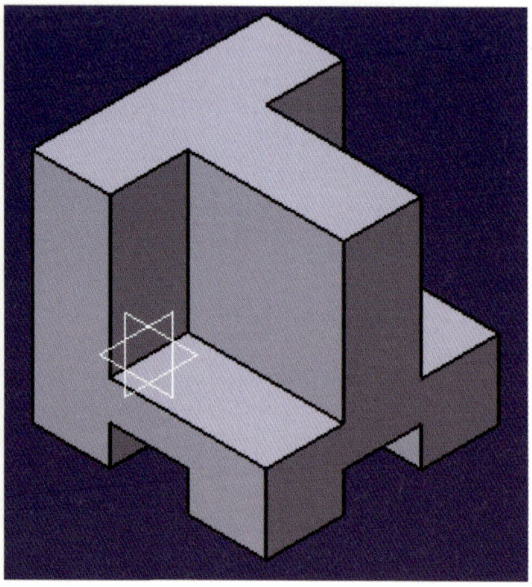

06 Sketch–Based Features 툴바에서 구멍 아이콘 을 클릭한 후, 홀이 위치할 평면의 두 모서리를 먼저 클릭하고, 평면을 클릭한다.

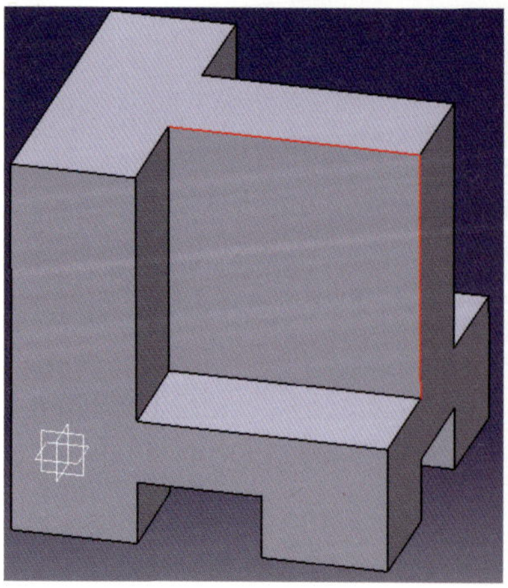

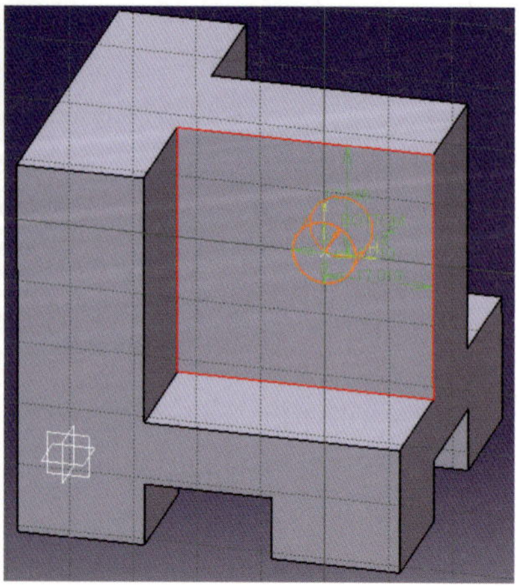

– 녹색의 치수선을 클릭하여 모서리로부터 홀의 중심까지의 거리를 각각 15 mm로 정한다.

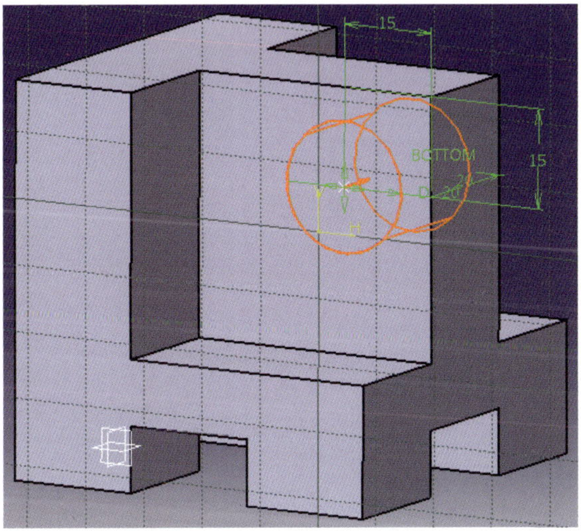

– Hole Definition 창에서 지름과 깊이를 각각 20 mm와 20 mm로 정한다.

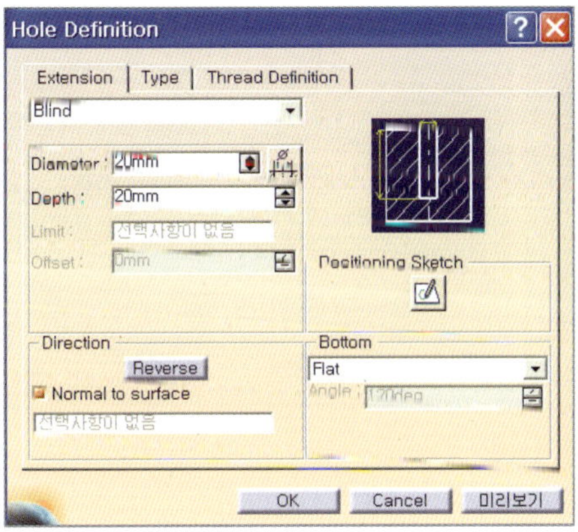

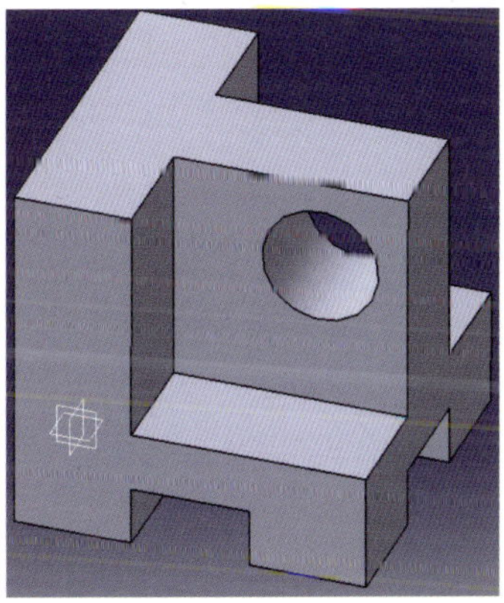

07 **06**의 작업을 반복하여 직경 10 mm, 깊이 20 mm의 홀을 4개 더 만든다.

– 모서리로부터 홀의 중심까지의 거리 (각각 10mm로)

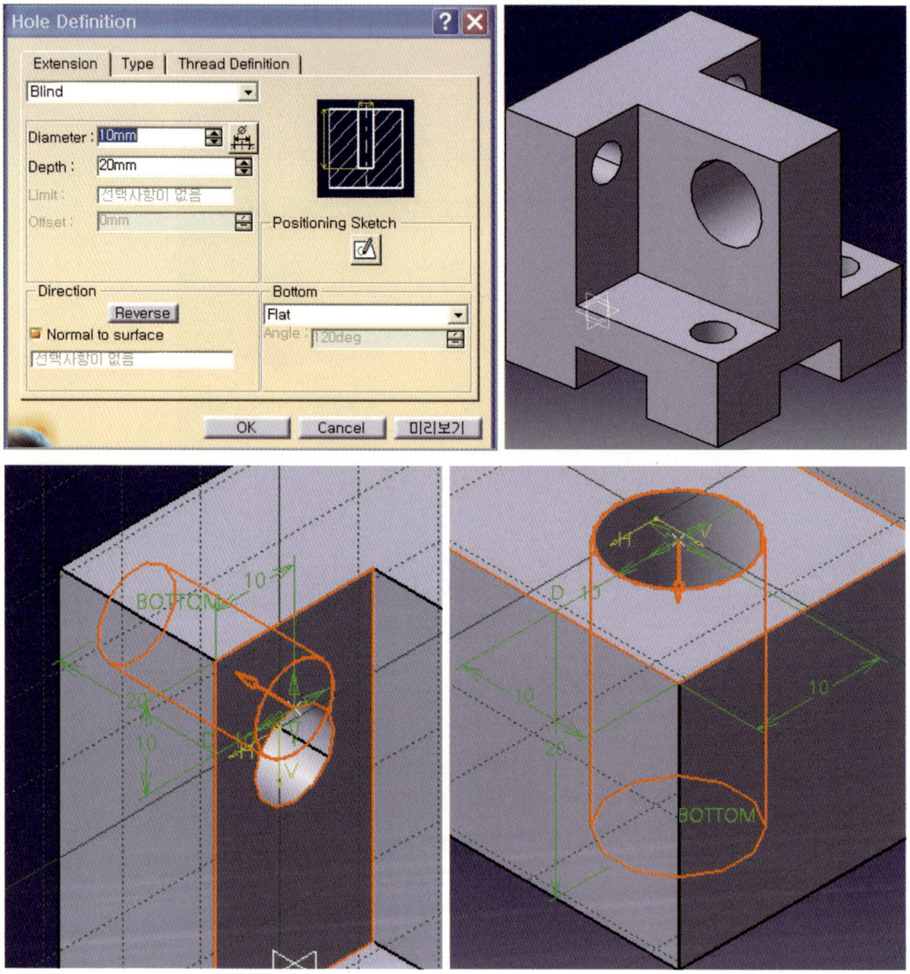

08 Dress–Up Features 툴바에서 필렛 아이콘 을 클릭한다.

– Edge Fillet Definition 창에서 Radius: 5 mm로 한 후, 마우스를 이용하여 해당 모서리(5 요소)를 클릭한다.

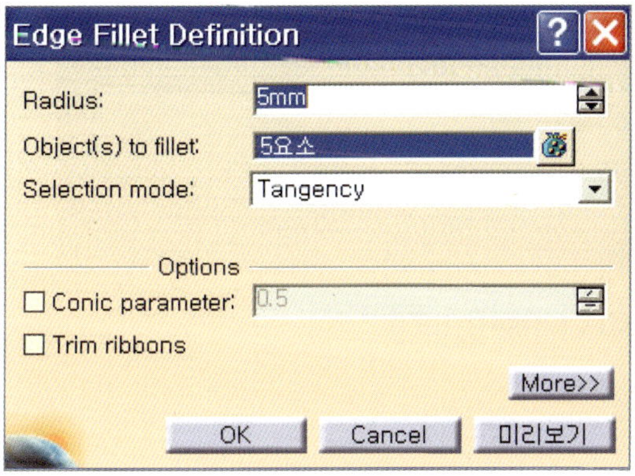

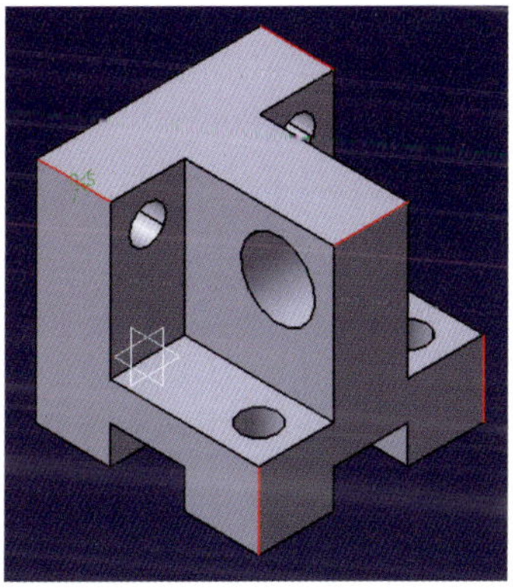

09 뷰 툴바의 단순 모드 뷰에서 등각 뷰 아이콘 을 클릭하여, 도면 Part Design #3를 완성한다.

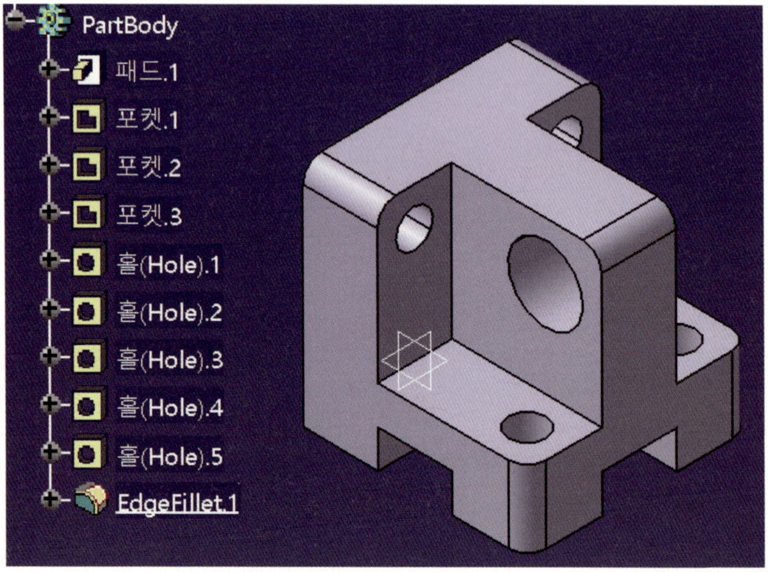

Part Design #3

Hole의 추가기능 익히기

01 Sketcher에서 xy 평면에 아래와 같은 Pad Definition length 30 mm의 직육면체를 만든다.

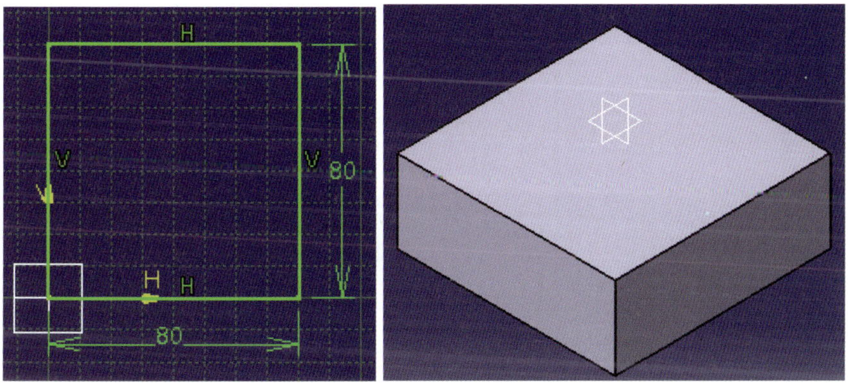

02 Sketch–Based Features 툴바에서 구멍 아이콘 을 클릭한 후, 홀이 위치할 평면의 두 모서리를 먼저 클릭하고, 평면을 클릭한다. (평면을 먼저 선택하면 위치를 변경할 수 없다.)

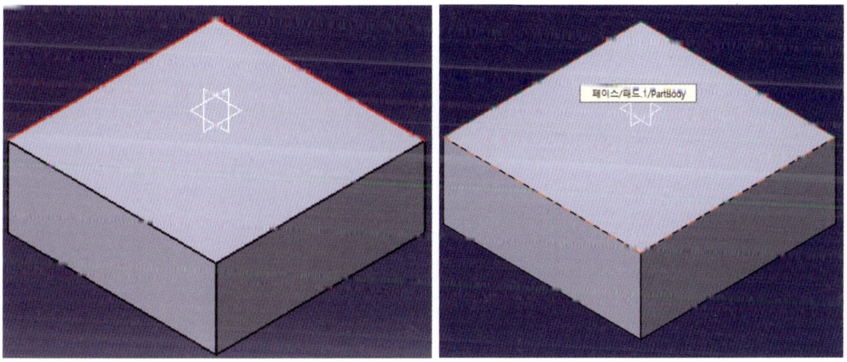

(주) 평면을 먼저 선택하면 Positioning Sketch 아이콘 을 클릭하여 설정해야 한다.

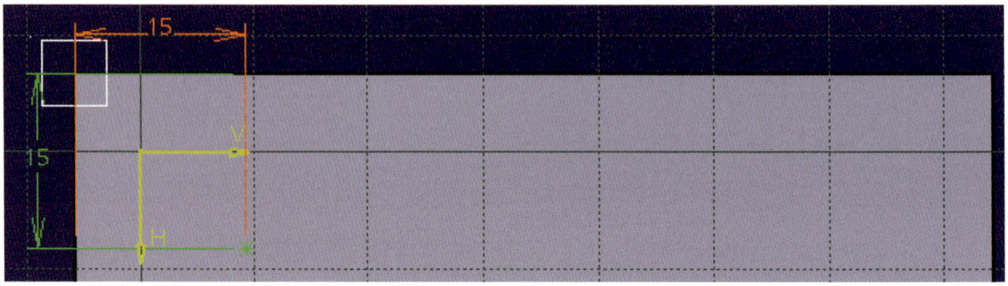

– 녹색의 치수선을 클릭하여 모서리부터 홀의 중심까지의 거리를 각각 15 mm로 정한다.

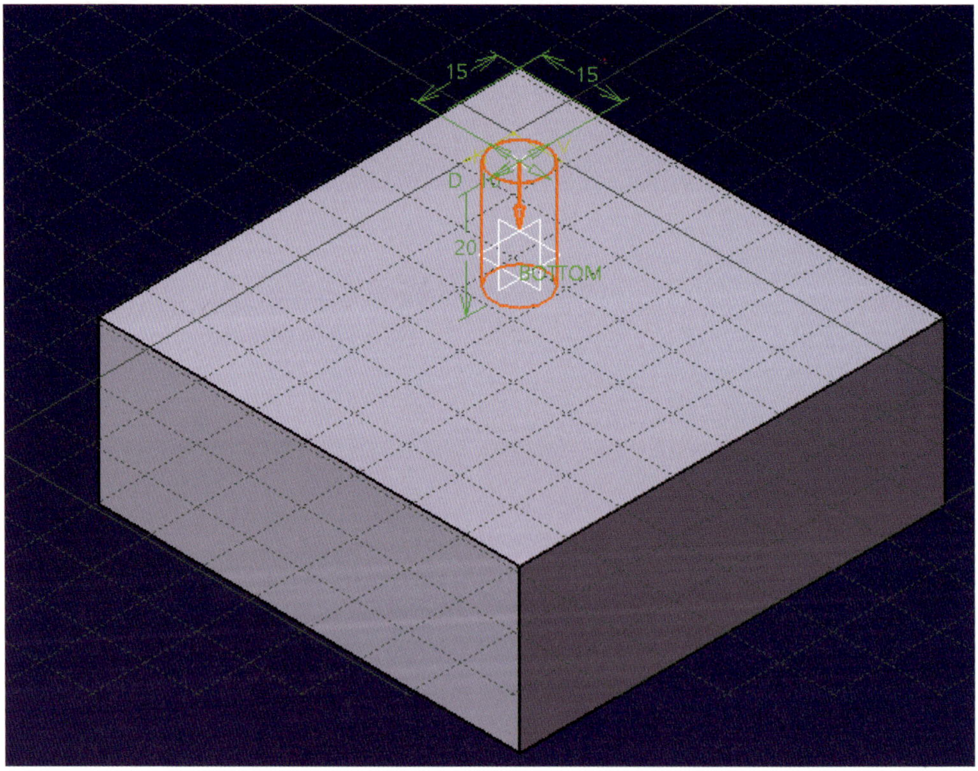

– 직경 10 mm, 깊이 20 mm인 구멍을 만든다.

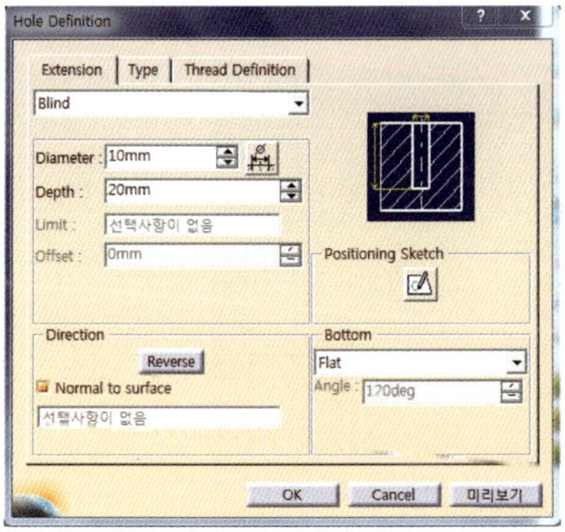

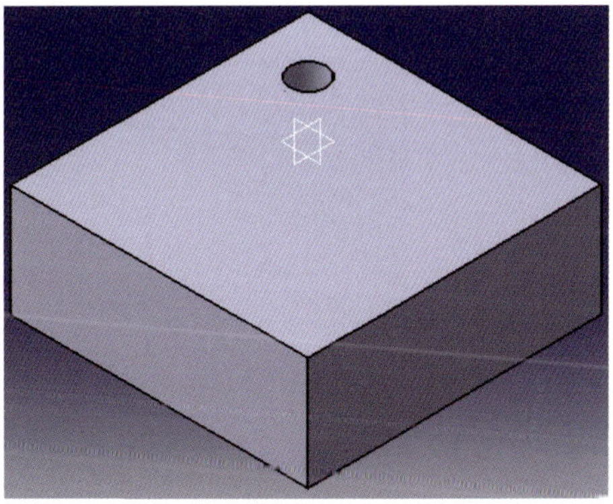

– 생성된 구멍을 더블 클릭한 후, Hole Definition 창의 Type 탭에서 “Tapered”, Angle : 20 deg로 정한다.

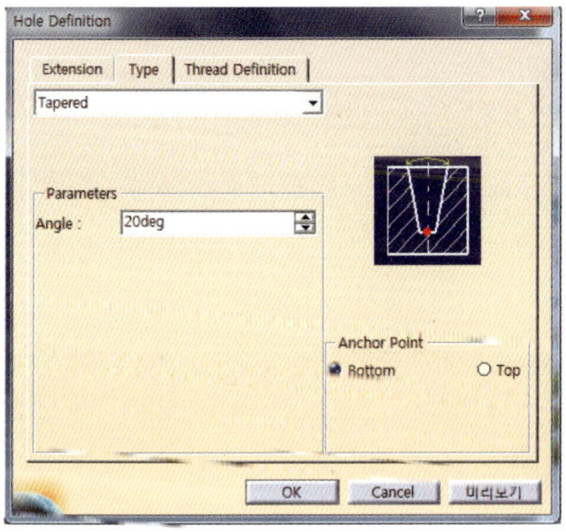

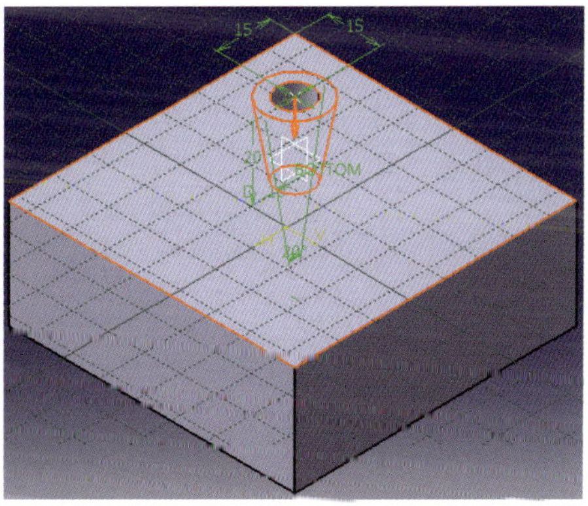

03 Sketch-Based Features 툴바에서 구멍 아이콘 을 클릭한 후, 홀이 위치할 평면의 두 모서리와 평면을 클릭한다.

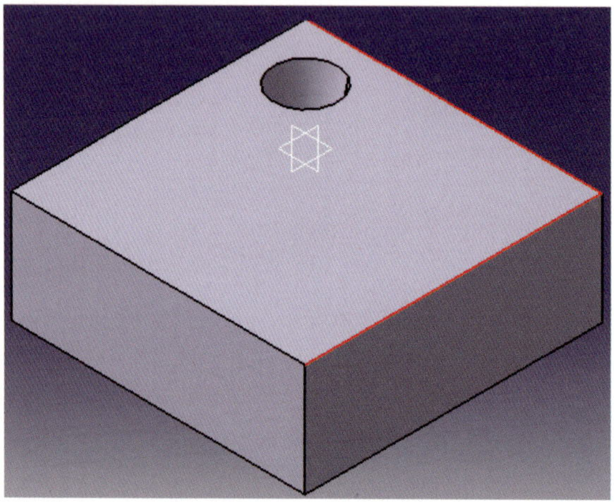

- 모서리로부터의 홀의 중심까지의 거리 : 각각 20 mm 로 설정
- Hole Definition 창의 Extension 탭에서 "Blind",
  Diameter : 10 mm, Depth : 20 mm로 설정
- Hole Definition 창의 Type 탭에서 "Counterbored",
  Diameter : 20 mm, Depth : 5 mm로 설정

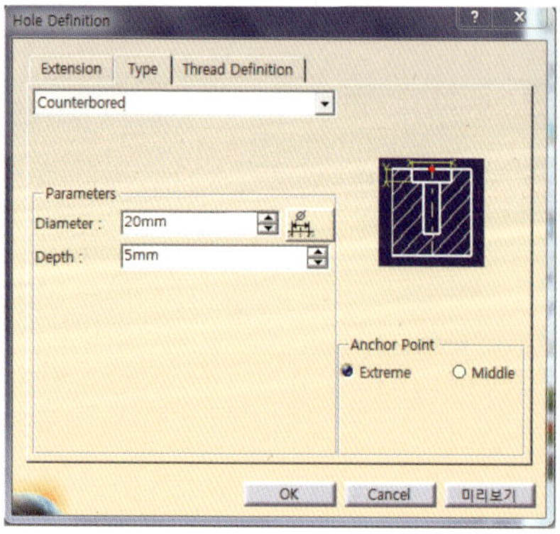

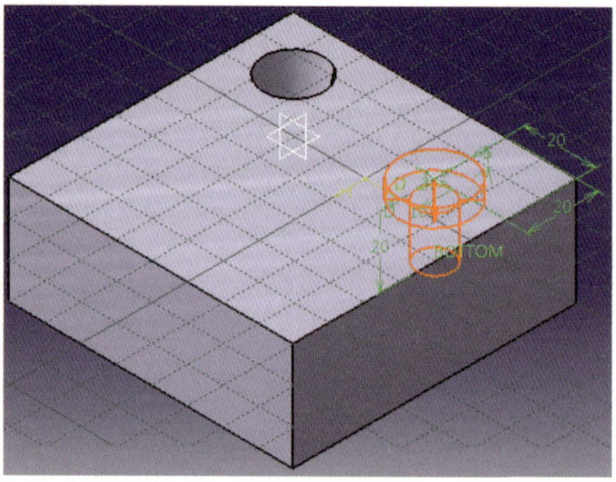

04 Sketch-Based Features 툴바에서 구멍 아이콘 을 클릭한 후, 홀이 위치할 평면의 두 모서리와 평면을 클릭한다.

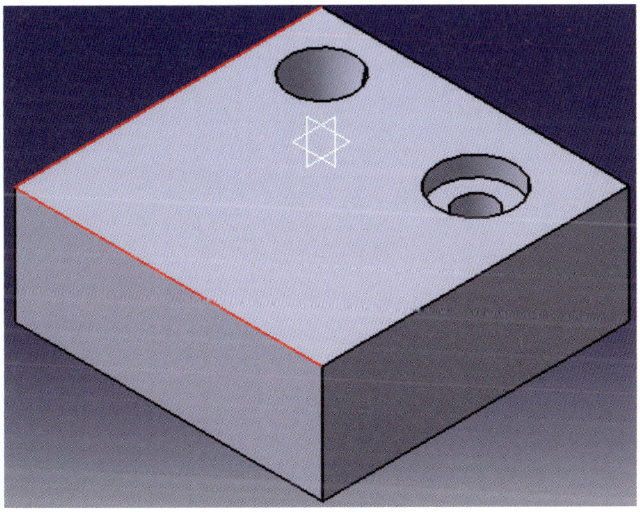

- 모서리로부터의 홀의 중심까지의 거리 : 각각 20 mm로 설정
- Hole Definition 창의 Type 탭에서 "Countersunk",
  Mode : Depth & Angle, Depth : 5 mm, Angle : 60 deg

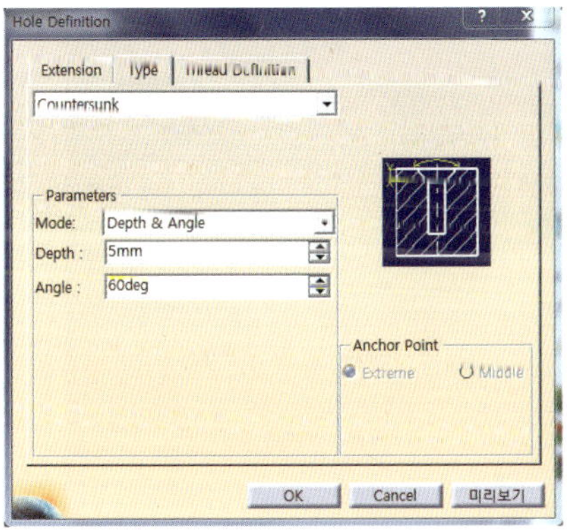

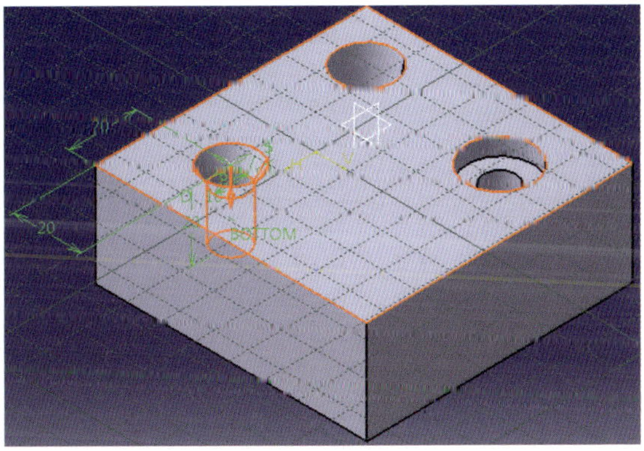

05 Sketch–Based Features 툴바에서 구멍 아이콘 을 클릭한 후, 홀이 위치한 평면의 두 모서리와 평면을 클릭한다.

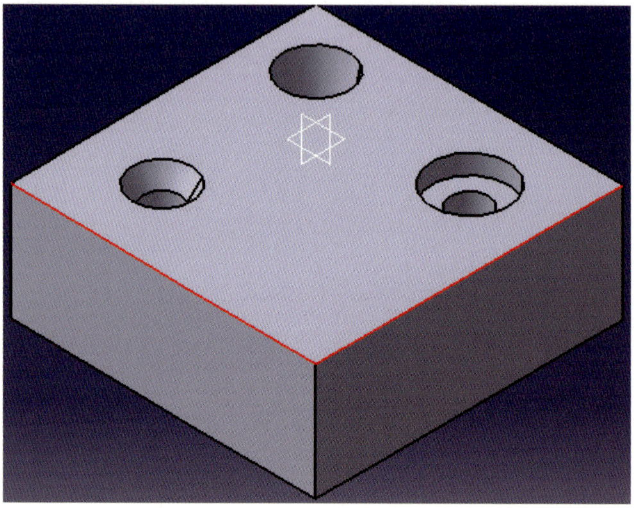

– 모서리로부터의 홀의 중심까지의 거리 : 각각 20 mm로 설정
– Hole Definition 창의 Type 탭에서 "Counterdrilled",
Diameter : 15 mm, Depth : 5 mm, Angle : 120 deg

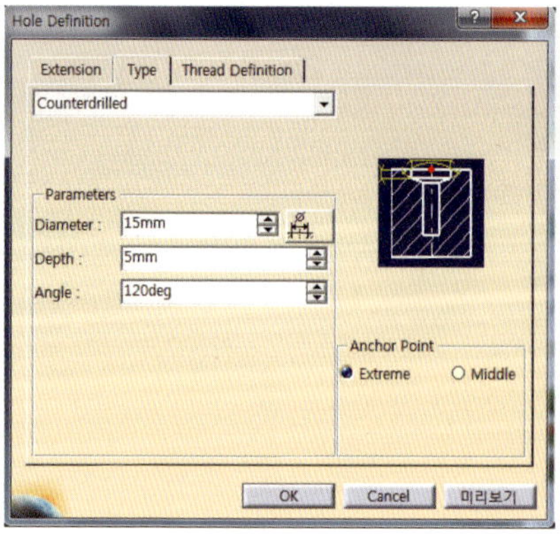

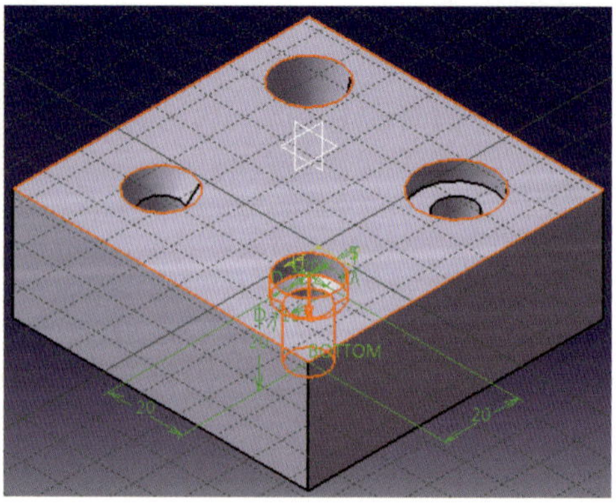

– Part Design #4를 완성한다.

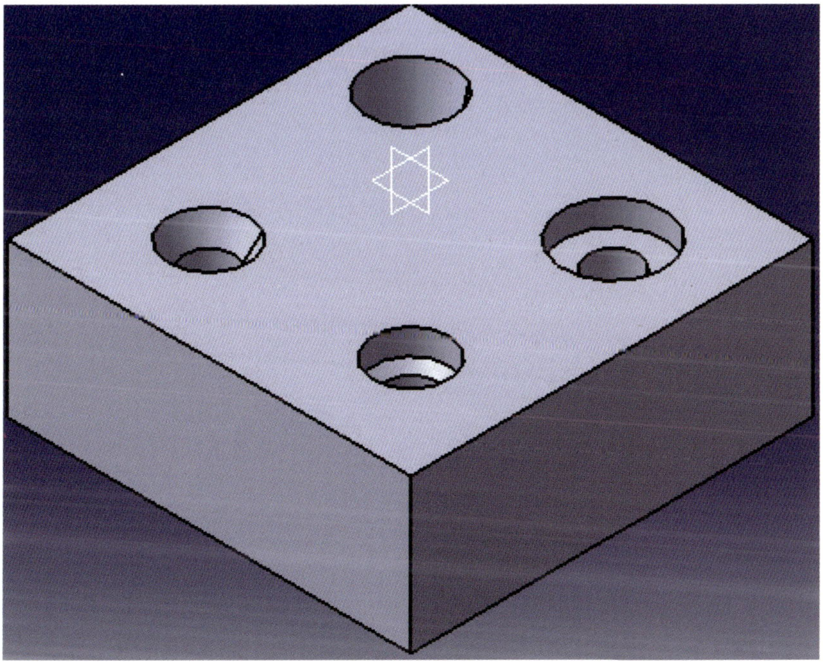

Part Design #4

3.5 Part Design #5

새로 익히는 기능

- Drafted Filleted 패드 아이콘
- Drafted Filleted 포켓 아이콘

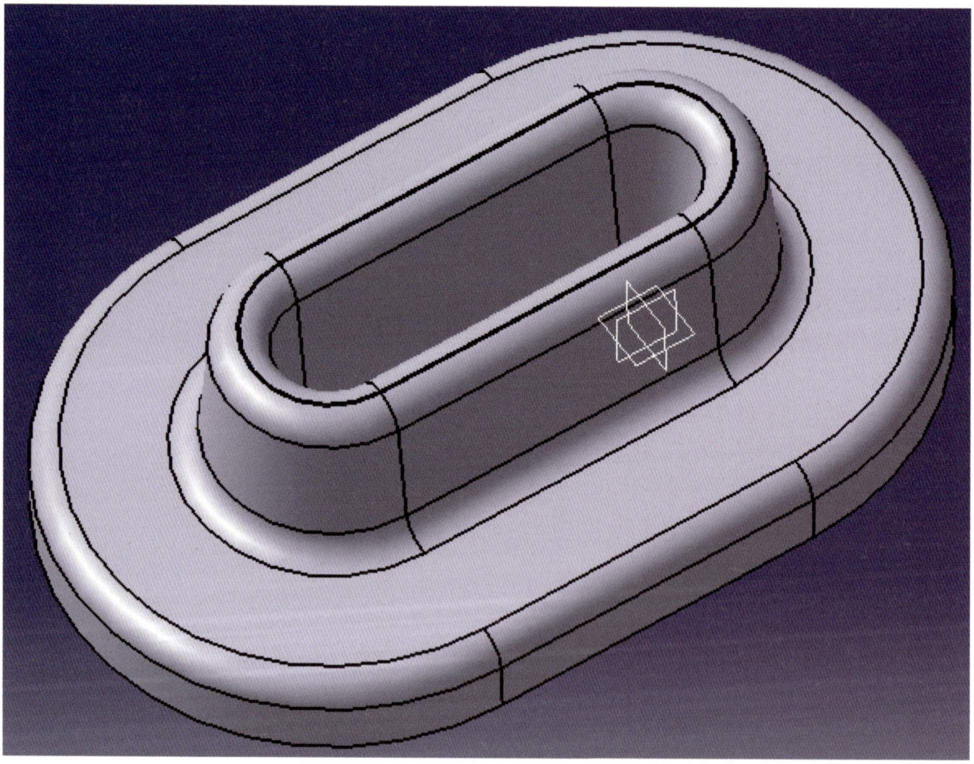

01 주 메뉴 [시작] – [기계디자인] – [Part Design]을 선택한다.

– Sketcher에서 xy 평면을 선택한 후, 좌표계의 원점을 기준으로 돼지코 아이콘 으로 아래 그림과 같이 도형을 작성한 후, 워크벤치 종료 아이콘 을 클릭한다.

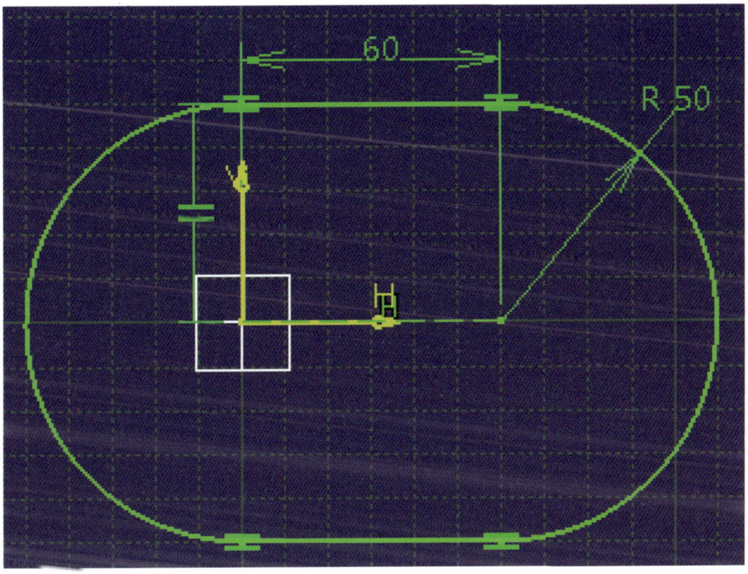

패드 아이콘 을 클릭한 후, Pad Definition 창에서 두께 15 mm로 지정한다.

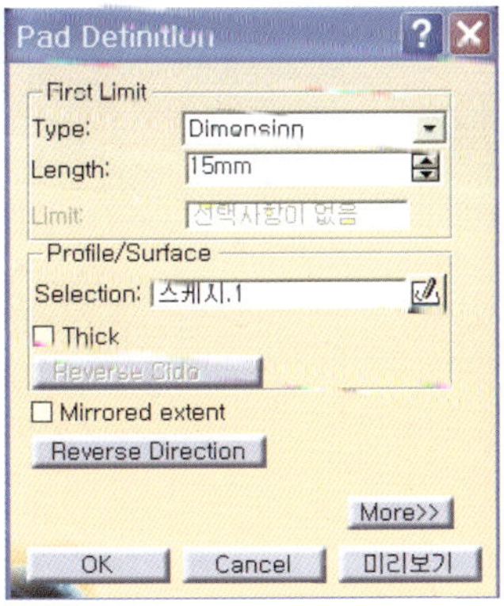

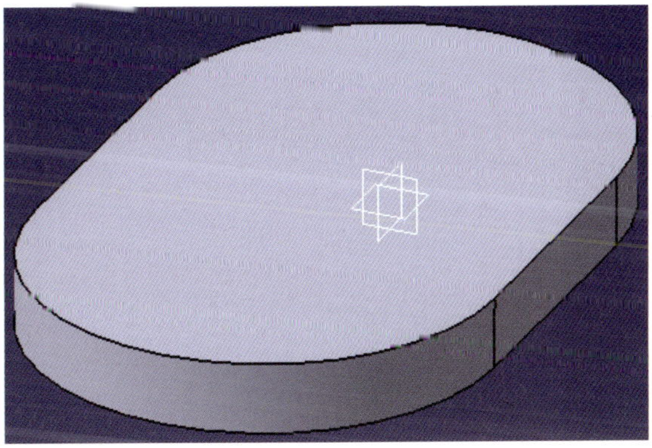

02 작업하고자 하는 면을 선택한 후, Sketch 아이콘 을 클릭한다.

– 아래 그림과 같이 좌표계의 원점을 기준으로 돼지코 아이콘으로 아래 그림과 같이 도형을 작성한 후, 워크벤치 종료 아이콘 을 클릭한다.

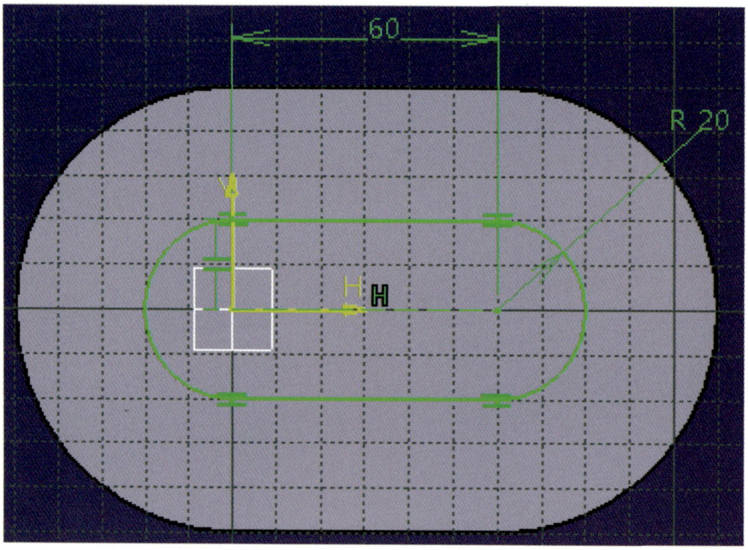

– Sketch–Based Features 툴바의 패드 아이콘 의 하위 메뉴에서 Drafted Filleted Pad 아이콘 을 클릭한 후, 좌표계의 xy 평면을 클릭한다.

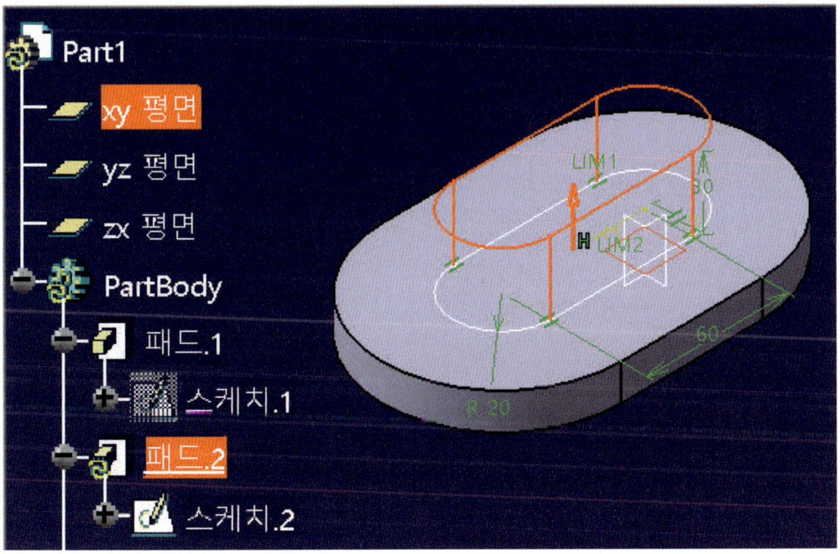

– Drafted Filleted Pad Definition 창의 First Limit에서 Length: 30 mm로, Drafted angle(빼기구배)을 5 deg, 모서리 필렛 반경을 5 mm로 입력한다.

03 작업하고자 하는 면을 클릭한 후, Sketch 아이콘 을 클릭한다.
– 아래 그림과 같이 좌표계의 원점을 기준으로 돼지코 아이콘으로 아래 그림과 같이 도형을 작성한 후, 워크벤치 종료 아이콘 을 클릭한다.

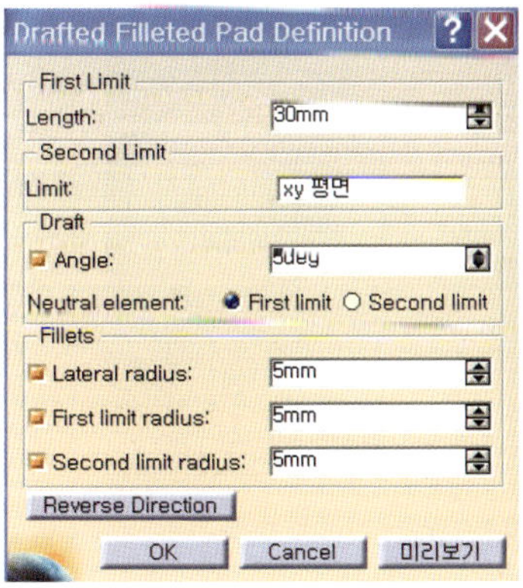

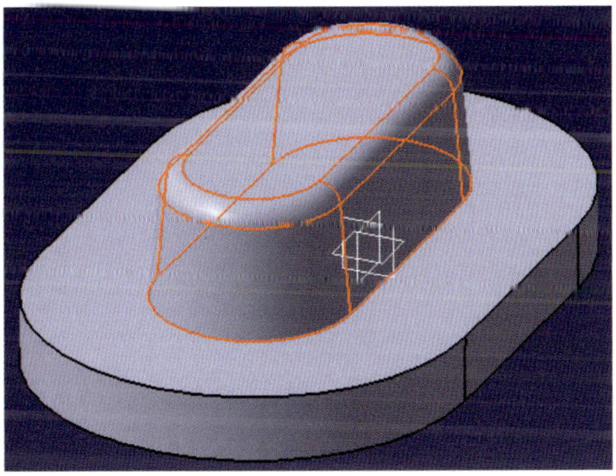

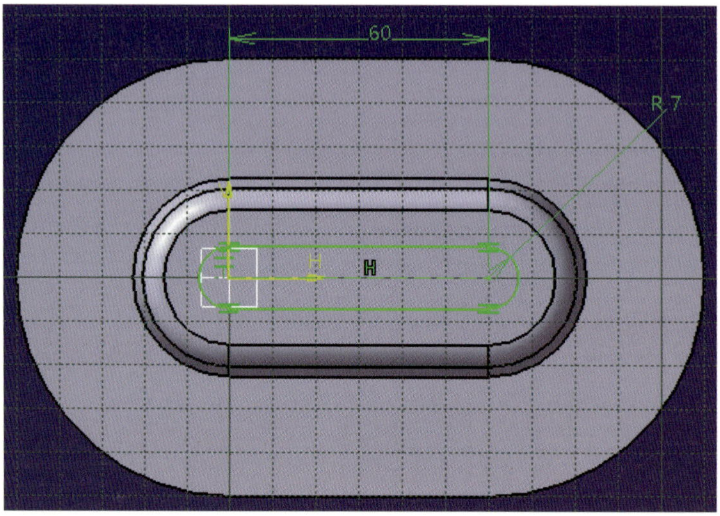

– Sketch–Based Features 툴바의 포켓 아이콘 의 하위 메뉴에서 Drafted Filleted Pocket 아이콘 을 클릭한 후, 도형의 윗 평면을 클릭한다.

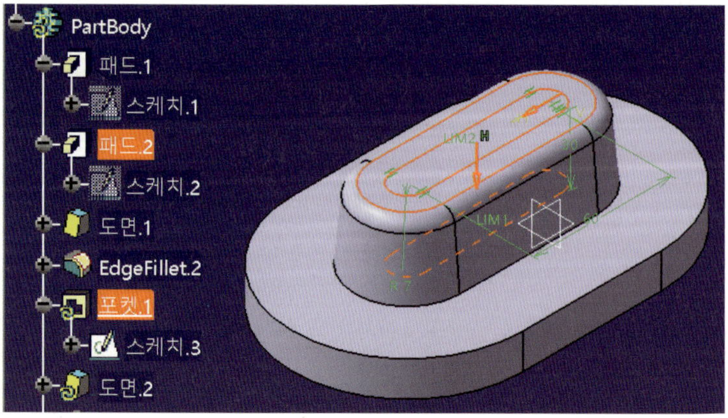

또한, First Limit을 Depth: 20 mm로, Drafted angle을 5 deg, 모서리 필렛 반경을 5 mm로 한다.

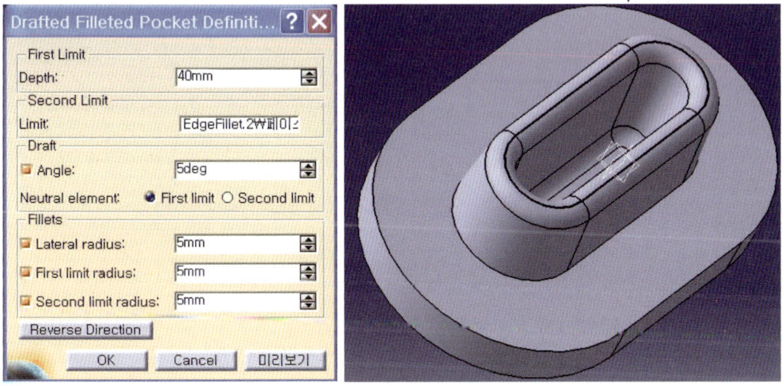

- Dress-Up Features 툴바에서 필렛 아이콘을 클릭한다.

- Edge Fillet Definition 창에서 Radius: 5 mm로 한 후, 마우스를 이용하여 해당 모서리(2요소)를 클릭한다.

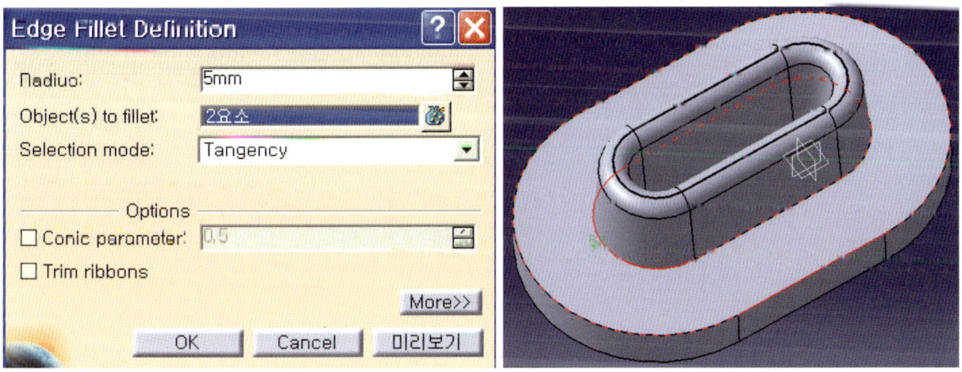

– Part Design #5를 완성한다.

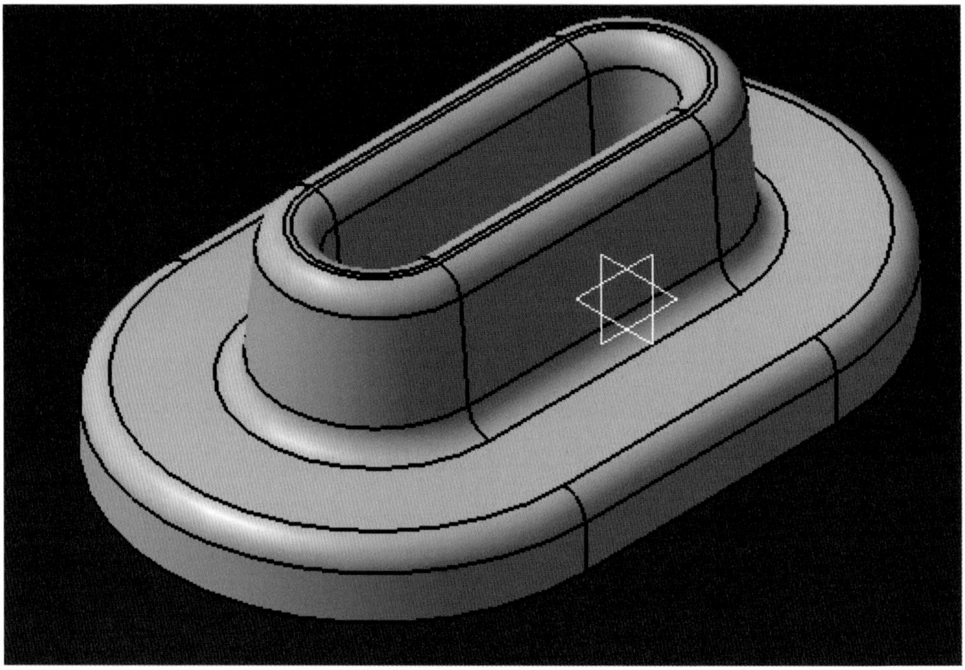

Part Design #5

3.6 Part Design #6

새로 익히는 기능

- 축 아이콘(Shaft)
- 구멍 아이콘, Type – “Counterbored”(이중 홀)
- 그루브 아이콘(Groove)

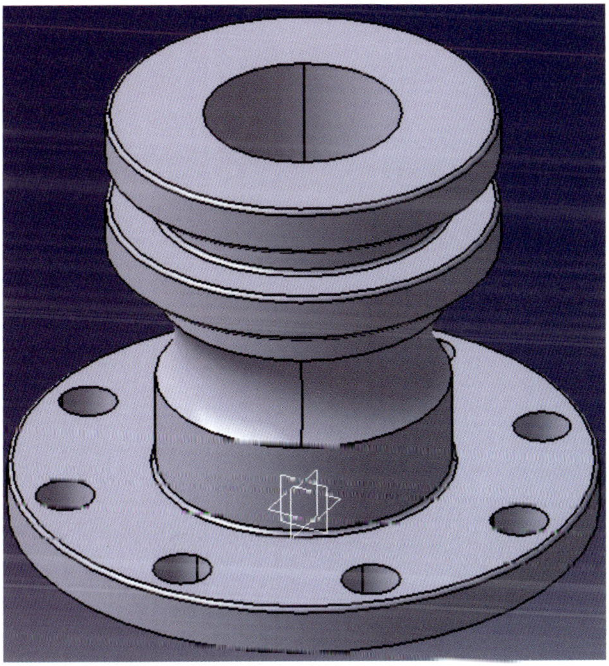

01 [시작] – [기계디자인] – [Part Design]을 선택한다.

– Sketch 에서 yz 평면을 선택한 후, 프로파일 툴바에서 일점쇄선 아이콘 을 이용하여 z축을 따라 중심축을 그린다.

– 선 아이콘 을 이용하여 도형을 작성한 후, 아래 그림과 같이 도형을 작성한 후, 워크벤치 종료 아이콘 을 클릭한다.

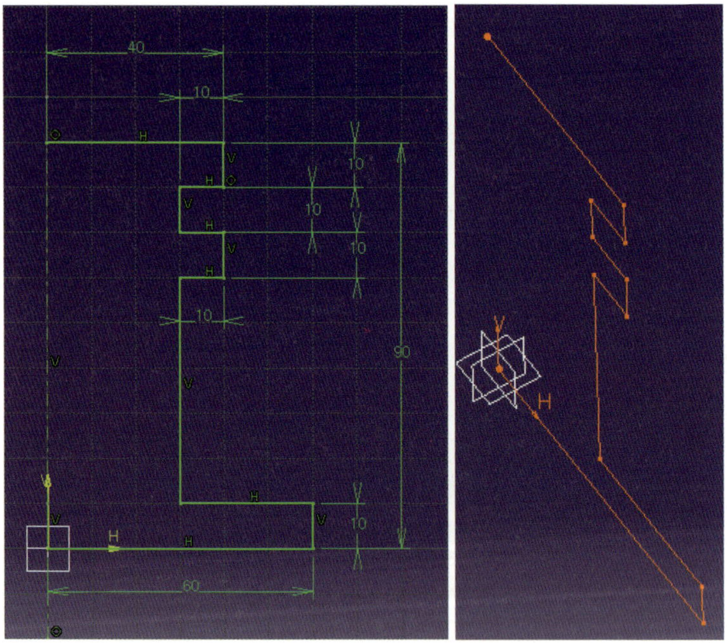

– Sketch–Based Features 툴바에서 축 아이콘 을 클릭한다.

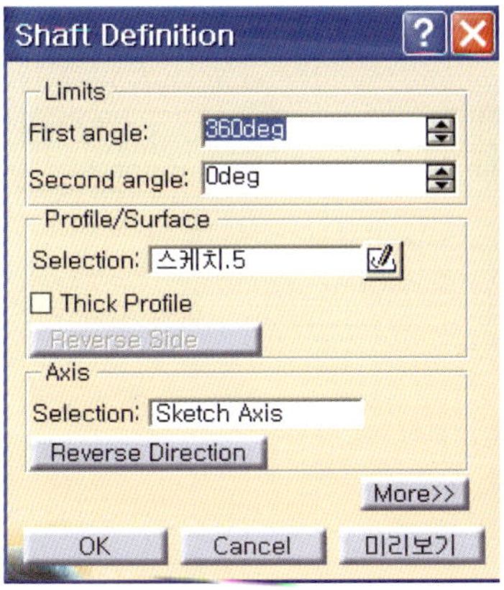

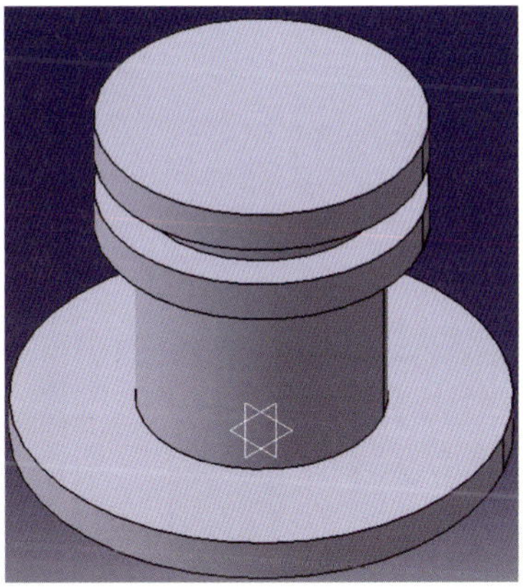

02 형상을 회전하여 작업하고자 하는 밑면을 선택한 후, Sketch-Based Features 툴바에서 구멍 아이콘 을 클릭한다.

(주) 형상을 회전하는 방법

· 마우스 휠과 마우스 오른쪽 버튼을 동시에 누른 상태에서 회전

· 뷰 툴바에서 회전 아이콘 을 클릭한 후 회전

· 작업화면의 오른쪽 상단 좌표 아이콘 을 클릭한 상태에서 회전

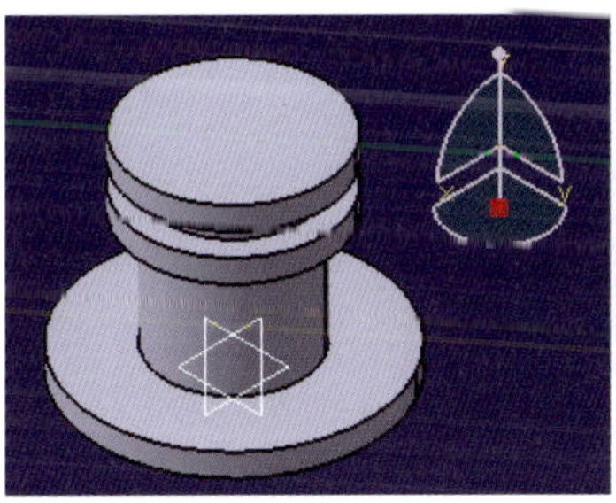

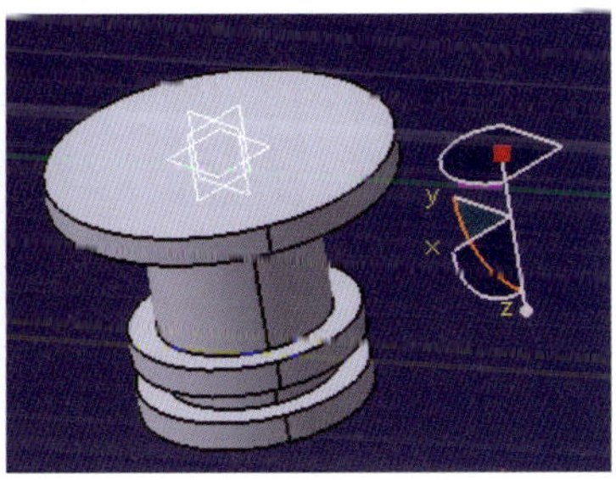

- Hole Definition 창의 Extension 탭에서 Diameter: 40 mm, Depth: 90 mm를 설정한다.

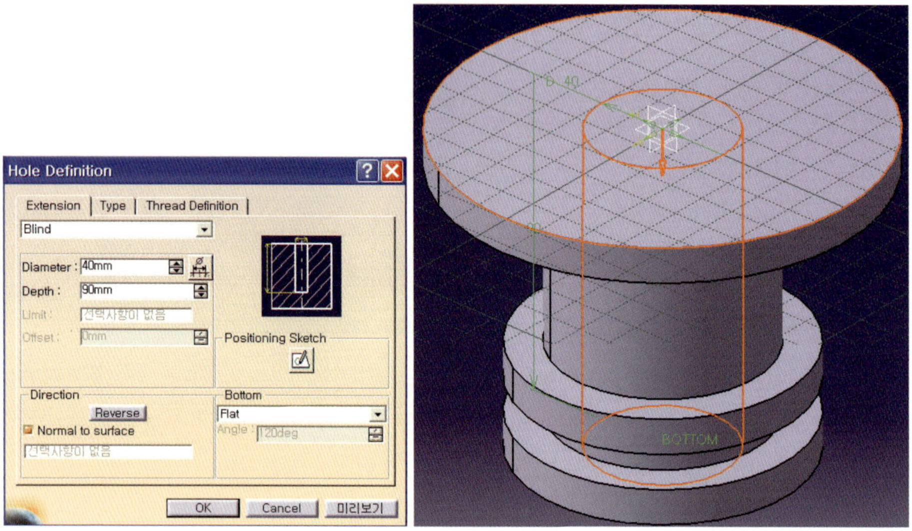

- Hole Definition 창의 Type 탭에서 "Counterbored", Diameter: 60 mm, Depth 8 mm로 설정한다.

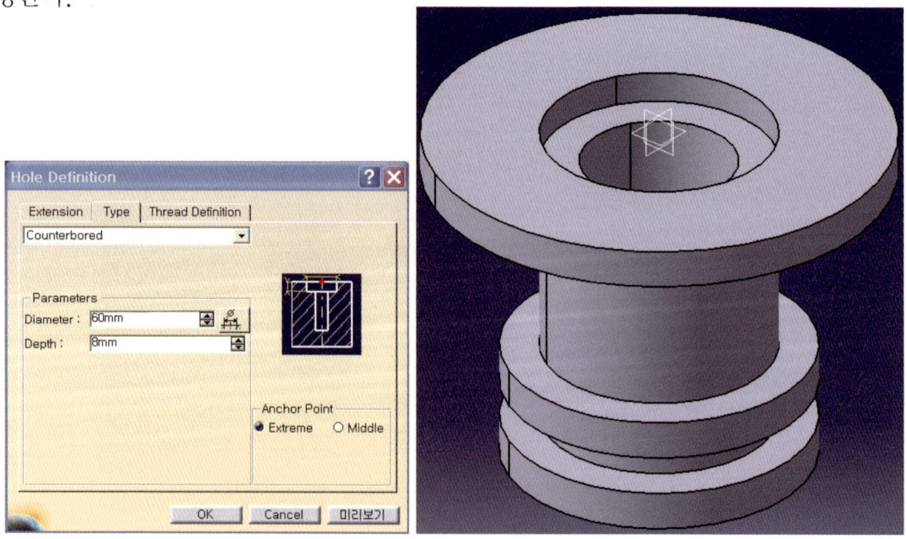

03 등각 뷰 아이콘 을 클릭하고, 나사 홀을 뚫을 면을 선택한 후, Sketch 아이콘 을 클릭한다.

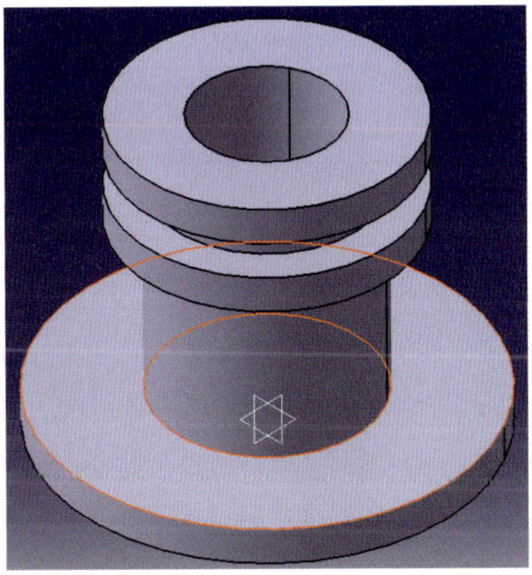

– 중심 (50, 0)의 위치에 반지름 6 mm인 원을 그린다.

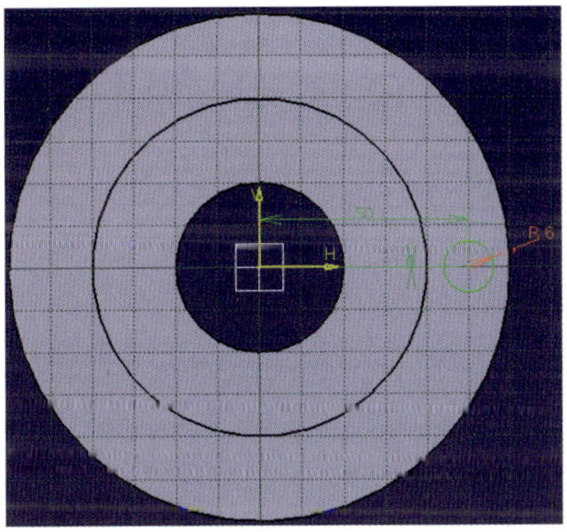

– 회전 아이콘 을 클릭한다.

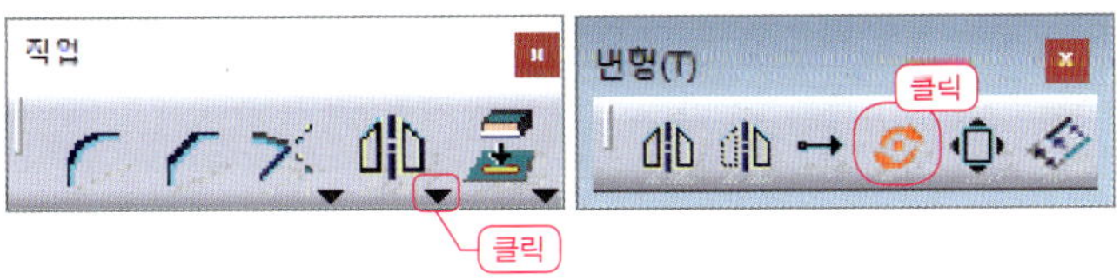

– 대상 홀을 선택한 후, 원점 (0, 0)와 대상의 중심점 (50, 0)을 차례대로 클릭하고 인스턴스: 7, 각도 45 deg로 설정하여 형상을 작성한 후, 워크벤치 종료 아이콘 을 클릭한다.

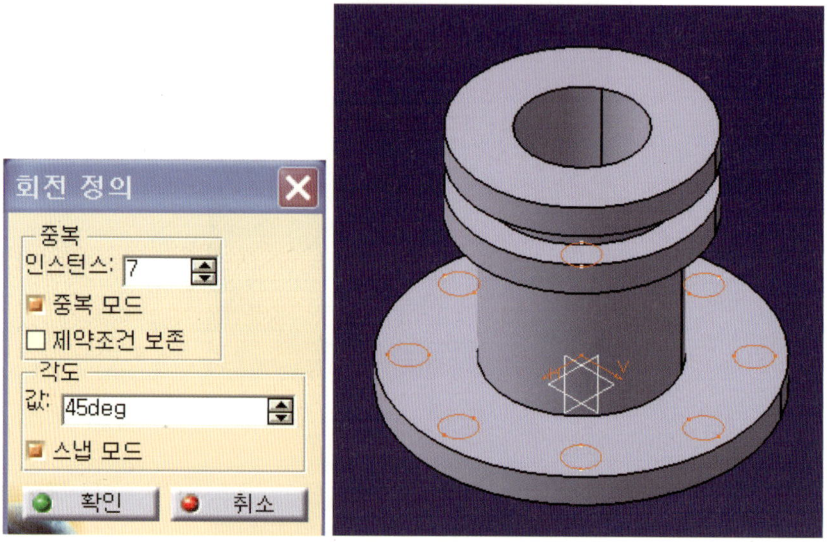

– 포켓 아이콘 을 클릭한다.
Pocket Definition 창에서 First Limit를 "Up to next"로 한다.

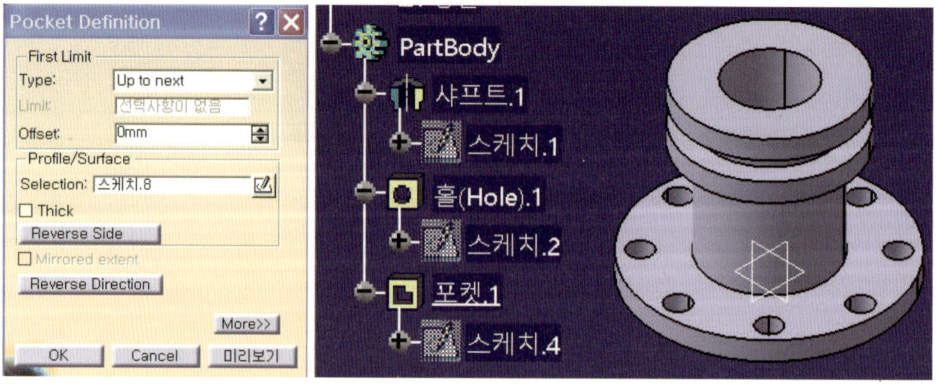

04 zx 평면을 선택한 후, Sketch 아이콘 을 클릭한다.

– 다음 그림과 같이 도형을 작성한 후, 워크벤치 종료 아이콘 을 클릭한다.

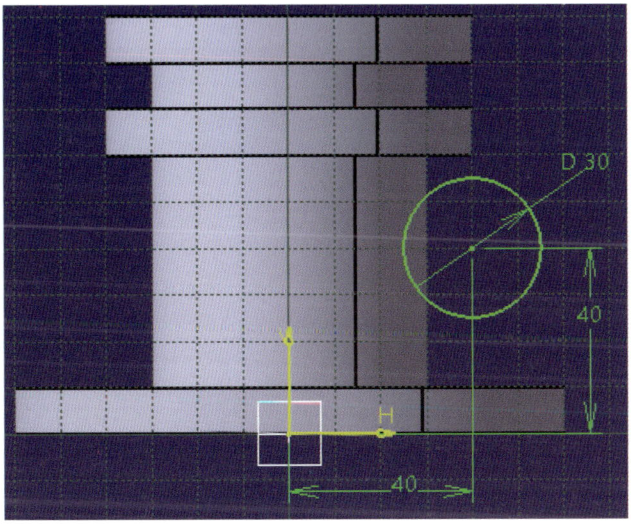

– Sketch–Based Features 툴바에서 그루브 아이콘 을 클릭한 후, 중심축을 선택한다.

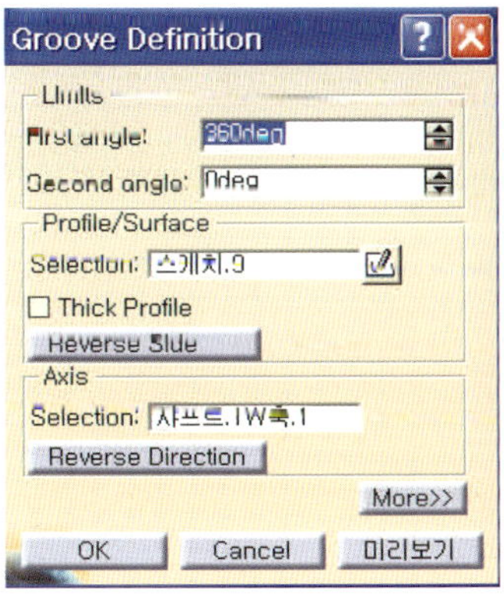

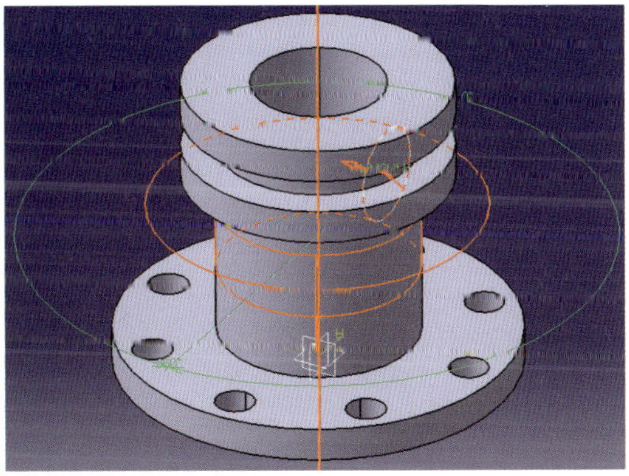

- Dress-Up Features 툴바에서 필렛 아이콘 을 클릭한다.
- Edge Fillet Definition 창에서 Radius: 1 mm로 설정한 후 해당 모서리를 클릭한다.
- Part Design #6를 완성한다.

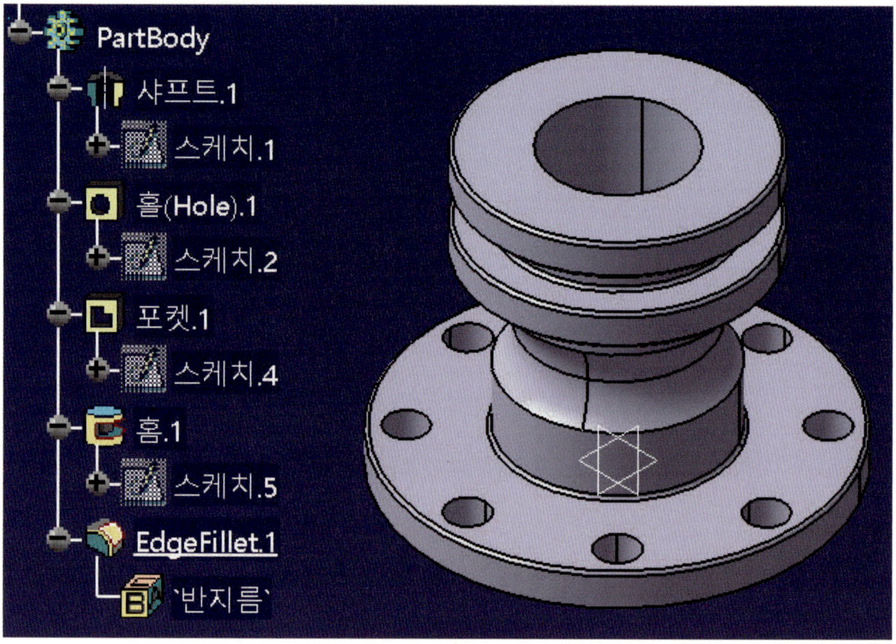

Part Design #6

3.7 Part Design #7

새로 익히는 기능

- 술롯 아이콘(Slot)
- 평면 아이콘(Plane)
- 리브 아이콘(Rib)
- 보강 아이콘(Stiffener)

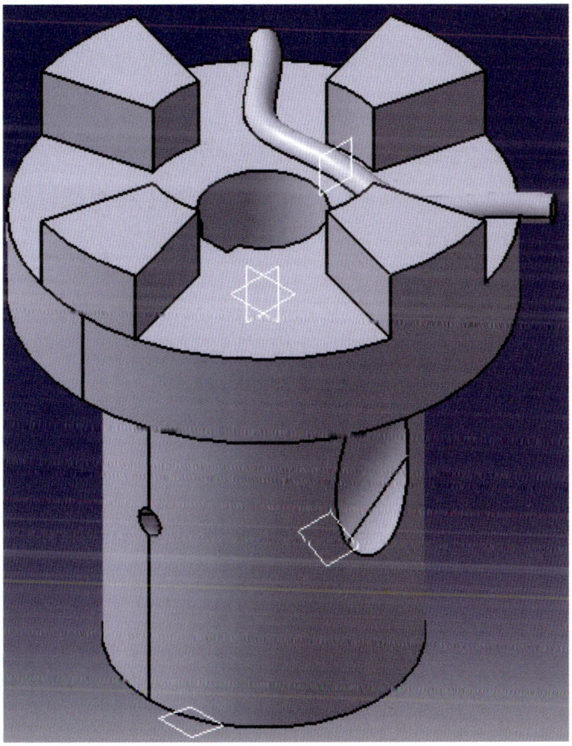

01 [시작] – [기계디자인] – [Part Design]을 선택한다.

– Sketcher에서 xy 평면을 선택한 후, 좌표계의 원점을 기준으로 원 아이콘 으로 아래 그림과 같이 도형을 작성한 후, 워크벤치 종료 아이콘 을 클릭한다.

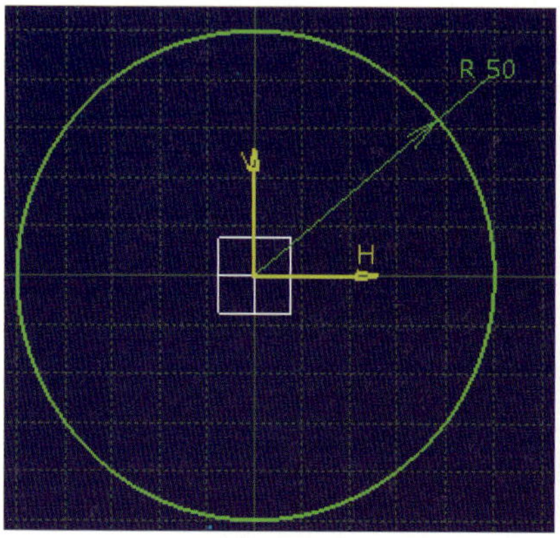

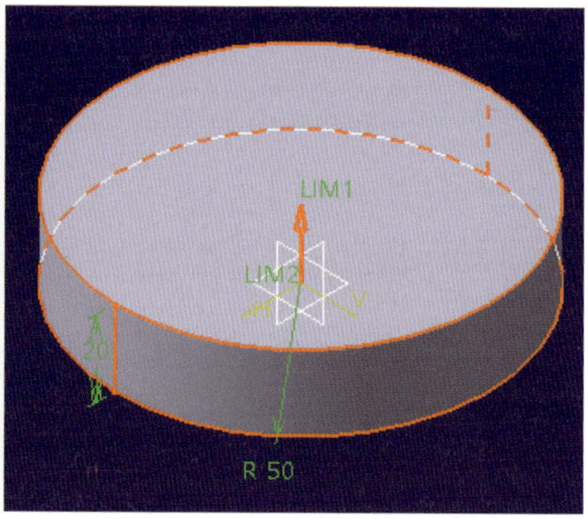

– 패드 아이콘 을 클릭한 후, xy 평면 윗 방향으로 길이 20 mm인 원기둥을 만든다.

– 위의 작업을 반복하여 xy 평면 아래 방향으로 길이 80 mm원기둥을 만든다.

Pad Definition 창에서 Reverse Direction 아이콘 Reverse Direction 을 클릭하면 화살표의 방향이 변환된다.

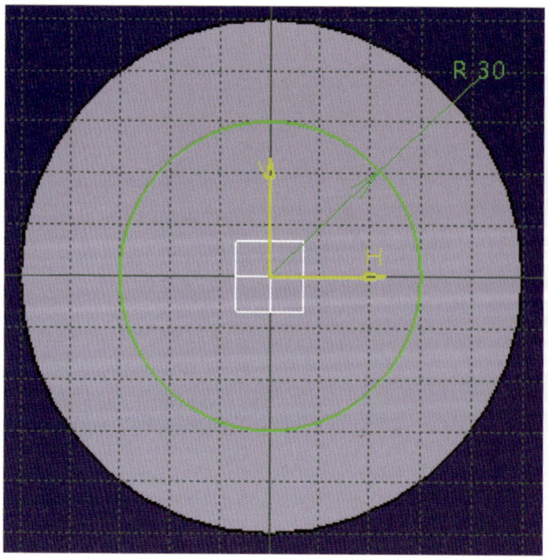

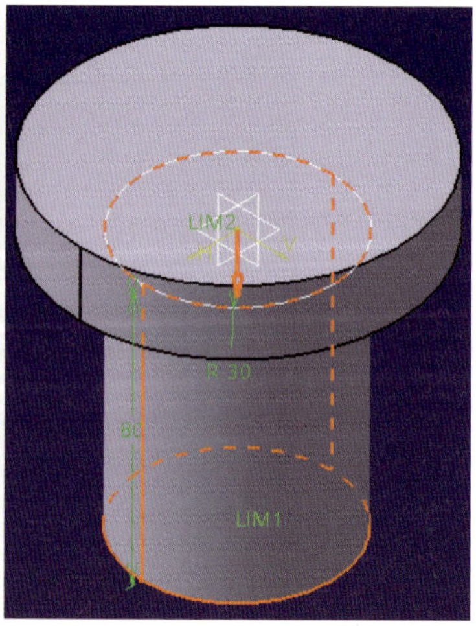

02 윗면을 선택한 후, Sketch 아이콘 을 클릭한다.

– 좌표계의 원점을 기준으로 도형을 작성한다.

– 먼저 2개의 선분을 클릭한 다음 H축을 선택한 후, 제약조건 아이콘 을 클릭하여 제약조건 정의 창에서 '대칭'을 선택한다.

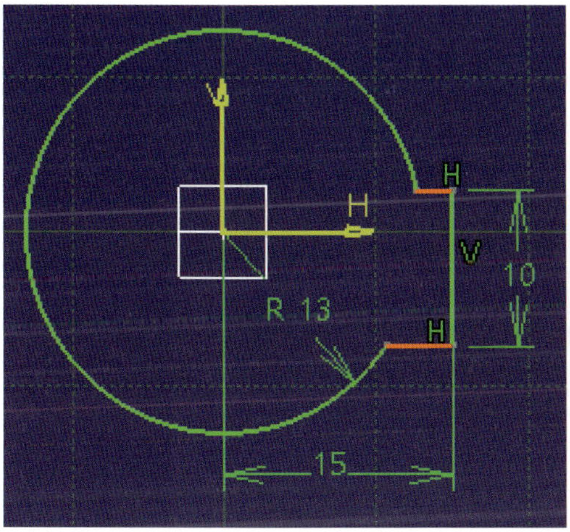

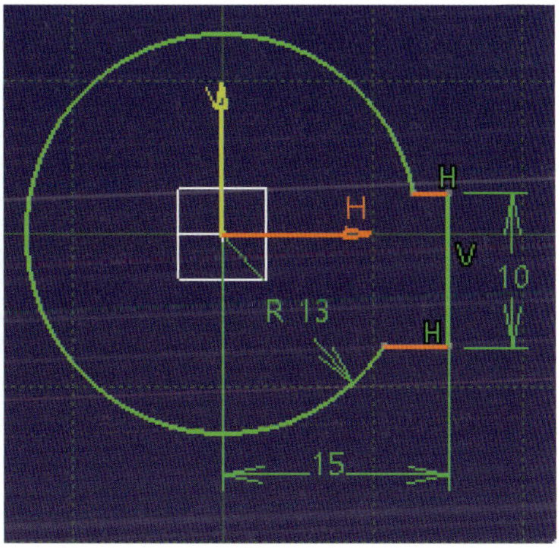

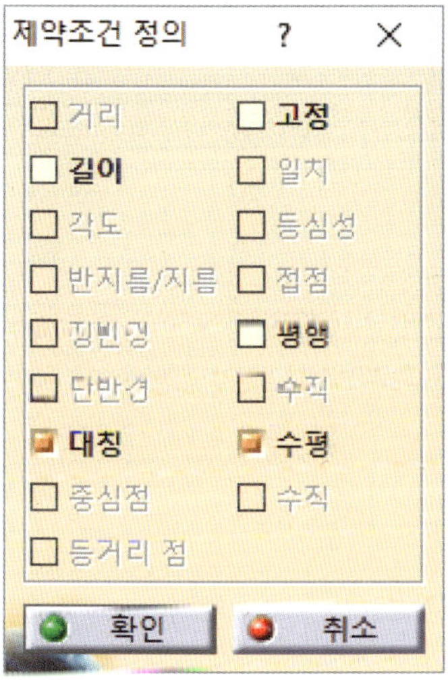

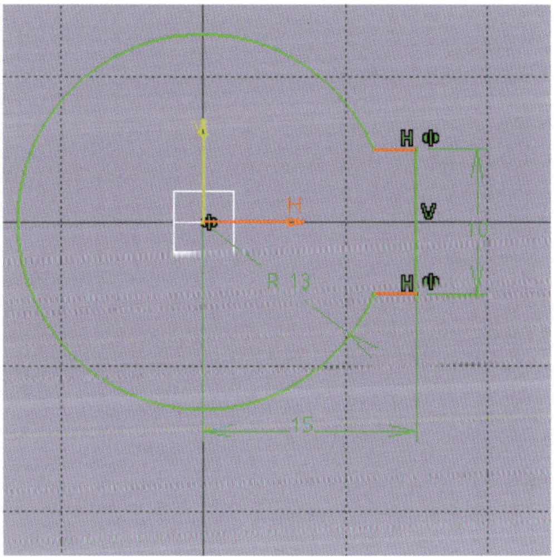

- 워크벤치 종료 아이콘 을 클릭한다.
- 포켓 아이콘 을 클릭하여 아래 형상으로 만든다.

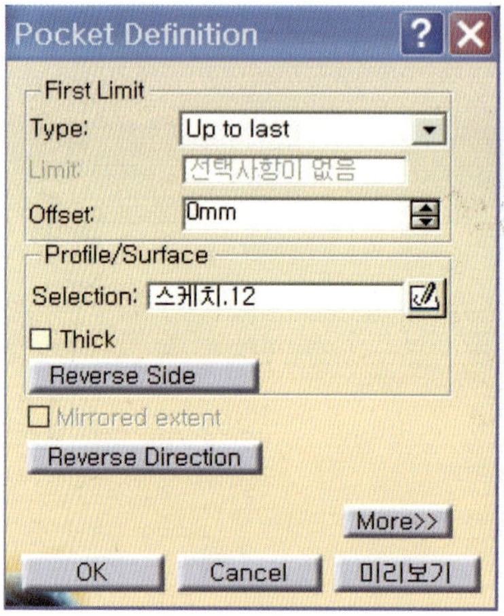

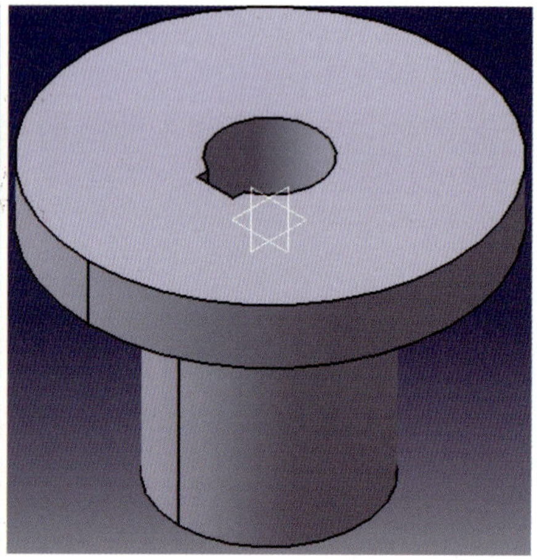

03 윗면을 선택한 후, Sketch 아이콘 을 클릭하고 아래 그림과 같은 도형을 작성한다.

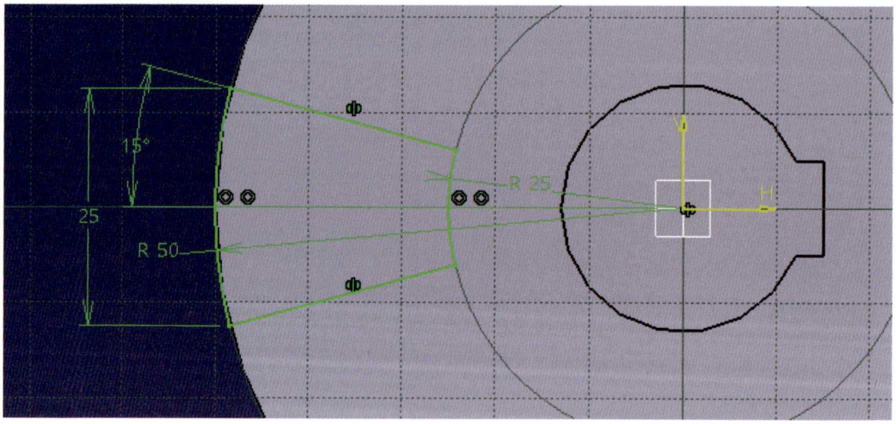

– 회전 아이콘 을 클릭한다.

– 복사하고자 하는 형상의 구성요소를 모두 선택한 후, 좌표계의 원점 (0, 0)과 대상의 중심점 (0, −25)을 차례대로 클릭하고 인스턴스: 3, 각도: 90 deg로 설정하여 형상을 작성한 후, 워크벤치 종료 아이콘 을 클릭한다.

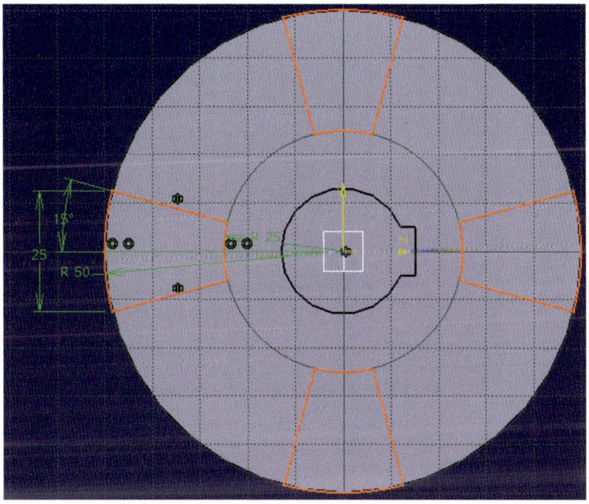

– 패드 아이콘 을 사용하여 두께 15 mm의 아래 형상을 만든다.

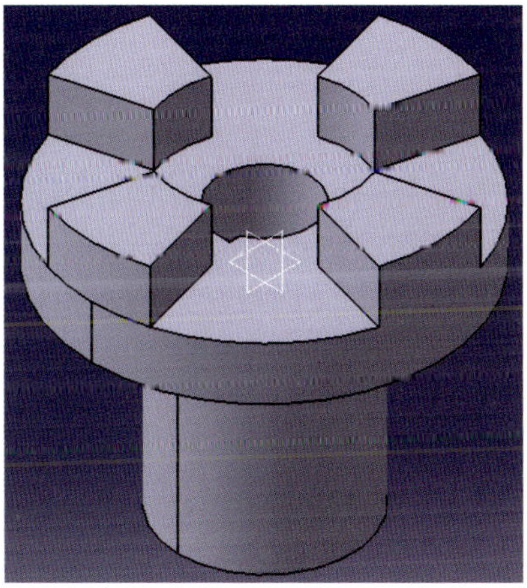

04 yz 평면을 선택한 후, Sketch 아이콘 을 클릭한다.

– 선분의 시작점을 (0, –80)으로 하여 30° 경사진 선분을 작성한 후, 워크벤치 종료 아이콘 을 클릭한다.

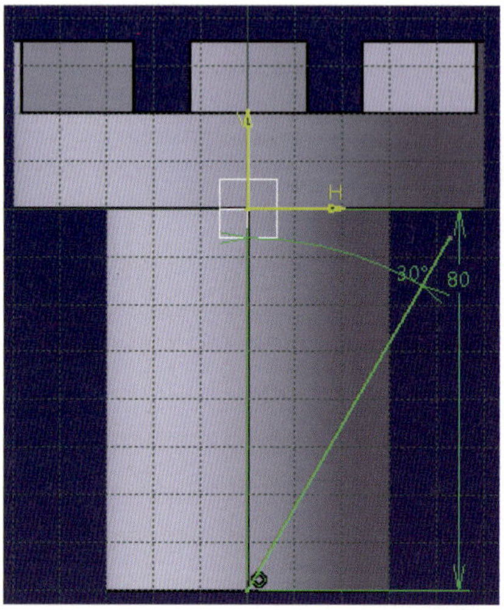

– Reference Elements 툴바에서 평면 아이콘 을 클릭한 후, 평면 정의 창에서 평면유형: “커브에 수직”을 선택한다.

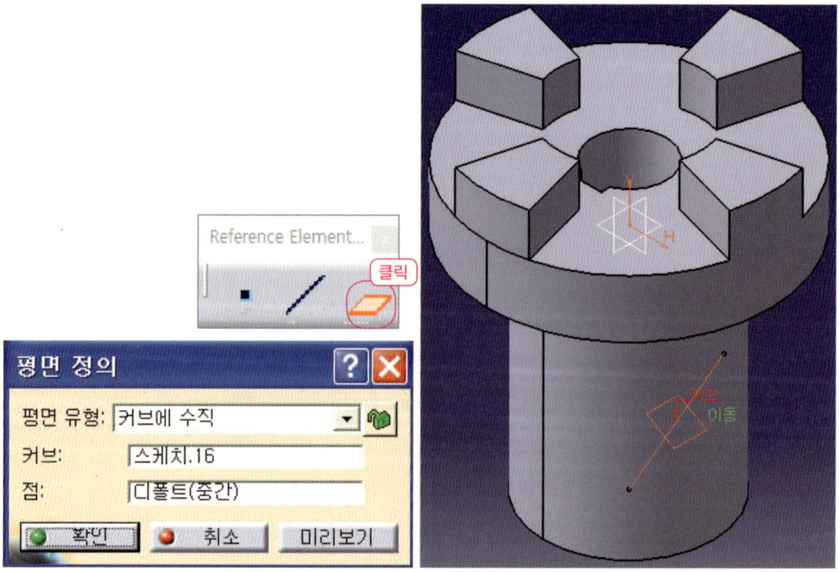

– 새롭게 만든 평면을 선택하고 Sketch 아이콘 을 클릭한다.

– 반지름 10 mm인 원을 작성한 후, 워크벤치 종료 아이콘 을 클릭한다.

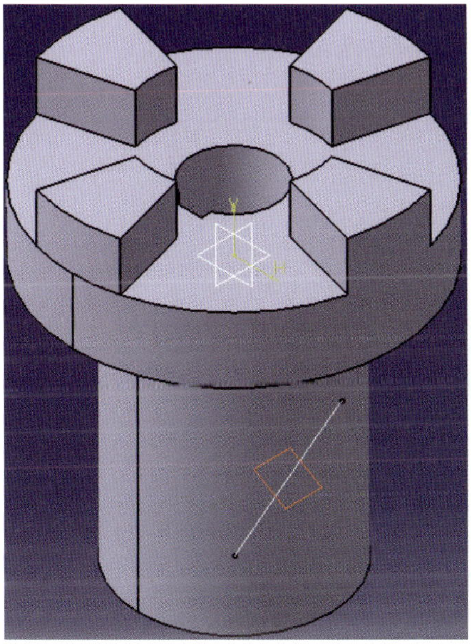

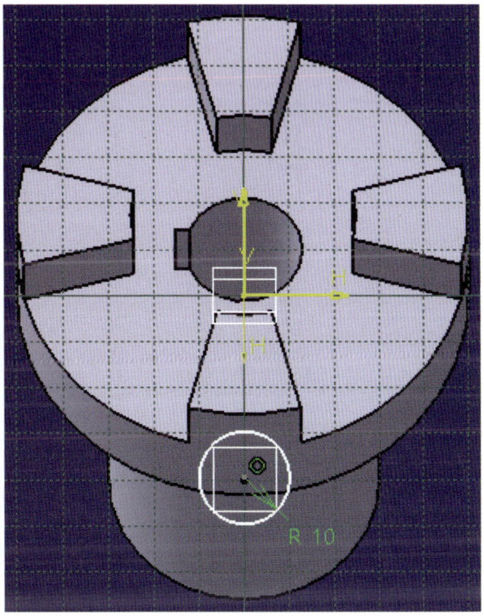

– Sketch_Based Features 툴바에서 슬롯 아이콘 을 클릭한다.

– Center curve로 사용될 선분을 다음 그림과 같이 선택한다.

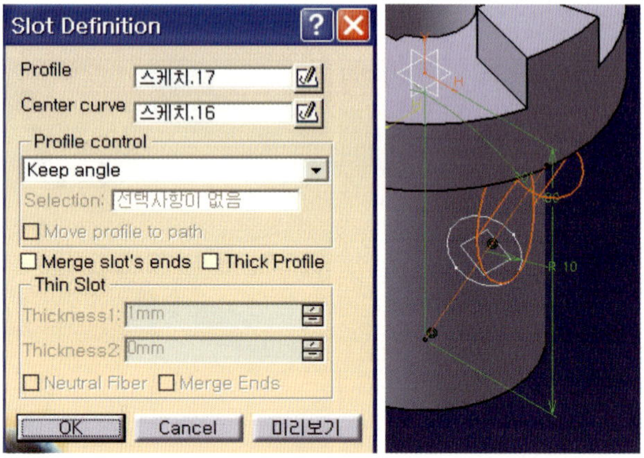

05 zx 평면을 선택하고 Sketch 아이콘 을 클릭한다.

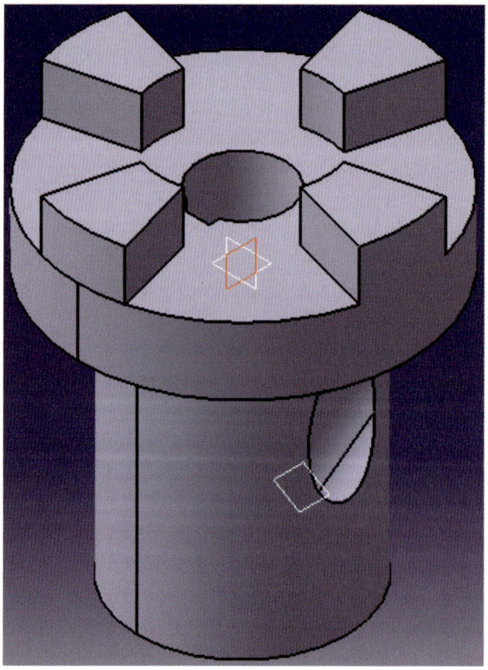

– 프로파일 툴바에서 스플라인 아이콘 을 클릭하여 임의의 선분을 작성한 후, 워크벤치 종료 아이콘 을 클릭한다.

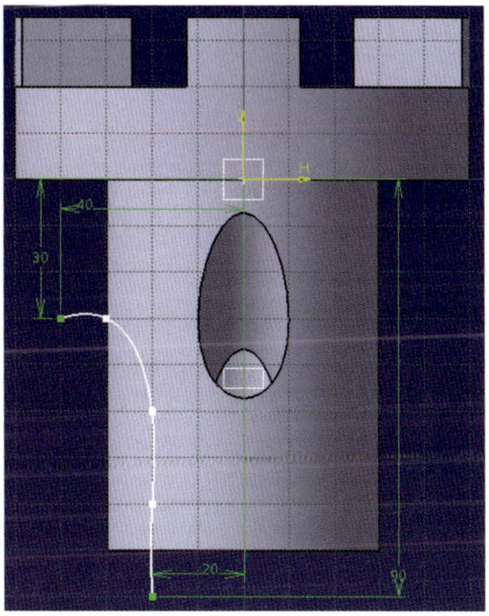

– Reference Elements 툴바에서 평면 아이콘 을 클릭한 후, 평면 정의 창에서 평면유형: "커브에 수직"을 선택하고 점의 시작점을 그림과 같이 정점으로 지정한다.

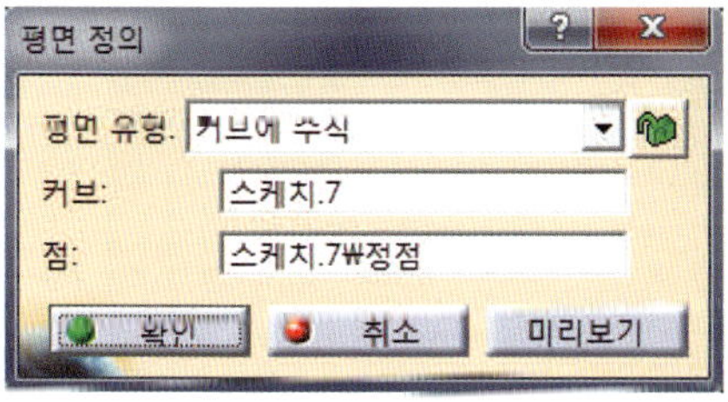

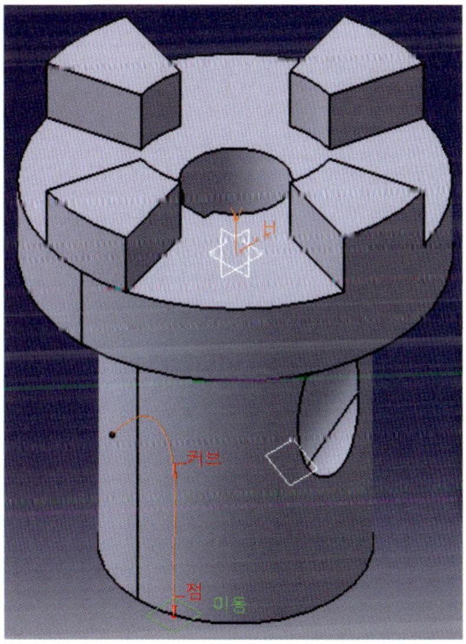

- 새롭게 만든 평면을 선택하고 Sketch 아이콘 을 클릭한다.
- 지름 6 mm인 원을 작성한 후, 워크벤치 종료 아이콘 을 클릭한다.

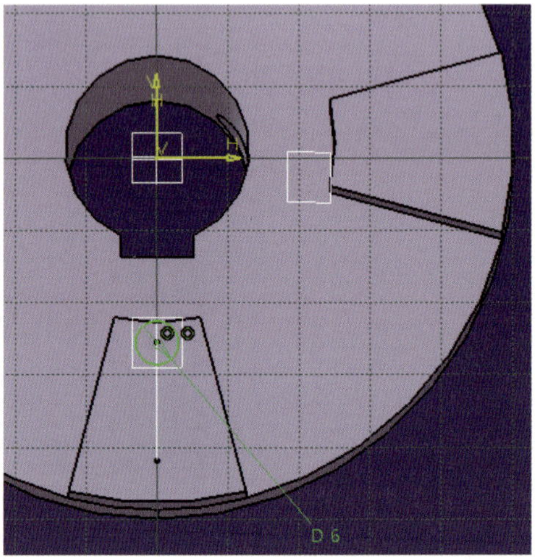

- Sketch_Based Features 툴바에서 슬롯 아이콘 을 클릭한다.
- Center curve로 사용될 선분을 다음 그림과 같이 선택한다.

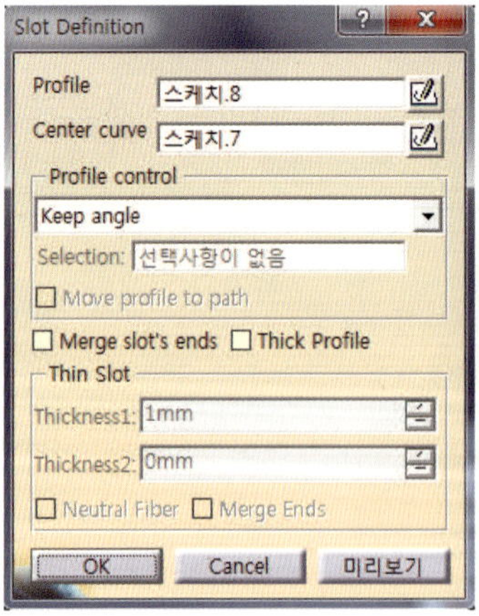

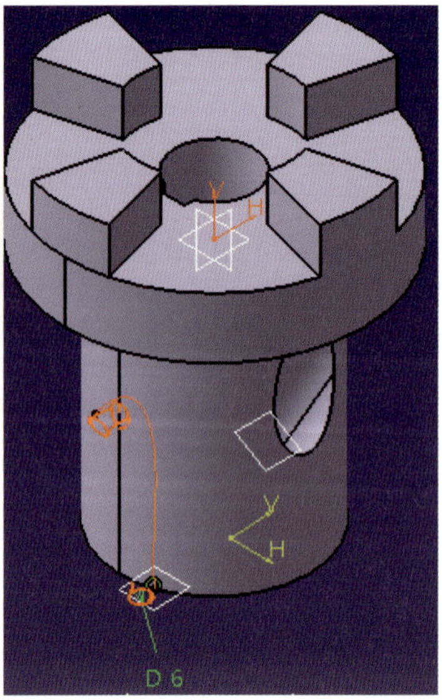

06 윗면을 선택한 후, Sketch 아이콘 을 클릭한다.

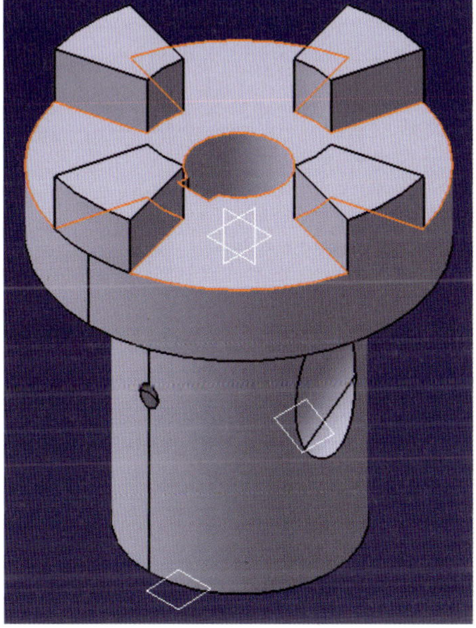

– 프로파일 툴바에서 스플라인 아이콘 을 클릭하여 임의의 선분을 작성한 후, 워크벤치 종료 아이콘 을 클릭한다.

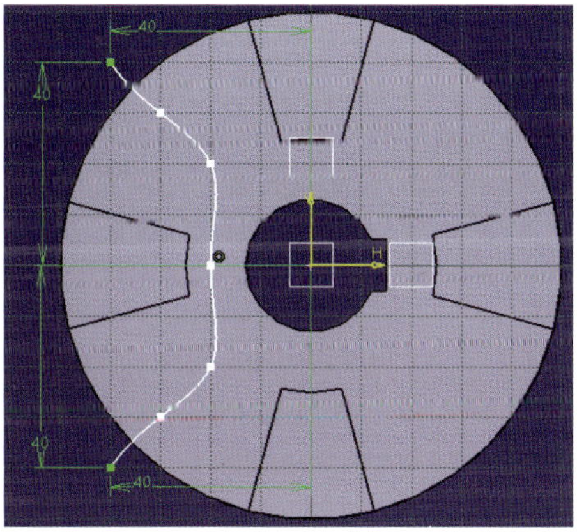

– Reference Elements 툴바에서 평면 아이콘 을 클릭한 후, Plane Definition 창에서 Type: "Normal to curve"로 설정한다.

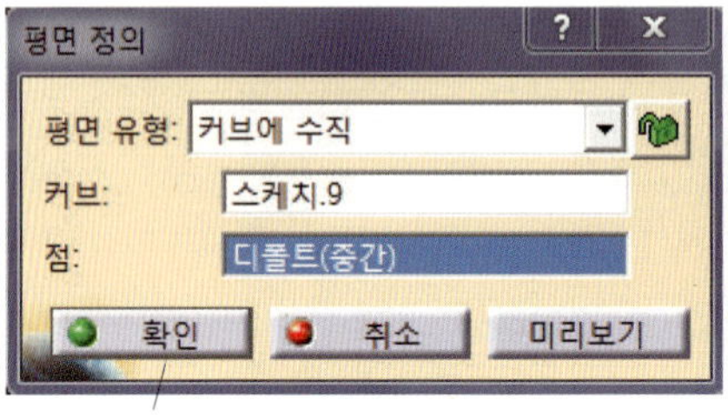

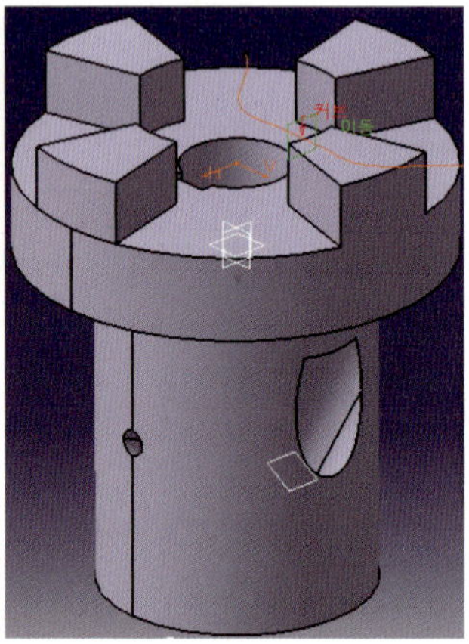

– 새롭게 만든 평면을 선택하고 Sketch 아이콘 을 클릭한다.

– 지름 6 mm인 원을 작성한 후, 워크벤치 종료 아이콘 을 클릭한다.

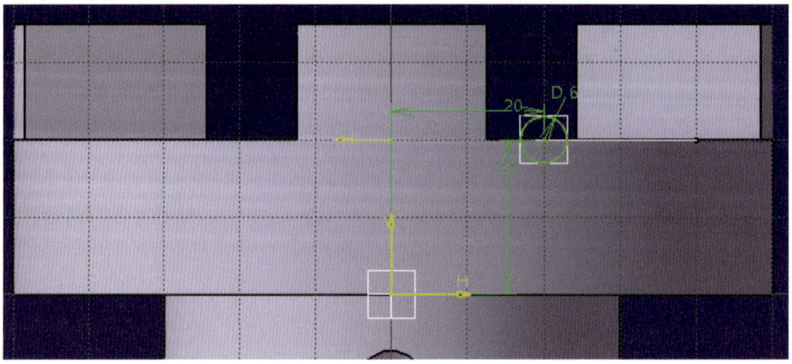

– Sketch_Based Features 툴바에서 리브 아이콘 을 클릭한다.

– Center curve로 사용될 선분을 그림과 같이 선택한다.

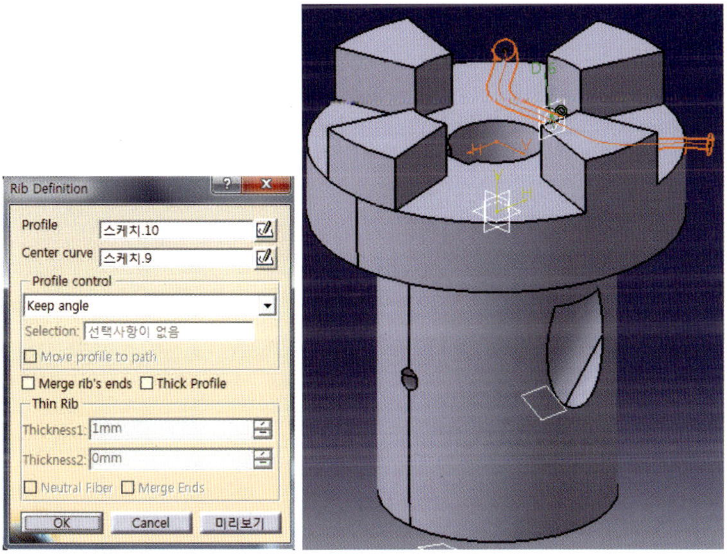

– Part Design #7을 완성한다.

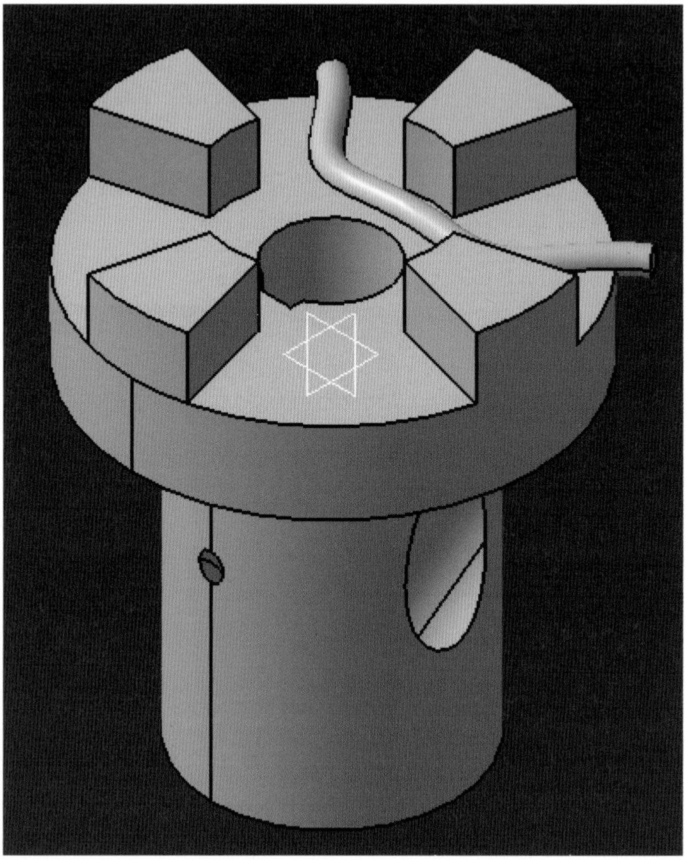

Part Design #7

3.8 Part Design #8

새로 익히는 기능

- 원호 아이콘(Arc)
- 점선 아이콘(Construction/Standard Element)
- 위치지정 스케치 아이콘(Positioned Sketch)
- 회전 반복 아이콘(Circular Pattern)

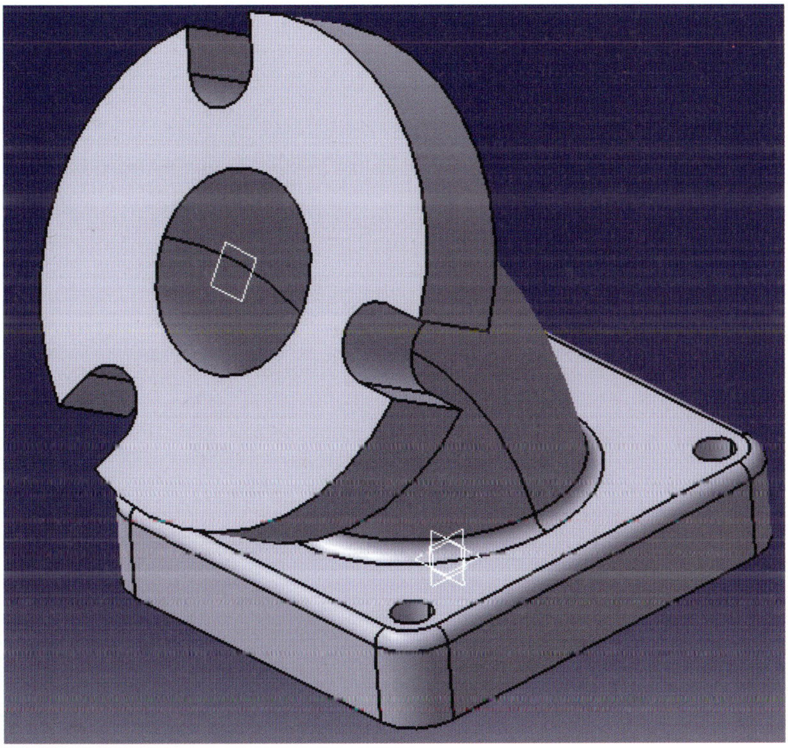

01 도구모음에서 [시작] – [기계디자인] – [Part Design]을 선택한다.

– Sketcher에서 xy 평면을 선택한 후, 좌표계의 원점을 기준으로 사각형 아이콘 으로 아래 그림과 같이 도형을 작성한 후, 워크벤치 종료 아이콘 을 클릭한다.

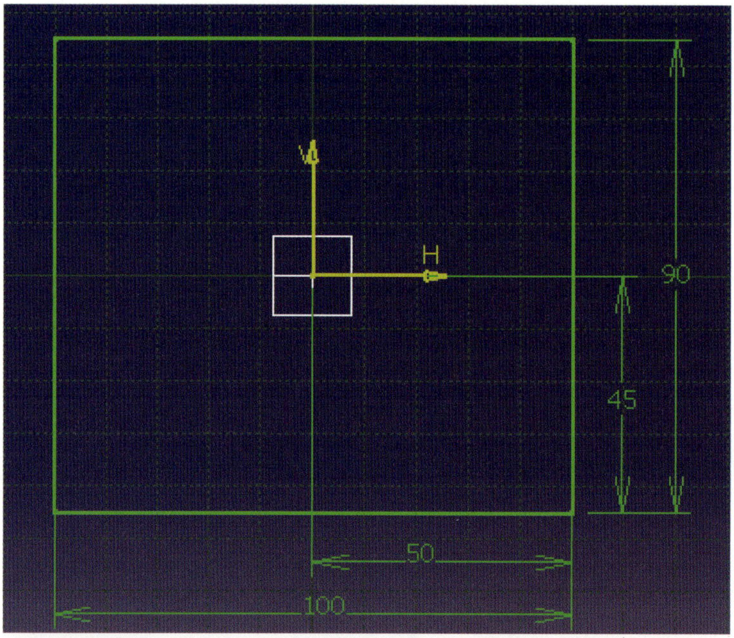

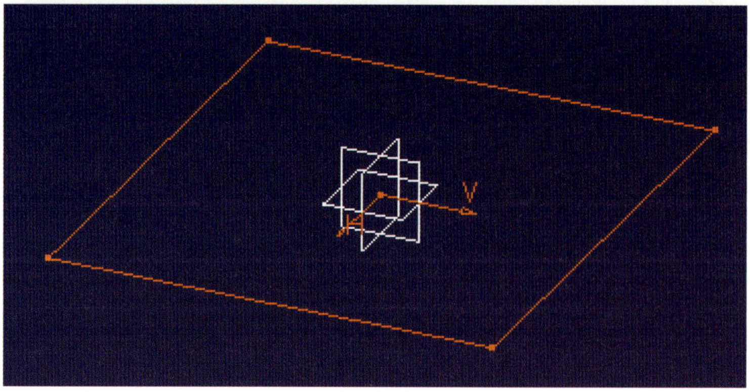

– Sketch–Based Features 툴바에서 패드 아이콘 을 클릭한 후, Pad Definition 창에서 두께 20 mm로 하여 아래와 같은 직육면체를 만든다.

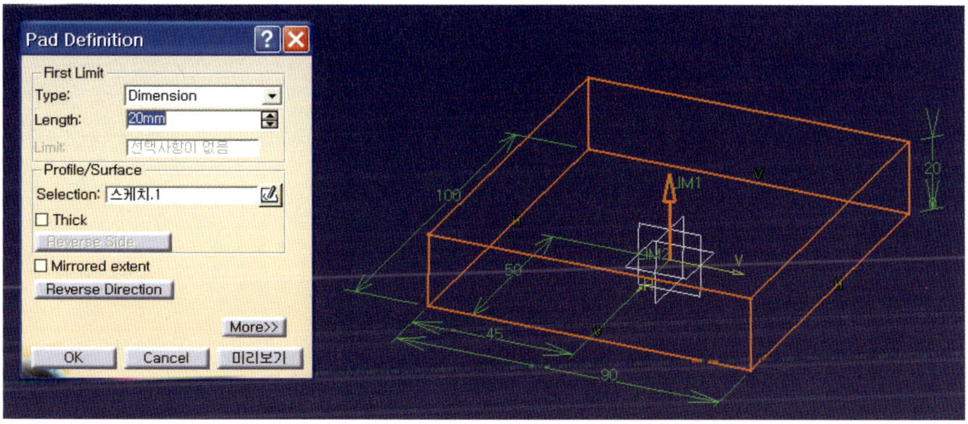

02 밑면에서 곡선을 그리며 이어지는 형상 작업을 하기 위하여, zx 평면을 선택한 후, Sketch 아이콘 을 클릭한다.

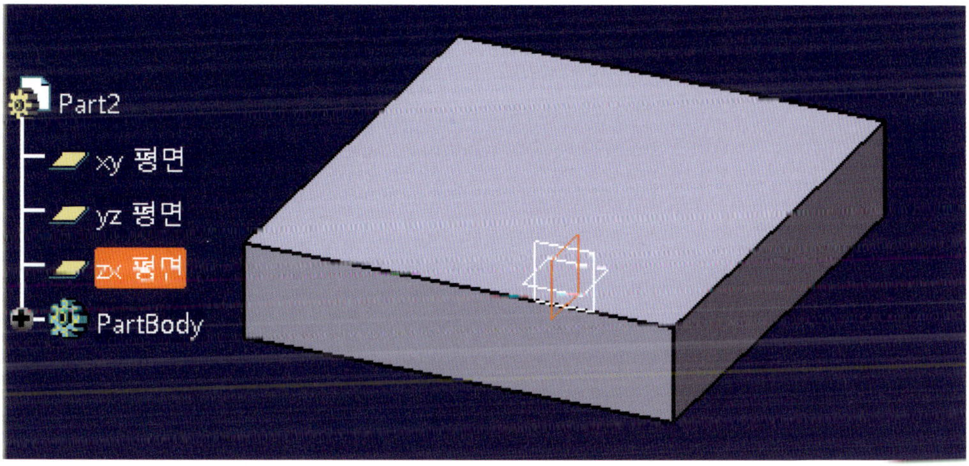

– 프로파일 툴바의 원 아이콘 의 하위 메뉴에서 원호 아이콘 을 클릭한다.

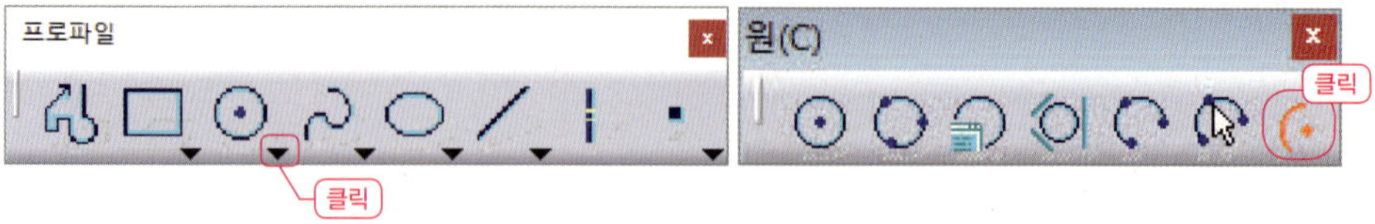

– 회전 중심점 (–100, 0), 원호의 시작점인 원점(0, 0), 원호의 임의의 끝점을 차례로 클릭한다.

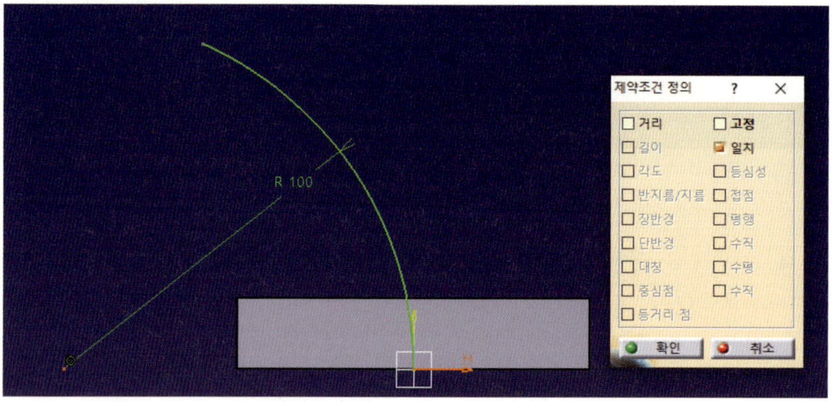

– 선 아이콘 을 이용하여 원호의 중심(–100,0)과 원호의 끝점을 연결하는 선분을 그린 후, 스케치도구 툴바에서 Construction/Standard Element 아이콘 을 클릭하여 점선으로 바꾼다.

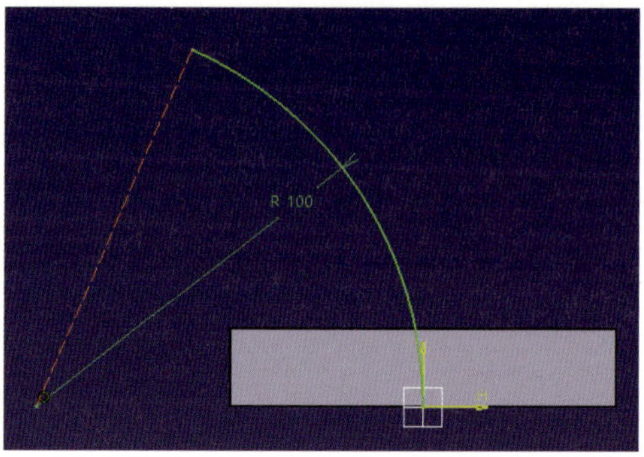

03 아래 그림과 같이 도형을 작성한 후, 워크벤치 종료 아이콘 을 클릭한다.

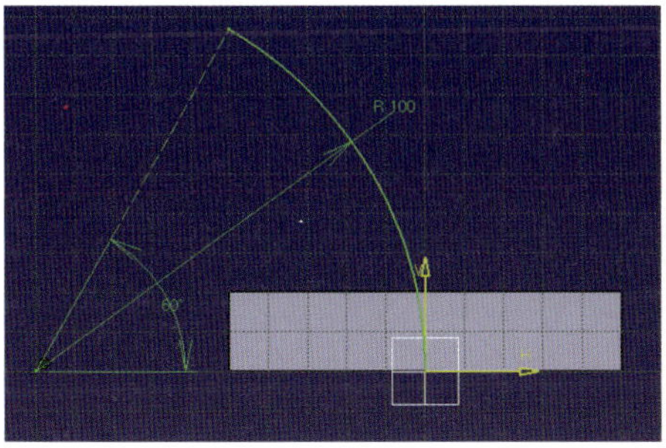

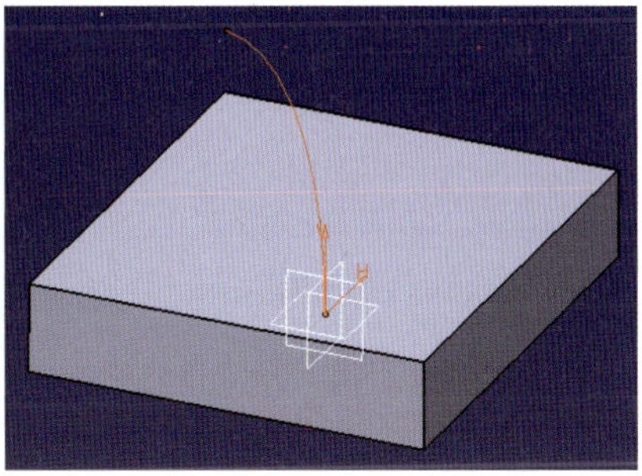

– Reference Element 툴바에서 평면 아이콘 을 클릭한 후, 평면 정의 창에서

Type: "커브에 수직"

Curve: "스케치.2" (원호를 클릭하면 자동으로 표시된다)

Point: "스케치.2/정점"(정점을 클릭하면 자동으로 표시된다)

로 정한다.

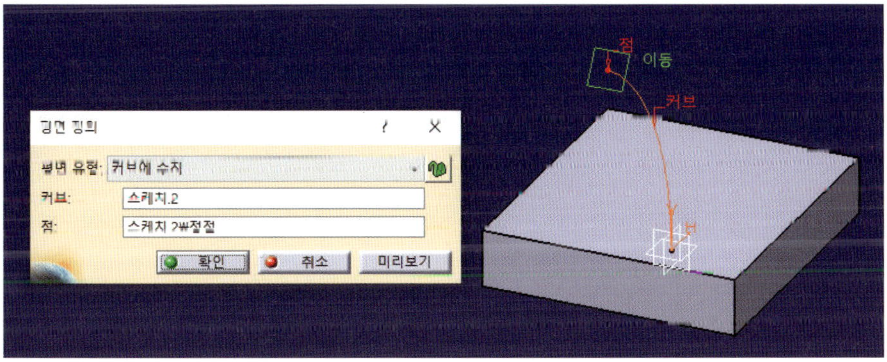

04 Sketch 툴바의 하위 메뉴에서 위치지정 스케치 아이콘 을 클릭한 후, 스케치 위치 창에서

스케치 위치: "면.1"(면을 클릭하면 자동으로 표시된다)

원점 유형: "프로젝션 점"

레퍼런스: "스케치.2/정점.1"(선분을 클릭하면 자동으로 표시된다)

을 선택한다.

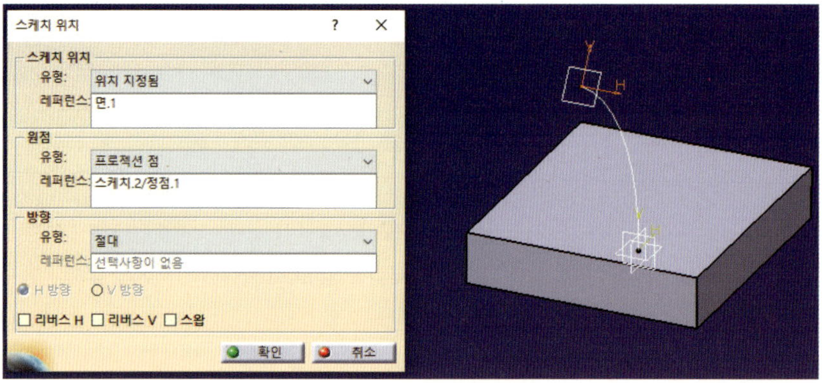

– 원 아이콘 으로 아래 그림과 같이 지름 60mm인 도형을 작성한 후, 워크벤치 종료 아이콘 을 클릭한다.

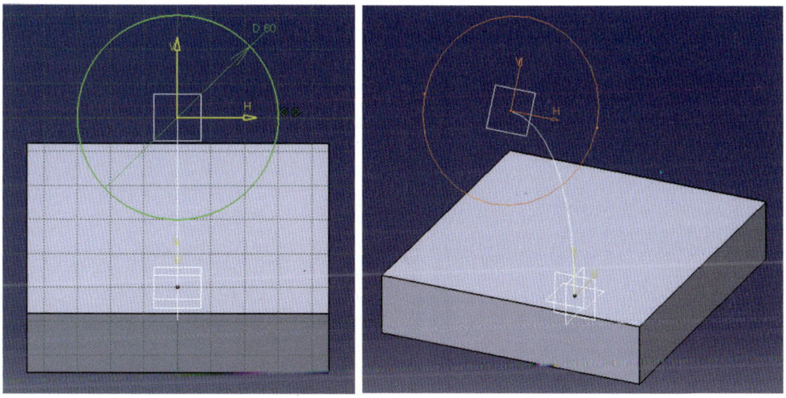

05 Sketch_Based Features 툴바에서 리브 아이콘 을 클릭한다.

– Rib Definition 창에서 다음과 같이 차례로 선택한다.

Profile: "스케치.3" (원을 클릭하면 자동으로 표시된다)

Center curve: "스케치.2" (원호를 클릭하면 자동으로 표시된다)

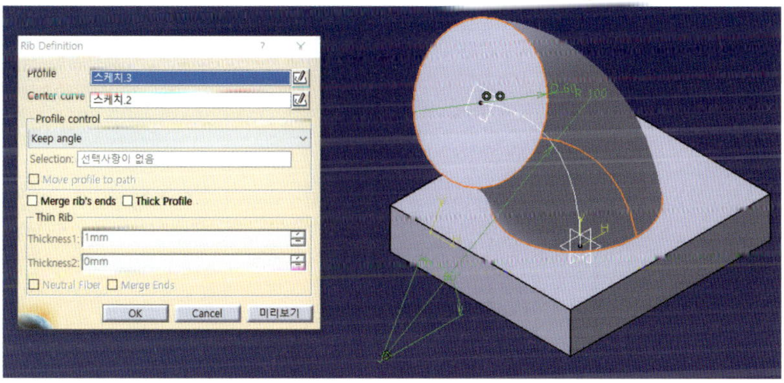

- Center curve가 보이도록 하려면 Spec. Tree에서 스케치.2(Center curve에 해당함)에 마우스를 올린 후 마우스 오른쪽 버튼을 클릭하여 숨기기/표시를 선택한다.

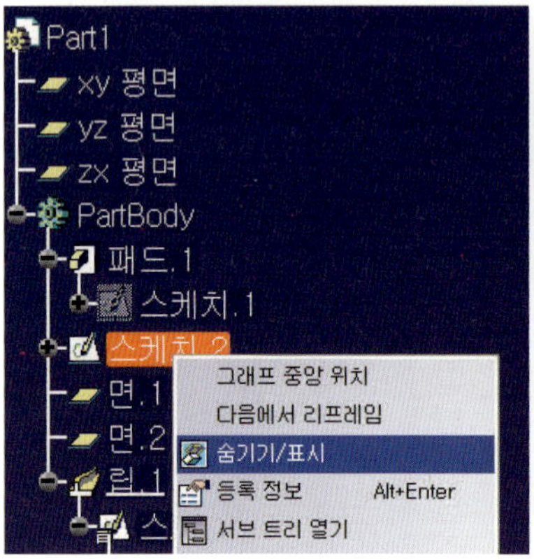

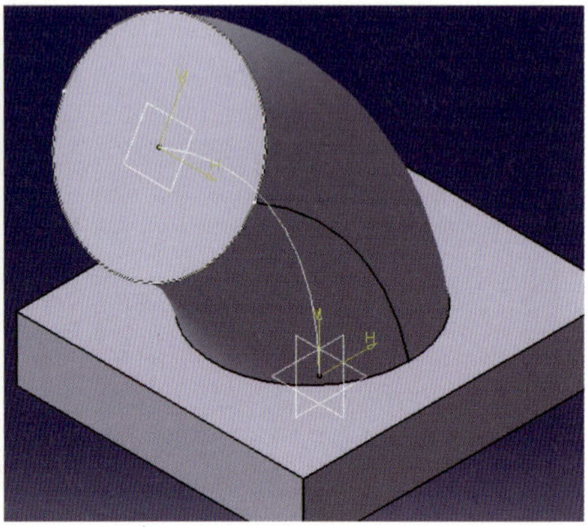

06 Sketch 툴바의 하위 메뉴에서 위치지정 스케치 아이콘을 클릭한 후, 스케치 위치 창에서

스케치 레퍼런스: "면.1"(면을 클릭하면 자동으로 표시된다)

원점 유형: "프로젝션 점"

레퍼런스: "스케치.2/정점.1"(선분을 클릭하면 자동으로 표시된다)

을 선택한다.

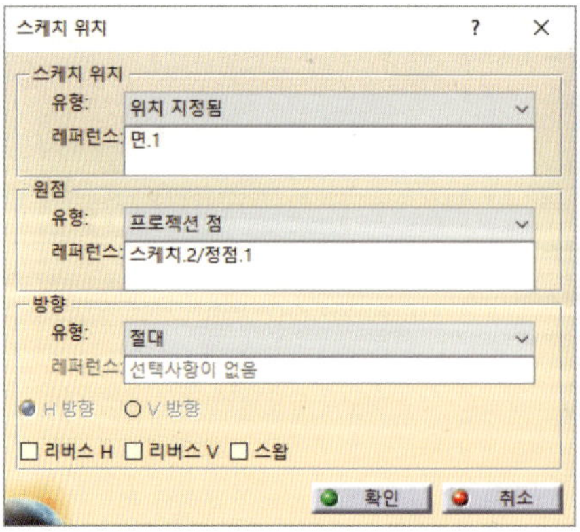

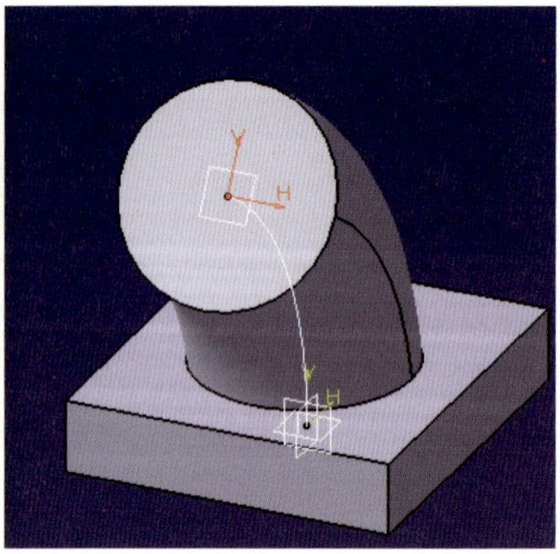

- 원 아이콘 으로 아래 그림과 같이 지름 100mm인 도형을 작성한 후, 워크벤치 종료 아이콘 을 클릭한다.

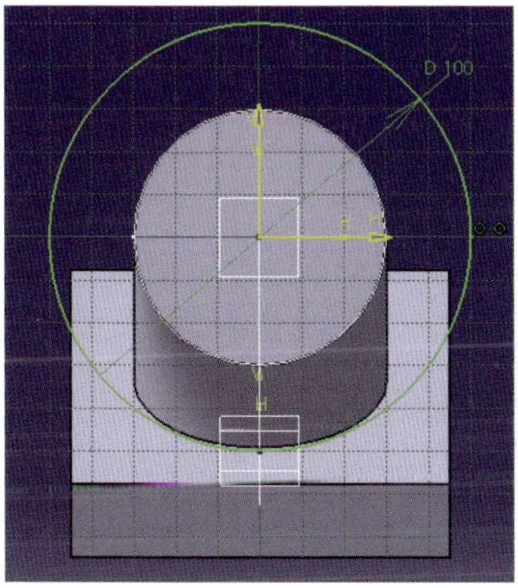

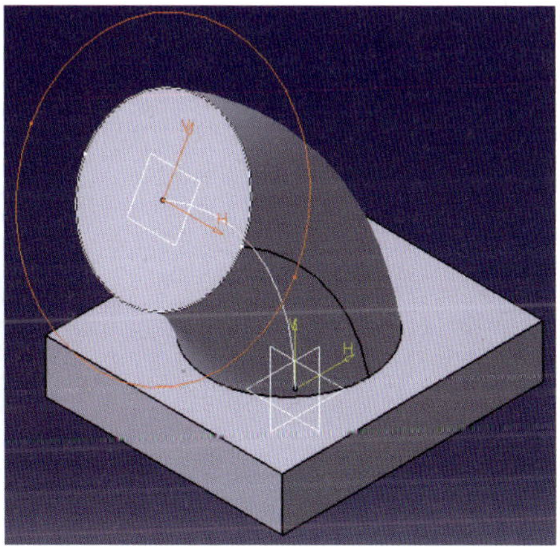

07 Sketch_Based Features 툴바에서 패드 아이콘 을 클릭한다. Pad Definition 창에서

Length: 20 mm

Selection: "스케치.6" (원을 클릭하면 자동으로 표시된다)

을 선택한다.

이 때, 방향은 "Reverse Direction"으로 한다.

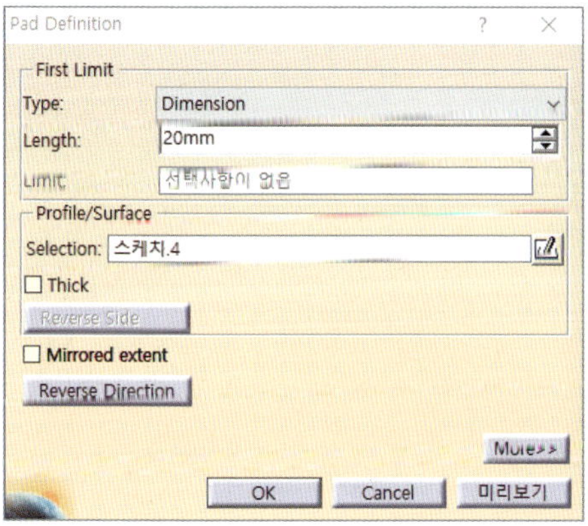

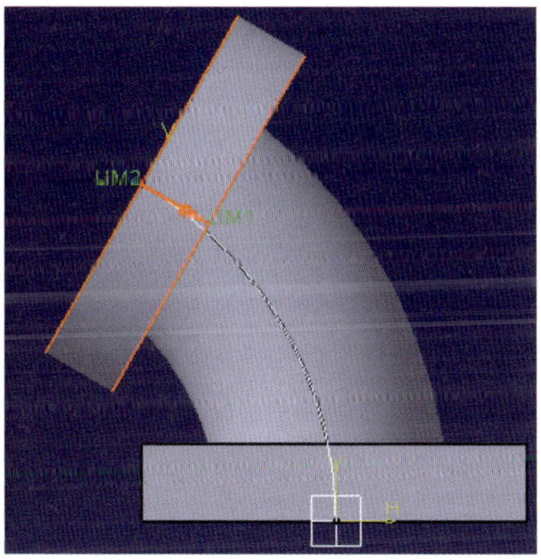

08 Sketch 툴바의 하위 메뉴에서 위치 지정된 스케치 아이콘 을 클릭한 후, 스케치 위치 창에서

스케치 레퍼런스: "면.1"(면을 클릭하면 자동으로 표시된다)

원점 유형: "프로젝션 점"

레퍼런스: "스케치.2/정점.1"(선분을 클릭하면 자동으로 표시된다)

을 선택한다.

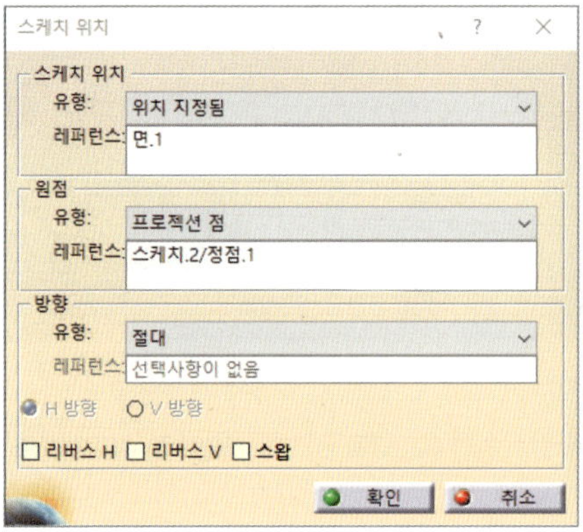

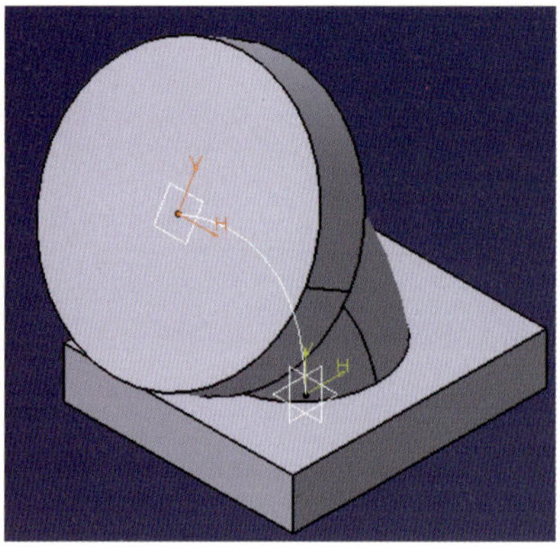

– 원 아이콘 으로 아래 그림과 같이 지름 40mm인 도형을 작성한 후, 워크벤치 종료 아이콘 을 클릭한다.

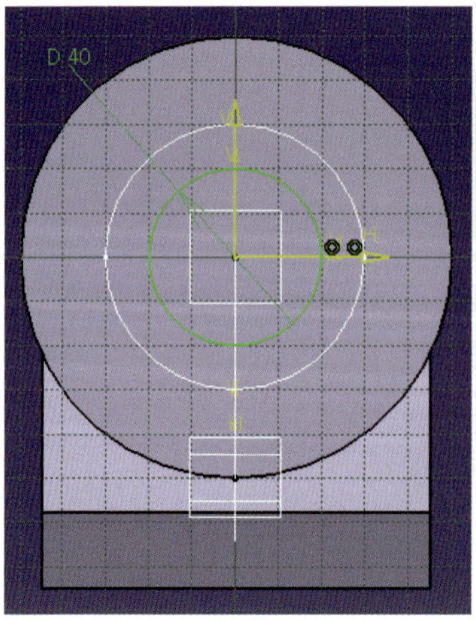

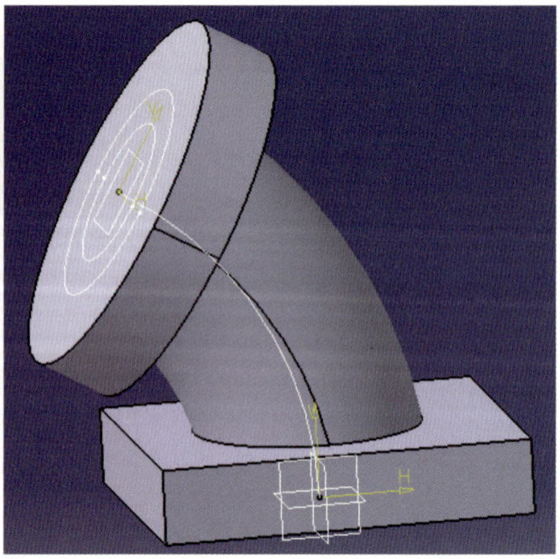

09 Sketch_Based Features 툴바에서 슬롯 아이콘을 클릭한다. Slot Definition 창에서

Profile: "스케치.5" (40 mm 원을 클릭하면 자동으로 표시된다)

Center curve: "스케치.2" (원호를 클릭하면 자동으로 표시된다)

를 선택한다.

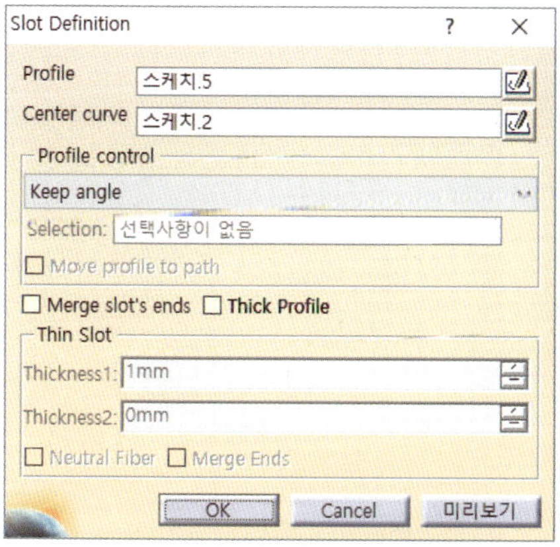

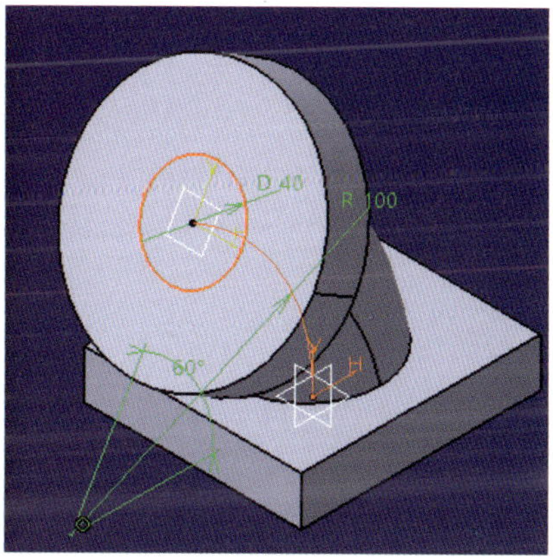

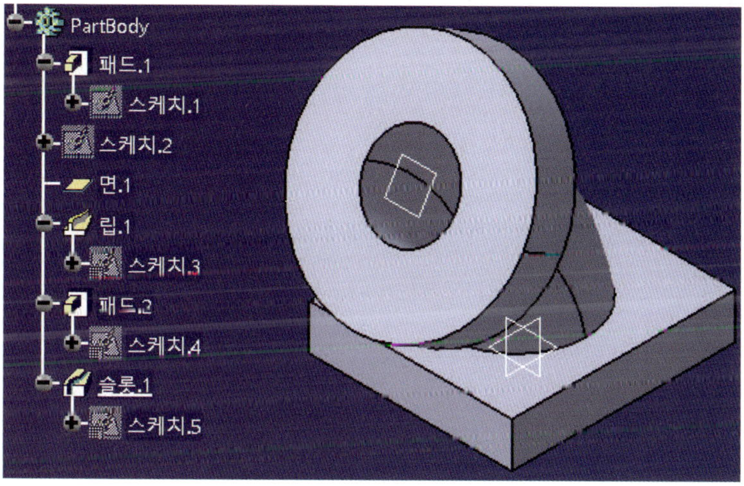

10 Center curve가 보이도록 하기 위해서 Spec. Tree에서 스케치.2(Center curve에 해당함)에 마우스를 올린 후 마우스 오른쪽을 클릭하여 숨기기/표시를 선택한다.

– 다시, Sketch 툴바 하위 메뉴에서 위치지정 스케치 아이콘 을 클릭한 후, 스케치 위치 창에서

스케치 레퍼런스: "면.1"(면을 클릭하면 자동으로 표시된다)

원점 유형: "프로젝션 점"

레퍼런스: "스케치.2/정점.1"(선분을 클릭하면 자동으로 표시된다)

을 선택한다.

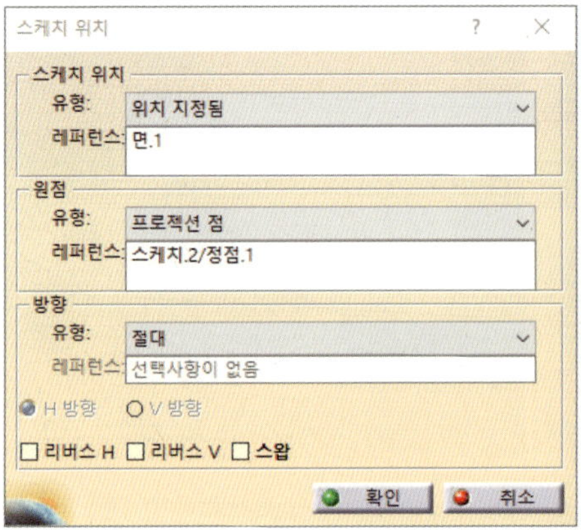

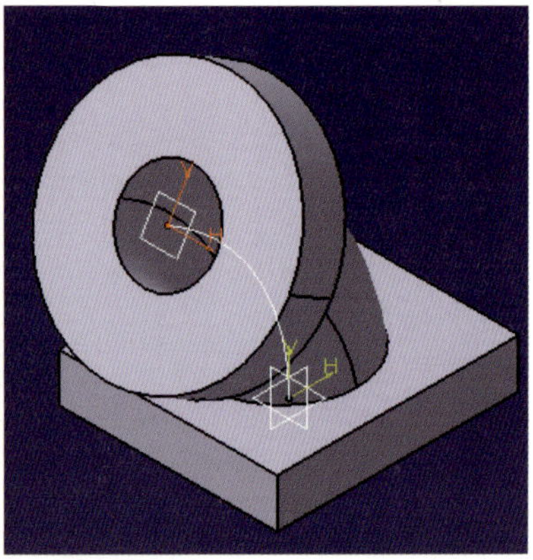

– 프로파일 툴바의 사각형 아이콘 의 하위 메뉴에서 돼지코 아이콘 을 클릭한다.

– 먼저 하나의 돼지코 중심이 (40, 0)로 설정하고 아래 그림과 같이 도형을 작성한 후, 워크벤치 종료 아이콘 을 클릭한다.

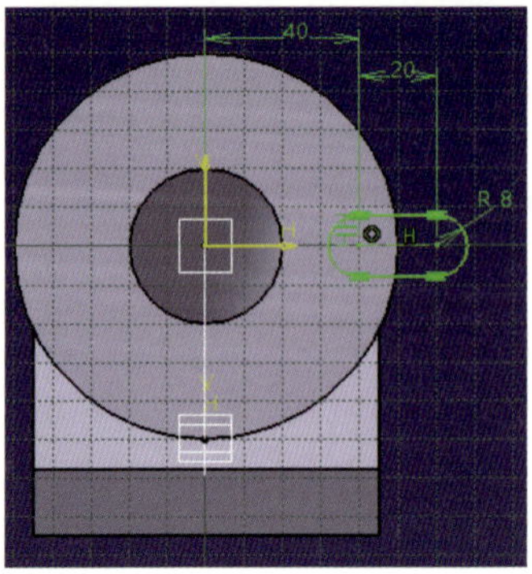

11 Sketch_Based Features 툴바에서 포켓 아이콘 을 클릭한다. Pocket Definition 창에서

Type: "Up to next"

Profile Selection: "스케치.6" (돼지코 형상을 클릭하면 자동으로 표시된다)

을 선택한다.

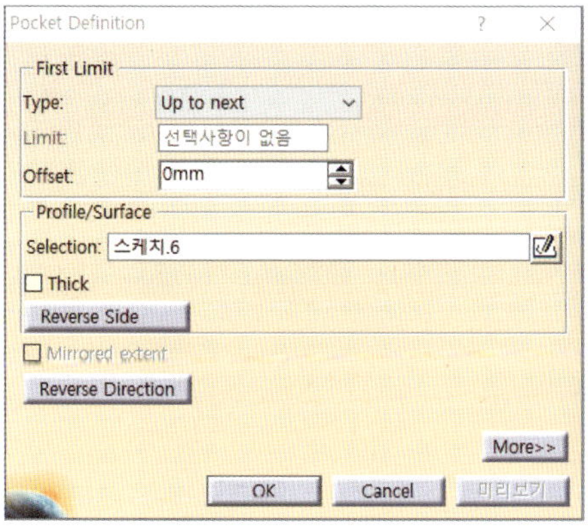

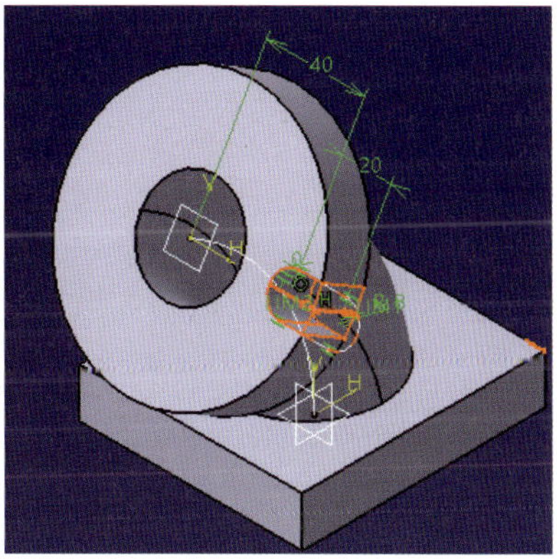

12 방금 작업한 포켓.1을 Spec. Tree에서 선택한 후, Transformation Features 툴바 중 Rectangular Pattern 아이콘 의 하위 메뉴에서 Circular Pattern 아이콘 을 클릭한 후

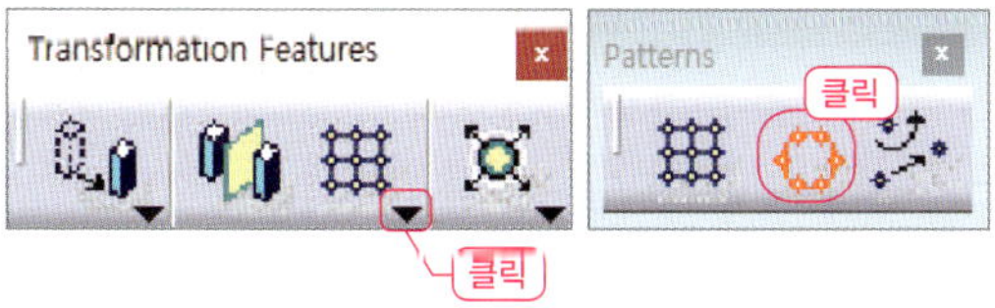

Instance: "3"

Angular spacing: "120 deg"

Reference element: "립.1/페이스.2"(원판면 클릭하면 자동 생성)

을 선택한다.

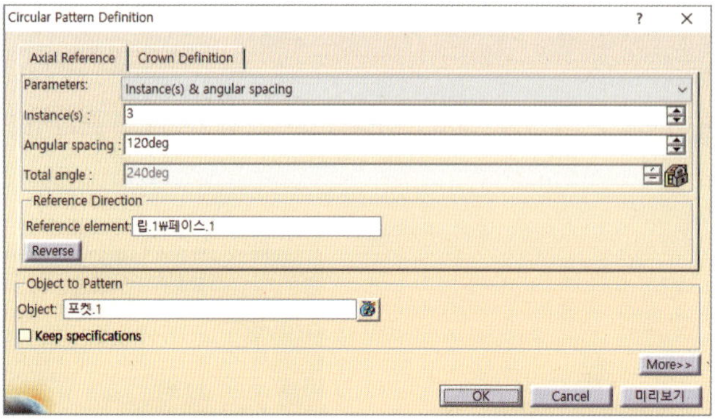

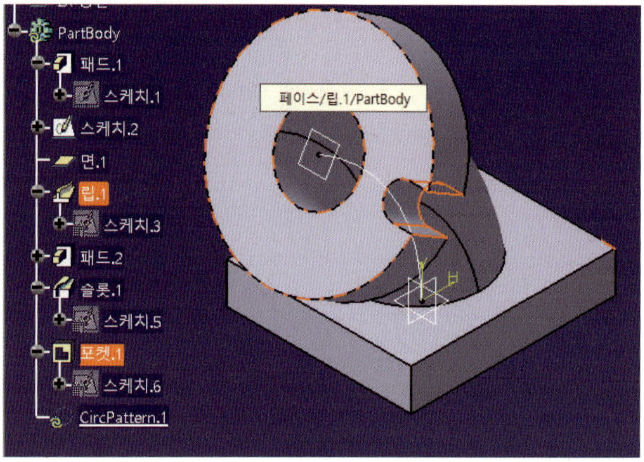

13 xy 평면을 선택한 후, Sketch 아이콘 을 클릭하여 각 모서리에서 10 mm 떨어진 지점에 지름 10 mm의 원을 그린다.

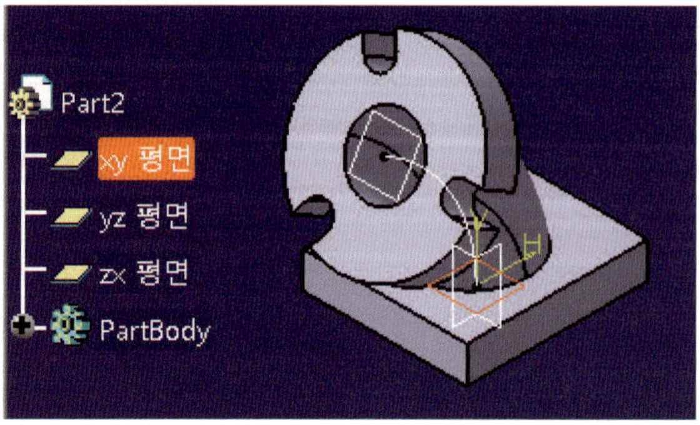

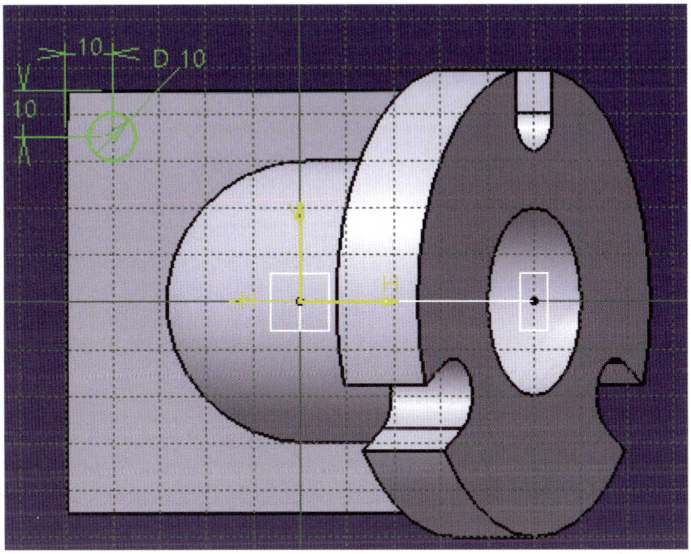

14 Mirror 아이콘을 이용하여 V축과 H축에 대칭하는 다음과 같은 4개의 원을 작성 한 후, 워크벤치 종료 아이콘 을 클릭한다.

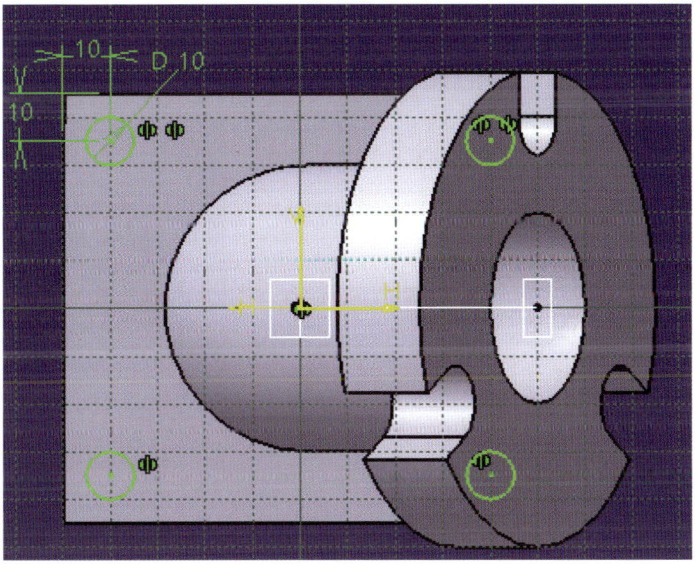

15 Sketch_Based Features 툴바에서 포켓 아이콘 을 클릭한다. Pocket Definition 창에서 Type: "Up to next" 을 선택한다.

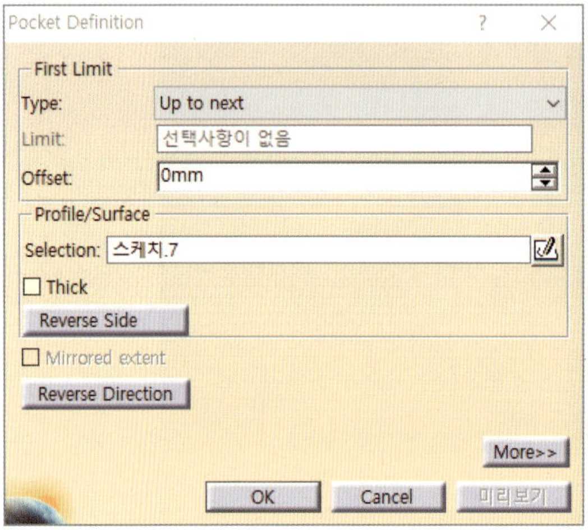

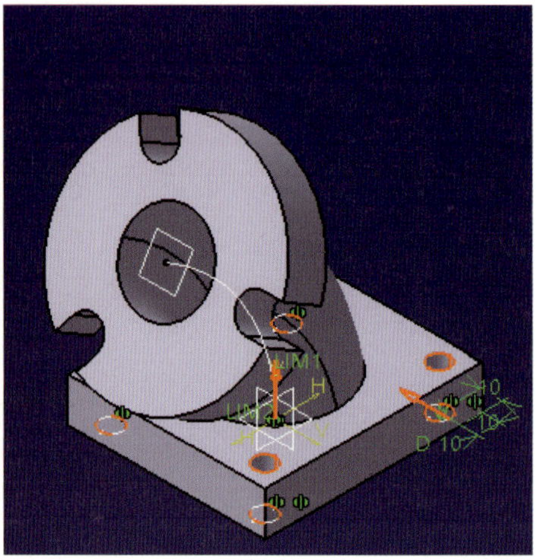

16 Dress-Up Features 툴바에서 필렛 아이콘 을 클릭한다.
- Edge Fillet Definition 창에서 Radius: 10 mm로 한 후, 마우스를 이용하여 다음과 같이 4개의 모서리를 클릭한다.

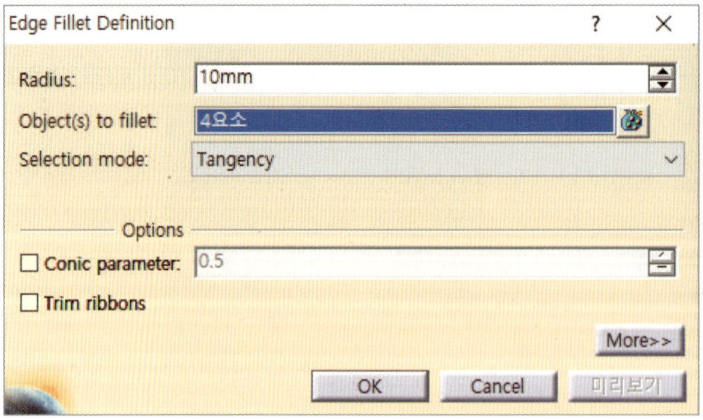

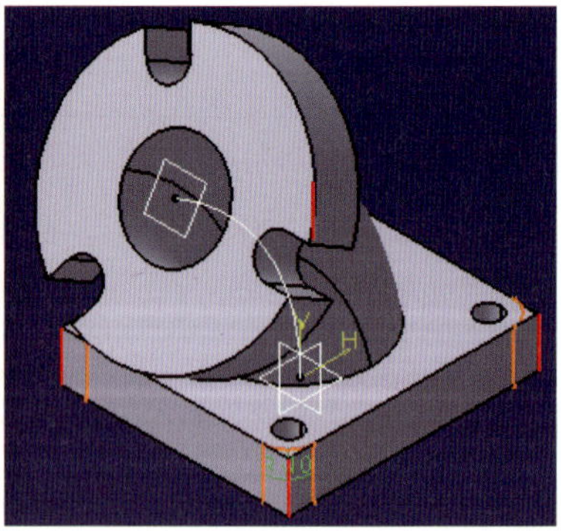

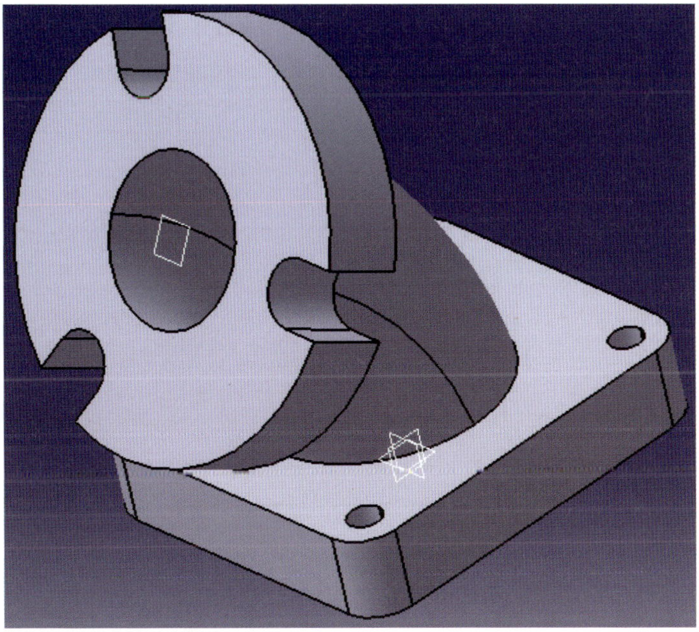

17 Dress-Up Features 툴바에서 필렛 아이콘 을 클릭한다.

– Edge Fillet Definition 창에서 Radius: 3 mm로 한 후, 마우스를 이용하여 다음과 같이 9개의 요소를 클릭한다.

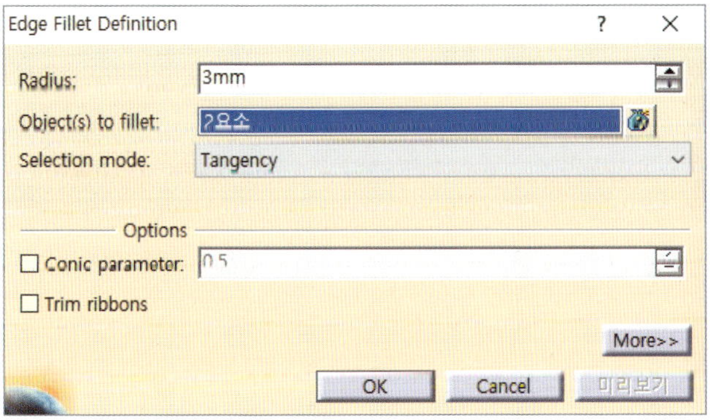

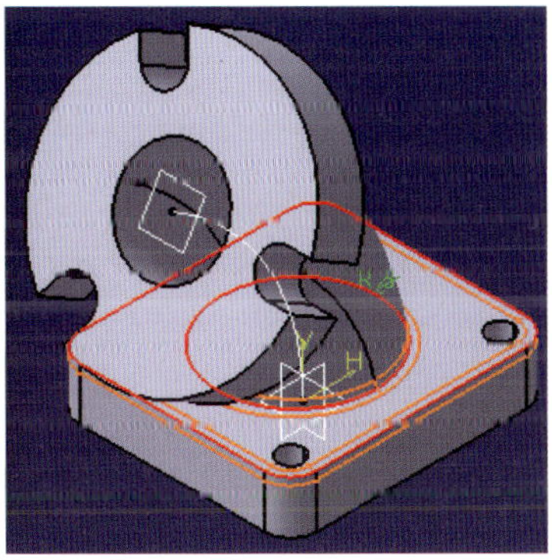

- 도면 Part Design #8을 완성한다.

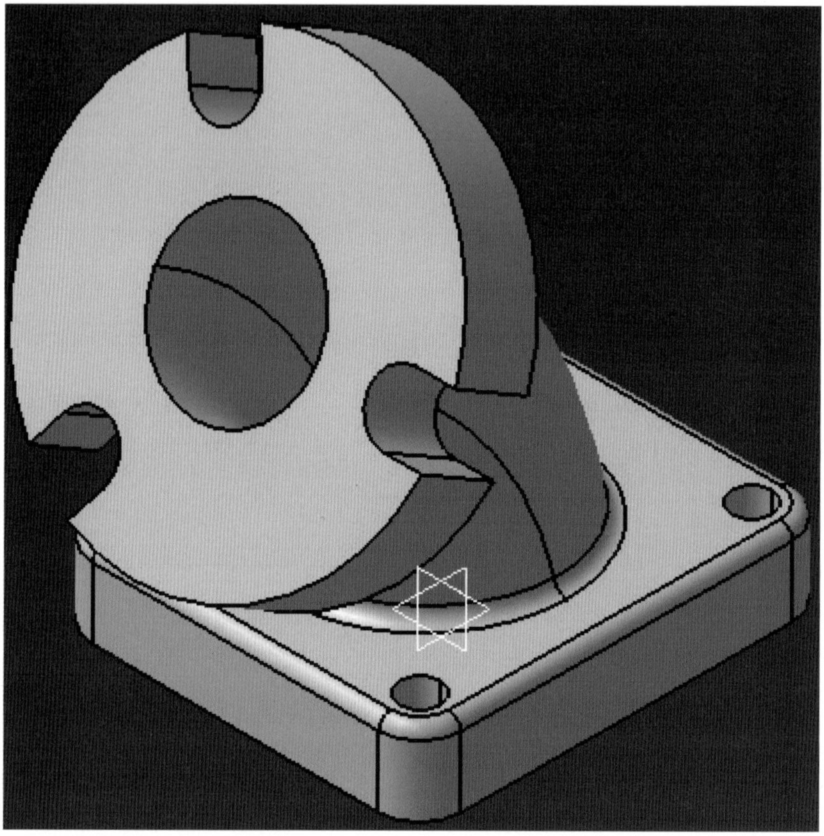

Part Design #8

3.9 Part Design #9

새로 익히는 기능

패드 아이콘(Pad) : Thick, Mirrored extent

3차원 투영 아이콘(Project 3D Element)

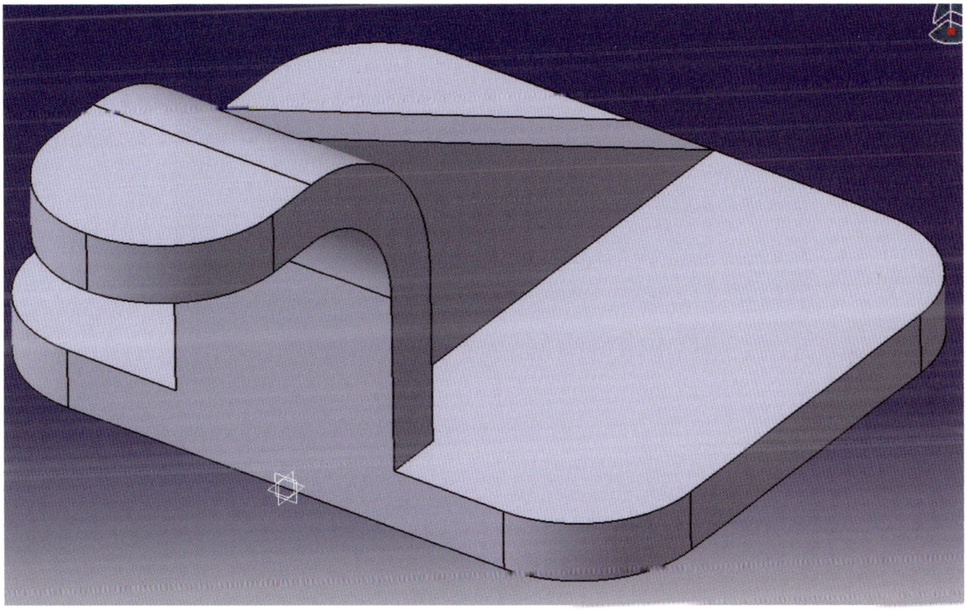

01 [시작] – [기계디자인] – [Part Design]을 선택한다.

– Sketcher에서 xy 평면을 선택한 후, 프로파일 툴바에서 사각형 아이콘 으로 아래 그림과 같이 도형을 작성한 후, 워크벤치 종료 아이콘 을 클릭한다.

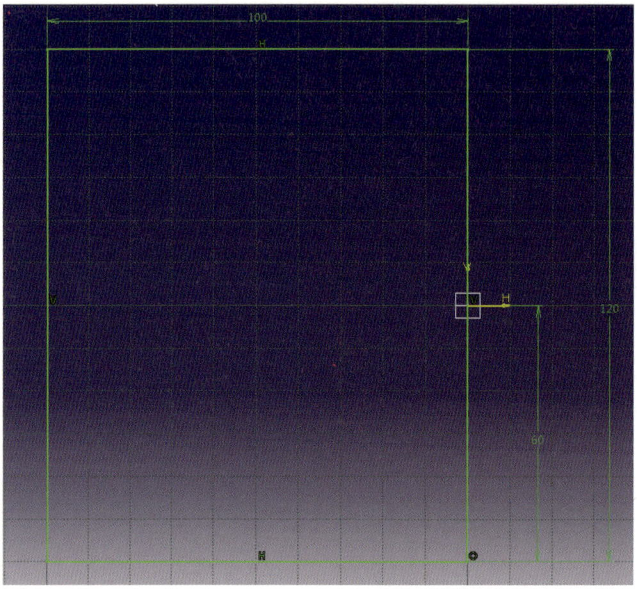

– Sketch–Based Features 툴바에서 패드 아이콘 을 클릭한 후, Pad Definition 창에서 두께 10 mm로 하여 아래와 같은 직육면체를 만든다.

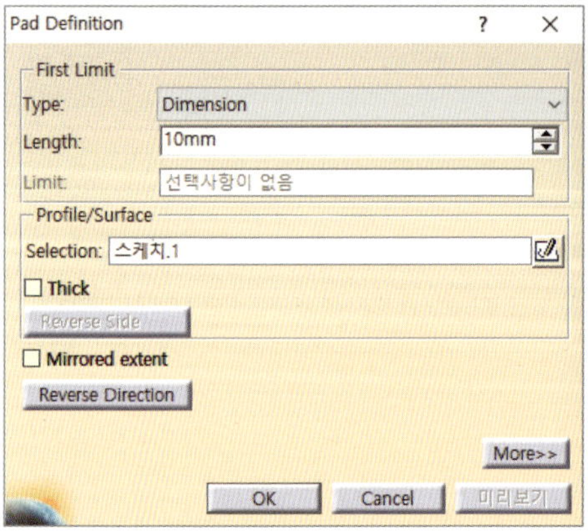

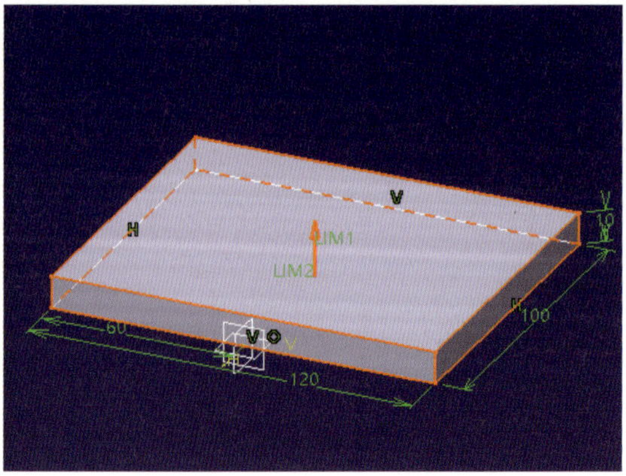

02 밑면에서 곡선을 그리며 이어지는 형상 작업을 하기 위하여, zx 평면을 선택한 후, Sketch 아이콘 을 클릭한다.

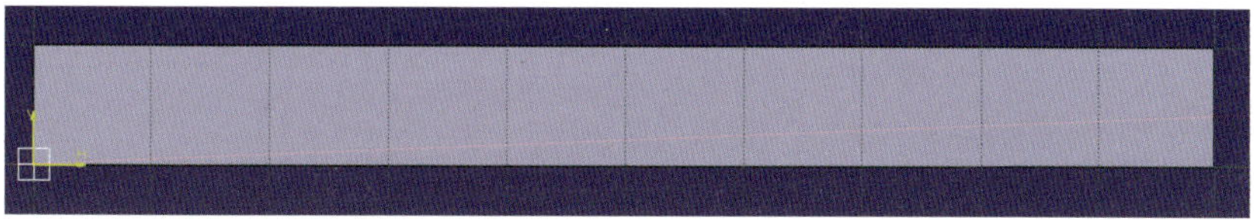

– 프로파일 툴바에서 프로파일 아이콘 으로 아래 그림과 같이 도형을 작성한 후, 워크벤치 종료 아이콘 을 클릭한다.

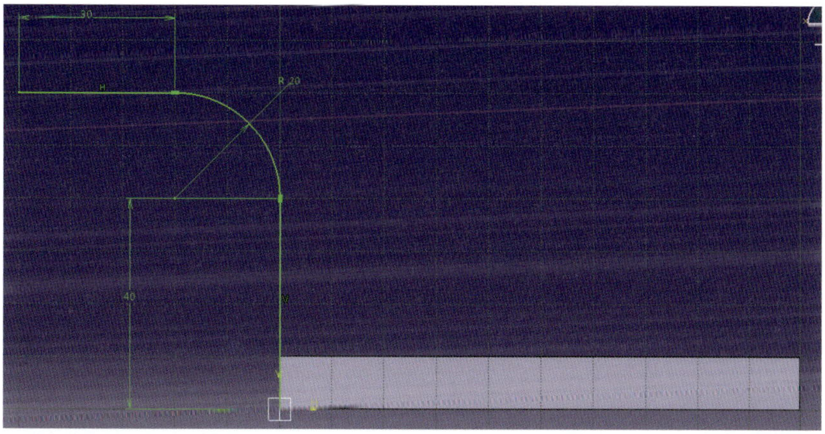

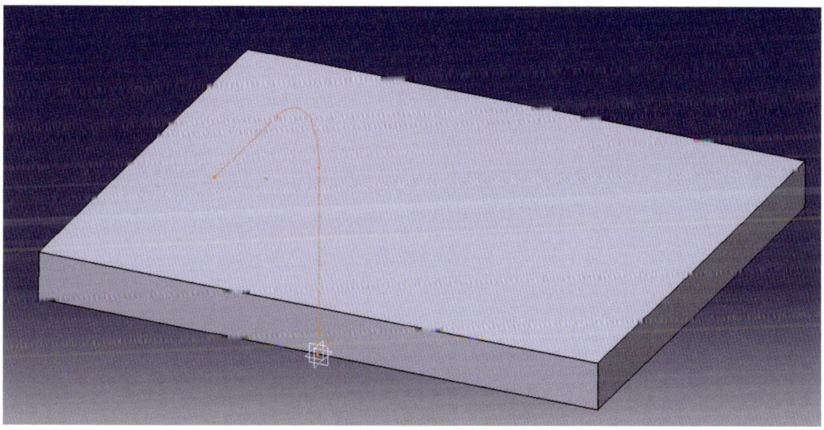

– Sketch–Based Features 툴바에서 패드 아이콘 을 클릭한 후, Pad Definition 창에서

Length: 20 mm

Thick Thick

Mirrored extent Mirrored extent

를 선택하고, Thin Pad 두께를 10 mm로 한다.

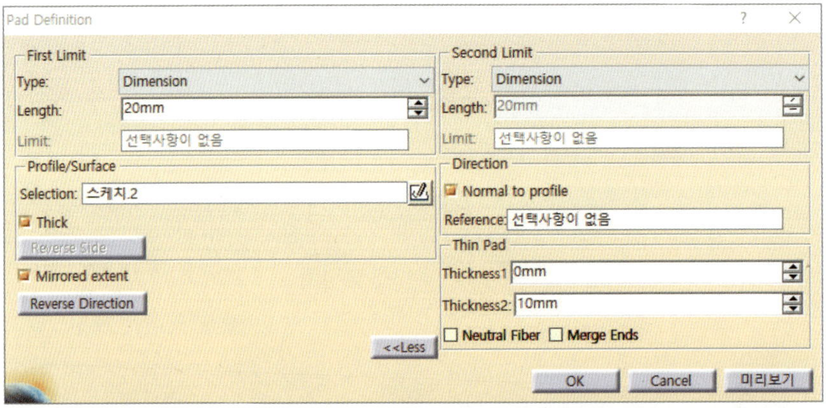

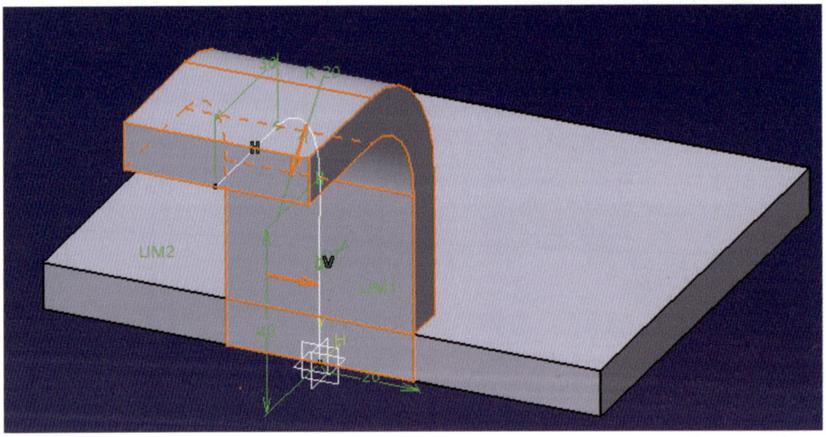

04 zx 평면을 선택한 후, Sketch 아이콘 을 클릭한다.

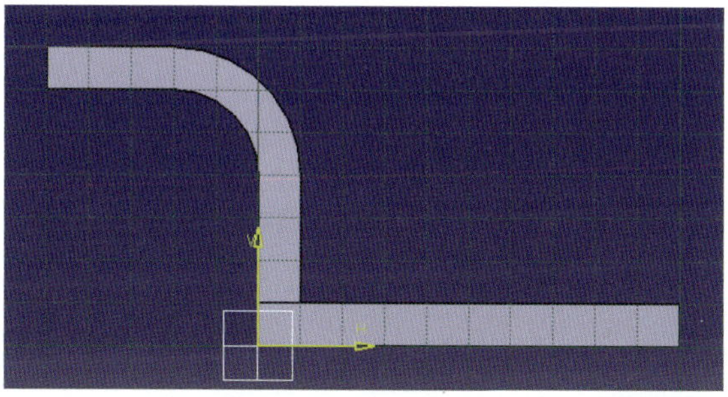

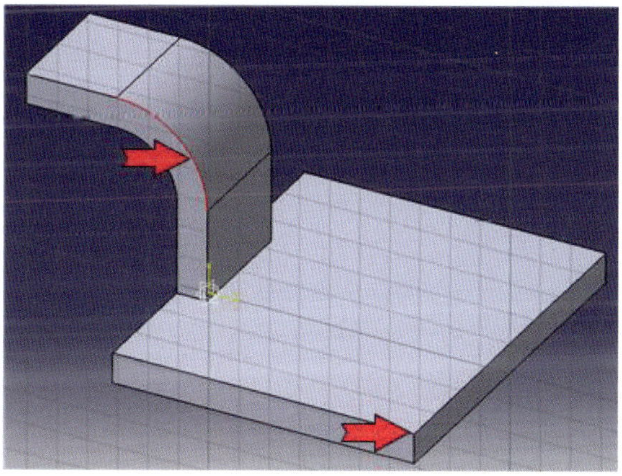

다음 그림과 같이 한 원호와 한 점을 클릭한 후, 작업 툴바에서 3차원 투영 아이콘 을 클릭하여 zx 평면에 투영을 시킨다.

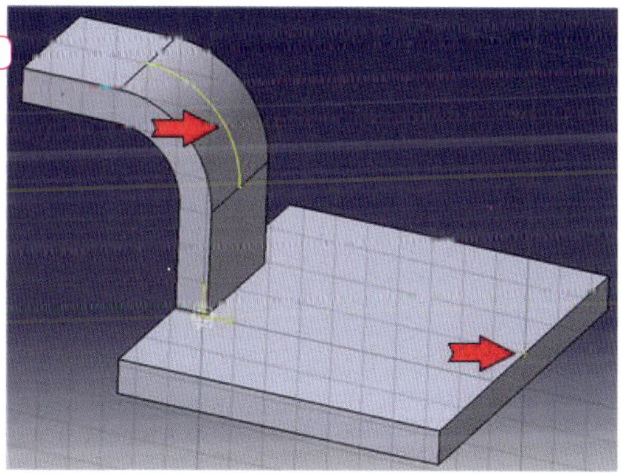

아래의 뷰 툴바 에서 수직뷰 아이콘 을 클릭하여 화면을 정리 한다.

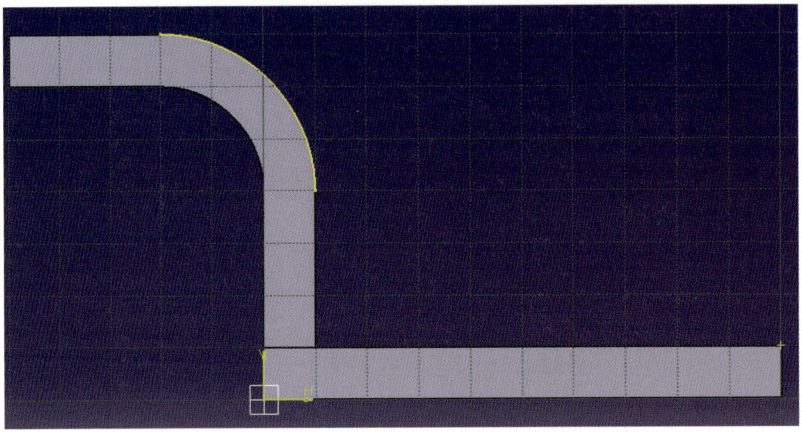

05 Sketcher에서 yz 평면을 선택한 후, 프로파일 툴바에서 선 아이콘 을 이용하여 투영된 점에서 시작하여 다음과 같은 임의의 선분을 그린다.

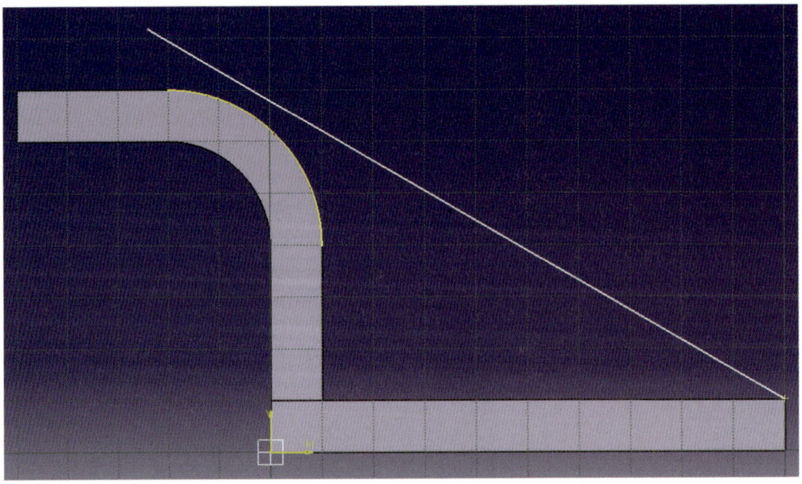

- 생성한 선분과 투영된 원호를 Ctrl키로 선택한 후, 제약조건 툴바에서 대화상자에 정의된 제약조건 아이콘 을 누른다.
- 생성된 제약조건 정의 창에서 접점을 선택하고 확인을 누른다.

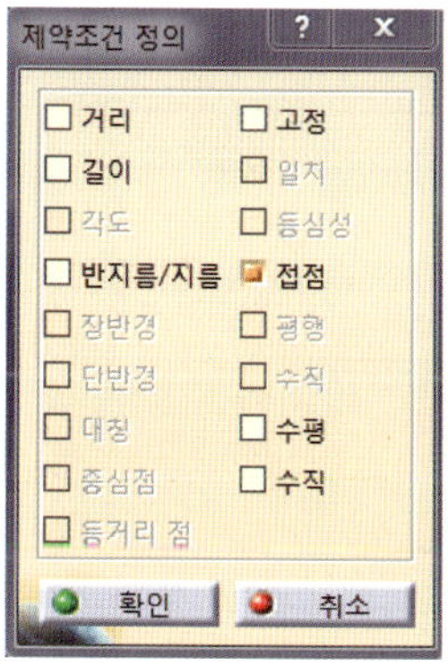

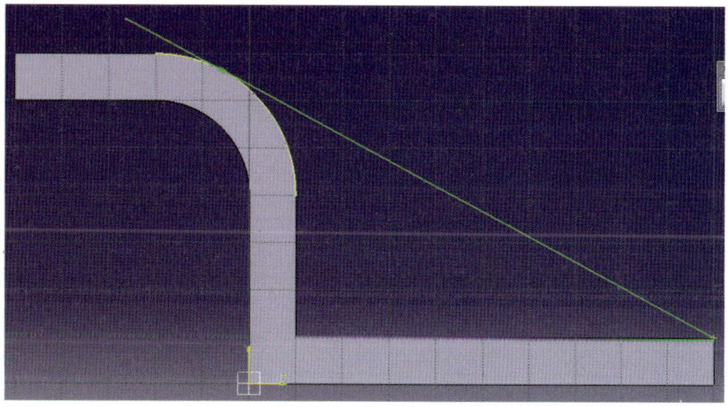

- 지우개 아이콘 을 더블클릭한 후, 불필요한 부분들을 제거한다.

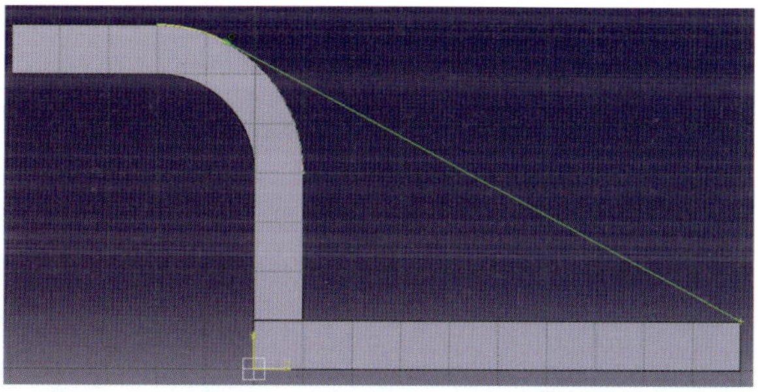

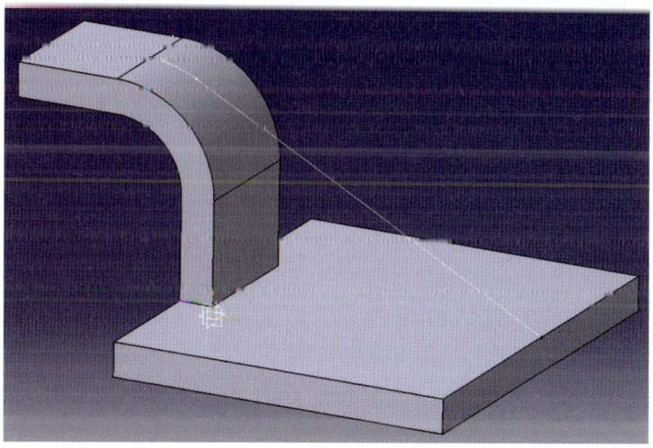

– Sketch–Based Features 툴바의 Soild Combine의 하위메뉴에서 Stiffener 아이콘 을 누른다.

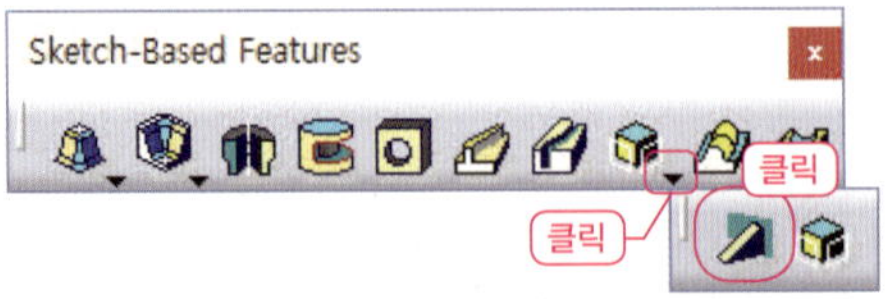

– 생성된 Stiffener Definition 창에서 Thickness1을 15 mm로 설정하여 다음과 같은 형상을 만든다.

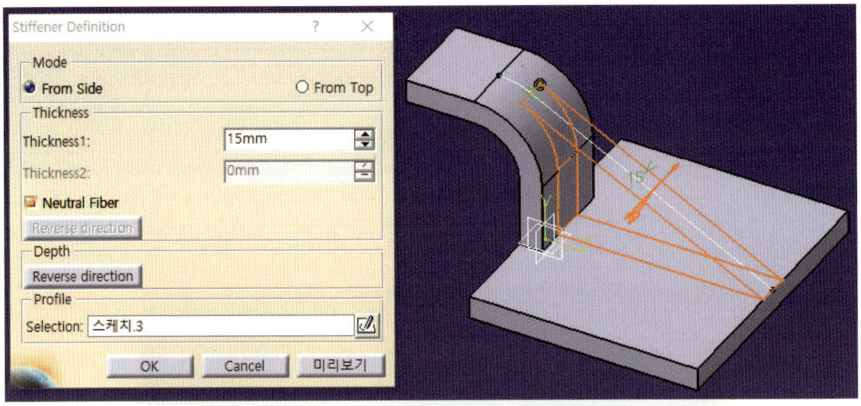

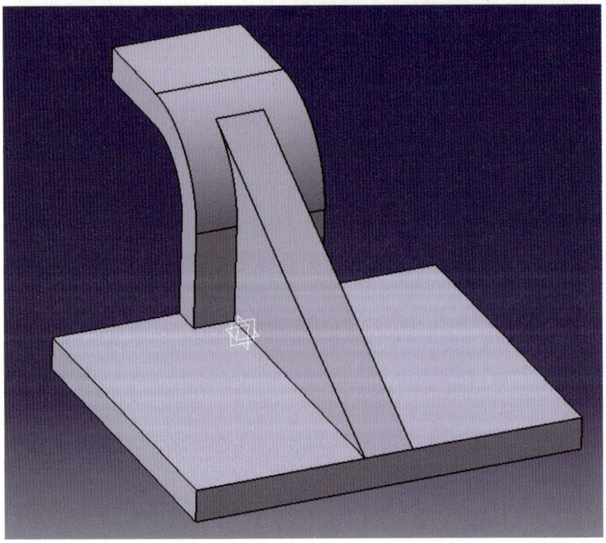

07 Dress-Up Features 툴바에서 필렛 아이콘 을 클릭한다.

- Edge Fillet Definition 창에서 Radius: 20 mm로 한 후, 마우스를 이용하여 다음과 같이 6개의 모서리를 클릭한다.

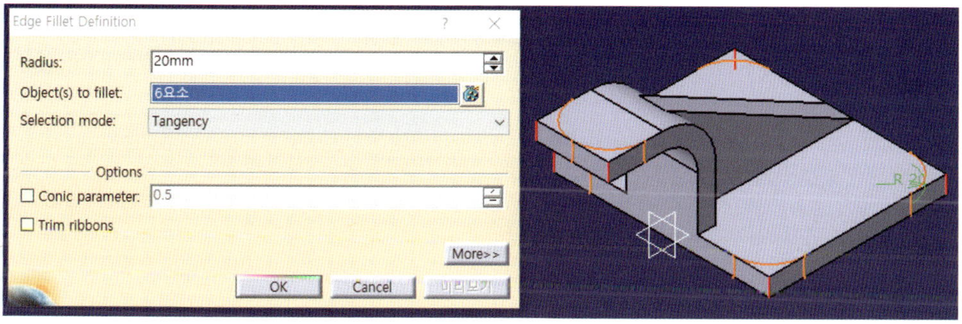

- 도면 Part Design #9을 완성한다.

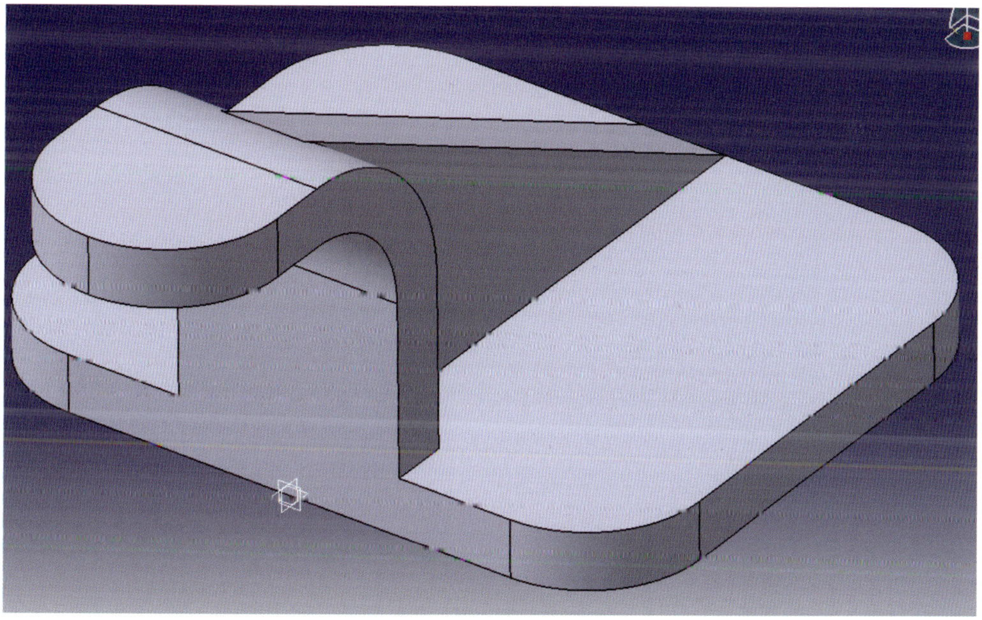

Part Design #9

3.10 Part Design #10 (스스로 연습하기)

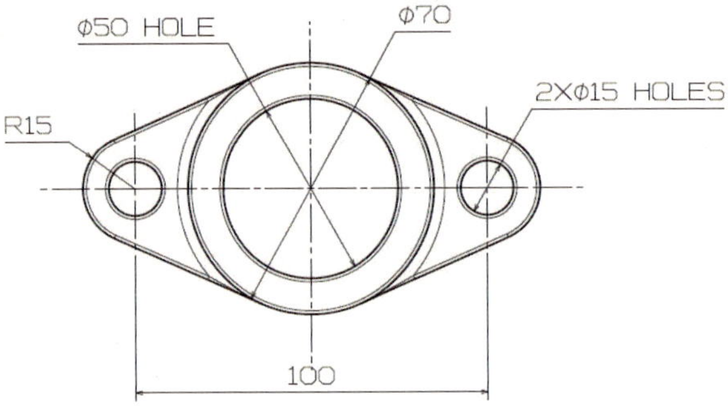

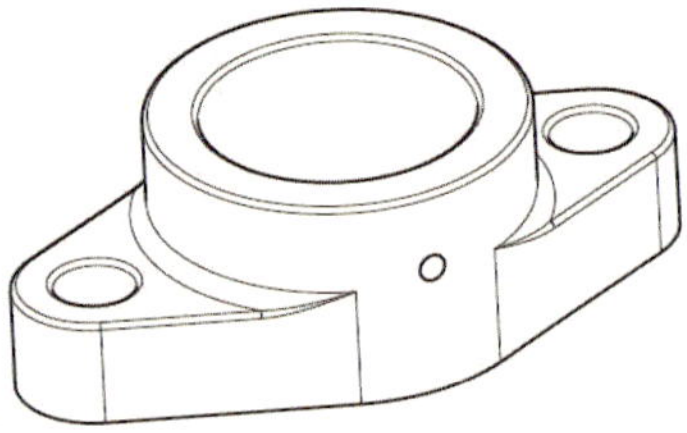

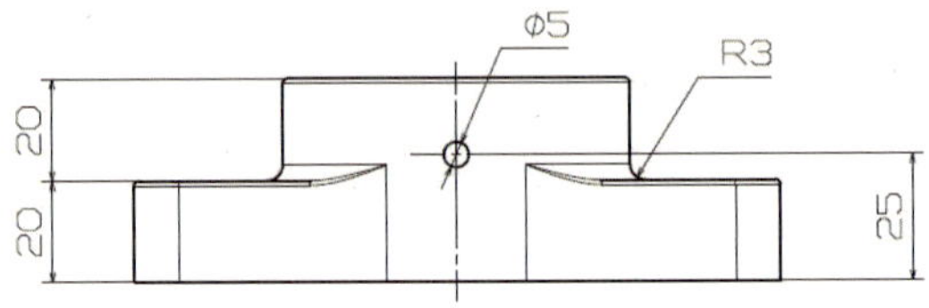

지시없는 필렛 1 mm

3.11 Part Design #11 (스스로 연습하기)

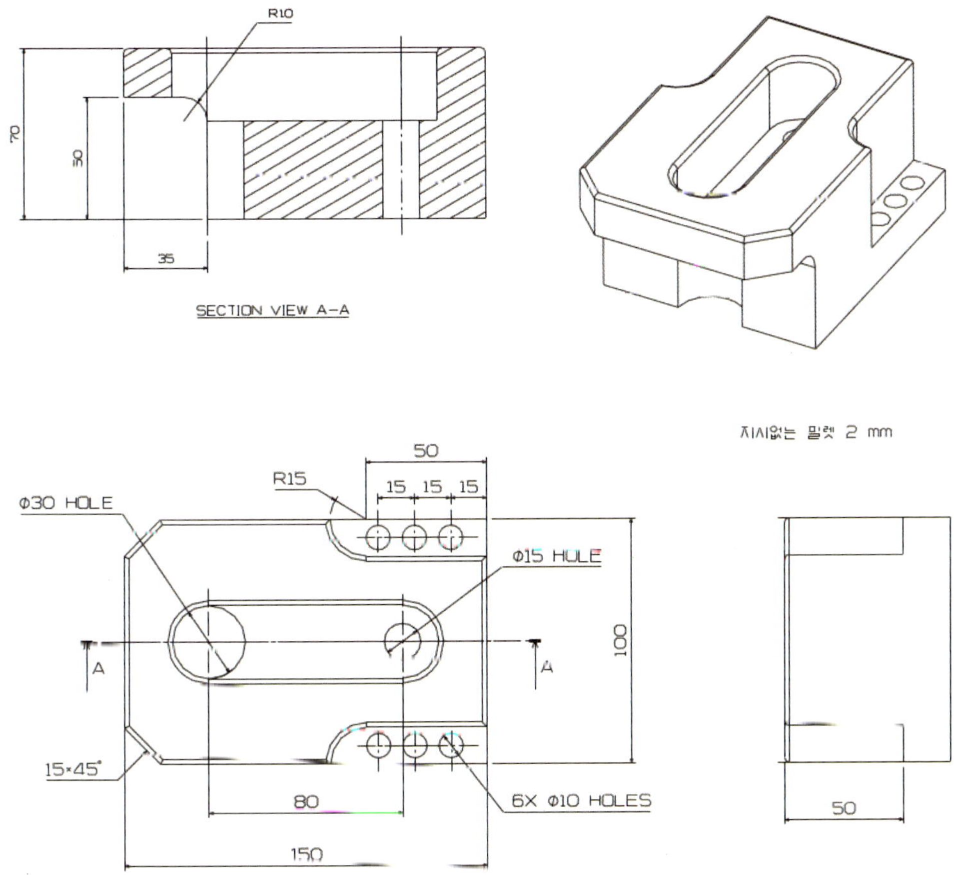

3.12 Part Design #12 (스스로 연습하기)

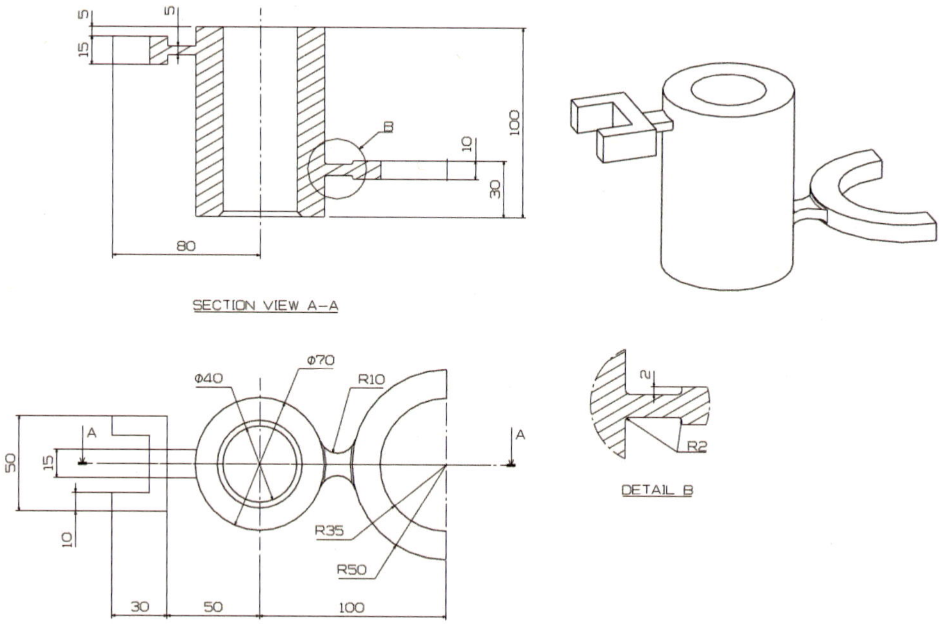

연습문제

1) 다음 중 CATIA에서 할 수 있는 기능이 아닌 것은?

a) 3D modeling　b) Digital mockup　c) Machining　d) Metaverse

2) CATIA에서 3차원 도형을 그리는 도구는 무엇인가?

a) Part Design　b) 어셈블리 디자인

c) Sketcher　d) Structure Design

3) 2차원 도형에 두께를 부여하여 3차원 입체도형으로 만드는 아이콘은?

a) 　b) 　c) 　d) 

4) 3차원 입체도형의 한 면으로부터 임의 형상의 구멍을 일정 깊이로 파내려할 때 사용하는 도구는?

a) 　b) 　c) 　d) 

5) 3차원 입체도형의 한 면으로부터 깊이가 있는 원형 구멍을 파내려할 때 사용하는 도구는?

a) 　b) 　c) 　d) 

6) Part design에서 Sketcher로 이동시키는 명령어는?

a) 　b) 　c) 　d) 

7) Sketcher에서 Part design으로 이동시키는 명령어는?

a) 　b) 　c) 　d) 

8) 입체도형의 모서리를 그림과 같이 부드러운 곡면(필렛)으로 만드는 아이콘은?

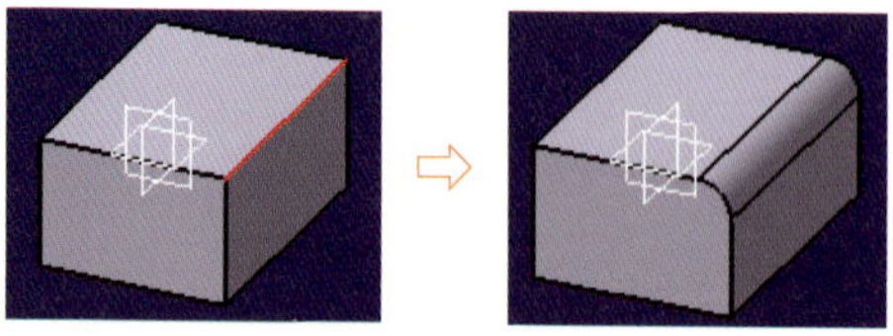

a)  b)  c)  d) 

9) 입체도형의 모서리를 그림과 같이 모따기 하는 아이콘은?

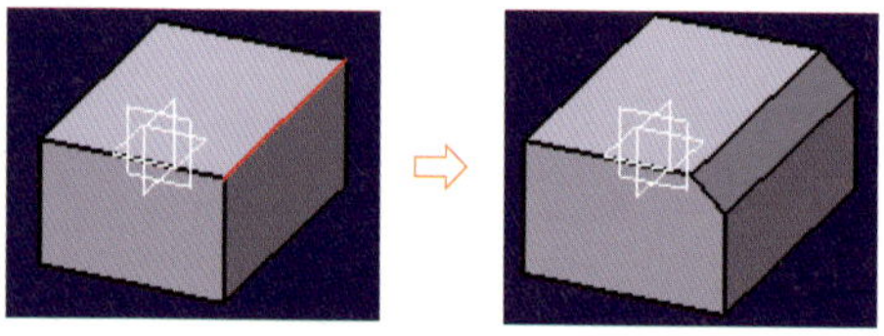

a)  b)  c)  d) 

10) 입체도형의 오목한 모서리를 그림과 같이 부드러운 곡면으로 메워주는 아이콘은?

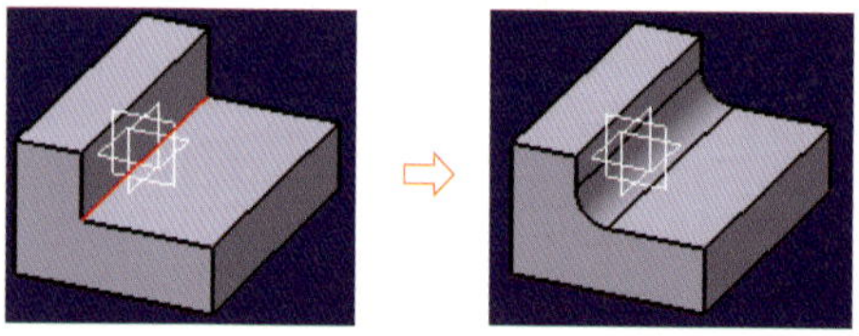

a)  b)  c)  d) 

11) 아래와 같은 형상을 만들고자 할 때 사용하는 아이콘은?

(counterbored) (countersunk)

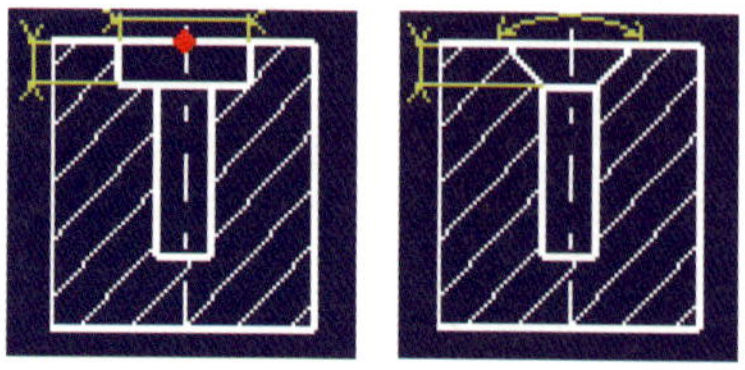

a)  b)  c)  d) 

12) 3차원 형상을 원근법으로 나타내고자 할 때 사용하는 명령은?

a) [뷰]-[도구]　　b) [뷰]-[명령리스트]

c) [뷰]-[렌더 스타일]　　d) [뷰]-[네비게이션 모드]

13) 2차원 단면 형상을 축을 중심으로 회전시킨 형상을 만들고자 할 때 사용하는 아이콘은?

a) 　　b) 　　c) 　　d) 

14) 3차원 형상에서 축을 중심으로 회전하면서 단면 형상을 파내려고 할 때 사용하는 아이콘은?

a) 　　b) 　　c) 　　d) 

15) 3차원 형상에서 임의의 가이드 선을 따라 리브(Rib) 형상을 만들고자 할 때 사용하는아이콘은?

a) 　　b) 　　c) 　　d) 

16) 3차원 형상에서 임의의 가이드 선을 따라 단면 형상을 파내려고 할 때 사용하는 아이콘은?

a) 　　b) 　　c) 　　d) 

[답안]

1)	2)	3)	4)	5)	6)	7)	8)	9)	10)
d	a	c	b	a	a	d	c	d	c
11)	12)	13)	14)	15)	16)				
a	c	c	d	c	a				

Chapter 4

ASSEMBLY DESIGN

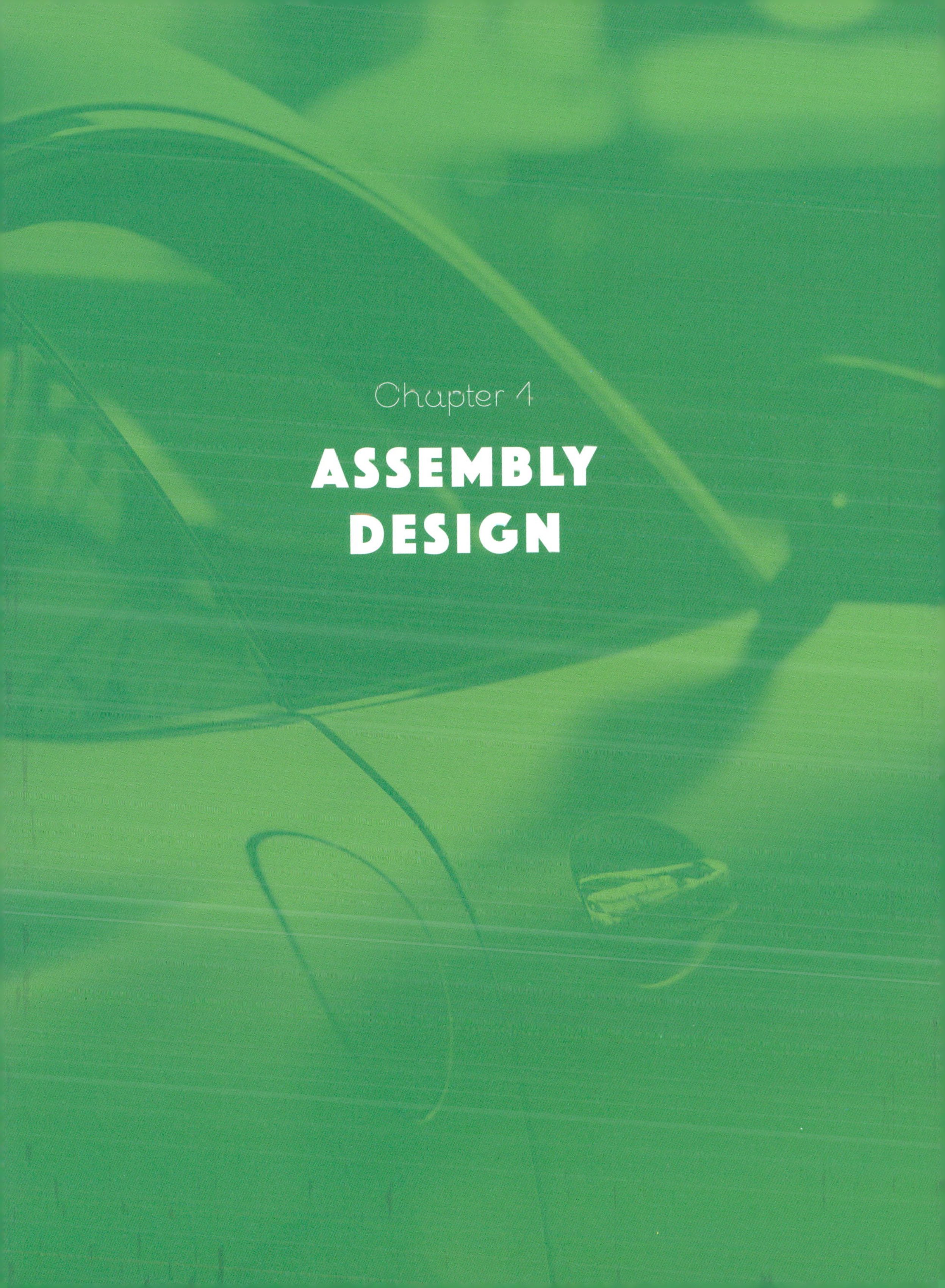

4.1 Assembly Design 시작하기

01 주 메뉴에서 [시작] – [기계 디자인] – [어셈블리 디자인]을 선택한다.

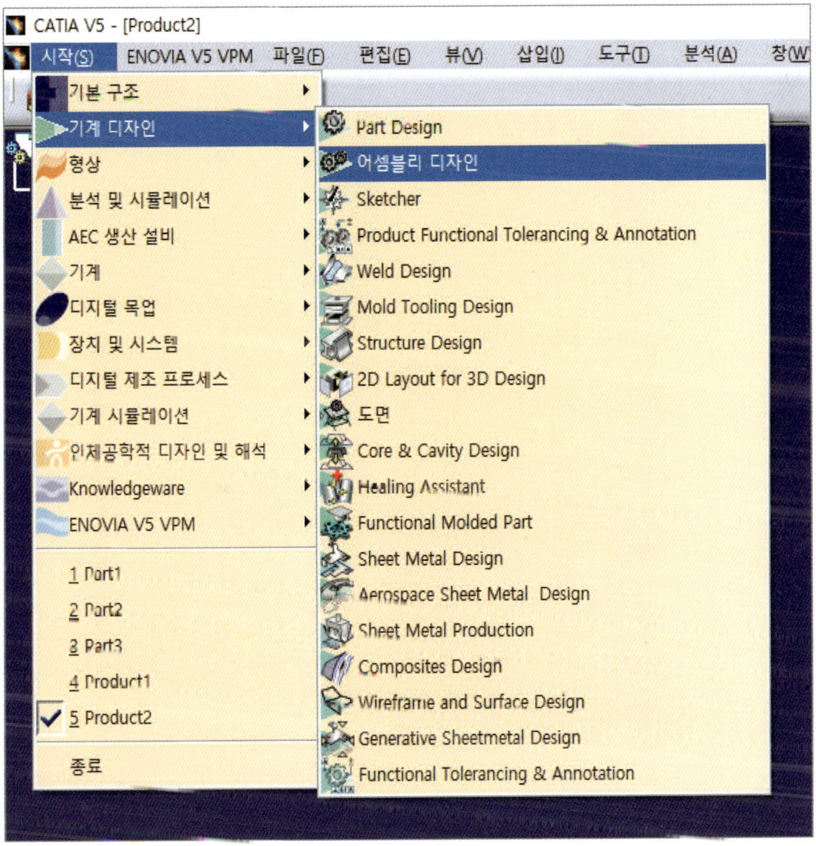

02 화면 왼쪽 상단의 작업트리에서 Product1을 우클릭한 후 컴퍼넌트에서 새 프로덕트, 새 파트, 기존 컴포넌트를 이용하여 Assembly Design을 시작한다.

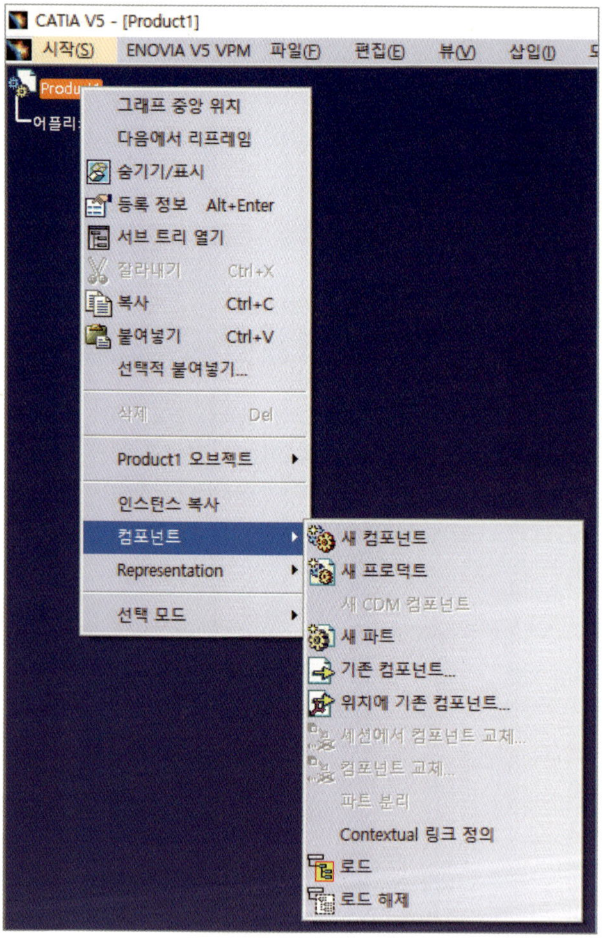

–  (New Product) : 새로운 프로덕트 생성
–  (New Part) : 새로운 파트 생성
–  (Existing Component) : 기존에 만들어 놓은 File을 불러옴

4.2 아이콘 설명

01 이동(Move)

조작(Manipulation) : 축이동이나 축회전 시에 사용

스냅(Snap) : 두 물체를 축 또는 면으로 접합시킬 때 사용(구속 X)

익스플로드(Explode) : 모든 파트를 분리

02 제약조건(Constraints)

일치 제약조건(Coincidence Constraint) : 두 파트의 축을 일치할 때 사용

접촉 제약조건(Contact Constraint) : 면과 면을 기준으로 두 파트를 접합할 때 사용

오프셋 제약조건(Offset Constraint) : 두 파트의 거리를 띄울 때 사용

각도 제약조건(Angle Constraint) : 파트 간의 각도를 조절할 때 사용

고정 컴포넌트(Fix Component) : 기준이 되는 파트를 고정시킬 때 사용

03 갱신(Update)

모두 갱신(Update) : 각종 구속조건을 실행한 것을 적용시킬 때 사용

4.3 Assembly Design #1

01 Part Design에서 다음과 같이 네 개의 부품(part)을 만들어 저장한다.

① Part Design #4 참고

– 저장 이름 : Part_Body

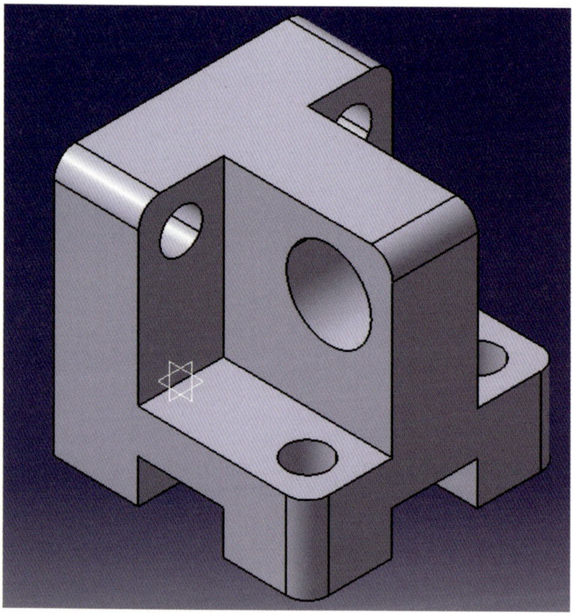

② 볼트 형상

– 저장 이름 : Part_Bolt

1) [시작] – [기계디자인] – [Part Design]을 선택한다.

– Sketch 에서 yz 평면에 좌표계의 원점을 기준으로 지름이 10 mm인 원을 작성한 후,

워크벤치 종료 아이콘을 클릭한다.

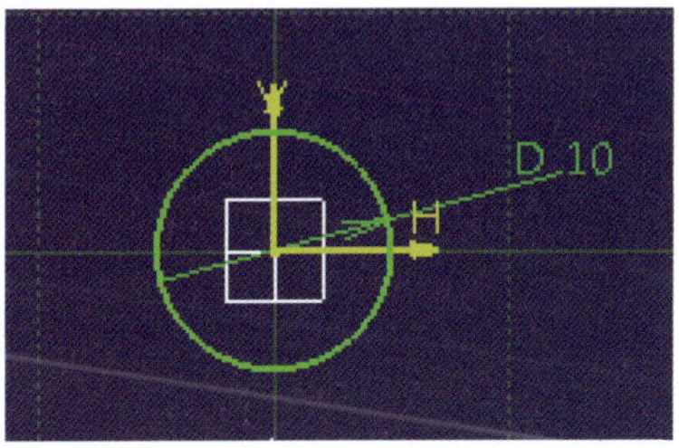

2) Part Design에서 Sketch–Based Features 툴바의 패드 아이콘을 이용하여 길이 30 mm의 원기둥을 생성한다.

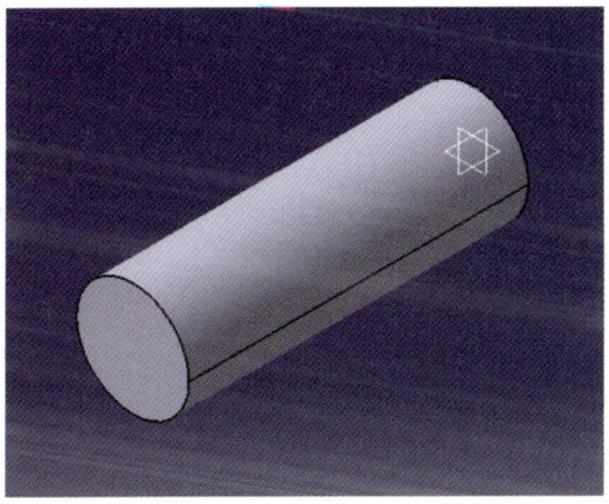

3) 원기둥의 윗면을 선택한 후 Sketch 아이콘을 클릭하여 다음과 같이 한 변의 길이가 10 mm인 육각기둥을 작성한 후, 워크벤치 종료 아이콘을 클릭한다.

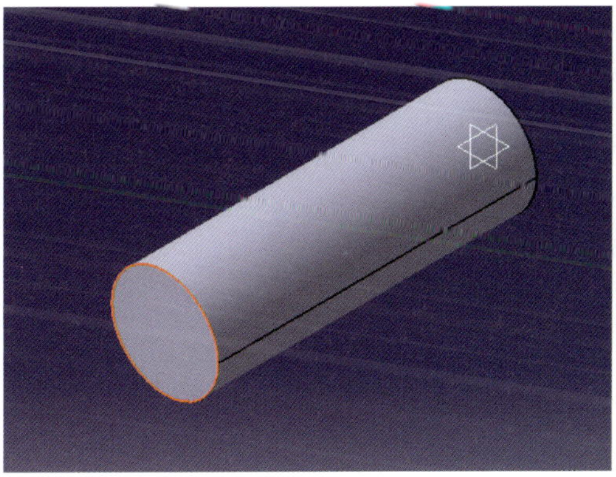

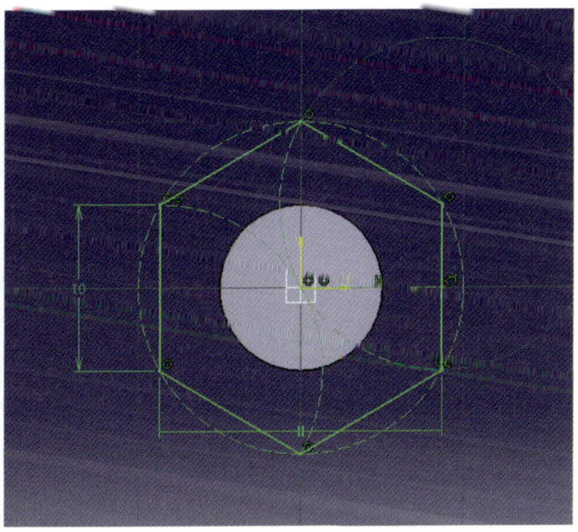

4) Part Design에서 Sketch-Based Features 툴바의 패드 아이콘 을 이용하여 두께 5 mm 인 육각기둥을 생성하여 다음과 같이 볼트 형상을 완성한다.

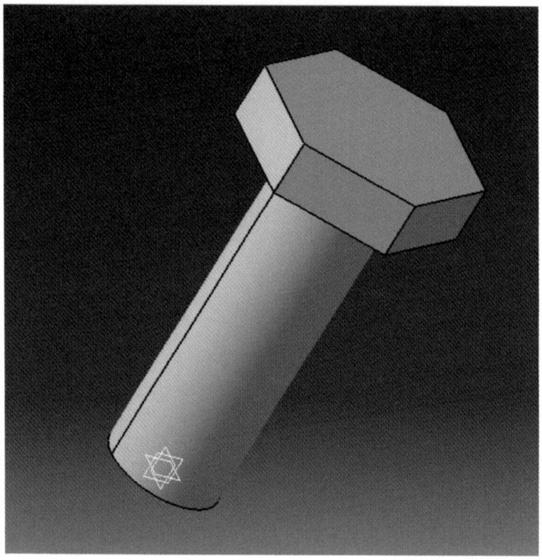

③ 원기둥

- 저장 이름 : Part_Shaft

지름 20 mm, 높이 50 mm의 원기둥을 생성한다.

④ 너트 형상

– 저장 이름 : Part_Nut

1) [시작] – [기계디자인] – [Part Design]을 선택한다.

– Sketch 에서 yz 평면에 좌표계의 원점을 기준으로 한 변의 길이가 10 mm인 육각형을 작성한 후, 워크벤치 종료 아이콘 을 클릭한다.

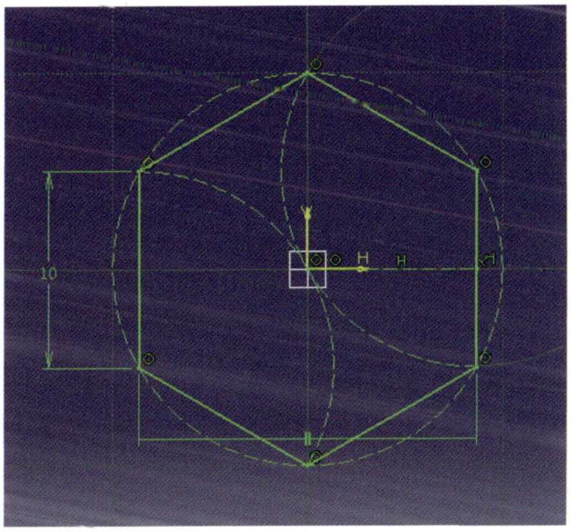

2) Part Design에서 Sketch Based Features 툴바의 패드 아이콘 을 이용하여 두께 5 mm인 육각기둥을 생성한다.

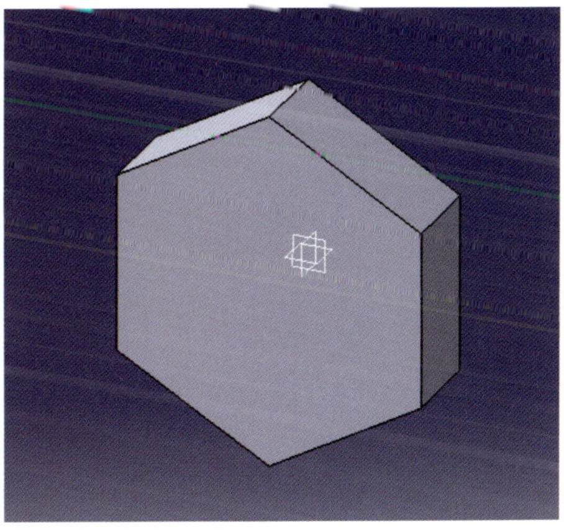

3) 육각기둥의 앞면을 선택한 후 Sketch 아이콘 을 클릭하여 다음과 같이 지름 10 mm 인 원을 작성한 후, 워크벤치 종료 아이콘 을 클릭한다.

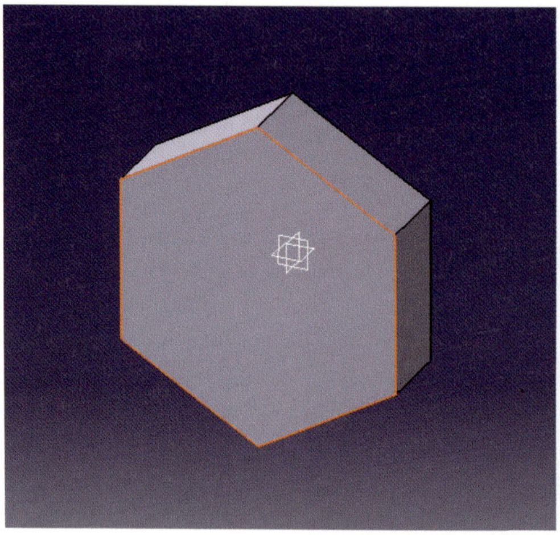

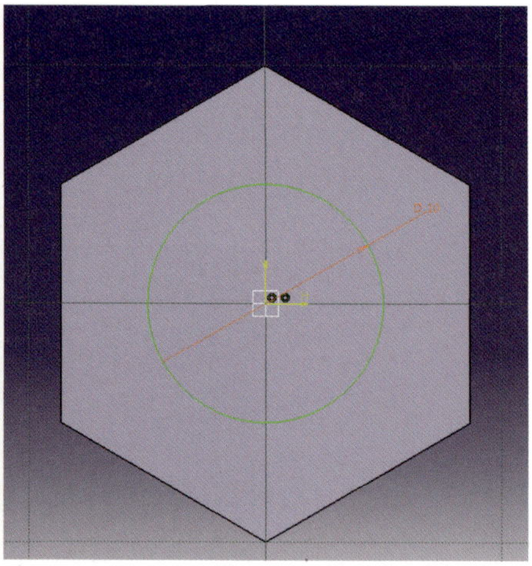

4) Part Design에서 Sketch-Based Features 툴바의 Pocket 아이콘 을 이용하여 길이 5 mm의 홈을 파서 다음과 같이 형상을 완성한다.

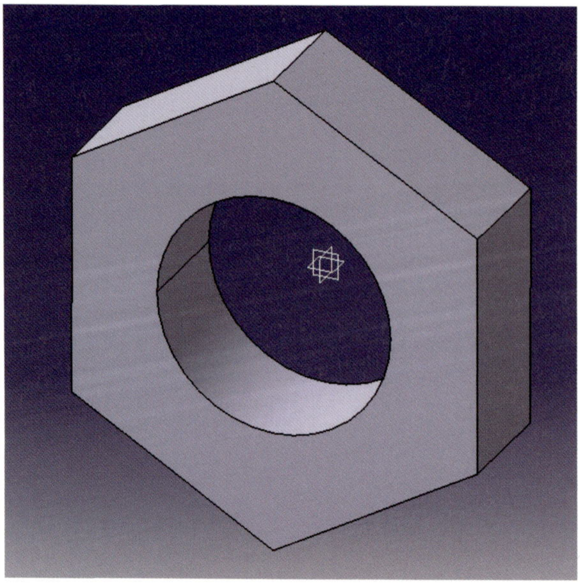

02 주 메뉴에서 [시작] – [기계 디자인] – [어셈블리 디자인]을 선택한다.

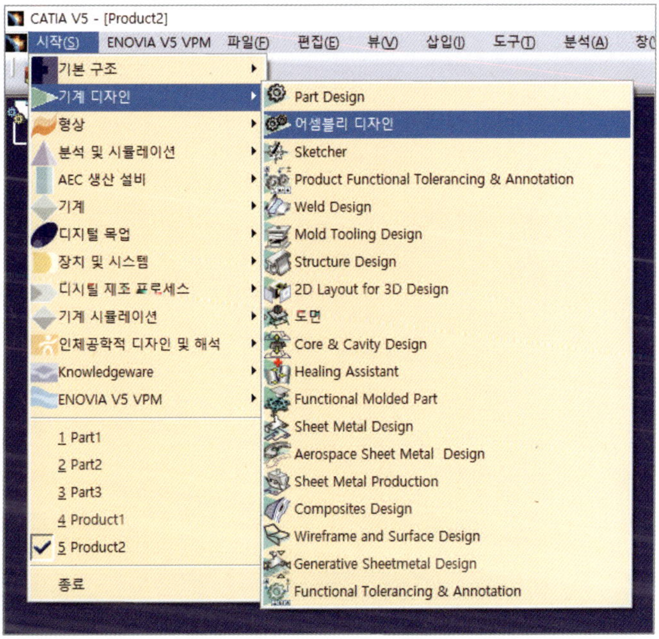

03 화면 왼쪽 상단의 작업트리에서 Product1을 마우스 우클릭한 후 컴포넌트에서 기존 컴포넌트를 클릭하여 위에서 저장하였던 부품들을 불러낸다.

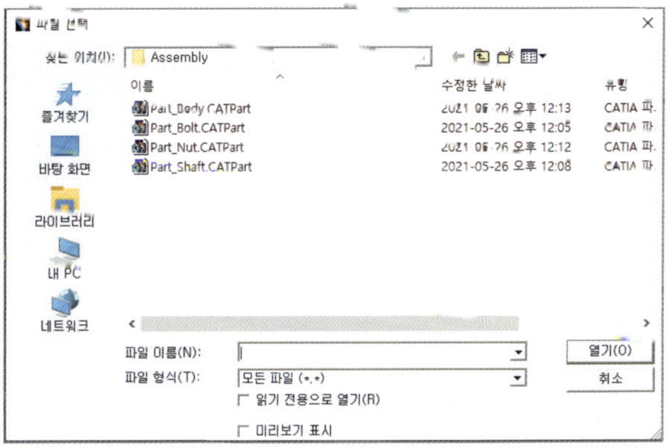

– Part_Body : 1개, Part_Bolt : 2개, Part_Shaft : 1개, Part_Nut : 2개

04 저장한 부품을 불러오면 부품들이 다음과 같이 겹쳐있으므로 이동 툴바의 조작 아이콘 을 이용하여 적당히 이동시킨다. (Manipulation 아이콘을 선택하였을 때 최상단의 x축 방향, y축 방향, z축 방향 이동 아이콘을 선택하여 임의로 부품들을 분리)

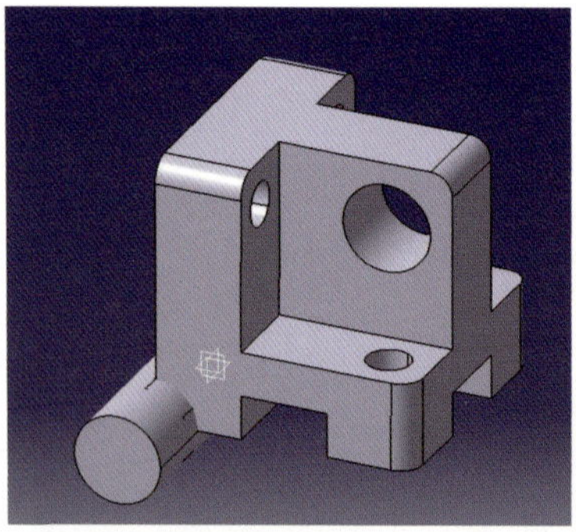

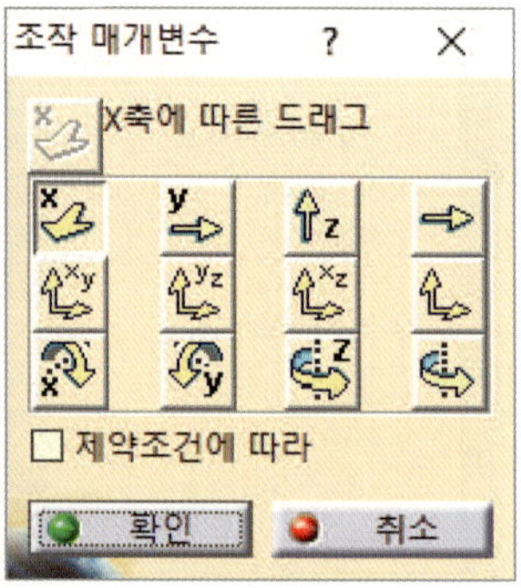

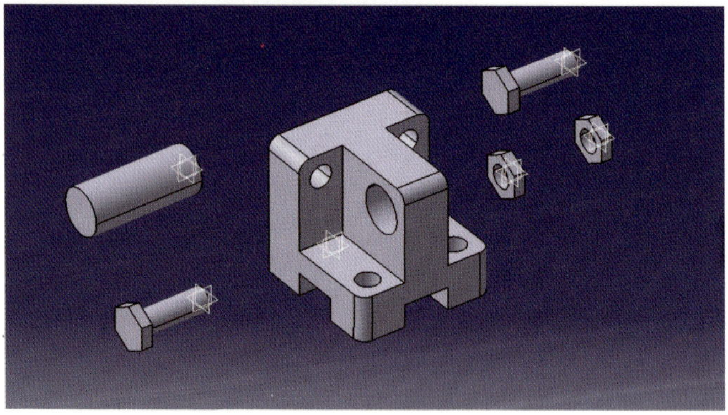

05 제약조건 툴바에서 고정 컴포넌트 아이콘 을 선택하여 기준이 되고자 하는 Part_Body를 클릭하여 고정한다.

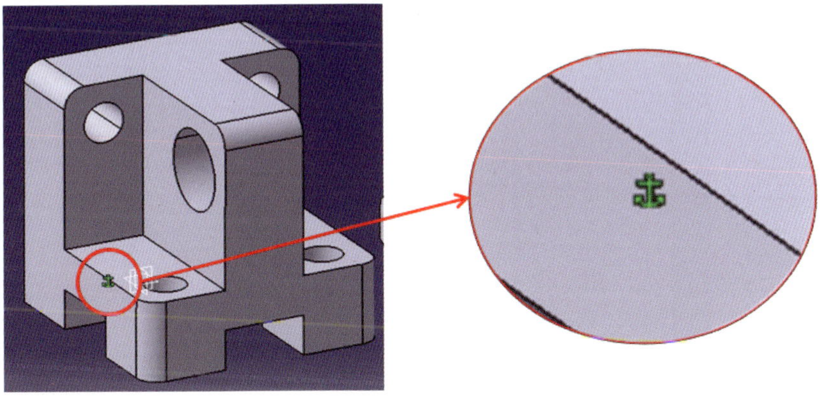

06 제약조건 툴바에서 일치 제약조건 아이콘 을 클릭한 후 이동시키고자 하는 Part_Shaft에 마우스를 가져가면 원통의 중심축이 점선으로 나타난다. 점선이 나타난 상태로 클릭을 한 후, 결합하고자 하는 부위에 앞에서 한 것처럼 중심에 마우스를 대고 중심축이 생겨나면 클릭한다.

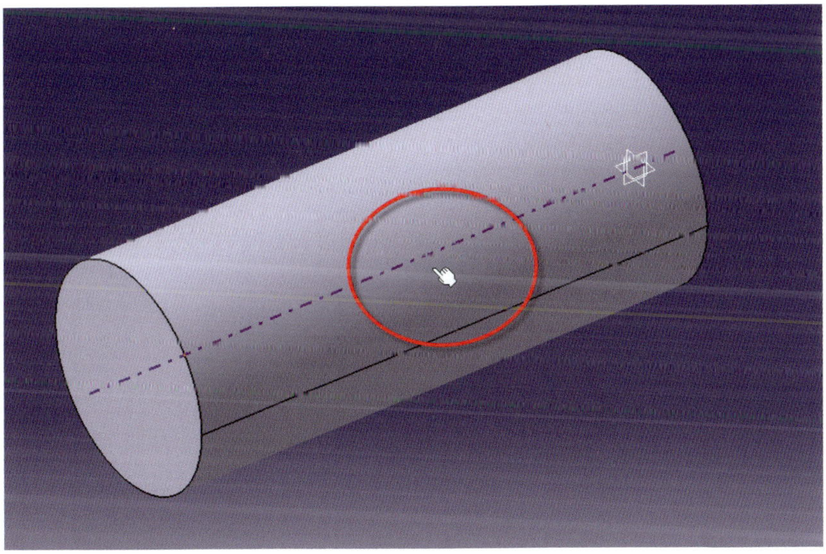

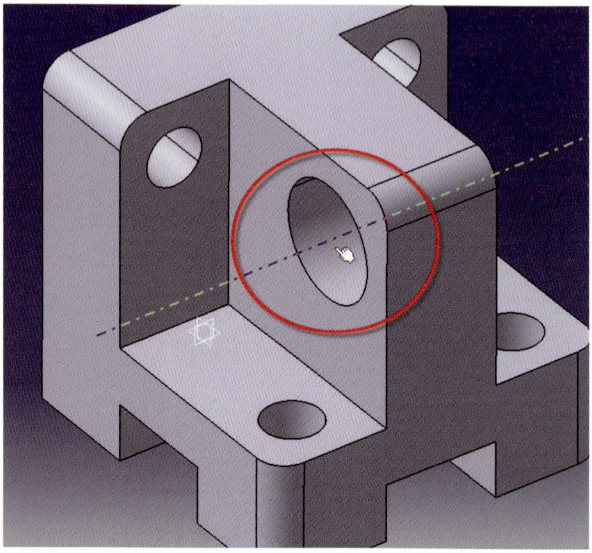

※ Assembly에서 제약조건 툴바 아이콘 사용 시 움직이고자 하는 부품을 먼저 클릭한다.

예) **06**번 과정에서 원통(Part_Shaft)을 먼저 클릭한 후 고정된 본체(Part-Body)를 클릭한다.

07 일치 제약조건 실행 후 다음 그림에서 원통과 기준 물체가 구속된 것을 볼 수 있다. 이 상태에서 Update 아이콘  을 클릭하면 원통이 이동하게 된다.

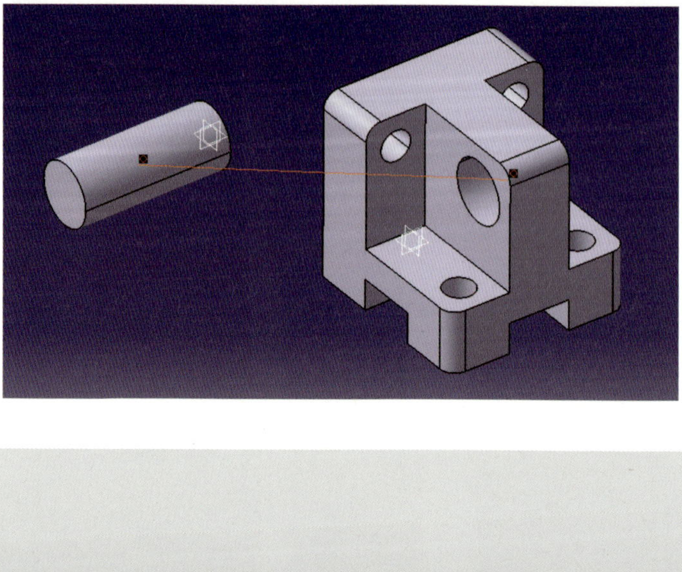

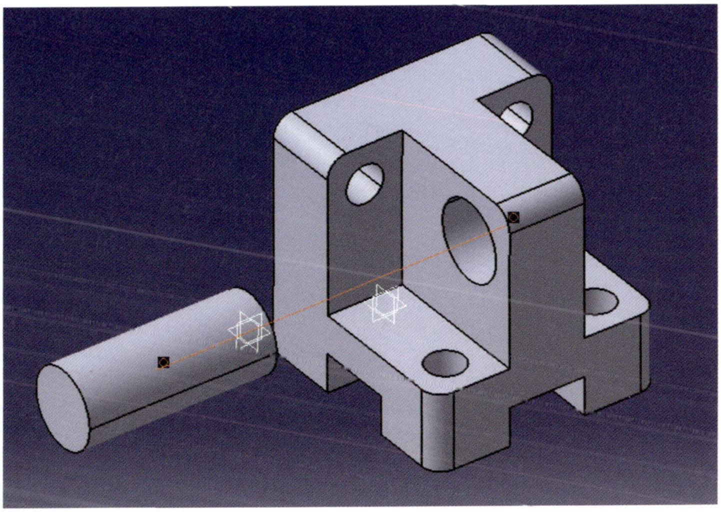

08 제약조건 툴바에서 오프셋 제약조건 아이콘  을 클릭한 후 원통의 밑면과 기준물체의 다음 면을 클릭한다.

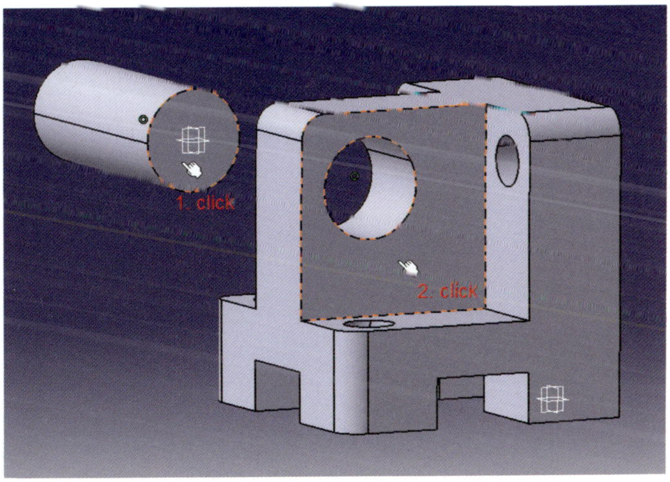

09 이때 나타나는 제약조건 등록정보 창에서 Offset 값을 -15 mm로 입력하고 확인 버튼을 클릭한다. 이 상태에서 Update 아이콘 을 클릭하면 Shaft가 이동한다.

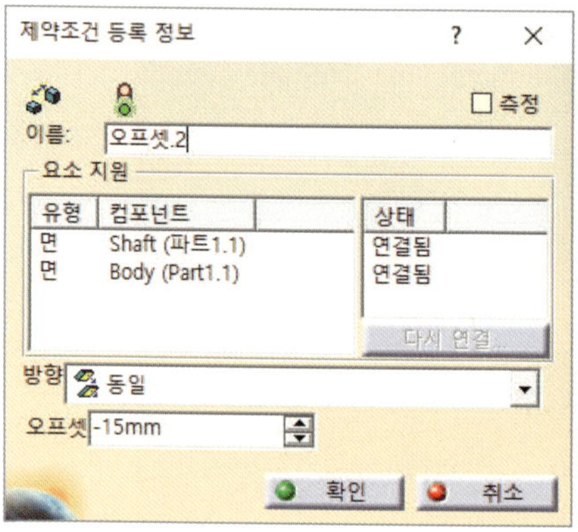

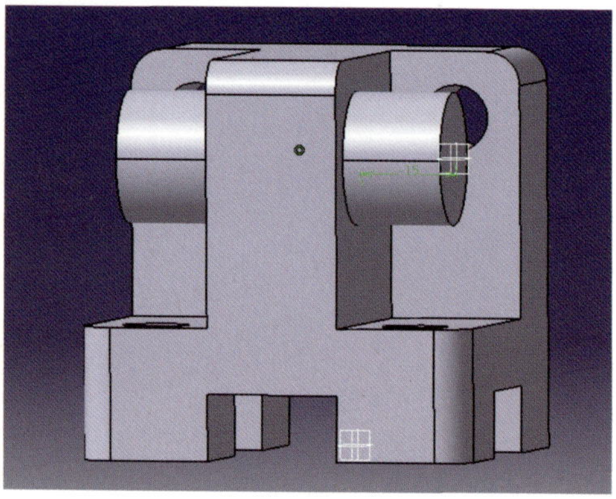

10 위의 **06**번 과정과 같이 제약조건 툴바에서 일치 제약조건 아이콘 을 클릭한 후 Part-Blot의 몸통을 클릭하고 본체의 왼쪽 상단 구멍의 중심선을 클릭한다.

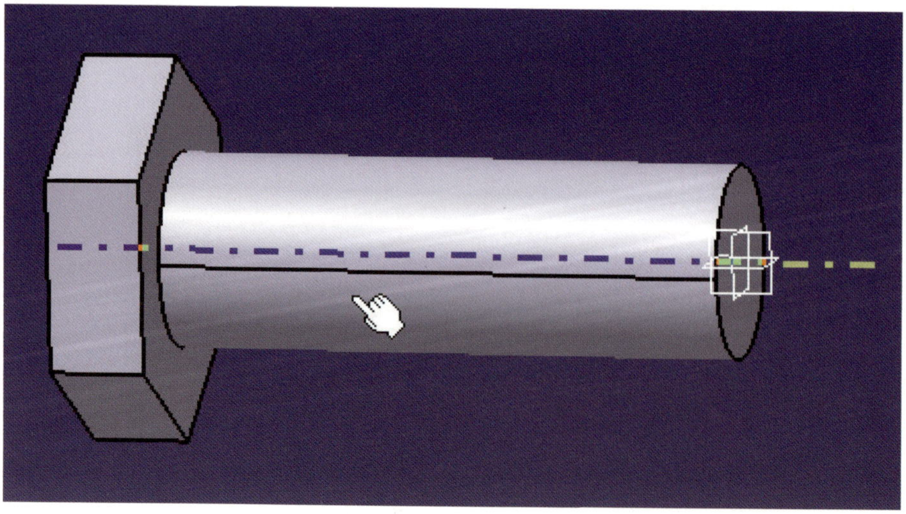

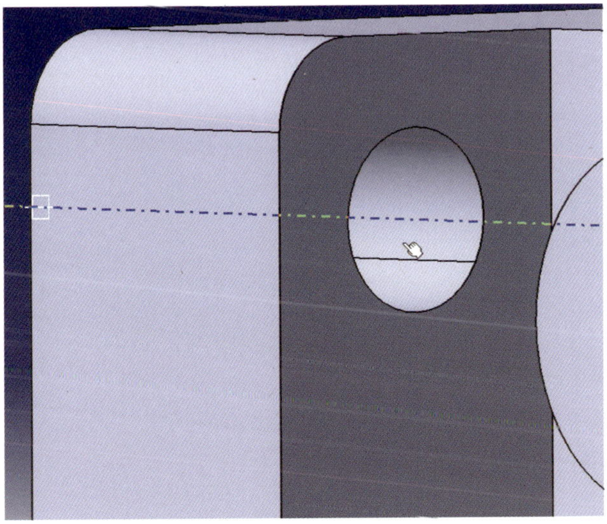

11 다음으로 제약조건 툴바에서 접촉 제약조건 아이콘  을 클릭한 후 Part_Bolt의접촉 면과 본체 구멍의 해당 면을 차례로 클릭한다.

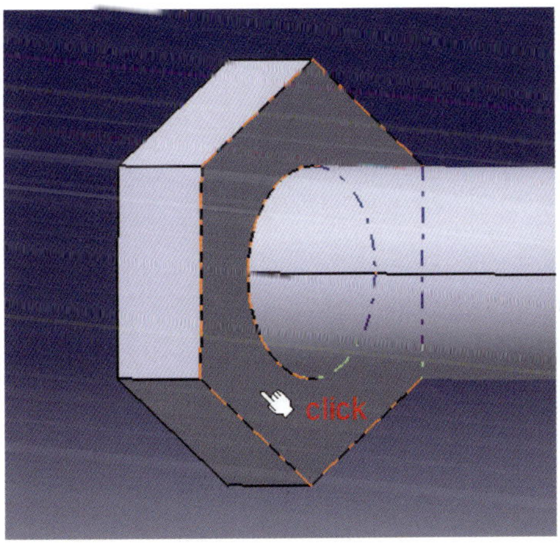

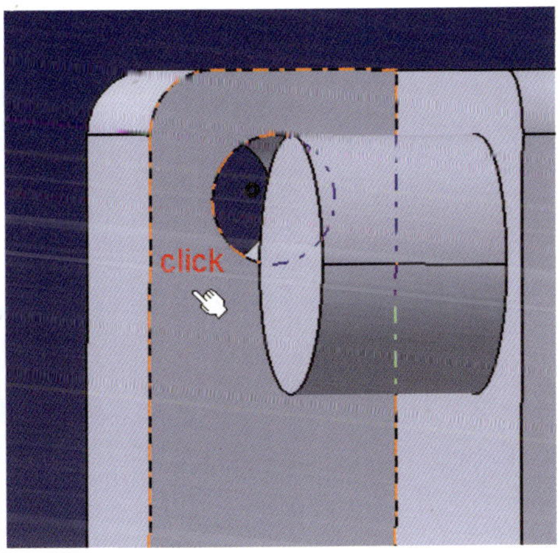

12 제약조건 실행 후 Update 아이콘 을 클릭하면 다음과 같이 본체에 볼트가 이동된 것을 볼 수 있다.

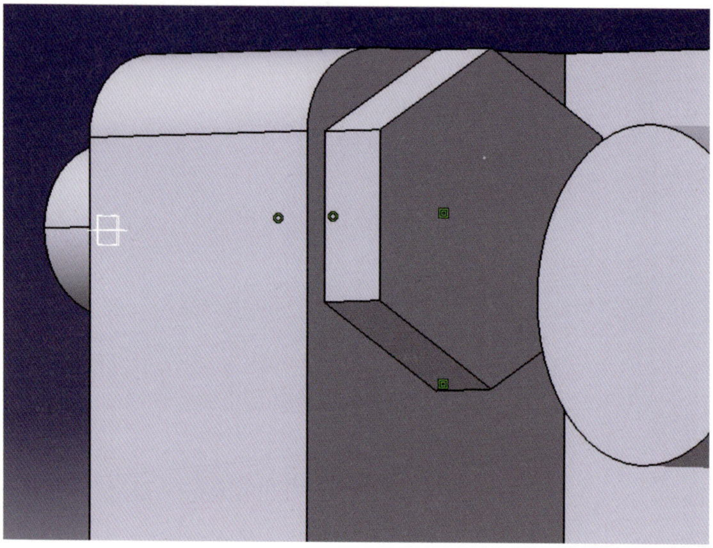

13 이번에는 제약조건 툴바에서 일치 제약조건 아이콘 을 클릭한 후 Part_Nut의중심선을 클릭한 후 Part_Bolt의 중심선을 클릭한다.

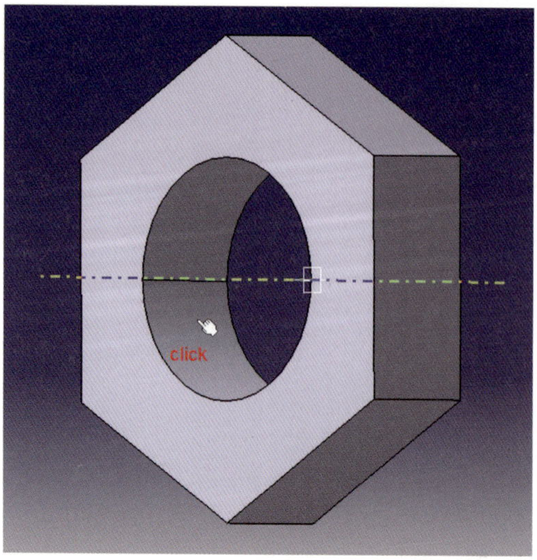

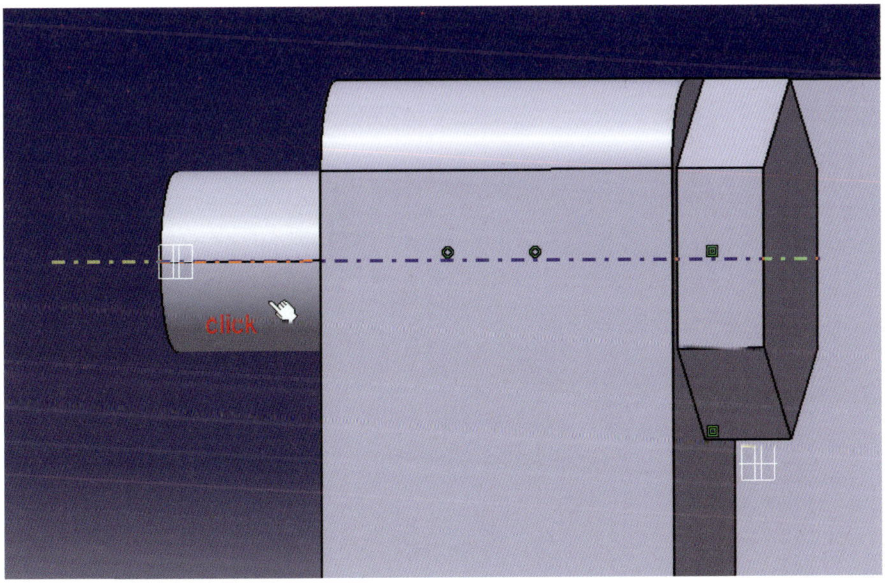

14 다음으로 제약조건 툴바에서 접촉 제약조건 아이콘  을 클릭한 후 너트의 접촉면과 본체의 접촉면 면을 차례로 클릭한다.

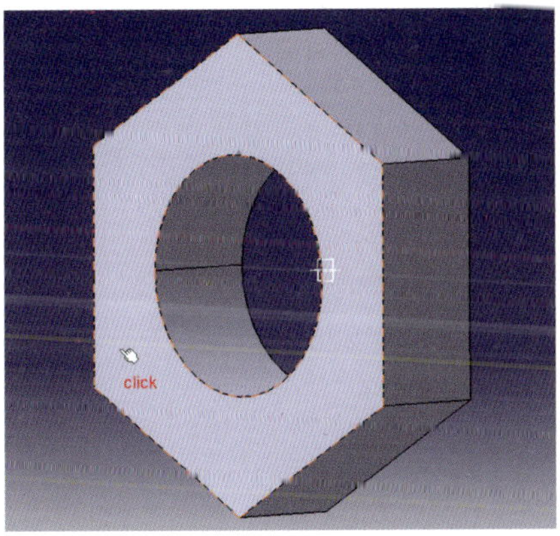

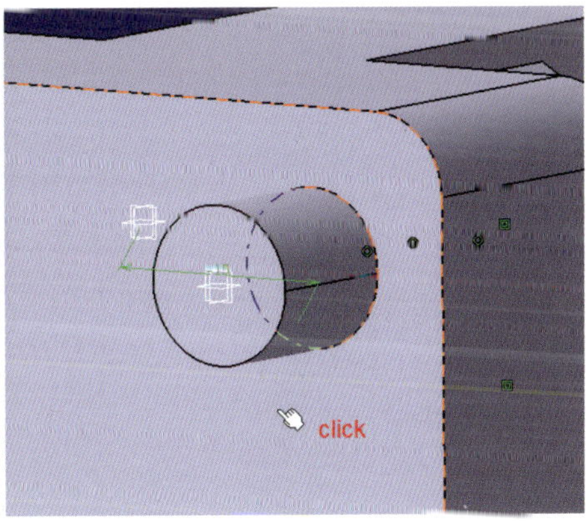

15 제약조건 실행 후 Update 아이콘 을 클릭한 후, 앞의 **10~14** 과정을 반복하여 반대편의 홀에 볼트, 너트 형상을 Assembly 하여 다음과 같은 최종 Assembly 형상을 완성한다.

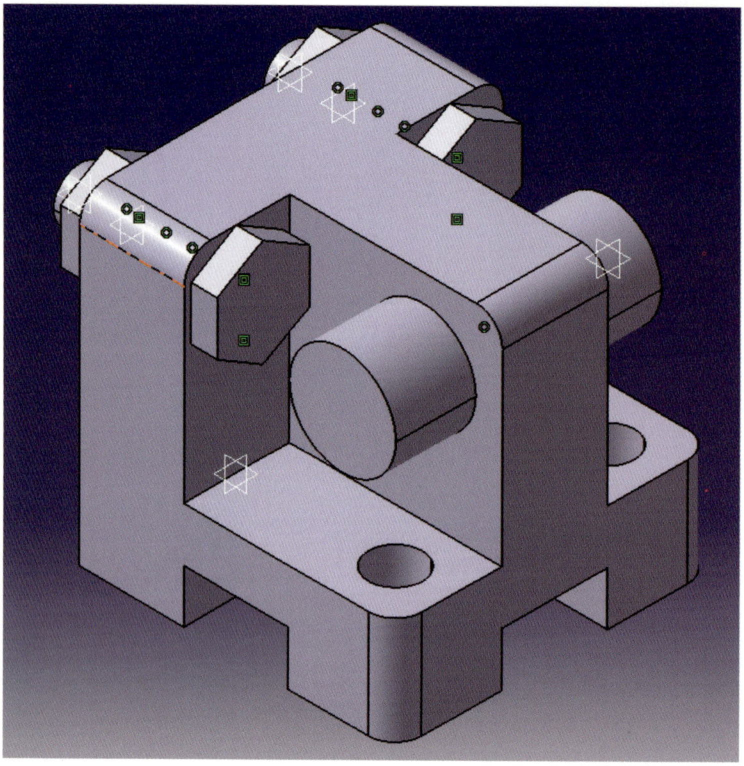

연습문제

1) 시작메뉴에서 어셈블리 디자인이 포함되어 있는 도구는?

a) [시작]–[기본구조]　　b) [시작]–[기계디자인]

c) [시작]–[형상]　　d) [시작]–[기계]

2) 다음 중 새로운 프로덕트를 생성하는 도구는?

a) 　b) 　c) 　d) 

3) 다음 중 두 파트의 축을 일치할 때 사용하는 도구는?

a) 　b) 　c) 　d) 

4) 다음 중 파트간의 각도를 조절할 때 사용하는 도구는?

a) 　b) 　c) 　d) 

5) 다음 중 두 파트를 면과 면을 기준으로 접합할 때 사용하는 도구는?

a) 　b) 　c) 　d) 

6) 다음 중 두 파트의 거리를 띄울 때 사용하는 도구는?

a) 　b) 　c) 　d) 

7) 조작 매개변수 중 모든 축에 따른 드래그를 할 때 사용하는 도구는?

a) 　b) 　c) 　d) 

8) 조작 매개변수 중 모든 축을 중심으로 드래그를 할 때 사용하는 도구는?

a)  b)  c)  d) 

9) 다음 중 기준이 되는 파트를 고정시킬 때 사용하는 도구는?

a)  b)  c)  d) 

10) 다음 중 이동에 포함되어 있지 않는 도구는?

a)  b)  c)  d) 

[답안]

1)	2)	3)	4)	5)	6)	7)	8)	9)	10)
b	d	a	a	a	a	a	c	a	d

Chapter 5

DRAFTING

5.1 Drafting 시작하기

01 주 메뉴에서 [시작] – [기계 디자인] – [도면]을 선택한다.

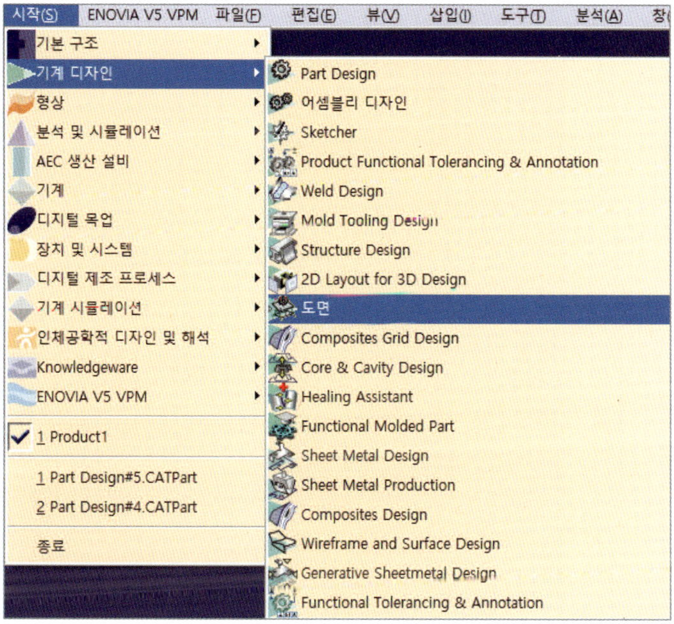

02 화면 하단에 새로운 창이 생성된다.

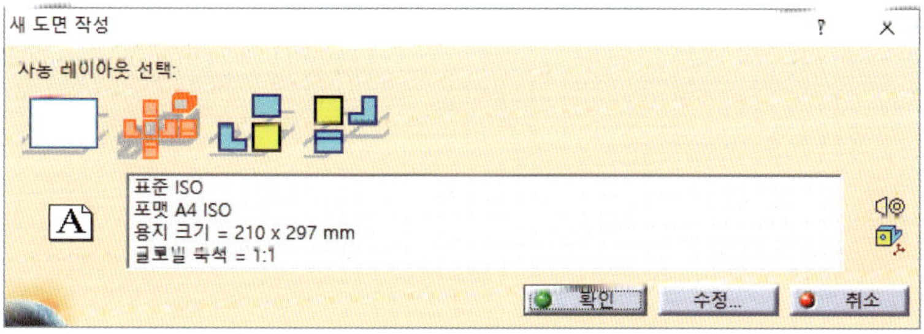

- : Empty Sheet (빈 화면)
- : All view
- : Front, Bottom and Right
- : Front, Top and Left

03 첫 번째 Empty Sheet를 선택하고, [확인]을 누르면 Drafting 도면이 나온다.

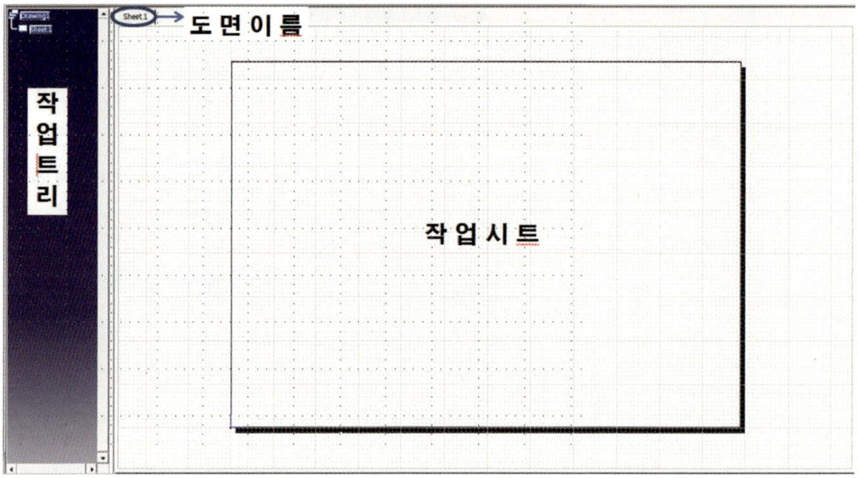

5.2 도면 설정

01 3각법으로 설정

① 작업트리에서 Sheet를 우클릭하여 등록정보(Properties)를 클릭한다.

② 프로젝션의 Projection Method의 초기설정 First angle standard (1각법)를 Third angle standard (3각법)로 바꿔준다.

02 도면 크기 설정

① [파일] – [페이지 설정]을 클릭한다.

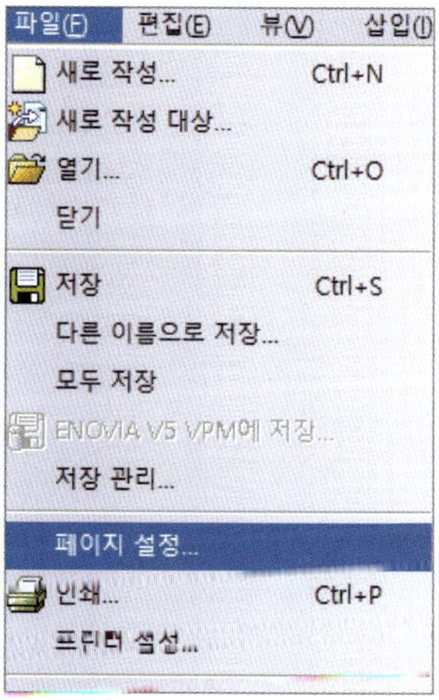

② 페이지 설정창에서 표준은 ISO, 시트 양식은 A4 ISO로 설정하고 [확인]을 누른다.

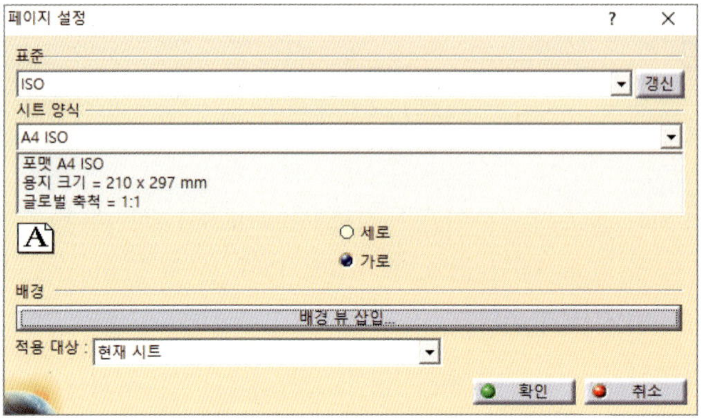

※ 템플릿이 있다면 [배경 뷰 삽입]에서 도면 템플릿을 불러온다.

카티아 Drafting

5.3 아이콘 설명

01 뷰(Views)

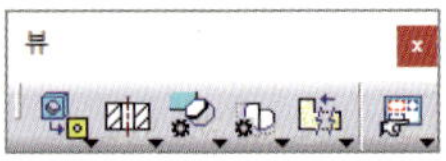

–  프로젝션(Projections) : 투상도 생성

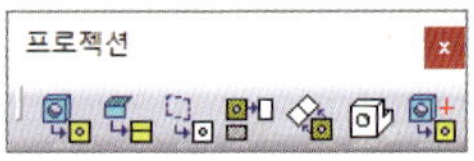

–  정면 뷰(Front View) : 도면작업을 할 때, 시점의 기준이 되는 정면도를 생성하는 아이콘

–  프로젝션 뷰(Projection View) : 설정한 정면도를 기준으로 평면도, 측면도, 배면도를 생성

- 아이서메트릭 뷰(Isometric View) : 입체도를 생성할 때 쓰는 아이콘
- 섹션(Sections)

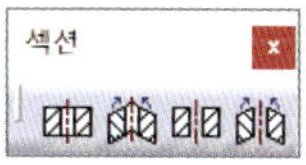

단면도

- 오프셋 섹션 뷰(Offset Section View) : 단면을 보고자 할 때 사용
- 세부사항(Details)

상세도

- 세부사항 뷰(Detail View) : 한 부분은 확대해 보고자 할 때 사용하는 아이콘

02 치수(Dimensioning)

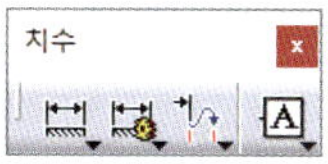

- 치수(Dimensions)

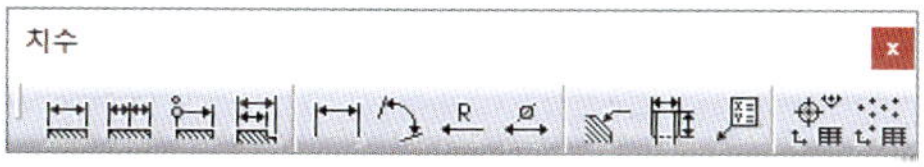

- 길이/거리 치수(Length/Distance Dimensions) : 길이를 측정할 때 사용하는 아이콘
- 각도 치수(Angle Dimensions) : 사잇각을 측정할 때 사용하는 아이콘
- 반지름 치수(Radius Dimensions) : 라운드 진 모서리의 반지름을 측정할 때 사용하는 아이콘
- 지름 치수(Diameter Dimensions) : 홀이나 원의 지름을 측정할 때 사용하는 아이콘

5.4 Drafting #1

01 [파일] – [열기] – Part Design #2(저장된 파일 이름)을 선택한다.

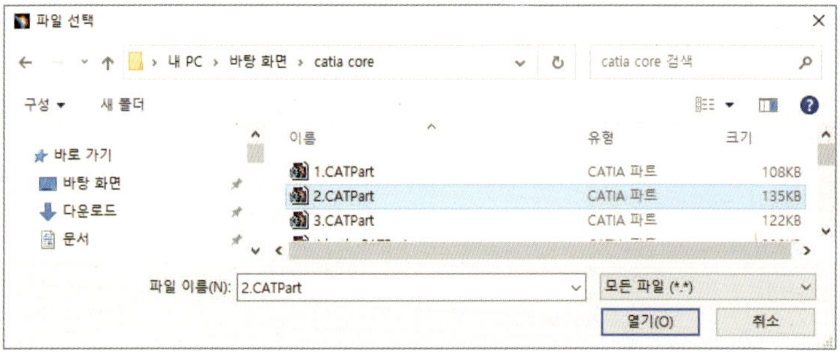

02 [시작] – [기계 디자인] – [도면]을 클릭한다.

03 화면 하단에 새 도면 작성 창에서 Empty View 를 선택하고 확인을 클릭한다.

04 작업트리에서 Sheet를 마우스 우클릭 하여 등록정보(Properties)를 클릭하고, 프로젝션 방법(Projection Method)의 초기설정 First angle standard (1각법)를 Third angle standard (3각법)로 바꿔준다.

05 [파일] – [페이지 설정] – 페이지 설정(Page Setup)창에서 표준(Standard)는 ISO, 시트 양식(Sheet Style)은 A3 ISO로 설정하고 확인을 누른다.

06 도면 창이 활성화되면, 프로젝션(Projections) 툴바에서 정면 뷰(Front View) 아이콘 을 클릭한 후, [창(Window)] – [Part Design #2](저장된 파트이름)을 클릭하여 전에 완성하였던 Part Design으로 넘어간다.

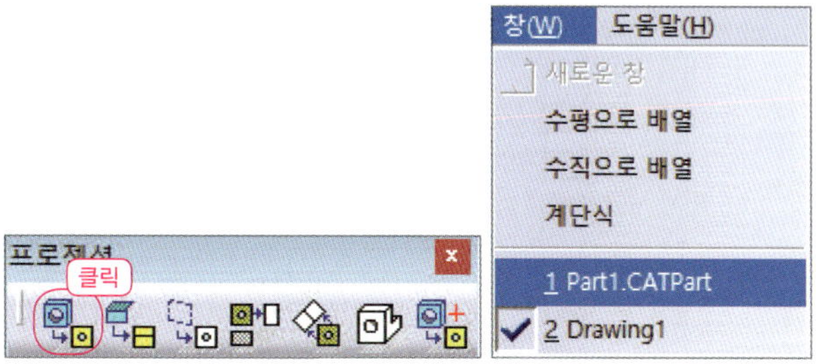

07 Part Design에서 정면도로 하고자 하는 부분에 마우스를 가져가면 화면 아래에 배열된 미리보기(Oriented Preview)라는 창이 뜬다. (이 창은 정면도로 선택하였을 때의 미리보기 화면이다.)

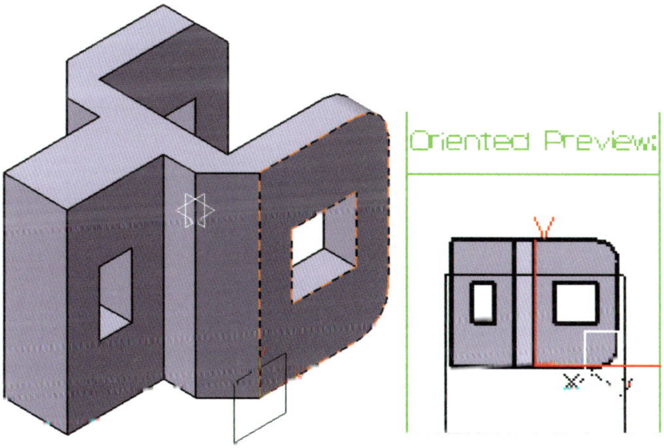

08 마우스를 가져간 부분을 클릭하면 도면 창으로 넘어간다.

– 생성된 모형을 클릭하면 녹색점선이 빨간색 점선으로 변한다.

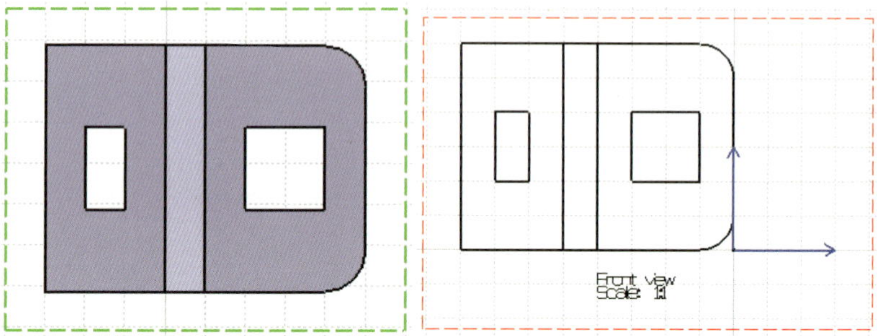

09 뷰 툴바의 정면 뷰 의 하위메뉴 프로젝션 툴바에서 프로젝션 뷰 아이콘 을 클릭한다.

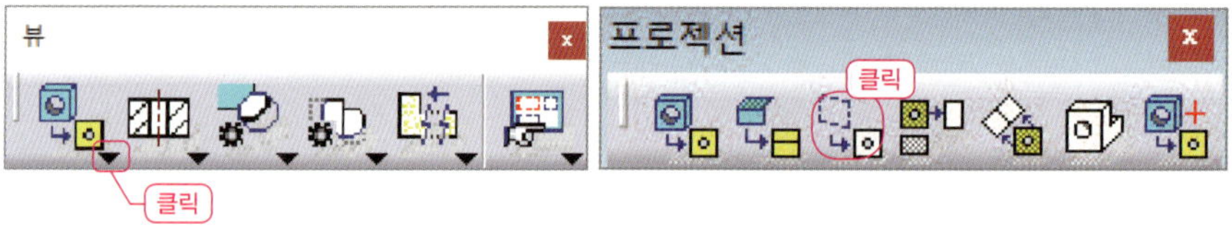

– 정면도를 선택한 후 오른쪽 방향으로 마우스를 적절한 위치에 클릭하면 우측면도가 생성된다.

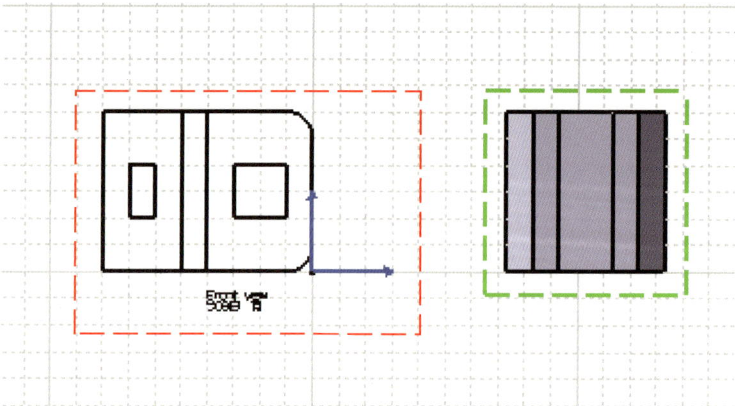

10 앞의 과정을 왼쪽, 위쪽, 아래쪽 방향을 실행하여 좌측면도, 평면도, 배면도를 생성한다.

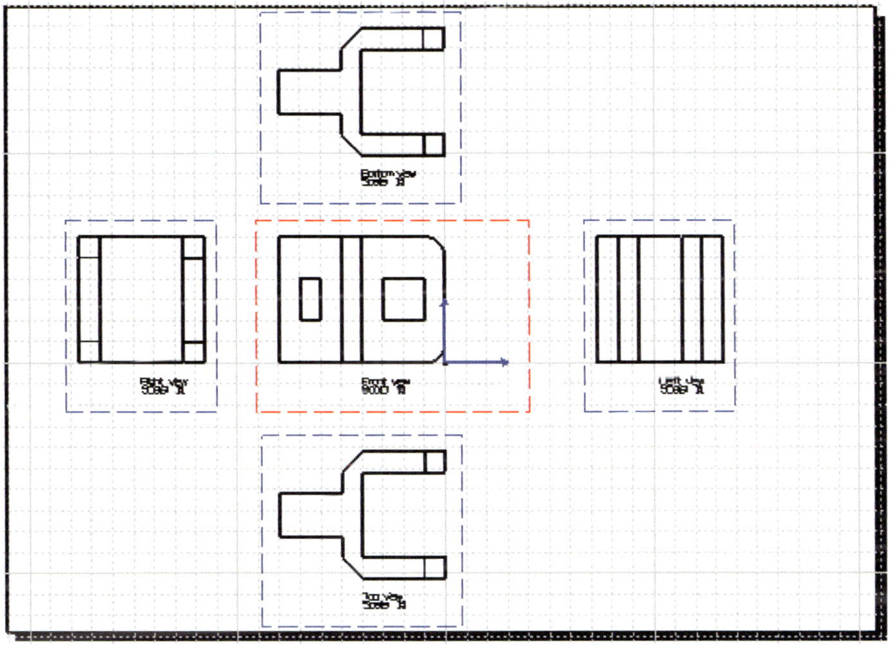

11 치수 툴바의 치수 하위메뉴에서 각각의 아이콘을 이용하여 치수를 기입한다. (치수 기입 방법은 Sketcher에서 치수를 입력할 때와 같다.)

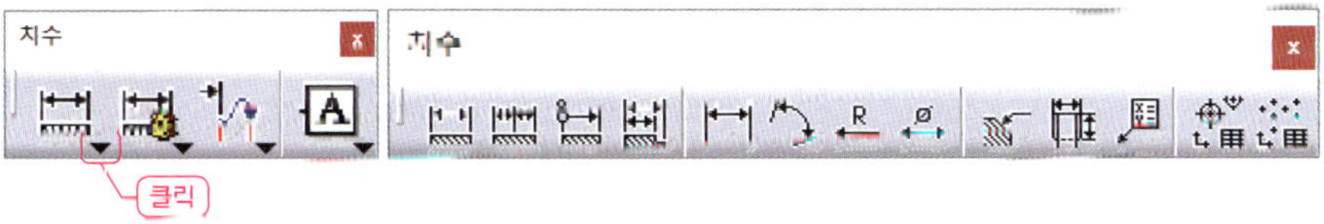

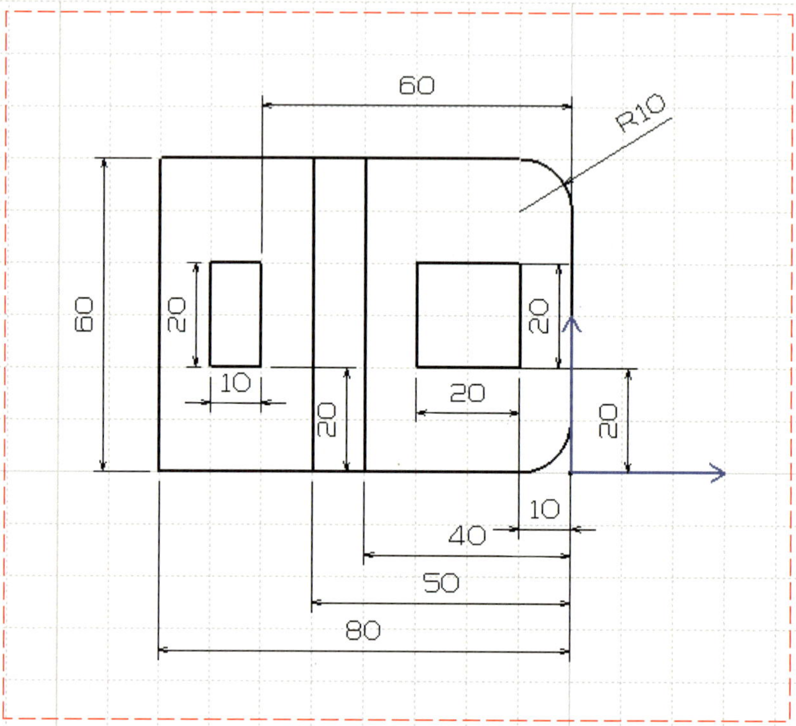

12 뷰 툴바의 세부사항 뷰 아이콘 을 클릭하여 크게 살펴보고자 하는 부분을 클릭하여 보고자 하는 범위를 원 안에 넣은 후 다시 클릭한 후, 적당한 위치에 확대한 부분을 클릭한다.

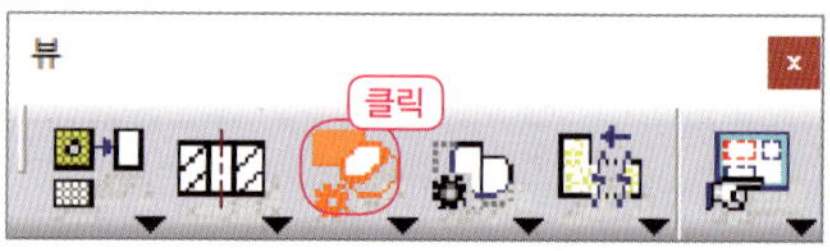

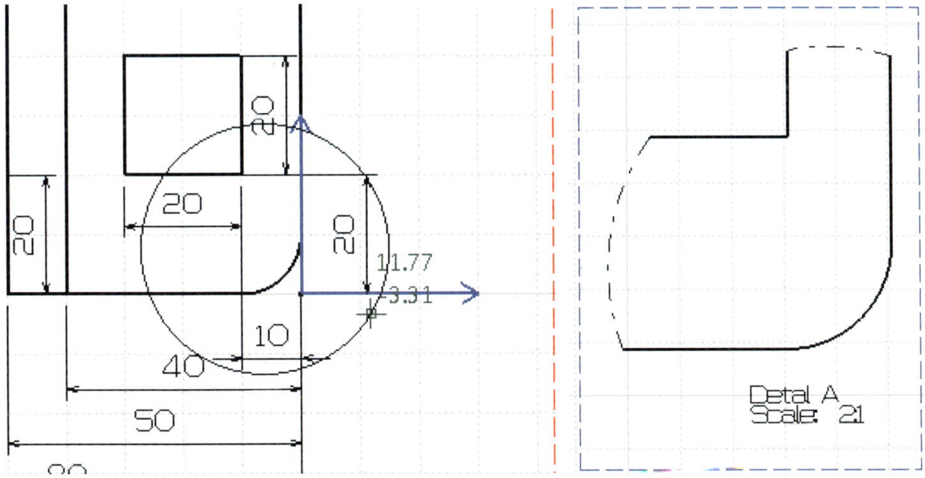

13 뷰 툴바의 정면 뷰 하위메뉴 프로젝션 툴바에서 Isometric View 아이콘 을 클릭한 후, 앞의 **06** 과정과 같이 [창(Window)] – [Part Design #2](저장된 파트이름)을 클릭하여 Part Design으로 넘어간 후, 3차원 도형의 모양을 적절하게 변경한 후 아무 면이나 클릭한다.

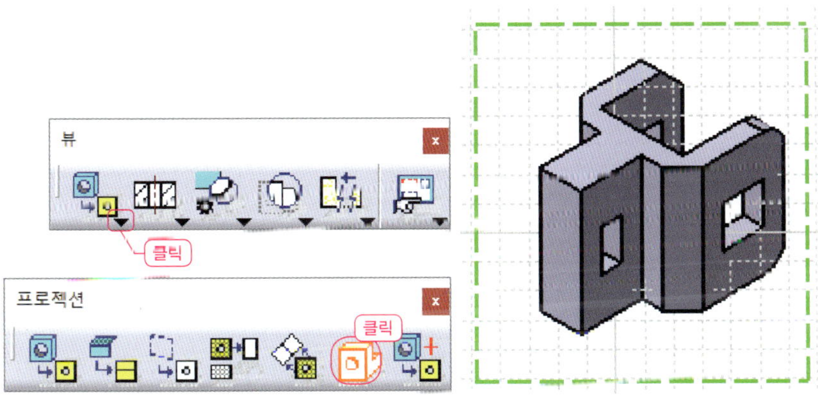

14 생성된 입체도형을 도면의 빈 부분에 위치를 클릭하면, 도면에 등록이 된다.

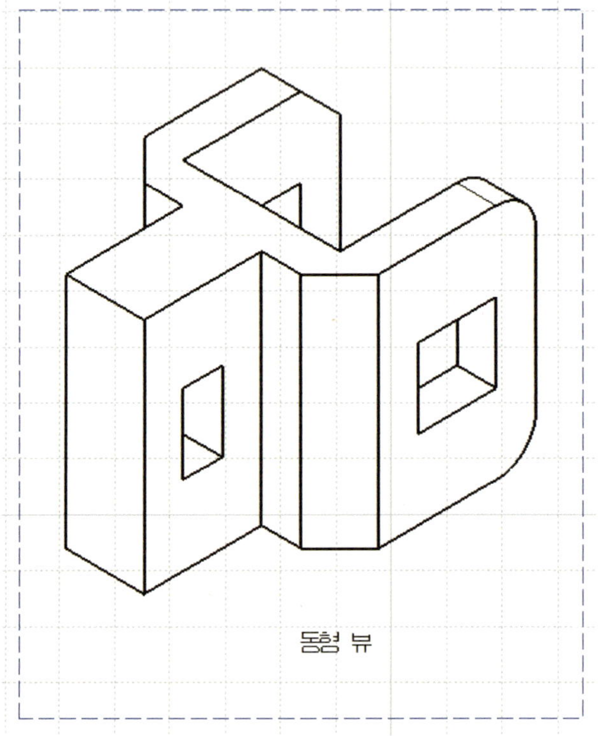

5.4 Drafting #2

01 [파일] – [열기] – Part Design #8(저장된 파일 이름)을 클릭한다.

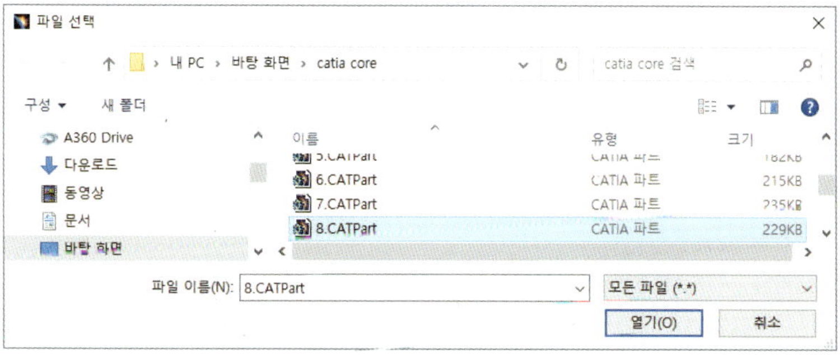

02 [시작] – [기계 디자인] – [도면]을 클릭한다.

03 화면 하단에 새 도면 작성 창에서 Empty View 를 선택하고 확인을 클릭한다.

04 작업트리에서 시트를 마우스 우클릭하여 등록정보를 클릭하고 포맷은 A2 ISO, 프로젝션 방법을 세 번째 각도 표준으로 선택한다.

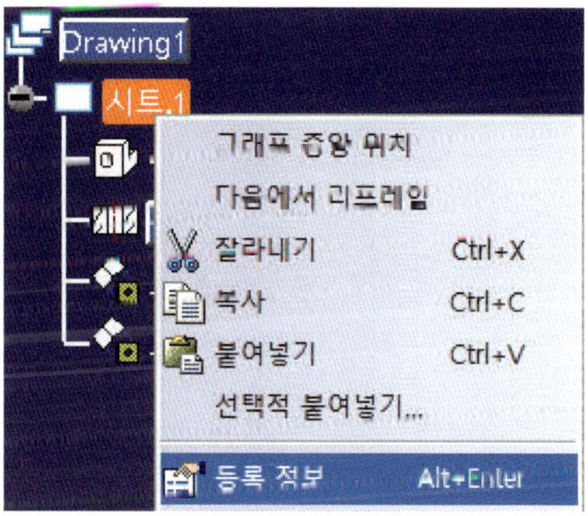

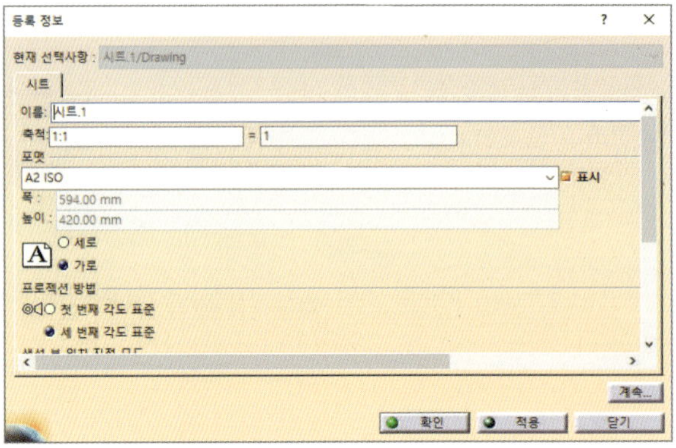

06 뷰 툴바에서 정면 뷰 아이콘 을 클릭한 후, [창(W)] – [2 Part Design #8.CATPart] (저장된 파트이름)을 클릭하여 Part Design으로 넘어간다.

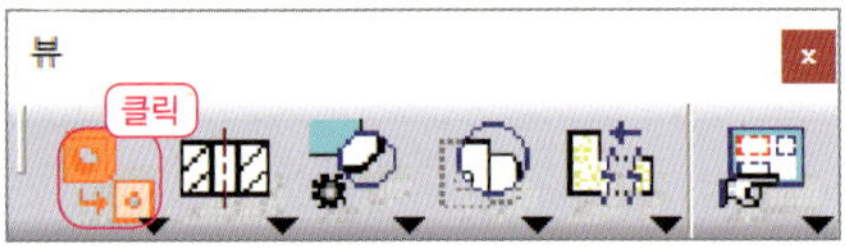

– Part Design에서 yz 평면을 선택하여 정면 뷰를 완성한다.

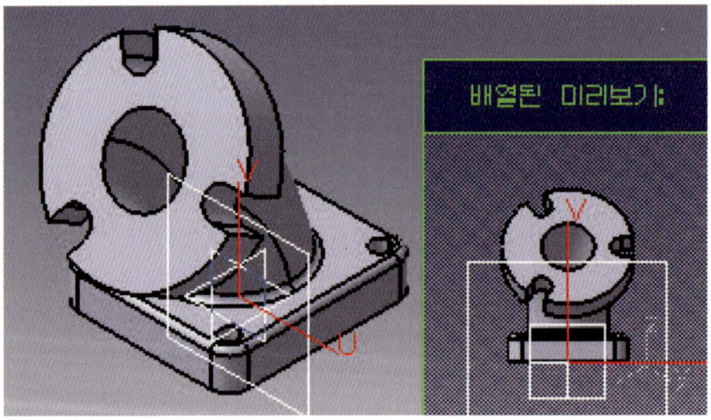

07 뷰 툴바의 오프셋 섹션 뷰 아이콘 을 클릭한다.

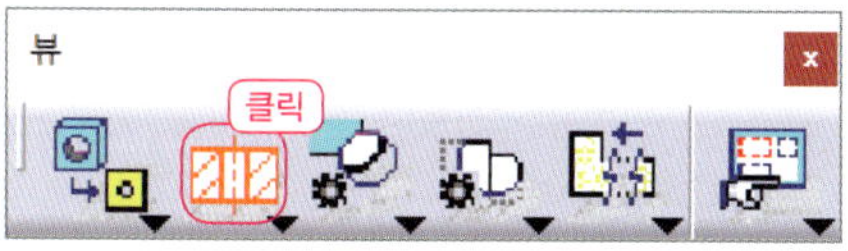

– 단면으로 자를 위치에 선을 그리고 더블 클릭해서 마우스를 오른쪽 방향으로 적절한 위치에 클릭하면 섹션 뷰가 생성된다.

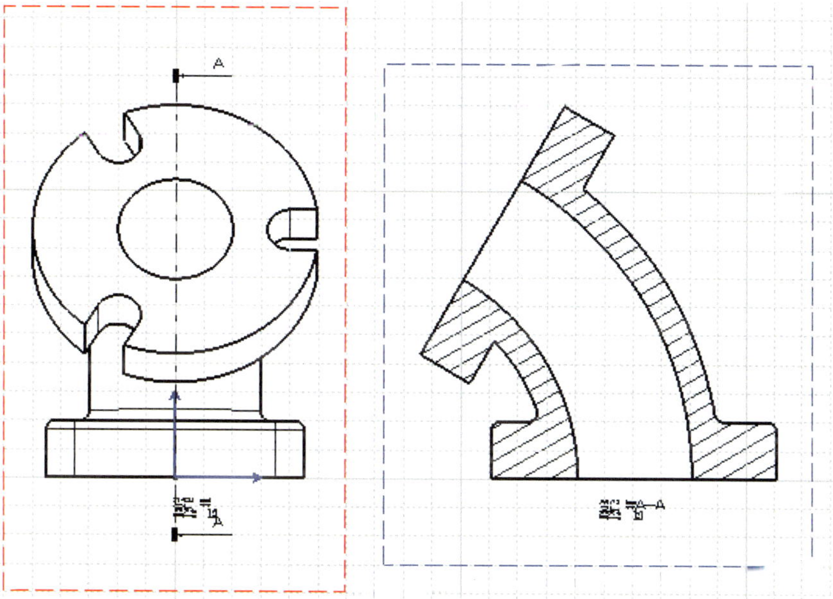

09 뷰 툴바의 정면 뷰 하위메뉴 프로젝션 툴바에서 아이서메트릭 뷰 아이콘 을 선택한 후 [창(W)] – [2 Part Design #8.CATPart](저장된 파트이름)을 클릭하여 Part Design으로 넘어간 후, 등각 뷰로 변경한 뒤 아무 면이나 클릭을 한다.

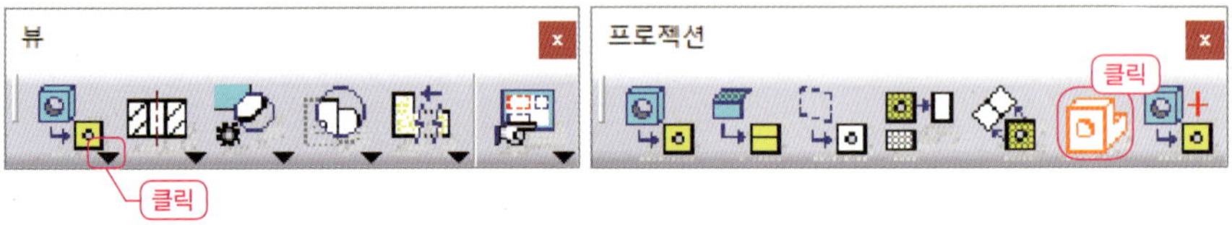

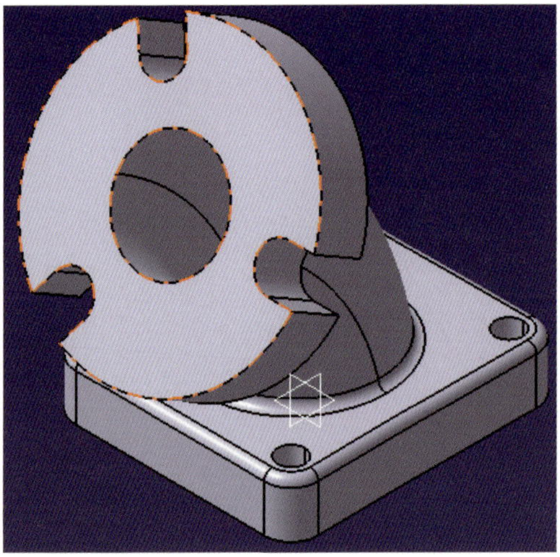

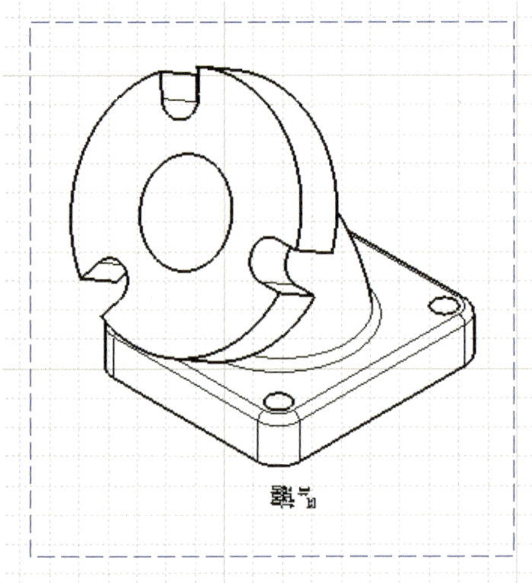

– 작업트리에서 동형 뷰를 마우스 우클릭하여 등록정보를 클릭한 후 등록정보 창에서

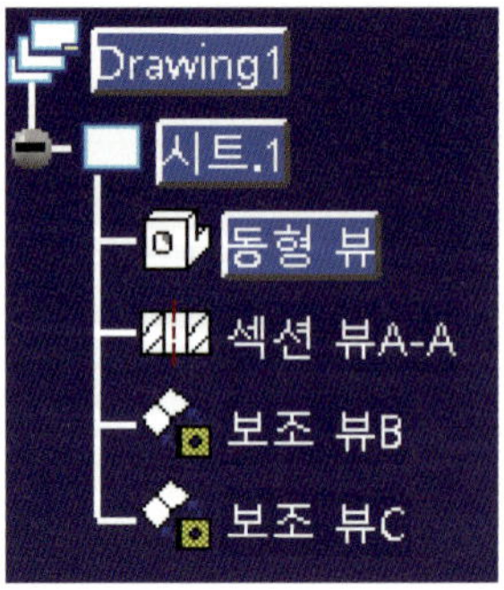

드레스업 3D 색상

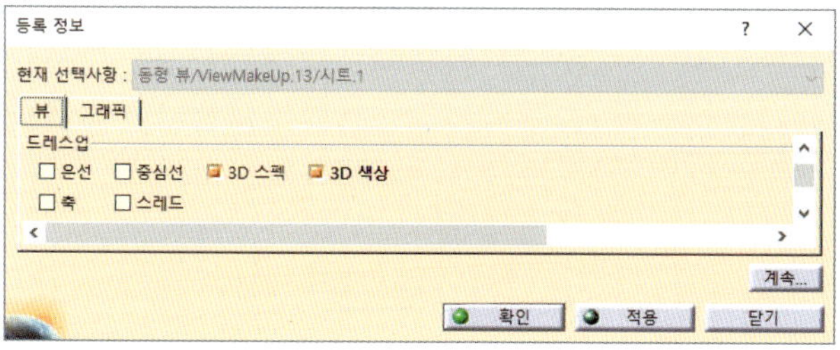

생성모드 단절 버리기 사용

뷰 생성모드에서 “래스터” 선택한 후 옵션 클릭

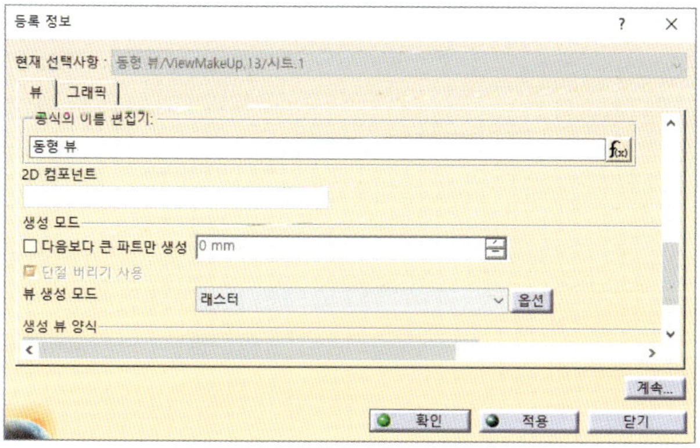

생성 모드 옵션 창에서 래스터 모드 “모서리 포함한 음영처리”

를 선택한 후 닫기하고 확인 버튼을 클릭한다.

– 동형 뷰의 음영이 생성된다.

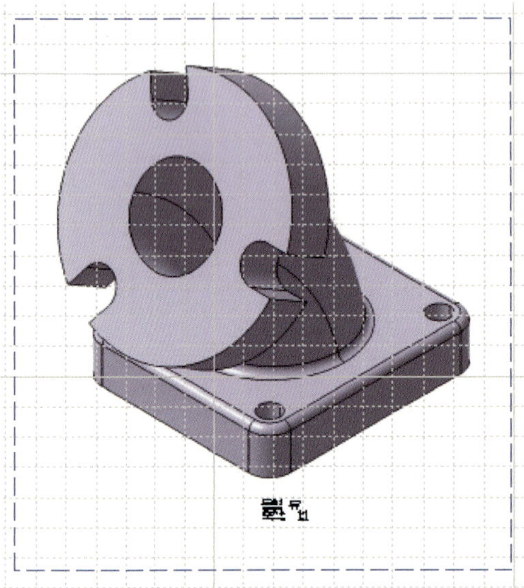

10 [편집] – [시트 배경]을 선택한다.

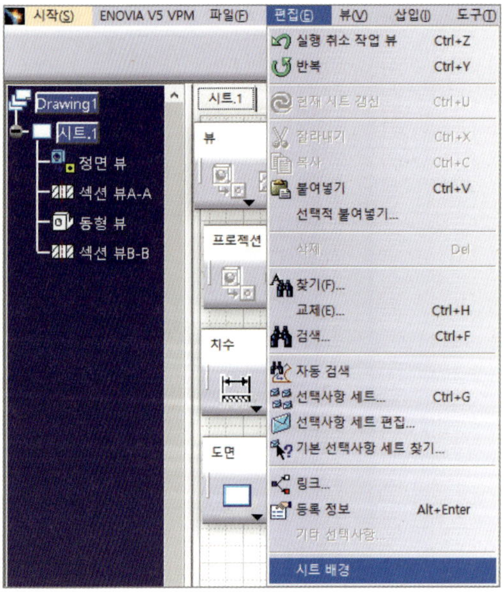

– 작업 뷰의 배경 화면 색상이 변경된다. (도면 작성을 할 수 없다.)

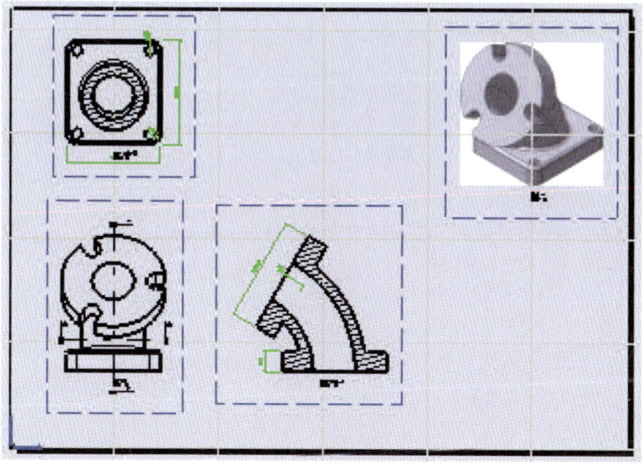

– 지오메트리 작성 툴바의 프로파일 하위메뉴에서 직사각형 아이콘 을 선택하여 도면 틀을 작성한다.

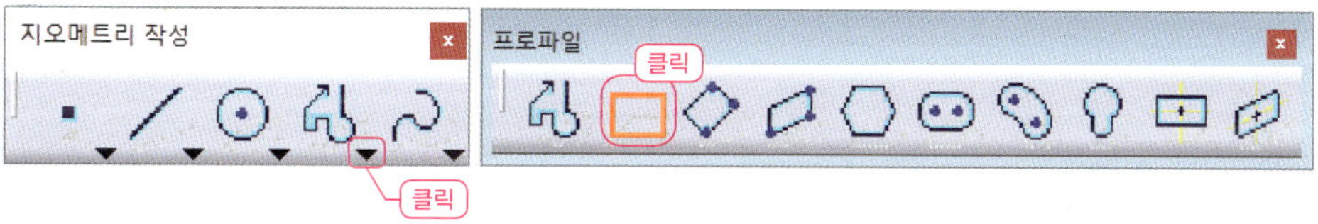

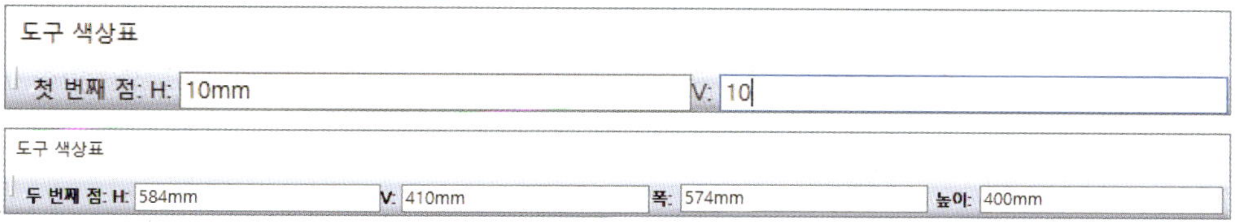

–치수 툴바의 치수 하위메뉴에서 길이/거리 치수 아이콘 을 사용하여 치수를 설정한다.

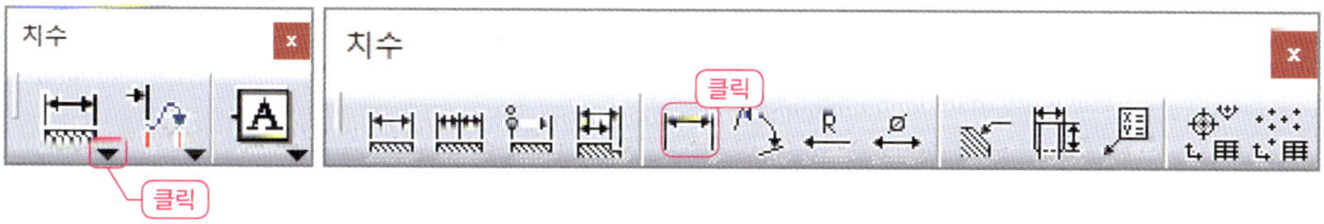

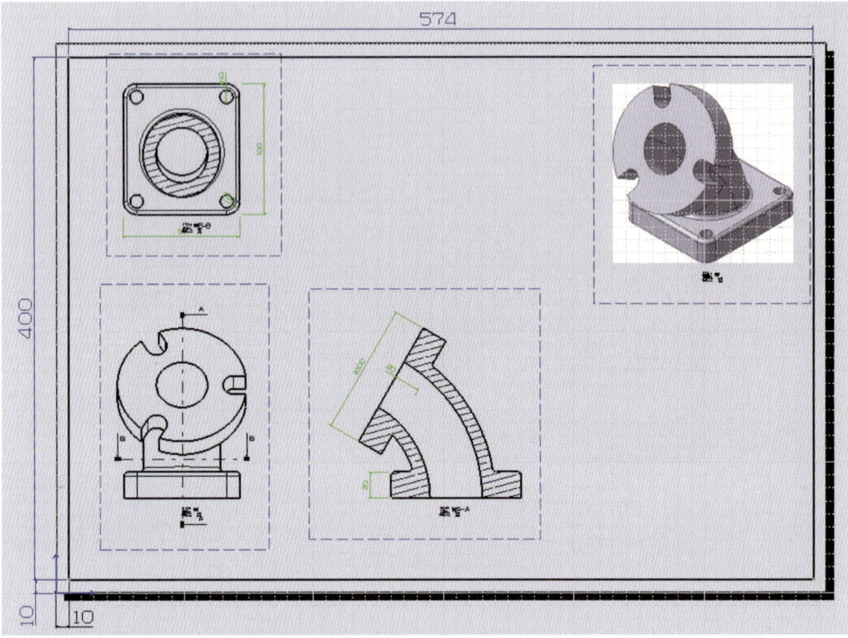

– 지오메트리 작성의 선 아이콘 ╱ 을 선택하여 표제란을 만든다.

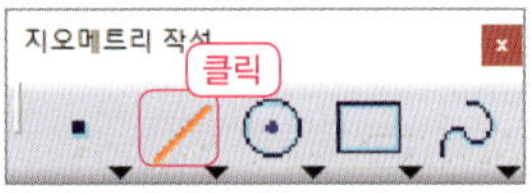

– 주석 툴바의 텍스트 아이콘 **T** 을 선택하여 텍스트를 입력한다.

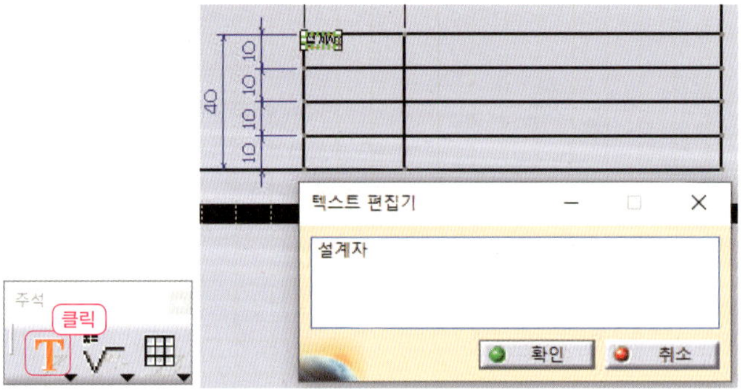

– 작성된 텍스트를 마우스 우클릭하여 등록정보를 클릭한 후 등록정보 창에서

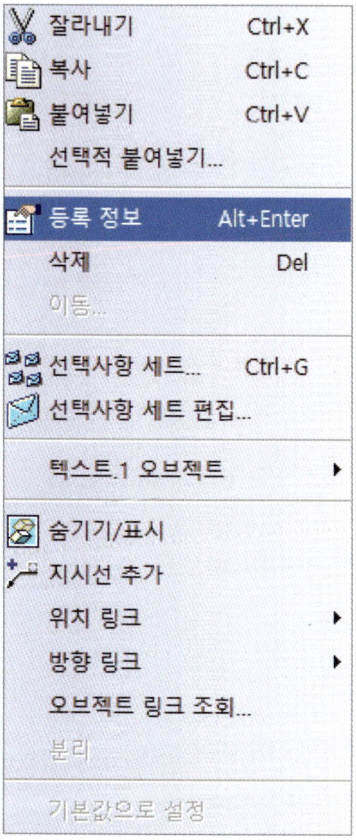

글꼴 크기 5mm

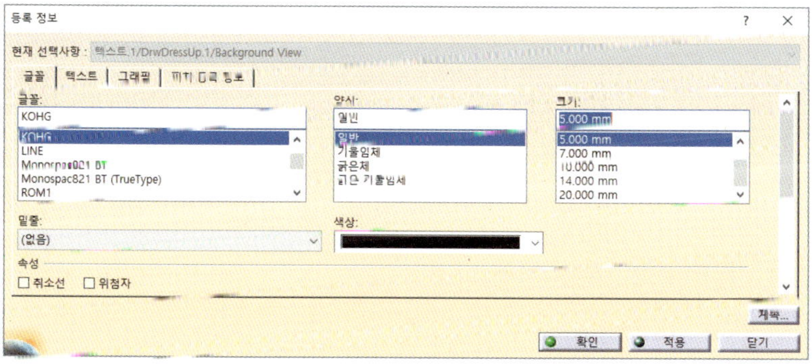

텍스트에서 위치에

앵커 위치 "위 중심"

정렬 "중심"

X "절대좌표 값" Y "절대 좌표 값"

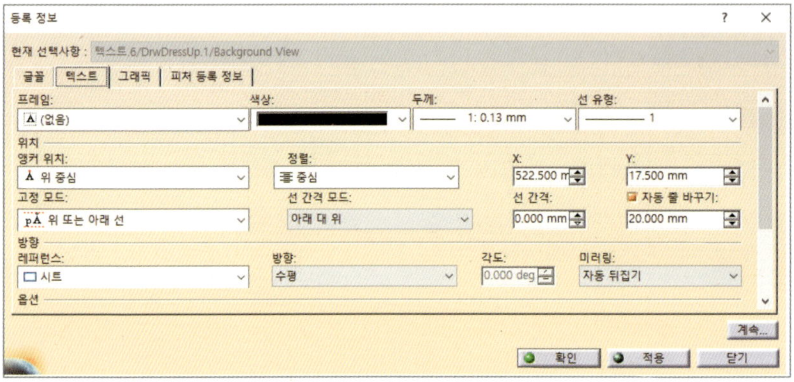

을 선택한 후 확인 버튼을 클릭한다.

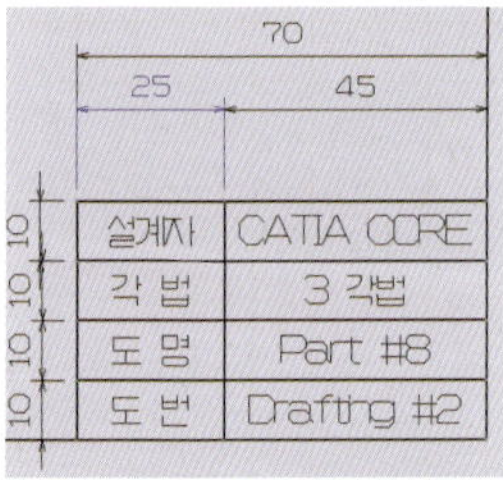

– [편집] – [작업 뷰]를 선택한다.

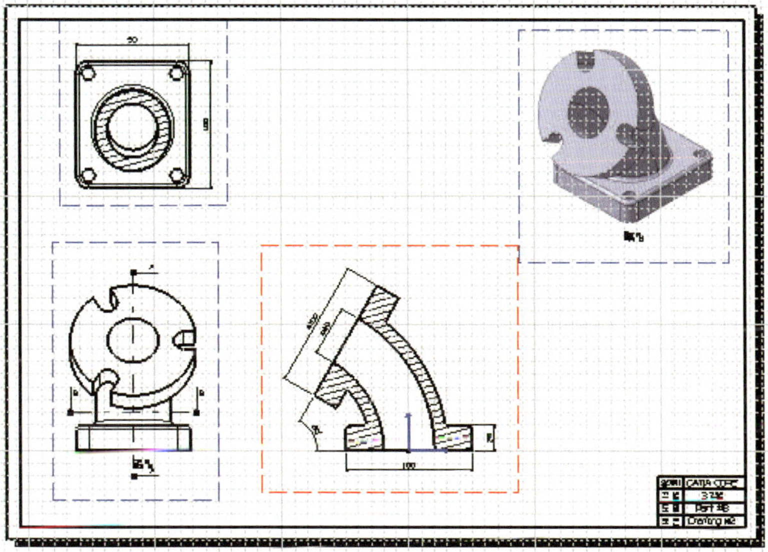

11 단면도를 제외한 뷰는 선택하여 지운다.

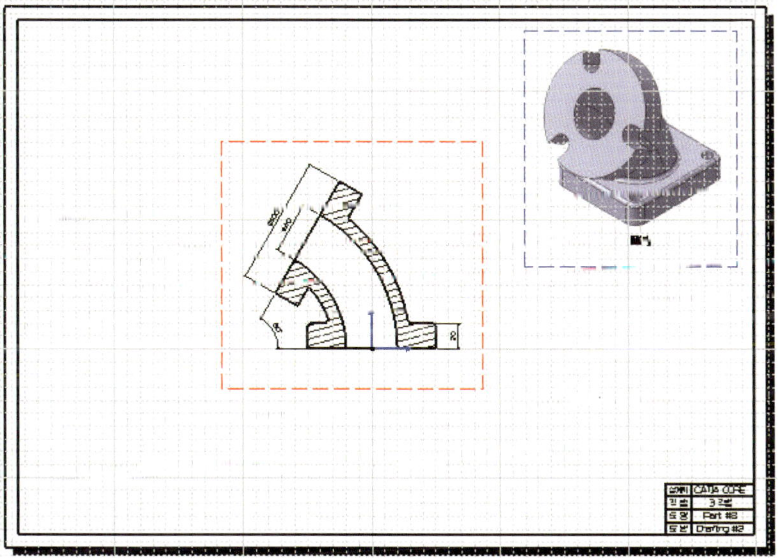

12 뷰 툴바의 정면 뷰 하위메뉴 프로젝션 툴바에서 보조 뷰 아이콘 을 클릭한다.

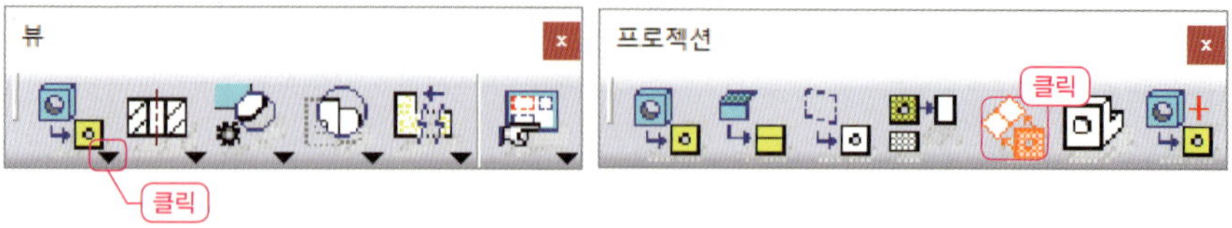

– 단면 뷰를 클릭하여 보조 뷰를 생성할 방향의 선을 선택 후 마우스를 이동하여 적절한 위치에 클릭하면 섹션 뷰가 생성된다.

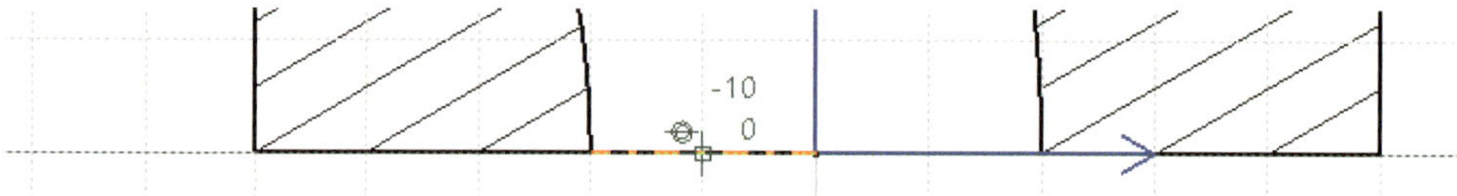

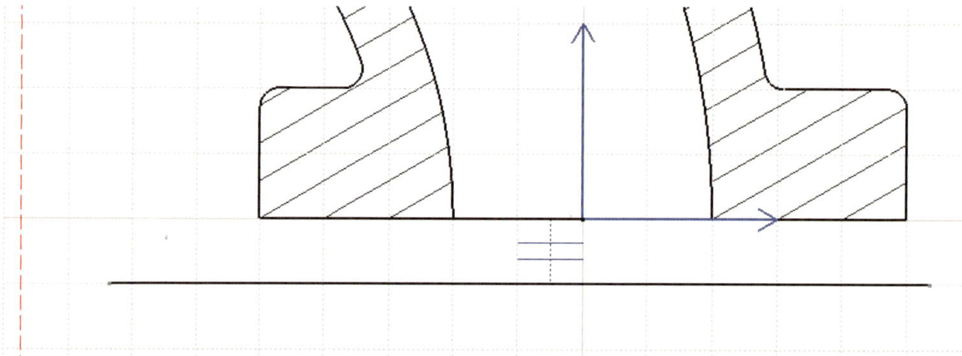

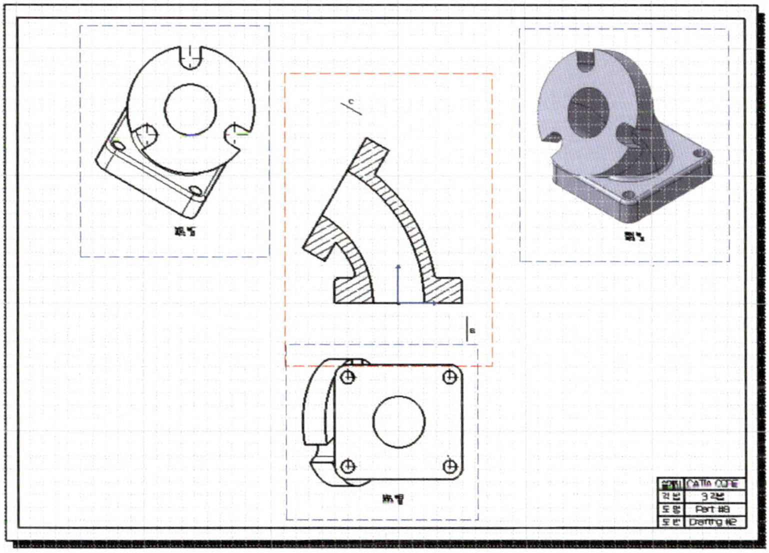

– 생성된 보조뷰를 너블 클릭하여 불필요한 부분들을 지운다.

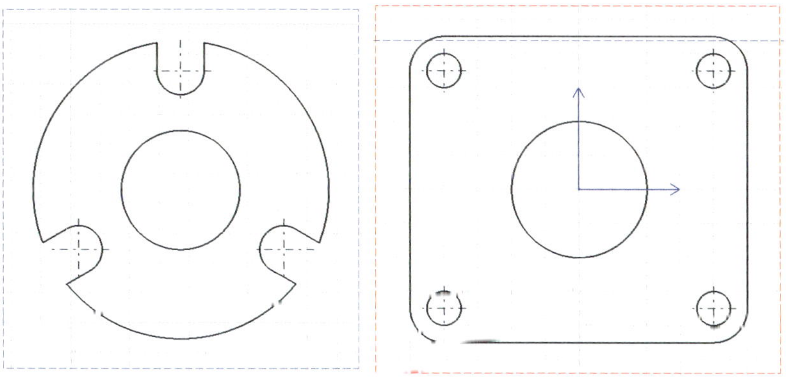

13 드레스업 툴바에서 중심선 아이콘 ⌖ 을 클릭한다.

– 중심선이 필요한 원을 선택한다.

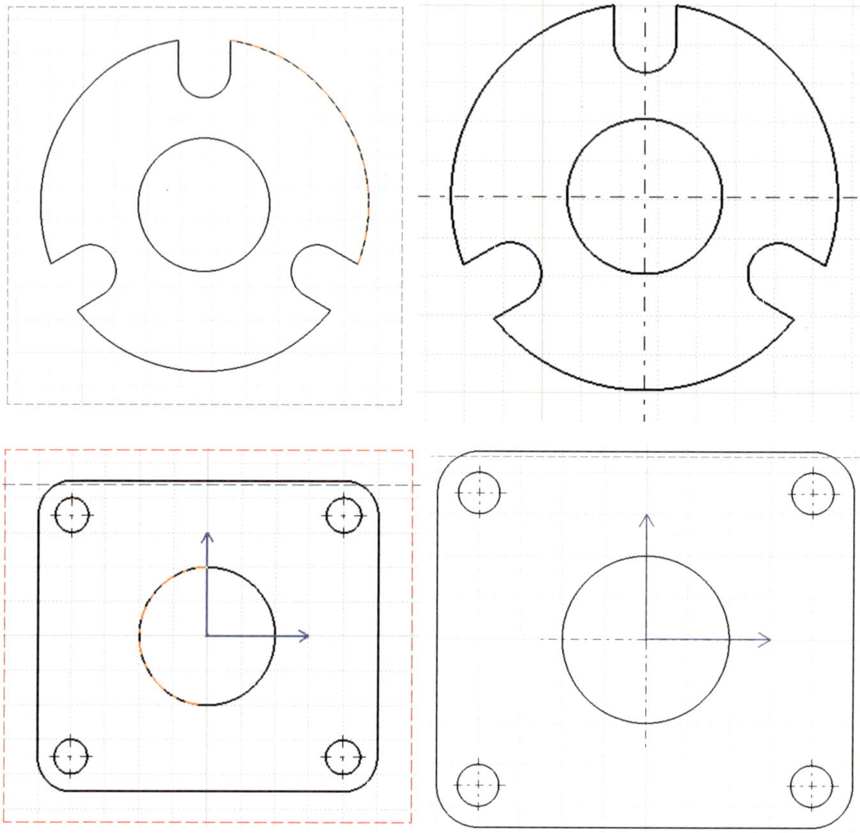

14 드레스업 툴바의 중심선 하위메뉴 축 및 스레드 툴바에서 레퍼런스가 있는 중심선 아이콘 을 클릭한다.

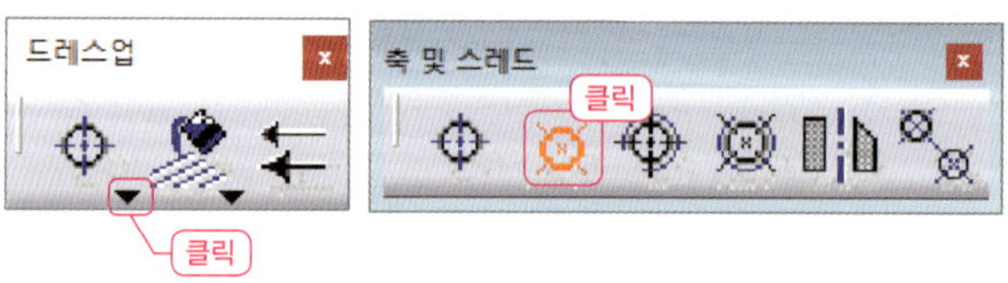

– 먼저 홈에 있는 반원을 선택하고 참조할 밖의 큰 원을 클릭한다.

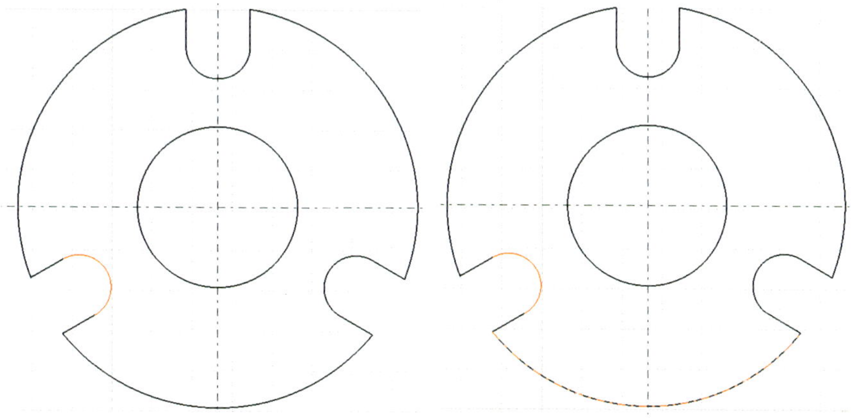

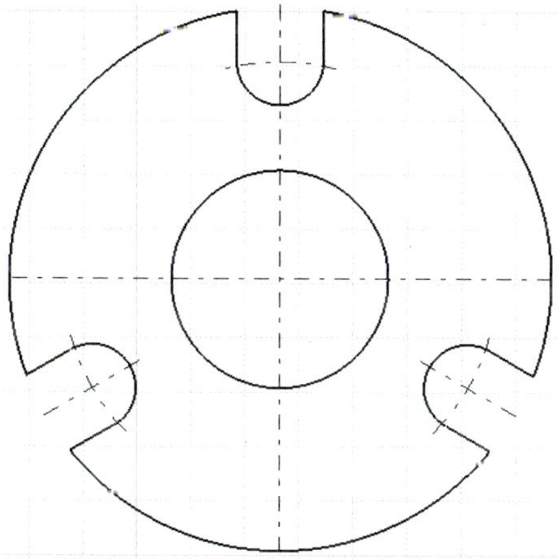

15 지오메트리 수정 툴바의 미러 하위메뉴 변형 툴바에서 오프셋 아이콘 을 클릭하여 오프셋 거리값 20 mm인 호를 생성한다.

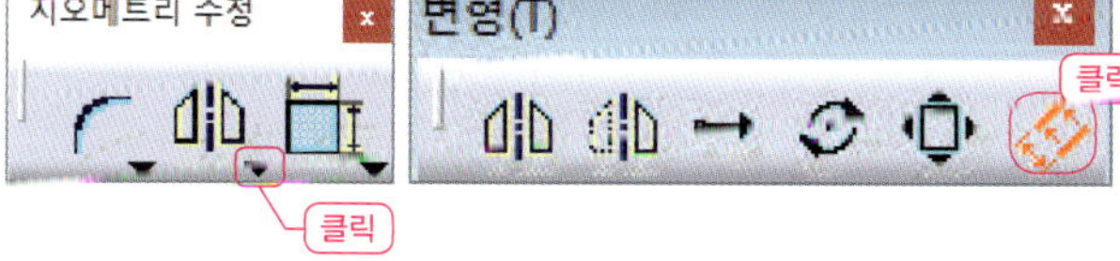

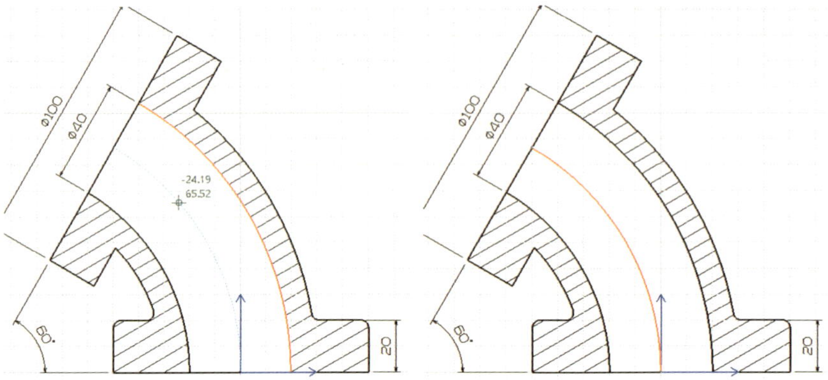

– 생성된 호를 마우스 우클릭하여 등록정보를 클릭한 후 등록정보 창에서
선 및 커브에서 선 유형 “4”
두께 “1 : 0.013 mm”

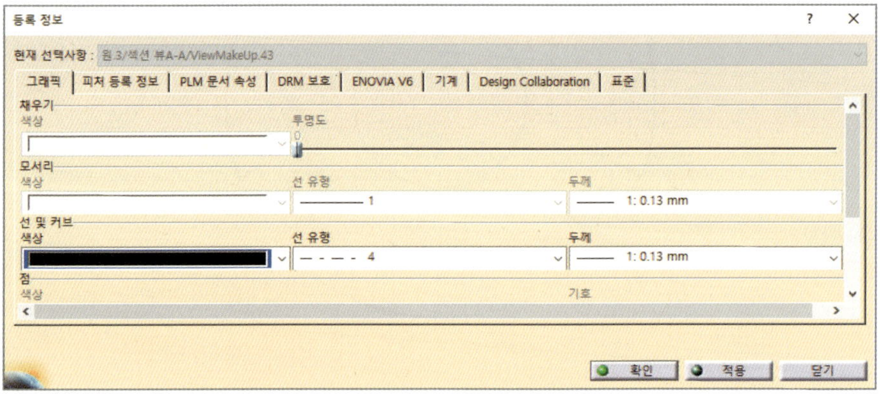

를 선택하고 확인 버튼을 클릭한다.

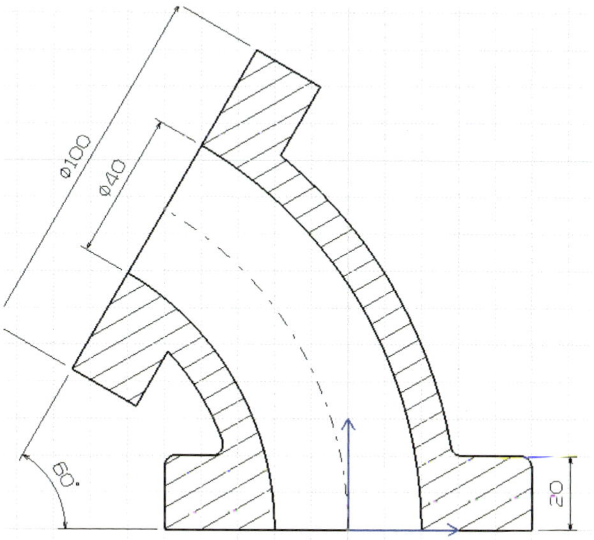

16 치수 툴바의 치수에서 각각의 아이콘을 이용하여 치수를 기입하여 완성한다.(치수 기입 방법은 Sketcher에서 치수를 입력할 때와 같다.)

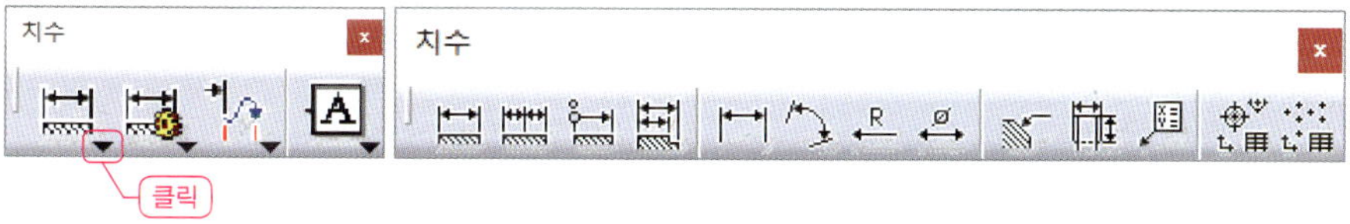

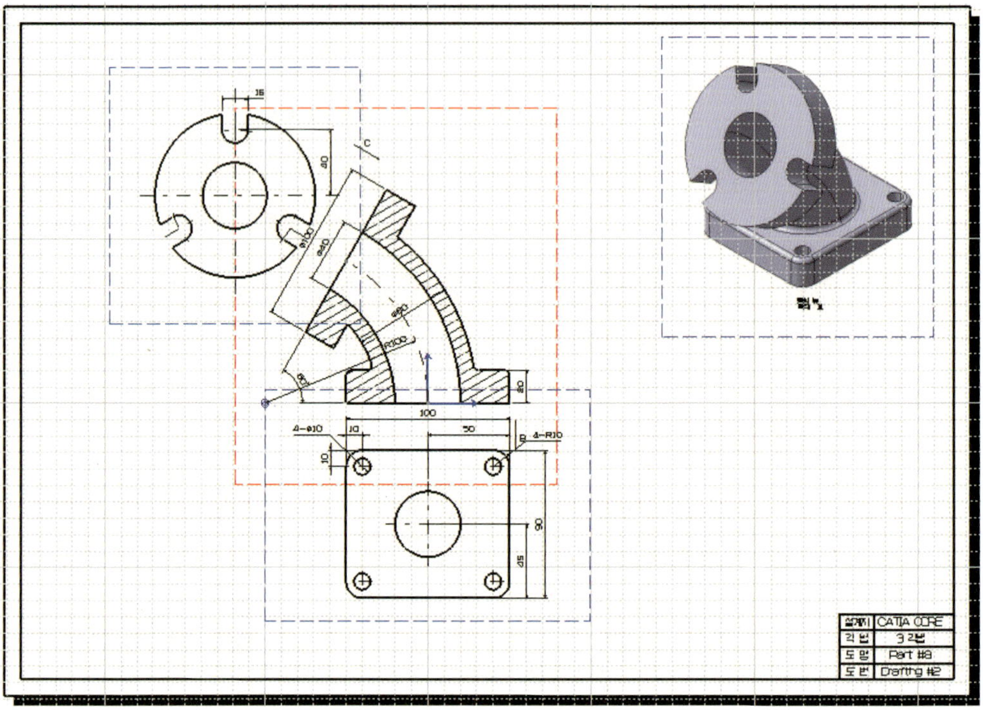

설계자	CATIA CORE
각 법	3 각법
도 명	Part #8
도 번	Drafting #2

17 시각화 툴바에서 모든 아이콘을 클릭하여 비활성화한다.

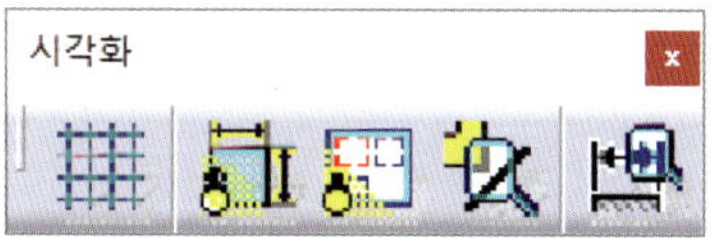

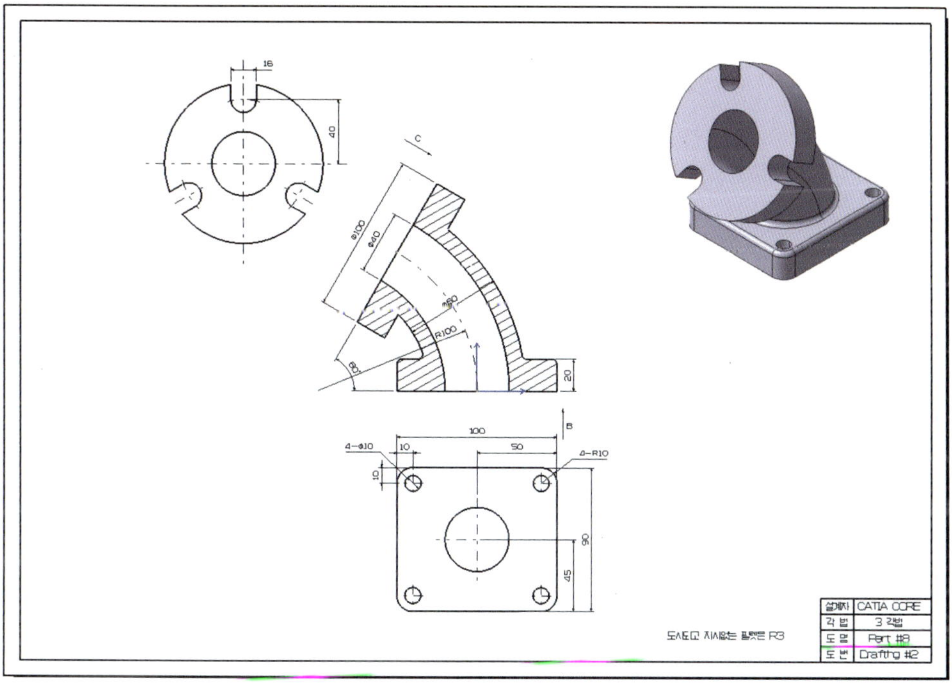

연습문제

1) 다음 중 길이/거리를 측정할 때 사용하는 도구는?

a) 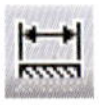 b)  c) 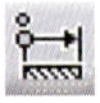 d) 

2) 다음 중 라운드 진 모서리의 반지름을 측정할 때 사용하는 도구는?

a) 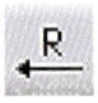 b)  c)  d) 

3) 다음 중 홀이나 원의 지름을 측정할 때 사용하는 도구는?

a) 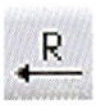 b)  c)  d) 

4) 다음 중 입체도를 생성할 때 쓰는 도구는?

a)  b)  c)  d) 

5) 다음 중 도면작업을 할 때 시점의 기준이 되는 정면도를 생성하는 도구는?

a)  b)  c)  d) 

6) 다음 중 단면을 보고자 할 때 사용하는 도구는?

a)  b)  c)  d) 

7) 다음 중 지오메트리 작성의 하위메뉴 선에 포함되지 않는 아이콘은?

a)  b)  c)  d) 

8) 다음 중 주석의 하위메뉴 텍스트에 포함되지 않는 도구는?

a)  b)  c)  d) 

9) 다음 중 드레스업의 하위메뉴 축 및 스레드에 포함되지 않는 도구는?

a) 　　b) 　　c) 　　d) 

10) 다음 중 지오메트리 수정의 하위메뉴 변형에 포함되지 않는 도구는?

a) 　　b) 　　c) 　　d) 

[답안]

1)	2)	3)	4)	5)	6)	7)	8)	9)	10)
a	a	b	c	a	c	d	b	d	b

Appendix

CATIA-INVENTOR 메뉴 비교

CATIA와 Inventor 비교

1. Inventor 소개

CATIA	구분	INVENTOR
프랑스 다쏘 시스템	회사	미국 오토데스크사
항공기·자동차 등의 중·대형 복잡한 제품	사용 영역	중·소형 제품, 기계 관련 기사 실기시험에 간편
1년 99유로	학생용 라이선스	1년 무료
www.3ds.com/ko/products-services/catia	홈페이지	www.autodesk.co.kr/products/inventor/overview?term=1-YEAR

INVENTOR ver.2021 화면 구성

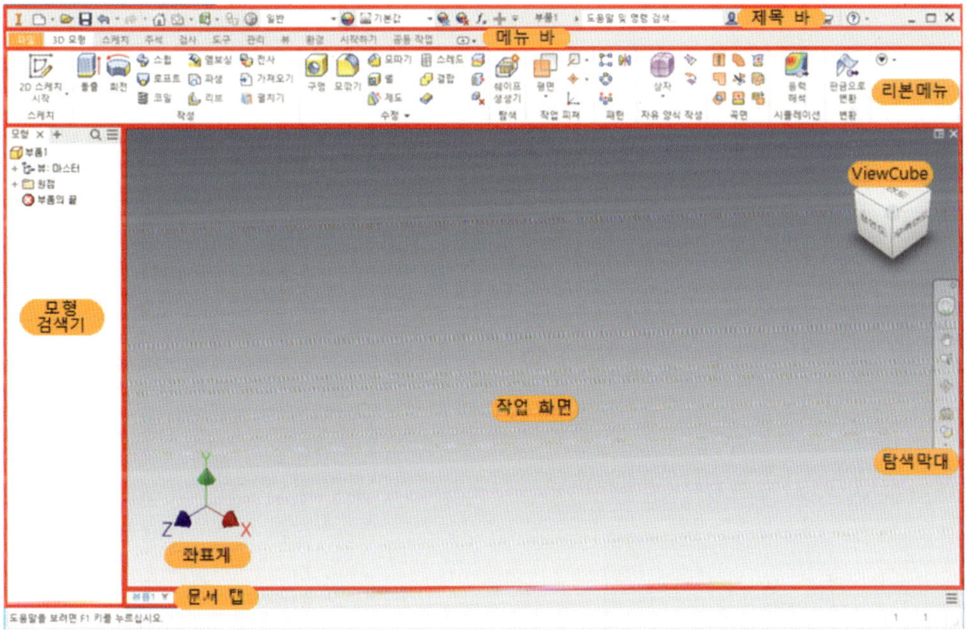

2. CATIA와 Inventor 메뉴 비교

2.1. 기본 형상 스케치

(1) 선, 스플라인 그리기

<table>
<tr><th>CATIA - 프로파일</th><th>INVENTOR - 리본메뉴</th></tr>
<tr><td>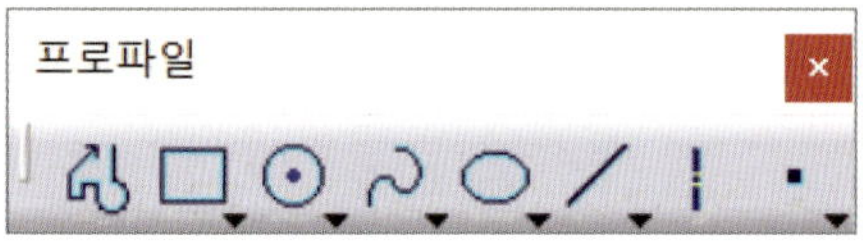
</td><td>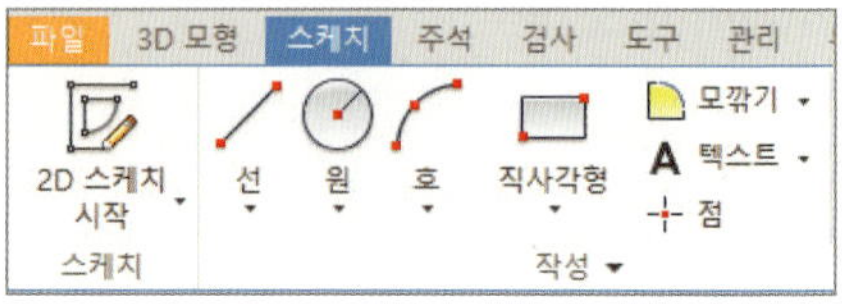
</td></tr>
<tr><td>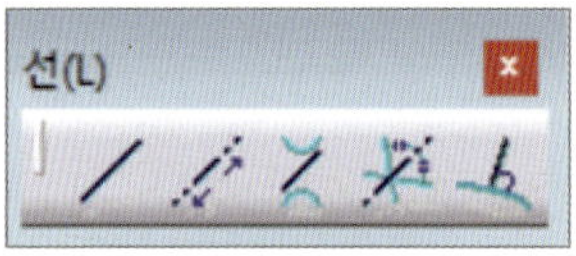

</td><td>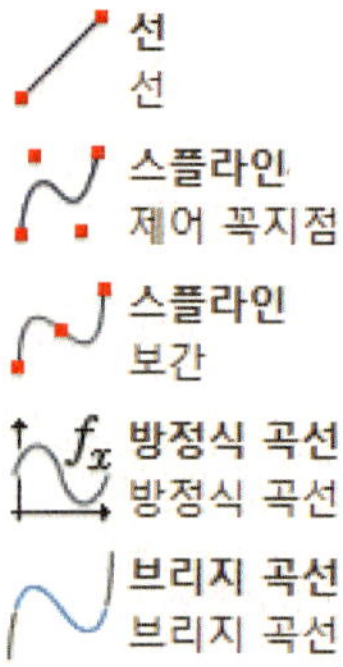
</td></tr>
</table>

(2) 원, 호, 타원 그리기

<table>
<tr><th>CATIA - 프로파일</th><th>INVENTOR - 리본메뉴</th></tr>
<tr><td>
</td><td>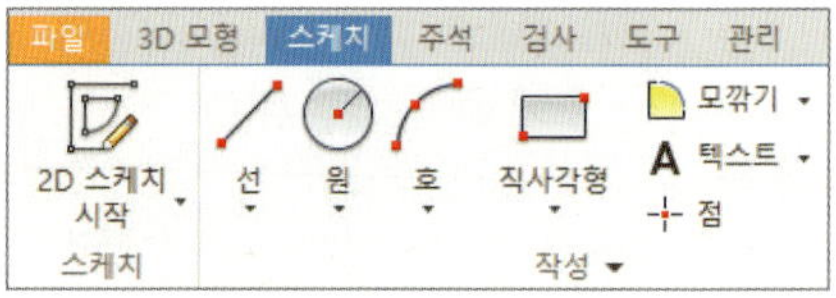
</td></tr>
<tr><td>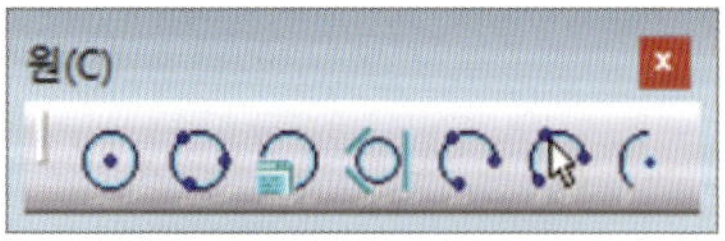

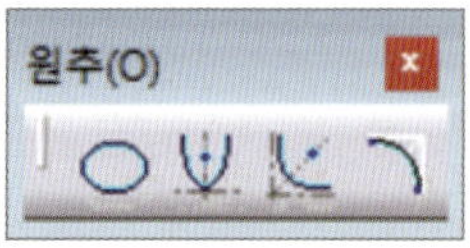
</td><td>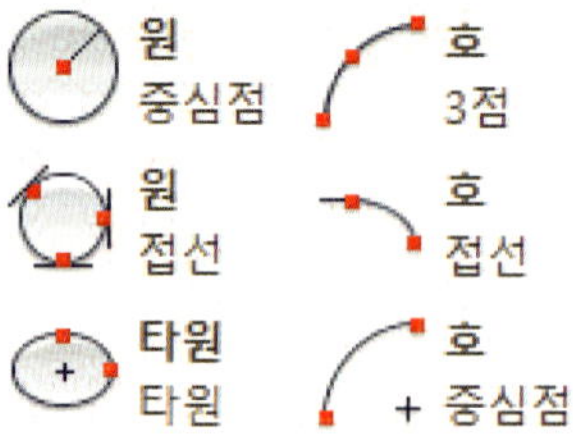

'타원' 메뉴 선택 시 바로 실행</td></tr>
</table>

(3) 사각형, 다각형 그리기

CATIA - 프로파일	INVENTOR-리본메뉴
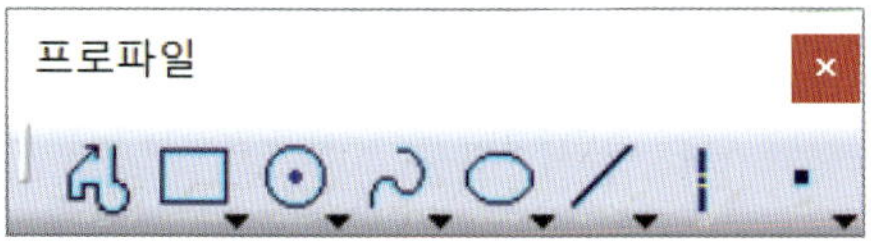	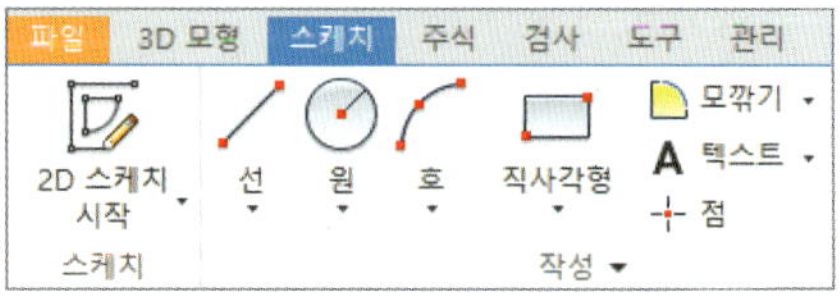
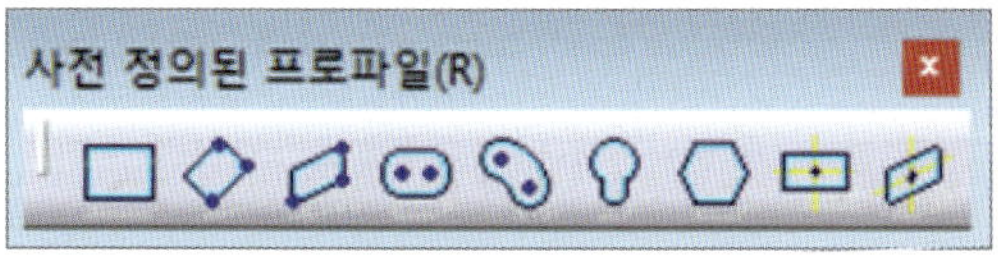	
 *육각형을 그리는 명령어	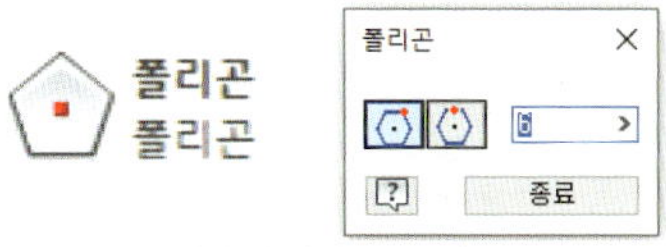 *다각형 면의 수를 입력

(4) 스케치 수정하기

CATIA - 프로파일	INVENTOR-리본메뉴
	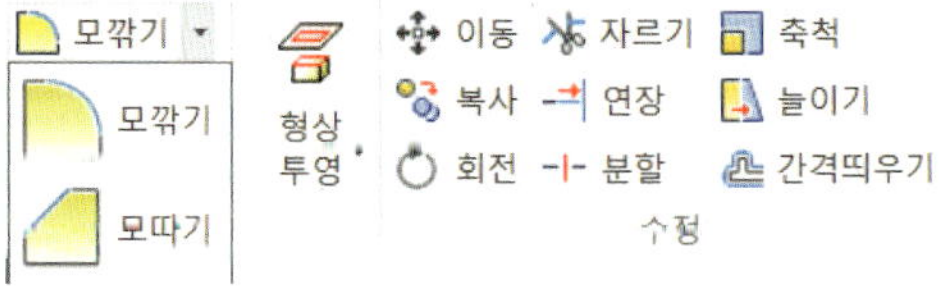
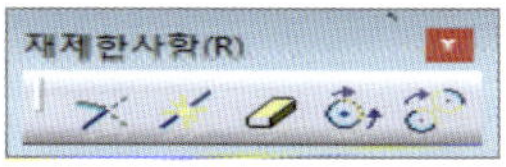 	메뉴 선택 시 바로 실행

2.2. 구속조건의 부여

CATIA - 프로파일	구속조건	INVENTOR-리본메뉴
	구분	
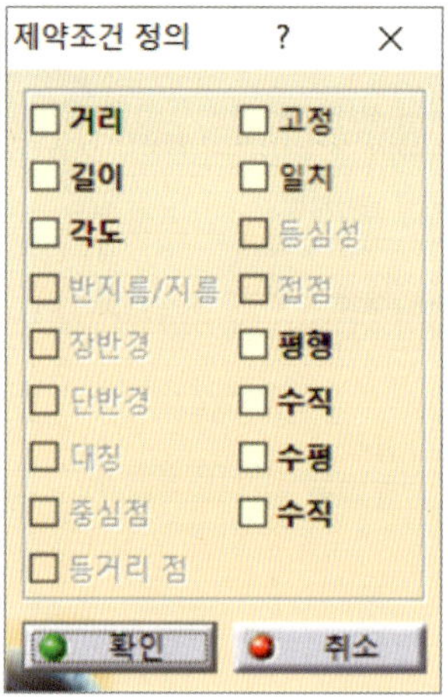	일치	
	동일선상	
	동심	
	평행	
	직각	
	수직	
	수평	
	접선	
	대칭	
	동일	

2.3. 3D 모형 작업

(1) 돌출

CATIA - 프로파일	INVENTOR-리본메뉴
	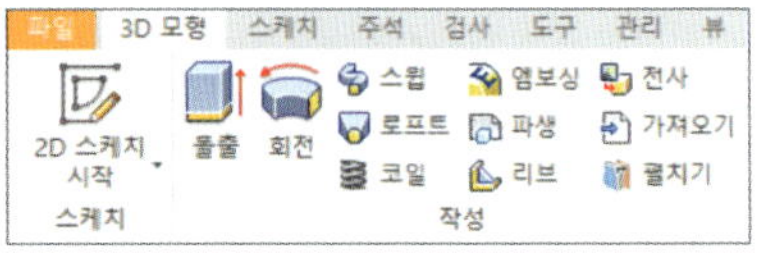
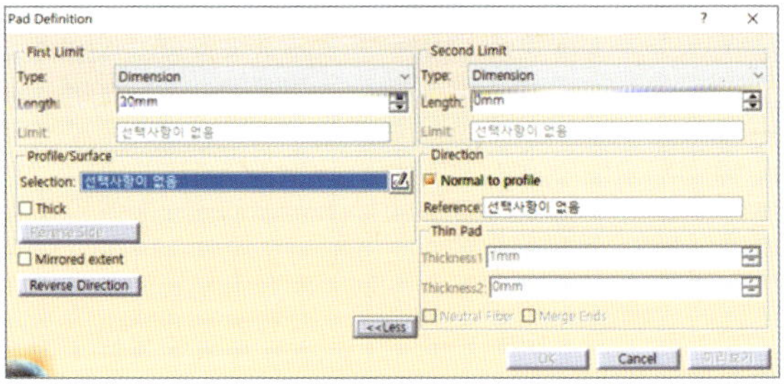	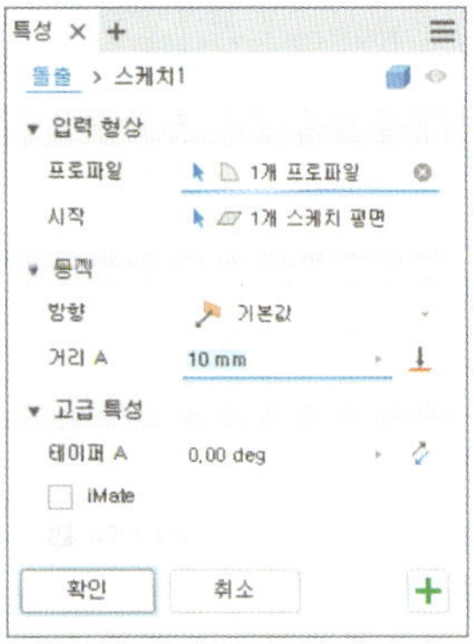
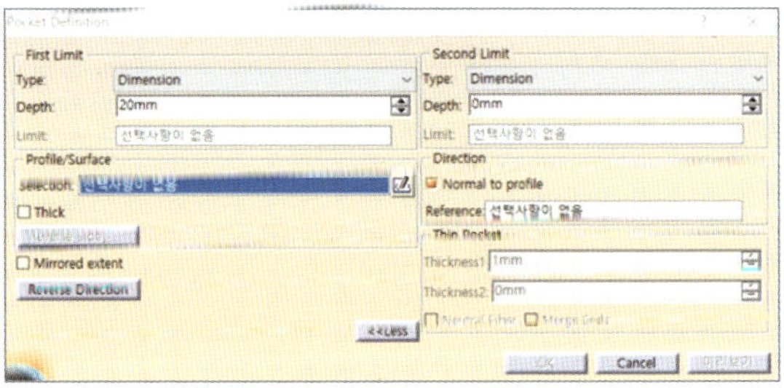	

(2) 회전 돌출

<table>
<tr><th>CATIA - 프로파일</th><th>INVENTOR-리본메뉴</th></tr>
<tr><td>
</td><td>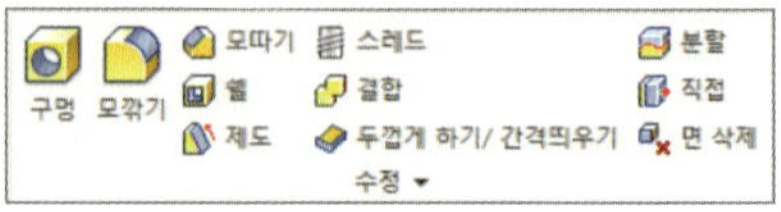
</td></tr>
<tr><td>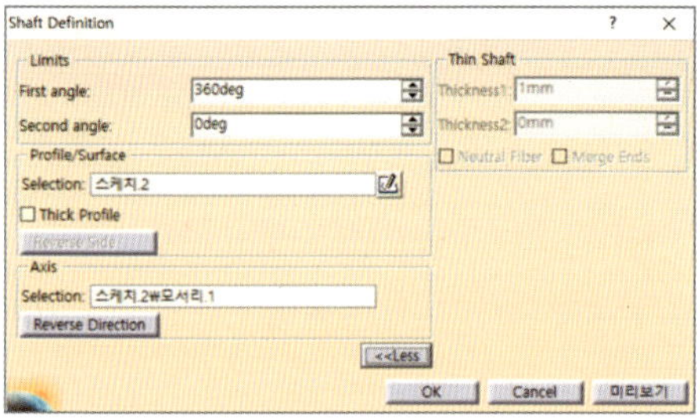
</td><td>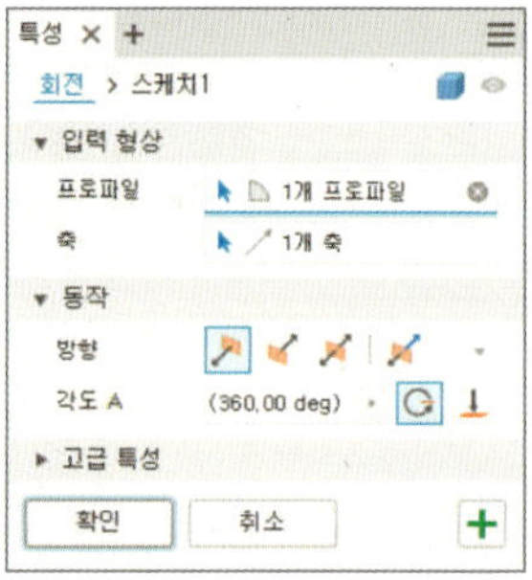
</td></tr>
</table>

(3) 구멍 가공

CATIA - 프로파일	INVENTOR-리본메뉴

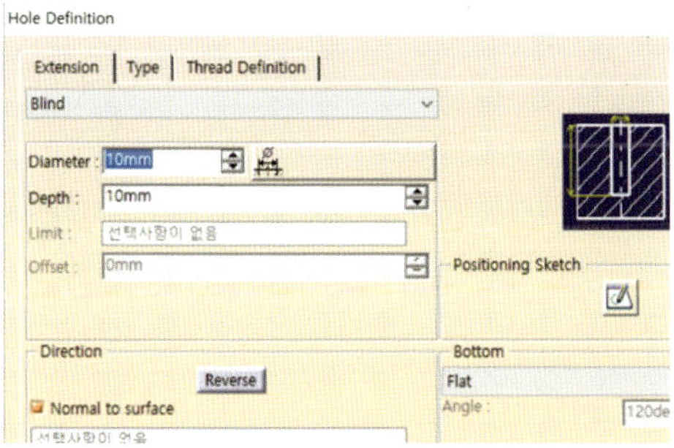 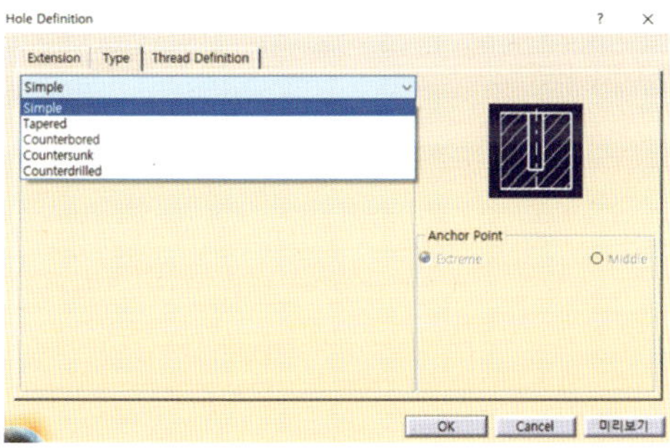 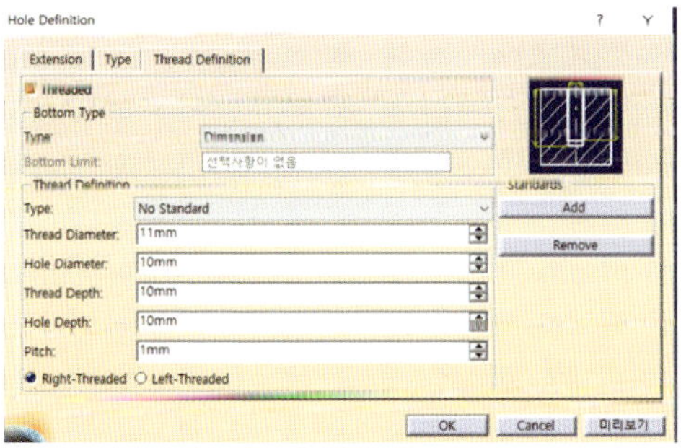	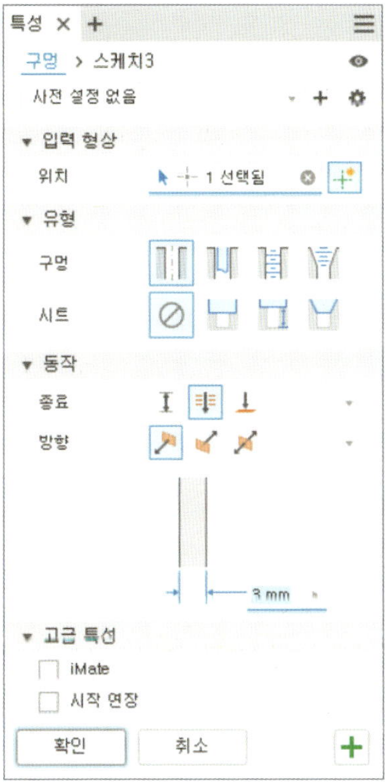

(4) 3D 형상 수정

CATIA - 프로파일	INVENTOR-리본메뉴
	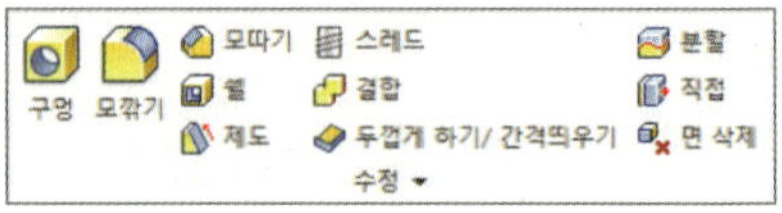

카티아 코어 플러스

CATIA CORE+

2022년 3월 1일 초판 1쇄 발행

지은이 송철기, 전차수, 김서현
펴낸이 권순기
부장 박현곤
행정팀장 김성균
편집 이가람
디자인 이희은

펴낸곳 경상국립대학교출판부 | 출판등록 1989년 1월 7일 제16호
주소 경남 진주시 진주대로 501
전화번호 055) 772-0801(편집), 0802(디자인), 0803(도서 주문)
팩스 055) 772-0809
전자우편 gspress@gnu.ac.kr
홈페이지 http://gspress.gnu.ac.kr
페이스북 https://www.facebook.com/gnupub

책값은 뒤표지에 있습니다.

이 도서의 국립중앙도서관 출판시도서목록(CIP)은 서지정보유통지원시스템 홈페이지(http://seoji.nl.go.kr)와 국가자료공동목록시스템(http://www.nl.go.kr/kolisnet)에서 이용하실 수 있습니다.